高等学校交通运输专业“十一五”规划系列教材

汽车维修工程

QI CHE WEI XIU GONG CHENG

主　编　左付山
副主编　徐晓美
　　　　吕立亚
主　审　鲁植雄

东南大学出版社
·南京·

内容概要

本书系统阐述了汽车发动机、汽车底盘、汽车车身大修的一般工艺过程和方法。全书以大修为主线，主要包括汽车维修基本理论和零件损坏机理分析、汽车维修制度及工艺组织、汽车修复基本方法、汽车发动机修复工艺、汽车底盘修复工艺、汽车车身修复工艺、汽车维修质量检验与管理以及汽车总装试验和交车等内容。本书文字简练，图文并茂，通俗易懂，阐述的工艺与方法先进。本书可作为交通运输专业、汽车运用工程类、汽车服务工程类、汽车工程类高等院校本、专科生的教材，也可作为相关行业专业技术人员的参考用书。

图书在版编目(CIP)数据

汽车维修工程/左付山主编. —南京：东南大学出版社，2008.2(2013.7 重印)
(高等学校交通运输专业"十一五"规划系列教材)
ISBN 978-7-5641-1090-1

Ⅰ.汽… Ⅱ.左… Ⅲ.汽车—车辆维修—高等学校—教材 Ⅳ.U472.4

中国版本图书馆 CIP 数据核字(2008)第 001373 号

汽车维修工程

主　编	左付山	选题总策划	李　玉
副主编	徐晓美	责任编辑	李　玉
	吕立亚	责任印制	张文礼
主　审	鲁植雄	封面设计	萧千皓

出版发行　东南大学出版社
地　　址　南京四牌楼 2 号
出 版 人　江建中
邮　　编　210096
经　　销　江苏省新华书店

印　　刷　南京玉河印刷厂
开　　本　700mm×1000mm　1/16
印　　张　19　　字　　数　480 千字
版　　次　2008 年 2 月第 1 版
印　　次　2013 年 7 月第 2 次印刷
书　　号　ISBN 978-7-5641-1090-1/U·15
印　　数　4001—5500 册
定　　价　35.00 元

编审委员会委员简介

出版说明

作为国民经济的重要基础设施和基础产业，交通运输是社会经济发展的重要物质基础，其基本任务是通过提高整个运输业的能力和工作质量，来改善国家各经济区之间的运输联系，进而安全迅速、经济合理地组织旅客和货物运输，保证最大限度地满足社会和国防建设对运输的需求。

改革开放以来，我国加快了交通基础设施建设，交通运输业成为重点扶持的支柱产业之一，尤其是20世纪90年代以来采取了一系列重大举措，增加投资力度，促进了交通运输业的快速发展。但是，我国目前的主要运输装备及核心技术水平与世界先进水平存在较大差距，运输供给能力不足，综合交通体系建设滞后，各种交通方式缺乏综合协调，交通能源消耗与环境污染问题严峻。

展望21世纪，我国交通运输业将在继续大力推进交通基础设施建设的基础上，依靠科技进步，着力解决好交通运输中存在的诸多关键技术问题，包括来自环境、能源、安全等方面的众多挑战，建立起一个可持续性的新型综合交通运输体系，以满足全面建设小康社会对交通运输提出的更高要求。客运高速化、货运物流化、运营管理智能化将成为本世纪我国交通运输发展最明显的几个特征。

作为国民经济的命脉，交通运输业正面临着重大的战略需求。掌握交通运输技术的人才及其人才的培养自然成为社会各界关注的热点问题。无论是公路运输、铁路运输，还是水路运输、航空运输、管道运输等都需要大量的从事交通运输专业的高级技术与组织管理人才，由他们运用先进的技术来装备交通运输，用科学的方法来组织管理交通运输。

教材建设是培养交通运输人才的基础建设之一，但目前我国对交通运输专业的教材建设却十分滞后，已经很难满足社会经济发展的需要，为此由东南大学出版社策划，东南大学出版社与国家重点学科东南大学载运工具运用工程专家共同组织有关高校在交通运输专业有多年教学科研经验的教师编写了这套“高等学校交通运输专业‘十一五’规划系列教材”。该套教材融入了作者多年的教学实践及相关课题研究成果，注重交通运输实践性强的特点和科学技术不断向交通运输渗透的趋势，在阐述基本理论、基本方法的同时，引入了大量的实际案例，使这套教材有其显著的特点。相信这套教材的出版，将有助于我国交通运输专业人才的培养，有助于交通运输在我国的社会经济与国防建设中发挥出更大的作用。

编写委员会

2007 年 12 月

前　言

汽车这个改变世界的机器给我们的生活带来了极大的便利。随着使用时间和里程的增加，汽车的故障会越发明显。汽车维修是恢复汽车性能和消除故障的最好办法。本书根据汽车故障发生的机理和发展的规律，以汽车大修为主线，系统阐述了汽车维修的基本技能和方法，为汽车性能恢复提供了较好的技术支持。

本书共分10章，主要包括汽车维修基本理论和零件损坏机理分析、汽车维修制度及工艺组织、汽车修复基本方法、汽车发动机修复工艺、汽车底盘修复工艺、汽车车身修复工艺、汽车维修质量检验与管理以及汽车总装试验和交车等内容。在内容组织上，强调知识的实用性、整体性、科学性与先进性，力求通俗易懂，深入浅出。全书结构布局合理，文字简练生动，图文并茂，阐述细致全面；跟踪最新汽车结构和维修技术，具有很强的实用性。

本书由南京林业大学汽车与交通运输系左付山副教授任主编，南京林业大学徐晓美、吕立亚老师任副主编。本书第1～5章、第9章的9.1节和第10章由左付山老师编写；第6章的6.1～6.5节由徐晓美老师编写；第7章由吕立亚老师编写；第6章的6.6～6.8.1节、第8章由丁华老师编写；第6章的6.8.2节由曾才民老师编写；第9章的9.2节由潘玉芹老师编写。全书由南京农业大学鲁植雄教授主审。

本书可以作为交通运输专业、汽车运用工程类、汽车服务工程类、汽车工程类高等院校本、专科生的教材，也可作为相关行业专业技术人员参考用书。

衷心感谢鲁植雄教授提出了宝贵意见，感谢南京林业大学蔡伟义教授的指导和帮助，感谢所有参考书籍的作者。对于书中未能一一列出的参考资料的作者也一并表示谢意。由于编者水平有限，书中错误在所难免，恳请读者批评指正。

编　者

2007年11月

目　录

1 汽车维修理论基础

1.1 汽车维修思想及分类

1.1.1 汽车维修基本概念

维修(Maintenance)是为保持或恢复工程系统在其规定的技术状态所进行的全部活动。它是一个非常广泛的概念,涉及到工程系统的各个组成部分,也贯穿于工程系统从设计到报废的全寿命周期过程。设备的维修是使设备保持、恢复到或改善其由有关技术文件所规定的技术状态的全部技术和管理活动。维修贯穿于设备使用的全过程。维修包括技术性活动(如检测、隔离故障、拆卸、安装、更换或修复、校准)和管理性活动(如维修大纲的制定与活动规划)。

工程系统在使用过程中受载荷和环境作用,其组成部分不可避免地会出现磨损、疲劳、腐蚀、变形、功能退化等多种失效现象,从经济、安全、质量和效率方面考虑,维修是恢复这些可修工程系统功能的惟一选择。现代工程系统越来越复杂化和大型化,系统建造成本越来越高。生产效率和生产质量大幅度提高的同时,对社会安全的作用和环境的影响却越来越大。因此,维修越来越重要,也越来越复杂。

所谓汽车维修就是为保持或恢复汽车在其规定的技术状态所进行的全部活动。汽车维修的对象是汽车。它包括汽车维护和修理两个方面。汽车维修活动包括维修资源使用和维修任务完成的所有工作。

汽车维修的直接目的是保持汽车处在规定的技术状态,即预防功能退化和故障及其后果,当其状态受到破坏(即发生故障或遭到损坏)后,使其恢复到规定状态。维修可以使汽车持续保持其安全性、可靠性和生产质量,节省全寿命成本,提高服役效率,延长使用寿命。

1.1.2 现代汽车维修思想

维修思想(Maintenance Concept),又称维修原理、维修理念,或维修哲学。所谓汽车维修思想就是从总体上对汽车维修保障工作的概要说明，是关于汽车维修保障的总体规划。维修思想经过多年的发展，通过人们的不断研究、创造，不断推陈出新，获得了长足的进步和突破，拓展了众多的新思想、新成果。从传统的维修思想直至现代的维修思想；从单一、简单的维修操作到复杂、深刻的维修理论；从简单的维修工作到多元的维修工作和众多的维修策略。而在维修思想的发展史上，最有影响力的就是“以可靠性为中心的维修”(Reliability Centered Maintenance，简称 RCM)的维修思想。它们奠定了维修理论的基础，指导维修工作的开展和理论研究的深入。

随着汽车维修技术的发展和研究的深入，汽车维修领域的变革带来了汽车维修思想的变化(如图 1.1 所示)，也促进了汽车维修方式的改进。第一阶段，由于技术的限制以及意识的落后，采取的维修思想是故障后维修，在此维修思想上对应的维修方式就是事后维修；第二阶段预防为主的维修思想是建立在对故障规律更深的认识基础上的，即采取各种预防性措施，减少或者避免故障的发生，此阶段对应的维修方式主要是定时维修方法；第三阶段，随着对故障规律认识的不断深化以及可靠性理论在维修领域中的深入应用，人们逐渐认识到维修的主要任务是要控制影响产品可靠性下降的各种因素，达到保持或者恢复产品可靠性的目的，这样就形成了以可靠性为中心的维修。以可靠性为中心的维修(RCM)是现代维修理论的核心。通过对汽车可靠性诸因素的分析，科学地确定维修工作项目，优选维修方式，确定合理的维修周期，只做必须做的维修工作，使汽车的可靠性得到恢复，同时又能节省维修时间和费用。此阶段中随着状态监控和故障诊断等技术的进步，产生了视情维修方式。我国目前采用的“强制维护，视情修理”原则正体现了以可靠性为中心的维修理论的实际应用。

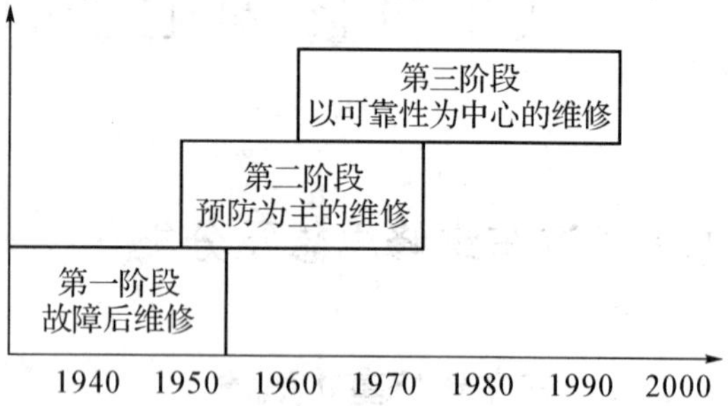

图 1.1　汽车维修思想变化过程

RCM 维修思想是一种用于确保任一设备在现行使用环境下保持实现其设计功能的状态所必须的活动的方法。它最大的特点是从故障后果的严重程度出发，尽可能避免或至少可减轻故障后果，改变了过去那种根据设备故障的技术特性对故障本身进行预防的传统观念。以可靠性为中心的维修，其分析的要点，是以故障模式和故障影响分析为基础，以维修工作的适用性、有效性和经济性为决断准则，通过逻辑决断分析来确定设备的各种部件是否需要进行预防性维修工作，并确定工作类型、间隔期和维修级别。

现代汽车维修的发展带动了汽车维修策略的发展，一个好的维修企业要在现代维修企业中占得一席之地，除了它的技术以及它的维修人员的高素质，更重要的是一个好的维修策略的应用。一些维修企业如果还是停留在旧的维修策略上，显然不能够在激烈的竞争中立于不败之地。

汽车维修思想的框架结构中有具体设备的维修策略，这些策略体现了企业把汽车维修看成一种运营功能。因此，汽车维修思想影响企业中维修活动的每个部分。要制订一个合适的维修思想，维修必须从整体上进行考虑，包括：从技术上描述每个要维修的系统，描述不同系统之间的相互关系，描述整体的组织结构。如果一些必须的方面没有考虑到，汽车维修思想就不能发挥它的全部作用。

汽车维修思想应该是结构化、客户化的。制订汽车维修思想时，应该考虑当前情况下企业的所有因素，针对企业正在讨论的需求制订。各个企业的汽车维修思想都不一样，但是维修思想的基本结构是相似的。另外，随着企业体制的快速发展（例如高速的技术革新）和环境的变化，汽车维修思想也会周期性回顾，不断地反馈和改进。

1.1.3 汽车维修方式分类

汽车维修策略分类如图 1.2 所示，按照维修方式来分，可以分为两类：预防性维修和基于故障（事后）维修。事后维修也称修复性维修，即一般所说的“修理”或“排故”。它是指汽车发生故障后，使其恢复到规定状态所进行的全部活动。对一些小故障或非致命故障，可以采用这种方式。预防性维修指通过对汽车零部件的检查、检测，发现故障征兆，以防止故障发生并使其保持在规定状态所进行的全部活动。也就是说，在故障发生前预先对汽车进行维修，使其保持在规定的技术状态，消除故障隐患，防患于未然。一般来说，预防性维修主要适用于故障后果影响较严重的情况。它包括定时维修和视情维修两种形式。

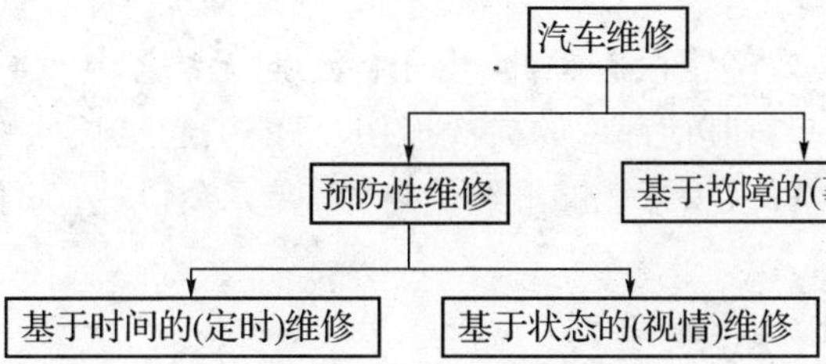

图 1.2 汽车维修策略的分类

1）事后维修方式

汽车从设计阶段开始通常即采用一切可能的维修措施来保证汽车的功能或延缓汽车的功能失效，如预防性维修，但有时汽车在运营中还是会出现故障。故障后进行修复性维修即是对应于汽车故障的维修策略。作为对汽车故障的紧急响应措施，它是基于故障的维修方式，大都称事后维修方式，是汽车维修工作的重要组成部分。

（1）事后维修方式的概念

事后维修可以定义为由于未采取预防性维修或由于预防性维修中没有暴露出的问题而导致系统或设备故障之后所采取的补救措施，它用来使系统或设备经修理后恢复至正常工作状态。然而，作为一种维修策略，事后维修通常会引起汽车功能变差，成本升高。因此，事后维修策略一般只在故障发生后执行。

当汽车仍处于正常功能状态时，事后维修不列入维修计划。事后维修属于计划外维修工作，它的原则是“若无故障，则不用修理”，由于事后维修针对的是突发的偶然事件，基本上不可预测，所以不能提前做计划。并且这种突发事件必须紧急处理，需要与先前的工作计划综合考虑，或者先单独处理后再考虑对原维修计划作相应的调整。事后维修针对的是设备的功能故障或设备的意外停机，所采取的措施是非计划性的、对汽车的安全和使用不构成影响。

通常在下列情形中采用事后维修策略：

①当对汽车故障的过程（机理）和故障结果了解的不是很清楚时，通常要等到出现故障后才设法纠正，即采用事后维修策略。

②汽车的故障率单调递减，或为常数，或者虽然故障率单调递增（部件处于疲劳状态）但事后维修成本明显小于预防性维修成本，在这些情况下，使用预防性维修不具有优势。

③对于维修工作复杂而且维修性差的情形，通常归类于“未完成维修”。此时，早期更换会引起额外的故障，因此通常采用事后维修策略。

（2）事后维修策略的优缺点

①优点：如果不需要维修，就没有维修成本；正确使用时成本低；事后维修不需要提前做计划，这也降低了成本；信息搜集，基于非重要汽车部件的失效情况，就可以得到使用同样部件的重要汽车的可靠性数据；因为早期故障率较低，可以不进行使设备恢复如新的预定维修。

②缺点：安全风险，失效经常没有预兆；由于停工期无法控制，会造成大的生产损失；一个部件的失效会引起对其他部件的二次损伤，可能引起更长的修理时间；因为失效无法预测，需要大批的备件；为了能够继续生产，需要冗余设计；为了能快速起作用，需要一个大的备用维修组。

2）基于时间的（定时）汽车维修方式

基于时间的维修（TBM——Time Based Maintenance）是一种最广泛使用的预定维修形式，也称为定时维修策略。基于时间的维修是在一个特定的时间段（例如，1 个月，1 000 工时等）后进行。如果汽车的故障可以预测，故障率是增长的，甚至汽车开始有疲劳迹象以及故障率正在增长时使用 TBM 最有效。当然，采用基于时间的维修要比事后维修更经济。基于时间的维修任务经常聚集成一个维修包，从而减少每年计划维修的总停工次数。然而，许多汽车的失效模式在本质上是随机的，基于时间的维修任务在改进设备性能方面的效果是有限的。

（1）优点

故障数量减少，缩短了停工时间；劳动力更经济；可以提前做好维修计划（劳动力和材料供应）；提高安全和质量状态；由于汽车状态更好了，降低了汽车的不合格率、返工率及废料产生；通过减少二次损伤（当元件在工作时失效了，经常会损坏其他元件），减少了修理成本；确定出有过多维修费用的设备，指示出需要的事后维修、操作者培训、旧设备的更换；减少加班成本，更经济使用维修工人，因为工人是按计划工作而不是突然地加班工作。

(2) 缺点

维修活动增多、成本提高；进行了不必要的维修；只适用于劣化与寿命有关的情况；在定时维修中，有损坏相邻部件的风险；因为早期的故障率是增长的，就不能实现使汽车恢复如新的预防性维修。

3) 基于状态的(视情)汽车维修方式

视情维修是指经过一定的时间间隔后，将观察到的汽车运行状态与适用的标准进行比较的工作。工作的结果可以是汽车能继续使用到下一个检查期或重新加工后使用，也可以是汽车零部件的更换或报废。或者说，视情维修是指检查汽车的潜在故障，以便采取措施预防功能故障或避免功能故障的后果。视情维修是基于这样一种事实进行的，大量的故障不会瞬时发生，实际上故障要发展一段时间，需要经过由量变到质变的过程，故障前有一些征兆。如果可以发现这种故障过程正在继续的迹象，就可以采取措施及时维修，预防故障。这种在临近功能故障之前确定汽车将不能完成预定功能的状态即是潜在故障。潜在故障是指功能故障临近前的状态，而不是功能故障前任何时刻的状态。潜在故障是一种可辨认的实际状态，它能显示功能故障将要发生或正在发生。汽车的这种状态经观察或检测是可以鉴别的，反之，则该汽车就不存在潜在故障。汽车的零部件、元器件的磨损、疲劳、烧蚀、腐蚀、老化、失调等故障模式大都存在由潜在故障发展到功能故障的过程。检测汽车潜在故障的工作即为视情维修。其目的在于发现潜在故障，以便预防功能故障。这种工作是对汽车状态的定量检测，通常要依靠仪器设备，并要求有明确的潜在故障和功能故障的定量依据。

图 1.3 所示就是著名的 P－F 曲线。它显示了汽车潜在故障发生的一般过程，及由潜在故障发展到功能故障的过程。A 点为故障开始的发生点，P 点为能够检测到的潜在故障点，F 点为功能故障点，T 为由潜在故障发展到功能故障的间隔期，Tc 为视情维修检测的间隔期。由图可见，视情维修的检测的间隔期 Tc 只有小于 T 时才有可能在功能故障发生前检测到潜在故障。视情维修要求第一次检测间隔期要长到能发现恶化的某种实际迹象，而重复检测间隔期要短到能保证在功能故障出现之前检测到潜在故障。视情工作的频度必须小于 P－F 间隔。视情维修的技术可行性体现在能够确定一个明显的潜在故障状态；P－F 间隔是比较稳定的；以小于 P－F 间隔的时间间隔来检测是切实可行的；最小 P－F 间隔必须足够长，以

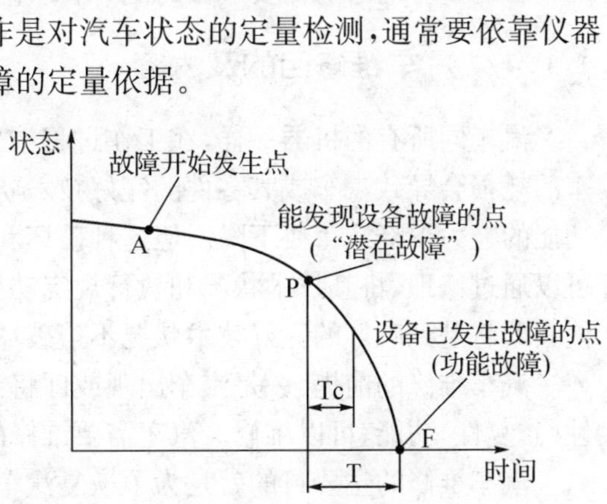

图 1.3　P－F 曲线

预防或避免功能故障后果。视情维修的维修方针的选择分两种情况：易更换、费用低的零部件应采用计划定期预防维修；难更换、费用高的零部件，宜采用监控事后维修方针；对于不能更换的部件，由于故障可能性很小，一般不采用预防维修，出故障后，采取临时事后维修或更换备件。

以可靠性为中心的维修理论提出的潜在故障概念，使汽车在潜在故障阶段得到更换或修理，因而可利用潜在故障来防止功能故障的出现，使汽车在不发生功能故障的前提下得到充分地利用，这样既安全又有良好的经济性。

(1) 视情维修优点

最大化汽车部件的可用性，降低了停产时间；

能分析失效原因；

减少了二次损伤，在严重损伤发生前，停止汽车工作，这也降低了成本；

如果发现潜在故障，可以改进生产从而延长个体寿命；

维修(备件可用性，技术员的可用性和生产停止)能提前计划；

由于汽车整体状态变好了，降低了汽车的不合格率、返工率及废料产生；

提高了期望寿命，排除了汽车部件的不成熟更换；

确定出有过多维修费用的设备，指示出需要的事后维修、操作者培训、旧设备的更换；

减少加班成本，更经济使用维修工人，因为工人是按计划工作而不是突然地加班工作。

(2) 视情维修缺点

针对监控、温度记录和油液分析需要专门的设备和训练。公司必须仔细选择正确的技术。趋势的形成需要一段时间，需要评估汽车的状态；费用高；需要培训专门人员。

1.1.4 汽车维修目的及内容

汽车同所有的机器一样，在工作过程中会有各种磨损和损坏，统称为汽车耗损。汽车的耗损会导致汽车或其零件的完好技术状况遭到破坏或即将遭到破坏，其执行规定功能的能力下降或将要下降。但这种破坏和下降的程度只要还在可恢复的范围内，就可以通过修理，将其技术状况和执行规定功能的能力恢复到完好技术状况；通过维护，使其即将遭到破坏的完好技术状况不遭破坏、即将下降的能力不再下降。

汽车维修的前提：一是汽车出现或即将出现故障，需要维修；二是汽车具备再制造性(修复性)功能，可以维修。汽车需要维修的直接原因是汽车的磨损和损坏。

汽车维修的主要目的就是为了恢复汽车使用性能、延长汽车使用寿命、保持社会运力功能的正常进行。

1) 汽车的磨损

汽车的磨损状况可以用磨损率来进行定量评价。汽车磨损率，指单位行程或时间的磨损量。磨损率在设计允许或技术文件规定的范围内，为正常磨损；磨损率超过在设计允许或技术文件规定的范围，为非正常磨损。在正常磨损条件下，磨损率主要与工作温度、压力、表面状态和润滑等工作条件有关，此时，汽车的工作条件在正常范围，零件磨损速度缓慢，磨损量较小，在规定的工作时间或行驶里程内汽车不会出现故障。但是，汽车在超过技术文件规定的外因作用下或汽车工作条件处在不正常范围内，以及汽车的工作时间或行驶里程超出了规定数值，就会出现非正常磨损。此时，汽车零件磨损速度加快，磨损量剧增，故障会很快出现。

2）汽车的损坏

汽车的损坏，是指汽车或其零件的完好技术状况遭到破坏，使汽车部分或完全丧失工作能力的现象。造成汽车损坏的主要原因是：

①汽车遭受到超过技术文件规定许可的外因作用。

②自身的老化、疲劳、变形。

③非正常磨损。

汽车与外部物体相撞、意外的自然力作用、人为破坏、操作不当等均能使汽车遭到超过技术文件规定许可的外因作用，这种外因作用造成汽车的损坏往往较大，极易使汽车出现局部丧失工作能力或完全丧失工作能力，导致不能行驶或产生种种难以在运行中排除的故障。老化，指汽车零件材料的性能随使用时间的增长而逐渐衰退的现象；疲劳，指汽车零件在较长时间内由于交变载荷的作用，性能变坏，甚至产生断裂的现象；变形，指汽车零件在使用过程中零件要素的形状和位置发生变化不能自行恢复的现象。以上三种现象也都会使汽车逐渐失去工作能力，导致汽车出现各类故障。非正常磨损会导致零件磨损速度加快，磨损量剧增，汽车故障率大幅增加。

3）汽车故障的类别及表现形式

（1）汽车故障的类别

①完全故障：汽车完全丧失工作能力，不能行驶的故障；

②局部故障：汽车部分丧失工作能力，即降低了使用性能的故障；

③致命故障：导致汽车、总成重大损坏的故障；

④严重故障：汽车运行中无法排除的完全故障；

⑤一般故障：汽车运行中能及时排除的故障，或不能排除的局部故障。

汽车出现故障将使汽车各项性能指标恶化、功能递减，汽车部分或完全丧失工作能力，汽车的使用价值递减，甚至消失殆尽，必须及时排除。

（2）汽车故障类别及主要表现形式

①异响：汽车总成或机构在工作中产生的超过技术文件规定的不正常响声；

②泄漏：汽车上有密封要求的部位漏气（液）量超过技术文件规定的现象；

③过热：汽车总成或机构的工作温度超过技术文件规定的现象；

④失控：汽车总成或机构工作时，出现操纵失灵，无法控制的现象；

⑤乏力：汽车运行过程中，动力明显不足的现象；

⑥污染超限：汽车运行过程中产生的有害排放物和噪声超过技术文件规定的现象；

⑦油耗增加：汽车燃料、润滑油消耗超过技术文件规定的现象；

⑧抖振：汽车工作中产生技术文件所不允许的自身抖动的现象。

汽车在设计制造阶段对汽车的性能指标保持性及维修作业的可行性进行了规划，因此汽车具有可维修性。汽车产品在出厂时就具备了“可再制造性(修复性)”功能，使汽车具有了按技术文件规定进行维修的适应能力。汽车可以通过维修，使其原有的完好技术状况得到恢复或维持。

1.1.5 汽车维修内容与特点

汽车技术的进步促进了汽车维修内容的变化，如果说汽车维修在过去相当长的一段时期是传统的汽车维修，那么现在的汽车维修已经进入了汽车维修的新时期。

1) 传统汽车维修的内容与特点

传统汽车维修，采用以机械修理为核心的手工操作技艺，强调修理工艺，并以零部件修复为主要手段，辅之以整车或总成的调整试验，是总成拆装、调整工艺与零件修复工艺的组合。

传统汽车维修的故障检查以定性分析为基础，主要凭人员感觉直接检视，大多采用通用量具和少量的仪表来完成。传统汽车维修过程中所需的技术资料一般通过相关的技术标准手册查阅获得。

传统汽车维修作业的流程一般为：解体、清洗、检验、修理、再重新组装调试。故障诊断与检验的主要方式为：维修人员的看、摸、听，以经验为主做出判断。

2) 现代汽车维修的内容与特点

现代汽车维修，以各种机、电、液一体化检测设备及诊断系统作为维修作业的核心与基础，突出检测诊断，以准确确定故障点为主要目标，以总成调整更换工艺与系统诊断技术有机组合作为维修的主要手段。现代汽车维修的故障诊断以定量分析为基础，故障诊断与检验以电子仪器、计算机控制的检测装备以及计算机网络为主体，配之以必要的人工经验检查。现代汽车维修过程中所依据的技术资料，主要是维修诊断工艺和各种汽车维修的技术参数，均出自国家、行业或地方的法规与标准以及生产厂家的正规维修手册或资料光盘。

国家明确鼓励机动车维修企业实行集约化、专业化及连锁经营，促进机动车维修业的合理分工和协调发展。鼓励推广应用机动车维修环保、节能、不解体检测和故障诊断技术，推进行业信息化建设和救援、维修服务网络化建设，提高机动车维修行业整体素质，满足社会需要。

现代汽车维修内容的变化，使汽车维修从理念到操作都发生了根本性变化，其所采用的技术体系、管理方法、质量管理体系，以及对从业人员素质要求也随之发生了深刻的变化，我们必须转变观念，适应这一变化，跟上汽车技术前进的步伐。

1.2 汽车可靠性理论

1.2.1 可靠性含义

可靠性概念 20 世纪 40 年代中期首先在美国军用部门中提出，1957 年电子设备可靠性顾问组发表的《军用电子设备的可靠性》报告，建立了可靠性工程的框架。60 年代，可靠性工程进入全面发展的阶段，一系列的军用标准、规范和手册陆续出版，标志着可靠性工程已成为一门独立的学科，70 年代至今，可靠性工程在各个领域中的地位日益提高，从事可靠性研究的人员越来越多，研究的手段和方法日新月异，形成了各具特色的流派和分支，取得了一系列理论研究成果和实质性进展。

可靠性是对产品(包括系统、整机、元器件等)无故障工作能力的度量。可靠性工程是一门排除故障的工程技术。其含义为：产品在规定的工作条件下，在规定的时间内，完成规定功能的能力。对汽车而言，其产品包括整车、部件和零件，它们都是可靠性研究的对象。规定条件是指汽车产品的工作条件，包括气候、道路等的环境条件；载荷性质、种类、行驶速度等的运行条件；维修方式、水平、制度等的维修条件等。规定时间是指汽车行驶的保用期、第一次大修里程、报废期等。它们可以用时间单位表示，也可用行驶里程数表示。规定功能是指设计任务书、使用说明书、订货合同以及国家标准规定的各种功能和要求。不能完成规定功能的就是不可靠，称之为发生了故障或失效。

可靠性是一门边缘学科，它是由故障分类学、统计学、失效物理学、环境科学和系统工程学等学科的综合而发展起来的新兴学科。从学科的性质来看，可靠性是系统工程的分支，是研究设备和系统在设计、研制、生产和使用各阶段进行可靠性定性和定量的分析、控制、评估、增长的理论和方法，是实现设备和系统可靠性指标与经济平衡的技术。

可靠性内容包括可靠性基础理论与可靠性专业技术。可靠性基础理论可分为可靠性数学、可靠性管理、可靠性物理；可靠性专业技术有可靠性设计、试验、维修性设计、系统可靠性和软件可靠性等。汽车的可靠性可分为固有可靠性和使用可靠性两种。固有可靠性用于描述汽车及其零部件的设计和制造的可靠性水平；使用可靠性综合考虑汽车及其零部件设计、制造、工作环境、维修和使用因素，主要用于描述汽车在使用环境中的可靠性水平。

1.2.2 可靠性的衡量指标

评定汽车产品的可靠性指标通常有可靠度、故障率和无故障工作时间(寿命)等。

1) 可靠度

汽车在规定条件下和规定时间内完成规定功能的概率，称为汽车的可靠度，用$R(t)$表示。

若事件 A，其概率为 $P(A)$，则

$$R(t)=P(A) \qquad 0\leqslant P(A)\leqslant 1$$

可靠度可用曲线表示，如图 1.4 所示。

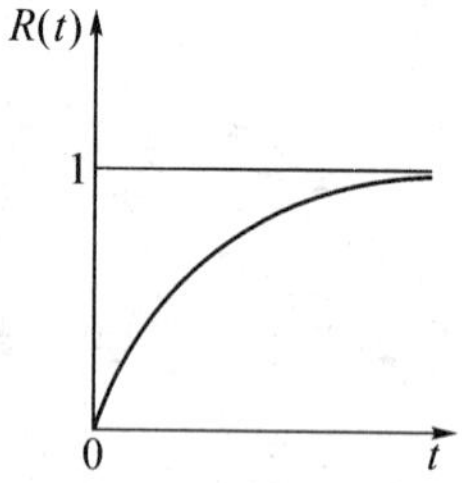

图 1.4　可靠度曲线

由于汽车产品发生失效是随机的，对于不同产品和不同的工作条件，寿命不同，须用不同的故障概率密度函数来表示失效率的分布情况，如果选择故障概率密度函数为 $f(t)$，则可靠度为

$$R(t)=1-\int_0^t f(x)\mathrm{d}x=\int_0^\infty f(x)\mathrm{d}x$$

汽车产品在规定条件下，在规定时间内丧失规定功能的概率，称失效故障概率，也称不可靠度，记为 $F(t)$。

由于出现故障与不出现故障是两个对应的事件，故

$$R(t)+F(t)=1$$

失效度曲线如图 1.5 所示。失效度和可靠度关系如图 1.6 所示。

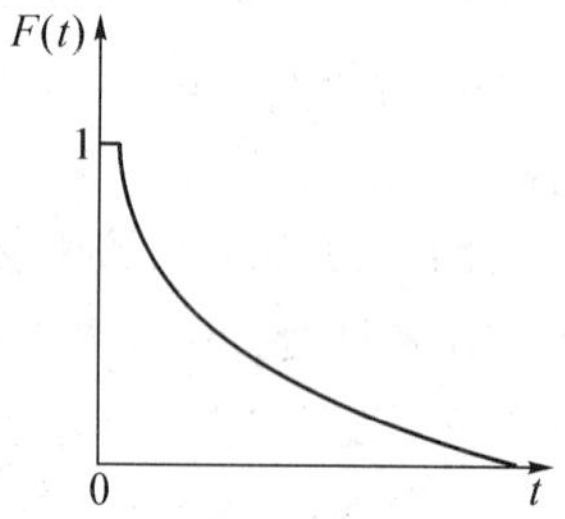

图 1.5　失效度曲线

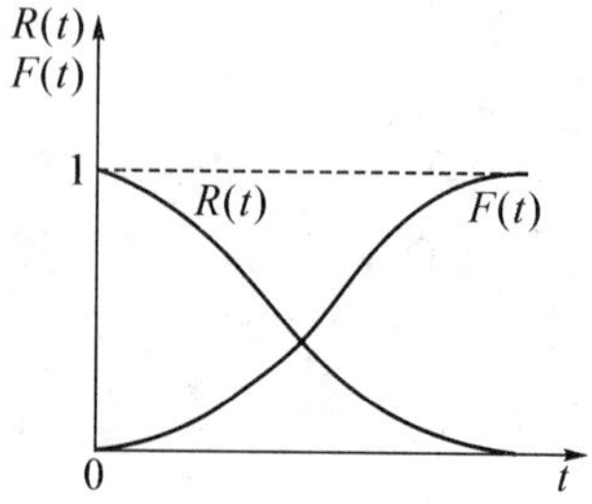

图 1.6　可靠度和失效度关系

失效度计算式为

$$F(t)=\int_0^t f(t)\mathrm{d}t$$

因此故障概率密度函数也可计为失效率对时间的分布函数，即 $f(t)=\mathrm{d}F(t)/\mathrm{d}(t)$。故障概率密度函数 $f(t)$、失效度 $F(t)$ 及可靠度 $R(t)$ 关系如图 1.7 所示。

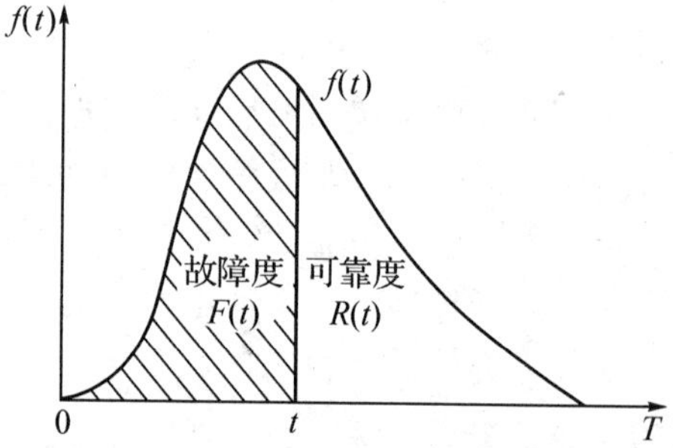

图 1.7　$R(t)$、$F(t)$ 与 $f(t)$ 三者关系

2）故障率函数

（1）概念

故障率函数也称失效率函数，是指产品到 t 时刻为止未发生故障，在该时刻后发生故障的概率，用 $\lambda(t)$ 表示，可以表述产品在整个寿命期内出现故障的可能性。

已知 T 为寿命，用 $T>t$ 表示产品工作到"尚未发生故障"事件；用 $t<T<t+\lambda t$ 表示产品在$(t\ ,t+\lambda t)$内失效事件，则产品工作到 t 时刻后，在$(t,\ t+\lambda t)$内发生故障的概

率为

$$P(t<T\leqslant t+\lambda t)$$

再除以 λt,则得 λt 时间内的平均故障率。λt 趋于 0 时,就可得到 t 时刻的失效率,即

$$\lambda(t)=\lim_{\lambda t\to 0}\frac{P(t<T\leqslant t+\lambda t)}{\lambda t}$$

(2) 故障率函数和其他函数的关系

①与失效分布密度函数 $f(t)$的关系

$$f(t)=\lambda(t)\exp(-\int_0^t\lambda(t)\mathrm{d}t)$$

②与可靠度函数 $R(t)$的关系

$$R(t)=f(t)/\lambda(t)=\exp(-\int_0^t\lambda(t)\mathrm{d}t)$$

③与失效概率分布函数 $F(t)$的关系

$$F(t)=1-R(t)=1-\exp(-\int_0^t\lambda(t)\mathrm{d}t)$$

(3) 平均故障率的观察值

指汽车或总成在规定的考察行程(或时间)内故障发生次数与累积行程(或时间)之比。常用在生产实际中。

$$\lambda=\frac{m}{\sum L(or\sum T)}$$

式中:m——考察行程(或时间)内,考察汽车或总成发生故障的次数;

$\sum L$(或$\sum T$)—— 考察行程(或时间)内,考察汽车或总成累积行程(或时间)。

(4) 故障率函数曲线

故障率函数曲线也称寿命曲线或浴盆曲线(见图 1.8),描述了失效率随时间变化的规律。由于该曲线如同浴盆,故称为浴盆曲线。从曲线的变化趋势来看,可将故障率函数曲线划分为三个阶段,即失效的三个时期。

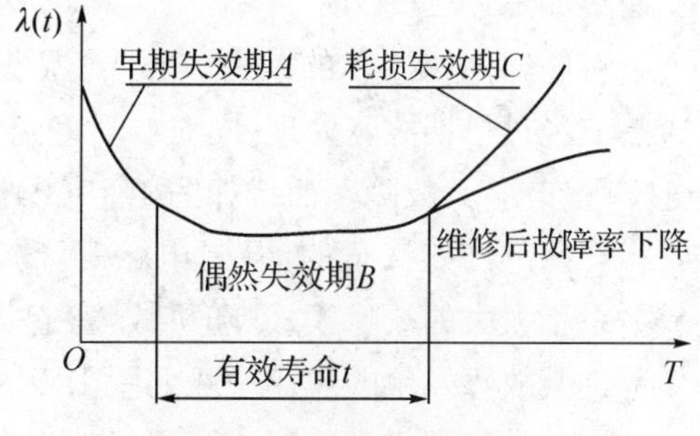

图 1.8　故障率函数曲线

①早期失效期(DFR:Decreasing Failure Rate)。

基本特征:开始失效率较高,随着时间的推移,故障率逐渐降低。产生 DFR 型失效的原因:产品本身存在着某种缺陷,如各摩擦副间的配合间隙不得当、加工精度不符合要求、材料存在内部缺陷、设计不够完善、加

工工艺不当、检验差错致使次品混于合格品中等等。加强走合期的管理可以降低该时期故障发生概率。

②偶然失效期(CFR:Constant Failure Rate)。

基本特征:故障率$\lambda(t)$近似等于常数,故障率低且性能稳定。在这期间失效是偶然发生的,何时发生无法预测。原因:由于各种失效因素或承受应力的随机性,致使故障的发生完全是偶然的,但用户通过对汽车的维护和修理,可以使这一时期延长。

③耗损失效期(IFR:Increasing Failure Rate)。

基本特征:随着时间的增长,故障率急剧加大。原因:由于汽车产品的老化、磨损和疲劳,引起其油耗增大、性能下降、维修费用增加、汽车运用成本升高;但汽车属于可维修性产品,在损耗期即将来临之前,通过对发动机工作状态的调整,对整车零部件的维修、保养和更换,使其延长汽车的有效寿命,推迟耗损期的出现。然而,一旦达到耗损失效期的汽车,应以报废为上策。

汽车从新车投入使用到最终报废,其整体技术状况或工作能力将不断恶化,故障率$\lambda(t)$呈上升状态。如图 1.9 所示为某型汽车在经济使用寿命内允许两次大修的故障率λ变化趋势,其大修间隔里程越来越短,而故障率λ越来越高。

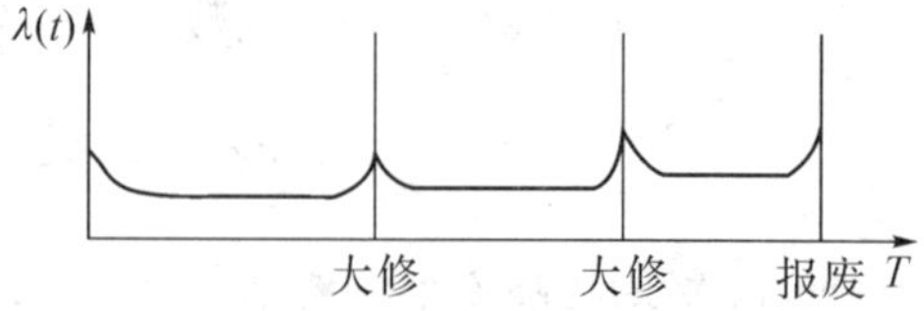

图 1.9　故障率变化趋势

应当指出,并非所有的汽车零部件都具有三个故障期,都呈浴盆曲线的形状。有些零部件只有其中一个或两个故障期,如图1.10 所示。因此采取的预防故障的维修策略也不同。对于汽车发动机和曲柄连杆机构等部件其故障模式(如磨损、腐蚀、疲劳、材料性质的老化等)与工作时间密切相关,因此故障率曲线如图1.10(A)所示。

有些部件如汽车的前桥、电子产品设计完善、技术成熟或经过早期故障处理、同时与时间有关的故障模式起支配作用,其故障率曲线如图 1.10(B)所示。

有些部件如汽车的油路、电路等,与工作时间无关或关系不太大的故障模式(随机故障)起支配作用,这些零部件其故障发生的规律一般如图 1.10(C)所示。

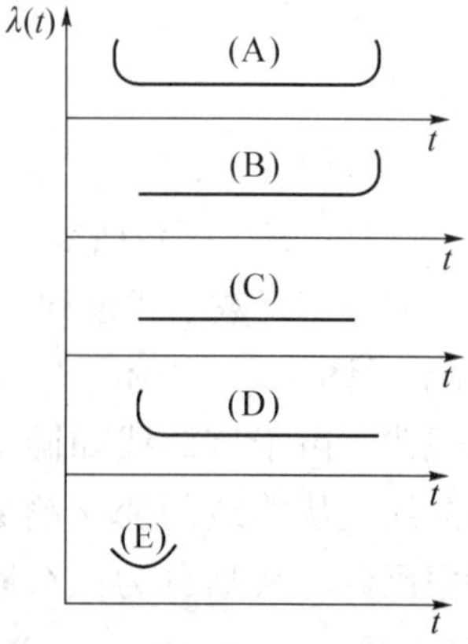

图 1.10　不同零件的故障率曲线

即使具有图 1.10(A)故障规律的汽车或总成,由于可靠性、安全性、环保性要求很高,有时由于在耗损故障期尚未出现时,已安排维修,耗损故障期表现不出来,还有一些紧固件等都呈现图 1.10(D)所示规律。

质量低劣或假冒伪劣产品其故障率一直较高,其寿命也很短,如图 1.10(E)所示。

3）平均寿命与可靠寿命

（1）平均寿命

这是一个标志产品平均能工作多长时间的量，是对整批产品而言的一个指标。如产品寿命 T 的故障概率密度函数为 $f(t)$，则其数学期望 $E(T)=\int_0^{\infty} tf(t)\mathrm{d}t$ 称为产品的平均寿命。

对于不可维修产品，是指产品发生失效前的平均时间，记为 MTTF（Mean Time To Failure）。对于可维修产品，是指产品的平均无故障工作时间，记为 MTBF（Mean Time Between Failure），也可用下列平均无故障工作时间观察值来表示：

$$\mathrm{MTBF}=\frac{\sum T}{m}=\frac{1}{\lambda}$$

式中：m——考察时间内，考察汽车或总成发生故障的次数；

$\sum T$——考察时间内，考察汽车或总成累积时间；

λ——平均故障率的观察值。

（2）可靠寿命

由可靠度函数 $R(t)$ 知，若给定时间就确定了可靠度；若确定了可靠度，即可求出相应的寿命，即为可靠寿命，用 t_R 表示。

如 $t_{0.99}$ 表示可靠度 $R(t)=99\%$ 时产品的寿命。在可靠度寿命中有如下三种特殊情况：

①特征寿命：可靠度 $R=\exp(-1)=36.8\%$ 时的可靠寿命，称为特征寿命。

②中位寿命：可靠度 $R=50\%$ 时的可靠寿命，称为中位寿命，记做 $t_{0.5}$。

③额定寿命：可靠度 $R(t)=90\%$ 时的可靠寿命，称为额定寿命，记做 $t_{0.9}$。

1.2.3 汽车可靠性常用分布函数

对于一批产品来说，其中每一个产品故障前的工作时间有长有短，参差不齐，具有随机性；对于一个特定的汽车产品，在使用过程中什么时间发生故障也完全是随机的，但就整体而言又会遵循一定的规律，描述这种规律的函数称分布函数。在研究分析汽车及其零部件可靠性时，必须掌握失效随时间变化的分布规律。在可靠性设计中，既要掌握失效随时间变化的分布规律，又要掌握维修随时间变化的分布规律。在进行可靠性数据处理时，首先要明确数据按什么形式分布，并按该分布进行故障规律分析。

汽车可靠性研究中所用的理论概率分布类型很多，常用的分布有指数分布、正态分布和威布尔分布等。威布尔分布函数是应用最广泛的可靠度函数，具有很好的兼容性，可将常见的正态分布、指数分布等都容纳在内。

1）指数分布

指数分布是可靠性分析中常用的分布，因为电子产品、复杂的机械产品、机构的缺陷或损坏以及过度偏离原来的允许量而造成的耗损与故障，具有一定的偶然性，都可以运用指数分布来研究其变化规律。

指数分布的基本公式如下：

概率密度函数：　$f(t)=\lambda e^{-\lambda t}$　　$t\geqslant 0$

分布函数：　$F(t)=1-e^{-\lambda t}$　　$t\geqslant 0$

可靠度函数：　$R(t)=e^{-\lambda t}$　　$t\geqslant 0$

式中：μ——平均寿命。

2) 正态分布

相当一部分汽车零部件的磨损服从正态分布，是一种应用极其广泛的分布。正态分布的基本公式为

分布函数：
$$F(t)=\int_{-\infty}^{t}\frac{1}{\sqrt{2\pi}}\exp\left[-\frac{x-\mu}{2\sigma^2}\right]dx$$

概率密度函数：
$$f(t)=\frac{1}{\sigma\sqrt{2\pi}}\exp\left[-\frac{(t-\mu)^2}{2\sigma^2}\right]\qquad -\infty<t+\infty$$

可靠度函数：
$$R(t)=1-F(t)=\int_{t}^{\infty}\frac{1}{\sigma\sqrt{2\pi}}\exp\left[-\frac{(x-\mu)^2}{2\sigma^2}\right]dx$$

故障率函数：
$$\lambda(t)=\frac{f(t)}{R(t)}=\frac{\exp\left[-\frac{(t-\mu)^2}{2\sigma^2}\right]}{\int_{t}^{\infty}\exp\left[-\frac{(x-\mu)^2}{2\sigma^2}\right]dx}$$

式中：t——随机变量；

μ——为随机变量 t 的数学期望；

σ——为随机变量 t 的均方差。

3) 威布尔分布

(1) 威布尔分布的定义

完整的威布尔分布由三个参数决定，其表达为

可靠度：$R(t)=\exp[-(t-r)^m/t_0]$

失效度：$F(t)=1-\exp[-(t-r)^m/t_0]$

故障概率密度函数：$f(t)=[m(t-r)^{m-1}/t_0]\exp[-(t-r)^m/t_0]$

故障率：$\lambda(t)=f(t)/R(t)=m(t-r)^{m-1}/t_0$

式中：m——形状参数；

t_0——尺度参数；

r——位置参数。

在实际工程问题中，位置参数 r 常为 0，故上述三参数的分布简化为两参数的分布，即

$$R(t)=\exp(-t^m/t_0)$$
$$F(t)=1-\exp(-t^m/t_0)$$
$$f(t)=[mt^{m-1}/t_0]\exp[-t^m/t_0]$$
$$\lambda(t)=mt^{m-1}/t_0$$

式中，形状参数 m 影响分布函数曲线的形状特征。

当 $m=1$ 时，则

$$R(t)=\exp(-t/t_0)=-\exp(-\lambda t) \qquad (\lambda=1/t_0)$$

$$F(t)=1-\exp(-t/t_0)=1-\exp(-\lambda t)$$

$$\lambda(t)=1/t_0=\lambda$$

即当 $m=1$ 时，为指数分布；当 $m=2$ 时，为瑞利分布；当 $m=2.7-3.7$ 时，为近似正态分布；当 $m=3.313$ 时，为正态分布。

因此，在汽车零部件可靠性试验处理中，除非很有把握知道属于某种分布，一般都采用威布尔分布，这在美国、欧洲和日本已经普遍使用。

(2) 威布尔分布参数的意义

m、t_0、r 是威布尔分布的三个参数，它们在数学上有明显的几何意义；在物理意义上，它们代表了产品不同的性能(不同的失效模式)。下面分别加以说明。

①形状参数 m。取不同的 m 值，其威布尔分布曲线的形状也随之变化。

当 $m<1$ 时，失效率随时间增加而递减，反映了产品早期失效过程的特征，称 DFR 型。

当 $m=1$ 时，失效率等于常数($\lambda=1/t_0$)，反映了随机失效过程的特征，即 CFR 型。

当 $m>1$ 时，失效率随时间增加而递增，反映了耗损失效过程的特征，即 IFR 型。

②尺度参数 t_0。尺寸参数不影响曲线变化的形状和位置，只是改变曲线纵横坐标的标尺。

③位置参数 r。参数 r 不同时，威布尔分布的概率密度曲线形状不变，只是曲线起点的位置发生变化。参数 r 增大，曲线沿着横轴正方向平行移动。

(3) 威布尔分布的应用

在使用威布尔分布分析产品可靠性时，通常用以下几个寿命来评价产品的可靠性：

①B10 寿命：累积失效概率 $F(t)=10\%$ 时的寿命；

②特征寿命：可靠度为 36.8%时的寿命，即 $R=e^{-1}=36.8\%$；

③中位寿命：可靠度为 50%时的寿命，也称 B50 寿命。

1.3 汽车的维修性及有效性

汽车维修是为恢复汽车完好技术状况或工作能力并保证寿命而进行的作业。汽车的维修性则是指汽车对按技术文件规定所进行维修的难易程度，是汽车的应有设计特性和可靠性的必要补充。它反映了车辆或总成是否适宜通过维护和修理的手段来预防故障，查找其原因和消除其后果的程度。

维修性的主要要求是用于维修时间，费用及其他的资源(人员、材料、设施、试验设备等)要少，而维修之后能够达到其规定的性能。汽车维修性的评价指标主要有维修度、修复率、平均修复时间等。

1.3.1 维修度

汽车的维修度即是汽车或总成在规定的条件下使用，在规定的时间内，按规定程序和方法进行维修时，保持或恢复到能完成规定功能能力的概率。

1）维修度 $M(t)$

汽车或总成从维修开始到结束所经历的时间为规定维修时间，以 t 表示。若将汽车总成等在维修时间所服从的分布称为维修分布，记为 $G(t)$，而实际维修所用的时间为 ξ，则在 t 时刻完成维修的概率是

$$G(t)=P(\xi\leqslant t)$$

若 t 为连续型随机变量，则存在维修的概率密度函数 $m(t)$。则有

$$G(t) = P((\xi \leqslant t) = \int_0^t m(t)\mathrm{d}t$$

若维修度记为 $M(t)$，则有

$$M(t)=G(t)$$

$M(t)$是递增函数，随维修时间的增长而增大。显然 $t=0$ 时，即发生故障尚未修理，$M(t)=0$；$t\to\infty$时，一定为修好，$M(t)=1$。

在一定时间内，维修度越大，说明维修的速度越快，反之维修速度越慢。

2）平均修复时间$\overline{M}_t$

平均修复时间$\overline{M}_t$，表示修复时间的平均值，可用下式表示

$$\overline{M}_t = \frac{\sum_{i=1}^{m} T_i}{m}$$

式中：T_i——被调查或被试验的车辆中，第 i 个故障（轻度故障除外），所需的修复时间；

m——被调查或被试验的车辆中，发生故障的总次数；

修复时间指从发生故障到恢复产品功能所需的时间。包括故障诊断、修理准备和修理所用的时间总和。

3）修复率

修复率是指修理的时间已达到某时刻但尚未修复的汽车或总成，在该时刻后的单位时间内完成修理的概率，记为 e(t)。

$$\mathrm{e}(t)=\frac{m(t)}{1-G(t)}=\frac{m(t)}{1-M(t)} \tag{1.1}$$

从上面可以看出，可靠度 $R(t)$和维修度 $M(t)$之间的关系。可靠度是指无故障工作时间 t 大于规定时间 δ 的概率。维修度是指修复时间 ξ 小于或等于规定时间 t 的概率。从公式(1.1) 可见，欲使维修度 $M(t)$大，则修复率 e(t)就大；而要使可靠度大，则失效率一定要小，而修复率则尽量大。

在汽车设计中，除考虑可靠度外，还应提高总成的可维修性。要求汽车在维修时，能够迅速方便地达到和容易看到所需维修的部位，并保证维修有足够的空间，合理开设

维修通道和窗口，以便于拆卸和装复。并且应尽量采用标准化、通用性和互换性好的零部件。此外，一些较为贵重的零件一定要有可修复性。同时应合理地科学地进行管理，开展以诊断和检测技术为基础的汽车维修，采用先进的维修工艺和维修方法来提高汽车的维修性。

1.3.2 汽车的有效度

汽车的有效度又称可用度，是指汽车、总成在任一时刻能维持规定功能的概率，它是一个综合反映汽车可靠性与维修性的指标。有效度只描述在 t 时刻正常工作的概率，并不考虑在时刻 t 以前是否发生故障。如果发生故障，只要在允许的时间内修好，不影响正常工作就可以。

设汽车或总成的状态 $D(t)=0$ 时，为正常状态；$D(t)=1$ 时，为故障状态。则有效度可用下式表示

$$A(t)=p\{D(t)=0\}$$

$A(t)$是时间的函数，它由汽车的可靠度 $R(t)$和维修度 $M(t)$来决定，三者之间的关系以数学式子表示

$$A(t,\xi)=R(t)+[1+R(t)]M(\xi) \tag{1.2}$$

式中：t——给定的使用时间；

ξ——维修时间；

$R(t)$——在时间 t 内，汽车的可靠度；

$M(t)$——维修时间为 t 时的维修度。

$A(t)$、$R(t)$、$M(t)$三者之间存在着如图 1.11 所示的关系。

由式(1.2) 可知，可靠性由延长其正常工作时间来提高有效度，而维修性则由缩短维修停机时间来提高有效度。对于不可修汽车，有效度 $A(t)$等于其可靠度 $M(t)$。

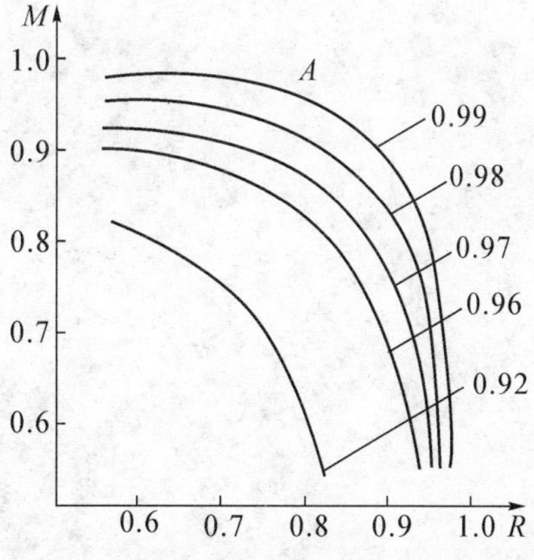

图 1.11 可靠度、维修度及有效度三者之关系

有效度通常用固有有效度 A_1，可达有效度 A_2，工作有效度 A_3 等参数来度量。

1) 固有有效度 A_1

固有有效度 A_1，为汽车平均无故障工作时间 MTBF 与无故障工作时间 MTBF 和平均修复时间 MTTR 之和的比值。即

$$A_1=\frac{\text{MTBF}}{\text{MTBF}+\text{MTTR}}$$

2) 可达有效度 A_2

$$A_2=\frac{\text{MTBF}}{\text{MTBF}+\text{MTTR}+M_{pt}}$$

式中：M_{pt}——平均预防维修时间。

3）工作有效度 A_3

工作有效度 A_3，为汽车平均无故障工作时间 MTBF 与平均无故障工作时间 MTBF 及维修停机时间 MDT 之和的比值，即

$$A_3=\frac{\mathrm{MTBF}}{\mathrm{MTBF}+\mathrm{MDT}}$$

MDT 除包括平均修复时间和平均预防维修时间外，还包括后勤保证延误时间和行政管理延误时间。

工作有效度与设计、维修制造以及维修企业的管理水平有关。

2 汽车零件失效

汽车按技术文件规定的使用性能指标，执行规定功能的能力，称为汽车的工作能力，或称为汽车的工作能力状况。处于具有工作能力状况的汽车，只要主要性能参数完全符合技术文件的规定，而不需要全部技术状况参数值都符合技术文件的规定。因此，它能以技术文件规定的使用性能指标完全发挥其功能。

汽车失效是指汽车零部件部分或完全丧失工作能力的现象。汽车随着行驶里程的增加，其零件会由于磨损、腐蚀、疲劳、变形等原因而逐渐损坏和失效，使汽车的技术状况逐渐变差，直至丧失正常工作能力。影响汽车技术状况恶化的主要因素，首先是组成汽车的零件间相互作用的结果；其次是汽车使用与保管的环境条件的影响；最后是以零件隐伤和过载等为主的偶然因素的作用。零件间相互作用的结果，使零件产生磨损、塑性变形、疲劳破坏、热损坏以及材料性能引起的变化等，促使汽车零部件的原有尺寸、形状、表面质量以及配合副的配合性质产生变化，导致汽车失效发生。

由于技术状况的变化是不可避免的，所以了解汽车零件性能恶化的进程，就能针对零件失效的原因采取相应的措施，防止零件的早期损坏，进而控制汽车的技术状况，使汽车的技术状况处于规定的水平。因此，研究汽车零件、部件、机构乃至总成失效的原因及其规律，建立和掌握控制汽车技术状况的理论基础是十分必要的。研究和掌握汽车失效的规律，是控制汽车技术状况，不断完善汽车的结构设计，提高汽车维修质量的重要手段。了解汽车技术状况变化(失效)的原因及其规律，对于正确使用和维修汽车，保持汽车处于最佳技术状况，预防和及时发现、排除故障等，都具有重要的理论指导意义。

2.1 汽车失效规律

2.1.1 汽车技术状况主要评价指标

1）动力性

汽车的动力性是发动机有效功率和有效转矩在发挥汽车运行能力时的表现，其评价指标主要指汽车的最高行驶速度(km/h)、最大爬坡能力和加速性能等。汽车动力性变差后,会使汽车最高行驶速度和最大爬坡能力下降,加速时间变长。如果汽车在运行中出现动力下降,则表明汽车的技术状况已经变坏。

汽车动力性除与发动机输出功率有关外,还与汽车传动系统有关。例如离合器打滑、车轮制动器的制动鼓与蹄片间隙过小、卡滞、动配合副阻滞等,都会使动力性变差,降低汽车运行能力。

2) 经济性

汽车经济性主要是指汽车的燃油经济性,即汽车在规定的装载状态下,单位行驶距离所消耗的最少燃油量。常用在一定的行驶工况下行驶 100 km 的燃油消耗量来度量(单位 L/100 km)。此外还有润滑材料的消耗,以及由于离合器打滑、轮胎磨损过快、小修费用增加等,也使汽车运输成本提高,经济性变差。

3) 可靠性

汽车可靠性是指汽车在规定的条件下和规定的时间内能稳定、安全行驶的性能。主要包括汽车的安全性、操纵稳定性和行驶的平顺性。汽车在运行中故障现象增多(如机件损坏而停车、制动不灵、方向跑偏、起动困难、漏水、漏气、漏油、异响等现象增多),都会使汽车的安全性、操纵稳定性、平顺性变差。

对汽车实施维修的目的,就是要恢复和维持汽车应有的动力性、经济性和可靠性,使汽车保持良好的技术状况。

2.1.2 汽车技术状况变化特征

汽车在运行过程中,技术状况发生变化的主要特征是动力性、经济性和使用可靠性变差。

1) 动力性下降

其主要表现是:动力不足,牵引力降低,加速不良,行驶速度缓慢、爬坡困难等。

2) 经济性变差

其主要表现是:燃料、润滑油消耗量增加,排气管冒异色浓烟,轮胎使用寿命缩短等。

3) 使用可靠性变坏

其主要表现是:起动困难,行驶跑偏,转向沉重,离合器分离不彻底,换挡困难,制动失灵,以及漏油、漏水、漏气、漏电等。

2.1.3 汽车技术状况的分类

表征汽车技术状况的参数分为两大类,一类是结构参数,另一类是技术状况参数。结构参数是表征汽车结构的各种特性的物理量,如几何尺寸、声学、电学和热学参数等。技术状况参数是评价汽车使用性能的物理量和化学量,如发动机的输出功率、转矩、油耗、噪声、排放限值和踏板自由行程等。

1) 汽车完好技术状况

指汽车完全符合技术文件规定要求的状况，即技术状况的各种参数值(既包括主要使用性能的参数值，也包括外观、外形等次要参数值)，都完全符合技术文件的规定。处于完好技术状况的汽车，包括涂层、外观和外形等，完全能正常发挥汽车的全部功能。

2) 汽车不良技术状况

汽车不符合技术文件规定的任一要求的状况，称为汽车不良技术状况。处于不良技术状况的汽车，可能是主要使用性能指标不符合技术文件的规定，不能完全发挥汽车应有的功能；也可能是主要使用性能指标完全符合技术文件之规定，仅外观、外形及其他次要性能的参数值不符合技术文件的规定，而又不致影响汽车完全发挥自身功能，如喇叭的损坏并不影响汽车的正常行驶。

2.1.4 汽车技术状况变化的主要原因

汽车技术状况的恶化，是由于构成汽车的各总成、机构的零部件受损变坏而造成的。零部件损伤的主要原因有磨损、塑性变形、腐蚀、疲劳损坏、热损坏和材料的物理化学特性变化等，这些因素在汽车技术状况恶化过程中，对各总成零部件的作用是不同的。

1) 磨损

汽车零部件的动配合摩擦副之间的摩擦，使零件工作表面物质不断损耗的现象，称为零件的磨损。例如发动机活塞与缸套、曲轴与轴承等摩擦副，在长期相对运动中的摩擦损耗，造成其配合松旷和产生异响。据统计，有75%的汽车零件是因磨损而报废，因此，零件磨损是导致汽车技术状况恶化的主要原因。

2) 塑性变形

汽车零件的主要变形有弯曲、扭转和挤压等。正常使用的汽车，其零件变形主要是因为外载(冲击)负荷的作用，载荷超过屈服点就会产生塑性变形，进而造成零件损坏。例如，汽车超载运行或汽车速度急剧变化(加、减速)上下坡、起步过猛、紧急制动等不当操作，将会导致(或加速)零件的损伤，进而加速汽车技术状况的恶化。

3) 疲劳

疲劳损坏是汽车零件在长时间高变载荷的作用下，性能变差，甚至产生断裂的现象。零件疲劳损坏往往是先产生微观裂纹，然后随着高变载荷的断续作用，微裂纹不断积累扩大，最终造成零件的疲劳损坏。这种损伤多发生在承受高变载荷的气门与座、转向节、车架、钢板弹簧、螺旋弹簧等零部件。现代汽车发生疲劳损坏主要是由于使用条件过于恶劣所造成的。

4) 腐蚀

腐蚀是指金属零件与周围介质互相作用而产生化学腐蚀(反应)或电化学腐蚀(反

应)的现象。汽车上容易发生腐蚀损坏的零部件,主要有车身、悬架、冷却系统、供油系统和驾驶室等。汽车在运行过程中,车体下部零件除受腐蚀作用外,还要受到道路泥沙的磨削和潮湿气体的作用。

5)热损坏

汽车零件热损坏的表现形式主要是烧焦、烧坏和烧穿。例如,维修装配质量差和不及时按规定锁紧气缸盖螺栓,都容易造成气缸垫烧穿故障。汽车电气设备的电器及电子元件、导线、绕组、灯泡和触点等,通常因使用维修不当、绝缘物老化、破损,造成电路过载、短路而被烧坏。

2.1.5 汽车失效类型

按失效模式分类,汽车失效可分为磨损、疲劳断裂、变形、腐蚀及老化等五类。

1)磨损

包括磨料磨损、粘着磨损、疲劳磨损、腐蚀磨损、微动磨损,如气缸工作表面"拉缸",曲轴"抱轴",齿轮表面和滚动轴承表面的麻点、凹坑等。

2)疲劳断裂

包括高应力低周期疲劳、低应力高周期疲劳、腐蚀疲劳、热疲劳等,如曲轴断裂、齿轮轮齿折断等。

3)腐蚀

包括化学腐蚀、电化学腐蚀、穴蚀,如湿式气缸套外壁麻点、孔穴等。

4)变形

包括弹性变形、塑性变形,如曲轴的弯曲、扭曲,基础件(气缸体、变速器壳体、驱动挢壳)变形等。

5)老化

包括龟裂、变硬,如橡胶轮胎、塑料器件的老化等。

2.2 汽车零部件的磨损失效分析

汽车零件的磨损是指零件工作表面的物质由于表面相对运动而不断耗损的现象。磨损可以看做是摩擦表面的相互作用、表面在摩擦过程中的变化和表面材料微粒的脱落三个依次进行的过程。

磨损失效是指由于零件的磨损使其尺寸误差和形状误差超过了允许值的现象。例如汽车发动机的气缸磨损后,不但使其与活塞环、活塞裙部的配合间隙增大,而且使其形状变化,圆柱度和圆度超标,导致气缸与活塞之间的密封性能变坏,积炭增多等故障的形成。

磨损是由摩擦引起的,磨损的快慢还与相互运动的零件之间的润滑条件等有密切关系。

2.2.1　汽车零件磨擦

在外力作用下，两物体相对运动使其接触表面间产生运动阻力的现象称为摩擦，该阻力称为摩擦力。

摩擦会使运动部件发热，造成机械能损失，使机械效率下降，而且引起零件接触面磨损。在摩擦表面引入润滑介质，可以使摩擦系数减小。润滑剂依靠粘性及零件表面的几何形状和零件的运动使润滑油产生足够的压力进行润滑，力求使零件的磨损减小到最低限度。

摩擦按其摩擦副表面的润滑状况，可分为干摩擦、液体摩擦、边界摩擦、半干摩擦（混合摩擦）和半液体摩擦（混合摩擦）五类。

1）干摩擦

干摩擦即是指摩擦副表面之间无任务润滑油或其他润滑介质的摩擦，也叫固体摩擦。

在干摩擦状态下，两摩擦表面直接接触，其接触面间产生分子的相互吸引及凹凸点产生相互嵌合，接触表面相对运动时，会产生摩擦热并引起接触点的熔合。因此，使零件相对运动，必须克服其表面间的分子吸引力、机械嵌合力及熔合点的粘结力，从而消耗较多的动力，同时还伴随着强烈的摩擦面表面的磨损，如图 2.1 所示。

在干摩擦条件下，摩擦系数很大，在汽车上有意利用干摩擦来工作的零部件有：离合器摩擦片与压盘和飞轮表面，制动蹄片与制动鼓表面之间等。除此以外配合副之间应尽量避免干摩擦产生。

2）液体摩擦

液体摩擦即是一组摩擦副的工作表面间被一层有一定压力的厚度为 1.5～2.0 μm 的润滑油膜隔开，产生相对运动时，两工作表面不直接接触的摩擦。摩擦只发生在润滑油液体分子之间，摩擦力仅等于润滑油分子之间的粘着力，摩擦系数很小，一般约为 0.001～0.008，因此相对运动的零件的工作表面磨损很小。

建立液体摩擦的关键是汽车零件摩擦副处形成逐渐收敛的楔形间隙以便建立起流体动压力，如图 2.2 所示。该动压力将随着楔形间隙的变窄而越来越大。当轴的转速增加到一定值时，流体动压力将增大到克服轴上的载荷将轴抬起，使轴和轴承之间分开。当轴与轴承之间稳定运转时，轴与轴承之间产生的摩擦就是液体摩擦，液体摩擦必须使润滑油形成足够的油膜厚度，并使产生的动压力 P' 大于轴承所受载荷 P。

液体摩擦油膜厚度及建立的动压力与轴的直径 d、表面粗糙度、摩擦副的相对运动速度 V、润滑油的粘度 μ、外载荷 P 的大小有关。显然 μ、V 越大，P 越小，越容易形成并能保持完好的液体润滑油膜。

汽车发动机稳定运转时，曲轴与轴承表面之间的摩擦就属于液体摩擦。

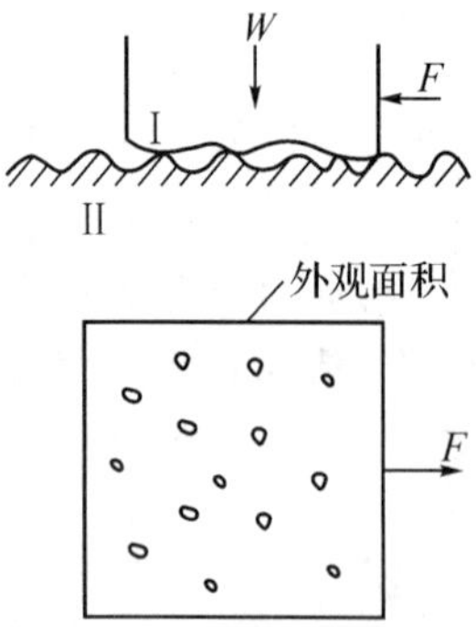

图 2.1　干摩擦示意图

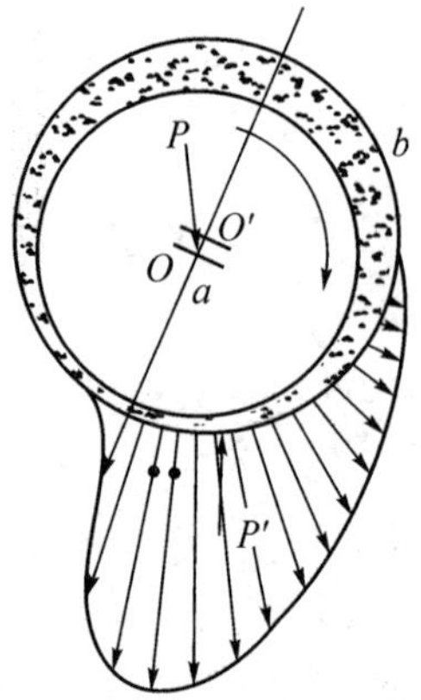

图 2.2　滑动摩擦副液体摩擦示意图

a—轴；b—轴承；O—轴中心；O'—轴承中心；P—轴承所受载荷；P'—油膜支承力

3）边界摩擦

边界摩擦是指相对运动的两摩擦表面被一层极薄的(其厚度只有几个分子直径厚)且具有特殊性质的润滑油的边界膜隔开时的摩擦，有时将此摩擦也称为边界润滑。

具有特殊性质的油膜——边界膜，它根据膜的结构形式的不同，可分为吸附膜和反应膜两种。吸附膜即是在边界摩擦状态中，润滑油的极性分子附在摩擦表面上所形成的边界膜。而对于含有硫、磷、氯等元素的添加剂的润滑油来说，由于它能与摩擦表面产生化学反应而生成的边界膜称为化学反应膜。

由于吸附膜的存在，使润滑油分子以很强的吸附力牢牢地吸附在摩擦表面上，以润滑性能特别好的饱和脂肪酸($C_nH_{2n+1}COOH$)为例，它是一种长链型的极性化合物，它的酸根 COOH 牢固地吸附在金属表面上，并形成一层紧密的，按一定方向排列的，通常由 3～4 层分子构成的边界吸附膜，如图 2.3 所示。当这层分子吸附膜达到饱和状态时，分子排列紧密，因而在链与链之间形成很强的内聚力，使吸附膜具有很强的强度能承受很大的压力，有效地防止摩擦表面的直接接触。当两个相对运动表面产生运动时，由于两表面上的吸附膜之间产生相互滑动，而不是金属与金属之间产生滑动，从而降低了摩擦系数，故运动副之间磨损减小，功消耗也少。

润滑油在摩擦工作面上形成边界膜的能力称为油性。油性好的润滑油易于在金属表面上形成吸附膜。在汽车及发动机中为了提高润滑油的油性，可在润滑油中加入1%的油酸可使摩擦系数降低 50%以上，如图 2.4 所示。

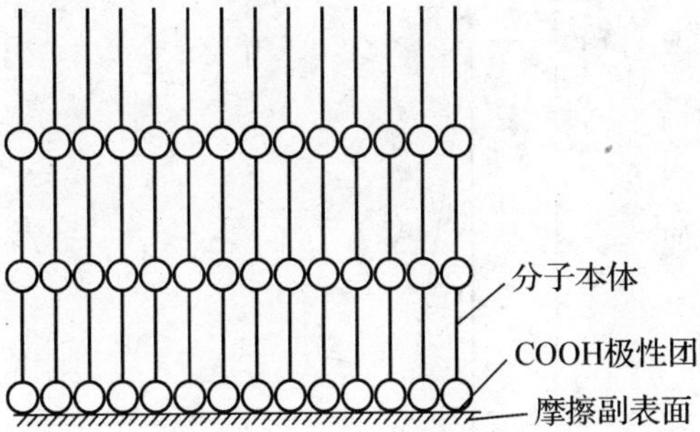

图 2.3　边界油膜的形成

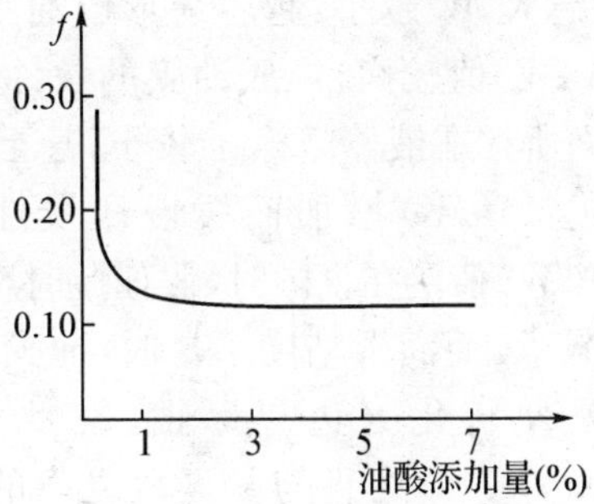

图 2.4　油酸添加量对摩擦系数的影响

边界摩擦的摩擦系数介于干摩擦与液体摩擦之间，其值与润滑剂的粘度、载荷与运动速度无关，而取决于摩擦面表面与润滑剂的特性，一般在 0.03～0.05 之间。

另外应指出的是无论吸附膜还是反应膜都有一临界温度，超过其临界温度，边界膜将遭到破坏，摩擦系数将急剧上升。

边界摩擦是一种较为普遍的摩擦现象，汽车发动机里的滑动轴承、气缸、活塞、配气凸轮等处，都有可能发生边界摩擦，边界摩擦相对于干摩擦而言，可显著地减少零件的磨损，延长其使用寿命。

在汽车上，为了提高边界膜的强度，必须合理地选择摩擦副材料，注意摩擦表面与润滑油的组合，降低零件的表面粗糙度，控制传动功率和温度，合理地选择润滑油，并尽量避免汽车超速超载运行。

4) 混合摩擦

应当指出，在上述讨论摩擦类型时，把零件摩擦状态分为干摩擦、液体摩擦和边界摩擦，只是为了论述方便。实际上汽车零部件在工作时大都是干摩擦、液体摩擦、边界摩擦共存的混合摩擦状态，而且随着工作条件的改变，三种摩擦状态还可相互转化。譬如，长时间停车后重新起动的汽车，发动机气缸壁与活塞环摩擦副表面之间，在开始起动的最初时刻，尤其是气缸的上部极有可能发生半干摩擦。一旦发动机运转正常，那么两摩擦表面间发生的可能是液体摩擦。但在活塞运动至行程上止点附近时，在气缸壁、活塞环摩擦副表面间，则可能发生的是半液体摩擦。

在汽车的设计、使用、维修中，应创造条件尽可能使重要的摩擦副如曲轴与轴承、齿轮、活塞环与气缸等，在理想的液体润滑状态下工作，这样就可能使零件磨损小、使用期长。此外，除非特殊场合，应尽量避免金属直接接触下的干摩擦。

研究表明，对摩擦系数影响最大的是液体的润滑油粘度 μ、摩擦副表面相对运动速度 V 和摩擦副所承受的载荷 W 三种参数的综合作用。$\mu V/W$ 与摩擦系数 f 的关系如图 2.5 所示，此曲线称为斯特里贝克(Stribeck)曲线。

从曲线的形状可看出，f 与 $\mu V/W$ 在不同摩擦状态都接近于线性关系。根据上述，

μV越大，W越小，越容易形成油膜。在Ⅳ区($\mu V/W$)值较高，形成油膜的条件较好，所以表面所存在液体摩擦f较小，甚至$f<0.01$。f随($\mu V/W$)增加而缓慢地线性增加。当($\mu V/W$)值落在Ⅲ区时，假如此时摩擦副载荷W较大，而润滑粘度不足时，油膜将被破坏，于是便转化为边界摩擦，在此区段，$f=0.05\sim0.15$，在Ⅲ与Ⅴ区段之间的Ⅳ区间是一过渡区域，在此区域局部油膜被挤破，因此部分摩擦表面呈边界摩擦状态，部分摩擦表面呈液体摩擦状态，显然这是半液体摩擦区。在建立液体摩擦后，随着索氏数的增加，摩擦系数反而上升的原因是液体内部流动阻力加大。

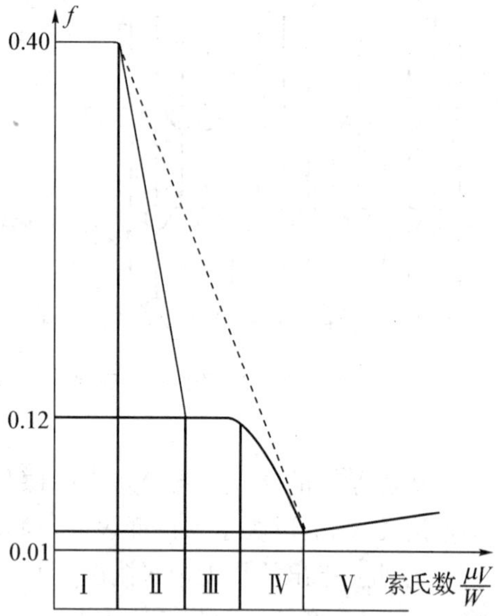

图 2.5　斯特里贝克曲线

Ⅰ—干摩擦；Ⅱ—半干摩擦；Ⅲ—边界摩擦；Ⅳ—半液体摩擦；Ⅴ—液体摩擦

在区域Ⅲ与Ⅰ之间是半干摩擦过渡阶段Ⅱ，而区域Ⅰ则表明摩擦副表面摩擦条件非常恶化，$\mu V/W$值很小，为全面干摩擦区域。但实际上，比如发动机起动时曲轴与轴瓦在某种程度上存在着干摩擦、液体摩擦、边界摩擦三种混合形成的摩擦，如图2.5中虚线所示的摩擦状态。

2.2.2　汽车零件磨损

磨损是一个复杂过程，它是相对运动零件的表面物质不断损耗的过程，该过程与零件所用的材料性质、表面加工方法、载荷、工作温度、润滑状态以及相对运动速度等因素密切相关。

按零件磨损原理不同，磨损可分为粘着磨损、磨料磨损、疲劳磨损、腐蚀磨损、微动磨损和穴蚀等类型。

1) 粘着磨损

粘着磨损即是由于摩擦表面间接触点的粘着作用，使一个零件表面的金属转移到另一个金属零件的表面而引起的磨损。

金属表面经过机械加工，不可避免地存在宏观及微观不平度。当两个零件相互接触摩擦时，其实际接触面积远小于名义面积，局部接触压力非常高及凸起点的切向冲击力使接触点处的油膜及氧化膜破坏，造成金属直接接触，接触点处发生弹性和塑性变形。

同时，摩擦所产生的局部高温也将导致接触点处发生组织变化、软化甚至熔化，引起粘附及熔合。在随后的运动中，粘结点又将被从其薄弱部位撕开，使强度较小的零件表面被撕去部分金属，并粘附到强度较大零件表面上，从而造成零件的粘着磨损。

(1) 粘着磨损的磨损量与粘着点的剪切位置有关

①如果粘着点的结合强度 S_0 比摩擦副任何一方的材料强度 S_1 与 S_2 都低时，即 $S_0<S_1$，$S_0<S_2$，那么剪断将发生在粘着接点的界面处。此时材料的转移极轻微，滑磨面也较平滑，只有轻微的擦伤，此种情况称为外部粘着。汽车发动机中的气缸与活塞环，气门挺杆与凸轮轴凸轮处的润滑油膜遭到破坏时，即可发生这种外部粘着情况。

②若粘着点的结合强度 S_0 比摩擦副任何一方的材料强度 S_1，与 S_2 都高时，即$S_0>S_1$，$S_0>S_2$，或者 $S_0>S_1>S_2$时，此时就必然伴随着金属从一个摩擦表面转移到另一个摩擦表面，且金属的转移量较大，此种情况称为内部粘着。例如，由于发动机过热或配合间隙太小，所产生的“拉缸”，“烧瓦抱轴”以及主减速器锥齿轮由于用油不当，调整不正确而引起的剧烈磨损都是典型的内部粘着磨损。

(2) 粘着磨损的发生与下列因素有关

①材料特性的影响。脆性材料比塑性材料的抗粘性能好。

②零件表面粗糙度的影响。光滑程度越高，磨损量越小。

③润滑油的影响。要保证足够的润滑油，并保证润滑油的粘度和工作温度，使配合零件表面不发生干摩擦，零件表面的润滑油膜不易被破坏。

④运动速度和单位面积上压力的影响。零件的运动速度越高，摩擦热产生越多，负荷越大，摩擦力越大，越易产生粘着磨损。

(3) 为了减少粘着磨损，在使用与修理中可采取的措施

①保证配合副合理的装配间隙(如气缸与活塞间隙等)。

②正确选择摩擦副的材料。汽车修理尤其是旧件修理，选择材料应特别注意其针对性。为减轻粘着磨损，摩擦副材料的选择应遵循如下原则：

ⓐ选择不同金属或晶格类型、晶格间距、电化学性质等不相近的金属材料。如发动机铸铁缸套应选用喷钼或喷铬环；而决定采用镀铬环之后，就不得再对气缸壁镀铬。

ⓑ应对材料的金属组织进行比较，多相金属比单相金属材料粘着倾向小，金属中化合物比单相固溶体粘着倾向小。

ⓒ应选用不易发生粘着磨损的脆性材料，而不是塑性材料。

③按规定的润滑油品种进行适时的润滑，并在使用中注意加添或更新。如在润滑油中加入油性和极压添加剂，能大幅度提高润滑油膜的吸附能力以及油膜强度，即大幅度提高边界润滑能力，因而可大幅度提高抗粘着磨损能力。

④对摩擦副表面进行适当的表面处理：进行表面淬火、渗碳、磷化、镀铬等处理。如对活塞环表面进行镀铬处理，由于铬层硬度高，熔点高，有利于防止磨料磨损和粘着磨损；为防止新齿轮在使用初期，由于润滑不良而擦伤、粘着，汽车主传动锥齿轮和双曲面齿轮副(或仅大齿轮)，在热处理及精加工后再进行厚度为 0.005～0.010 mm 的磷化处理或镀铜、镀锡处理，因为磷化后形成的磷化膜孔隙多，具有很高的吸附润滑油的能力，因而可以防止粘着磨损。

⑤应保证在使用中发动机的润滑系与冷却系各部件及监视仪表工作正常。

2）磨料磨损

在摩擦表面之间，存在有硬质固体颗粒，致使相对运动的摩擦副表面出现塑性变形、划痕或沟槽等引起的微粒脱落现象，称磨料磨损。这种硬质的固体颗粒即是磨料。

汽车及发动机各摩擦副之间的磨料大都来自空气中的尘埃，燃料里的杂物，润滑油中的杂质以及摩擦副在作相对运动而进行摩擦过程中剥落下来的金属颗粒。因此磨料磨损的机理可归于磨料的机械作用。

（1）磨料磨损的特征

①疲劳剥落或塑性挤压：磨料夹在两摩擦表面之间，将对金属表面产生集中的高应力，使零件表面产生疲劳和剥落（如磨料进入齿面间，常会发生疲劳和剥落）。对于塑性材料，将使表面产生塑性挤压现象（如磨料进入轴承间易发生塑性挤压）。

②擦痕：混合在气体和液体中的磨料，随流体以一定的速度冲刷零件的工作表面，并产生擦痕（如柴油机喷油器的针阀偶件）。

将摩擦副在单位时间内所得的磨损量称为磨损率。磨损率与摩擦副的相对运动速度、摩擦副的间隙及其承受载荷、摩擦副的材料有关。

（2）磨料磨损的影响因素

①磨料在摩擦表面间载荷和速度：摩擦副的相对运动速度越大或摩擦副的载荷越大，磨损率越大。

②磨料与金属表面间的相互作用力：作用力越大磨损率越大。

③零件硬度：摩擦副材料的硬度越高，越耐磨。

④磨料硬度：磨料颗粒的硬度越高，磨损率越大。

⑤磨料颗粒的大小：磨料尺寸与配合副间隙相近时，磨损率最高。因为磨料尺寸再大些则会被间隙过滤掉，尺寸过小时单位压力小，所以磨损率低。

（3）为了减轻零件磨料磨损的危害，可采取的措施

①提高摩擦副表面硬度。根据其摩擦副材料硬度越高越耐磨的特点，可通过提高材料的表面硬度来提高其耐磨性。常用的表面处理工艺有渗硼、镀铬、喷涂陶瓷或其他硬材料。

②查明磨料进入摩擦副的通道，采取严格的密封和滤清措施防止或减少磨料进入其内部。

ⓐ在发动机上安装滤清效果好的空气滤清器，并做到定期维护，保持空气滤清器良好的滤清效果。

ⓑ严格滤清柴油和汽油，以防杂质或磨料通过燃油进入发动机摩擦副。

ⓒ严格清洁润滑油。按维护要求，定期清洁发动机的润滑系，定期清洗机油滤清器、集滤器、清除机油中的油泥及金属杂质等磨料。

ⓓ装配、使用、维修时应采取针对性措施，防止或减少磨料进入汽车各总成的内部。

③选择合适的润滑油，增强润滑效果。

3）疲劳磨损

疲劳磨损是指在纯滚动或滚动与滑动并存的摩擦副的条件下，在交变接触应力的周期性作用下，使零件表层产生微粒脱落的现象，是齿轮齿面、滚动轴承滚动体及内外围滚道表面、凸轮和挺杆接触面等零件的主要失效形式之一。具体表现为摩擦面出现大小、深浅不同的麻点状、片状凹坑。疲劳磨损的结果使零件工作振动增大，噪声增加，温度上升，磨损加剧，严重时会失去工作能力。

由于交变载荷的反复作用，使零件表层因为反复的弹性及塑性变形而疲劳，导致表层的薄弱部位首先产生微裂纹；同时当润滑油浸入裂纹内部时，若零件的滚动方向与裂纹的方向一致，当滚动体封闭裂纹口时，堵在裂纹里的润滑油在滚动挤压力的作用下，对裂纹有劈开的作用，使裂纹的扩展速度加快，当裂纹扩展到一定程度后，金属便从零件表层剥落下来，在零件表面上形成点状或片状凹坑，成为疲劳磨损。

疲劳磨损有两个过程：裂纹的产生；裂纹的扩展直至材料微粒的脱落。

(1) 疲劳裂纹的产生与扩展有三种情况

①裂纹起源于摩擦表面。在滚动兼滑动的接触过程中（如齿轮啮合面），接触表面不但承受着交变的接触压应力，而且存在着剪切应力作用。由于应力的反复作用，将使零件表层因反复弹性及塑性变形而疲劳，导致出现微裂纹，微裂纹沿着与零件表面呈锐角（最大剪切应力方向）扩展，同时当润滑油由于毛细管作用而进入裂纹内部时，若零件的滚动方向与裂纹的方向一致，当滚动体封闭裂纹口时，堵在裂纹里的润滑油，在滚动挤压力的作用下，对裂纹有劈开作用，使裂纹的扩展速度加快，如图 2.6 所示。当裂纹扩展到一定程度时，使零件表面的材料剥落下来，在表面留下一个麻点坑。

裂纹起源于表面的疲劳磨损特点是裂纹产生阶段所花的时间大于裂纹扩展阶段，即裂纹扩展阶段较快，磨屑一般呈片状，断口颜色较暗。

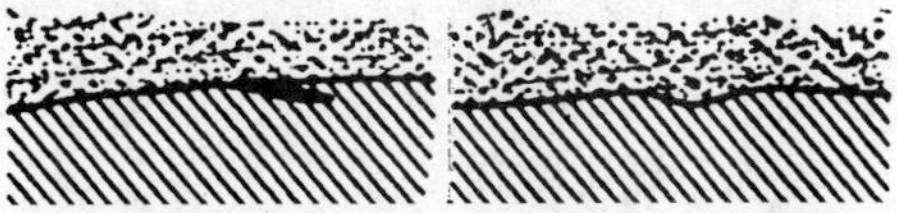
(a) 微裂纹的形成　(b) 金属屑的脱落

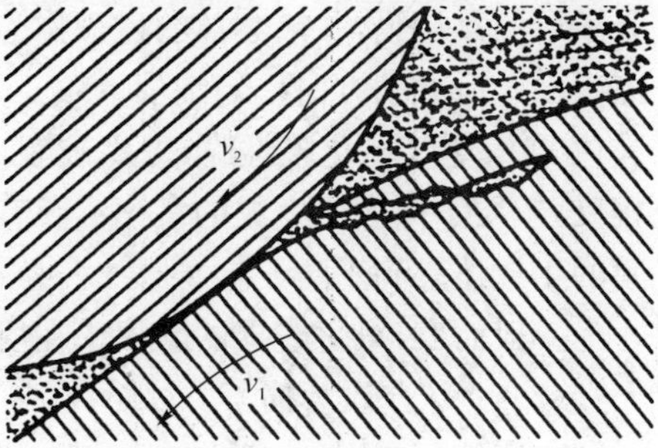

(c) 润滑油浸入裂纹

图 2.6　疲劳磨损示意图

②裂纹起源于次表层，即在滚动时承受的周期性的最大剪切应力发生在一定深处，即次表层内。若此处材料强度低或有缺陷时（如有疏松等），就可能在此处形成裂纹，裂纹的扩展一定沿着最大剪应力的方向或夹杂物的走向发展，最后导致表面材料剥落，摩擦表面一般为截锥状麻点坑。

研究表明，凡润滑条件优良，摩擦力小，表面质量好的滚动体，若出现疲劳磨损，裂纹的产生多发生在次表面，其特点是裂纹扩展较缓慢，材料剥落后的断口比较亮。

③裂纹起源于强化层和心部过渡区，在强化层与心部过渡区存在不利的残余应力

时，有可能在此处产生裂纹。试验表明，只要该处承受的剪切应力 τ_1 与该处材料的剪切强度 τ_2 之比大于 0.55 时，就会出现裂纹。其特点：裂纹一般先平行于表面扩展，再垂直或倾斜接触表面向外发展，先是小的麻点剥落，之后发展成大范围的剥落，形成表层压碎现象。

疲劳磨损的快慢与材料的机械性能、接触表面承受的单位压力、载荷在单位时间内的循环次数等因素有关。

(2) 为了降低零件的疲劳磨损可采取的措施

①选用合适的材料和硬度；

②注意提高零件的表面质量；

③应选用粘度适度和粘温特性好的润滑油进行润滑，以使摩擦副接触部分的压应力分布均匀，以提高抗表面疲劳磨损的能力。

4) 腐蚀磨损

零件的摩擦表面如果在有腐蚀性的气体或液体中的环境中摩擦时，由于其摩擦表面的金属发生化学及电化学作用而引起的磨损，称为腐蚀磨损。该种磨损的特点是摩擦和腐蚀同时存在，腐蚀将使材料变质，摩擦会使腐蚀层很快磨去而暴露出新的材料表面，新表面又会被腐蚀，腐蚀层又会被磨去，因此不断地腐蚀和磨损，导致零件损坏的速度加快。腐蚀磨损可分为两大类：氧化磨损和特殊介质磨损。

(1) 氧化磨损

在摩擦过程中，金属材料表面的金属与空气中的氧或润滑油中的氧起作用，生成单分子层的氧化膜，并被磨掉的过程称为氧化磨损。氧化磨损的特点是在金属零件的摩擦表面上沿滑动方向呈匀细的磨痕。钢铁零件表面经氧化后，生成的红褐色 Fe_2O_3 和黑色的 Fe_3O_4，氧化膜性脆，极易破裂，且与基本金属之间的结合强度低，故容易磨损。相反，铝质零件表面生成的氧化铝膜有韧性，且与基体金属结合牢固，磨损率低，且氧化膜的生成还有利于防止粘着磨损，对零件起保护作用。

一般而言，氧化磨损的磨损率在所有类型的磨损中磨损是最小的。

(2) 特殊介质磨损

在零件配合副中，存在着酸、碱、盐等腐蚀介质，它们之间产生化学作用而生成各种化合物，在摩擦过程中不断被除去或引起零件表面磨损的过程，称为特殊介质腐蚀磨损，其特点是磨损速度快，且随介质的腐蚀性强弱或温度的不同而不同，介质的腐蚀性越强，温度越高，则磨损速率越大。

汽车发动机的气缸的低温腐蚀，含有铜、铅等元素的滑动轴承，其中的铅容易被润滑油中酸性物质腐蚀，使轴瓦表面出现麻点状脱落等都是介质腐蚀的典型例子。可燃混合气在气缸内燃烧的过程中，常生成 CO_2、SO_2、CO、NO_2 和水蒸气及有机酸等腐蚀性物质，它们可直接与缸壁起化学作用而使缸壁表面腐蚀，这种腐蚀的快慢与缸壁温度有关。冷却水温度低于 50℃时，缸壁的腐蚀磨损速度急剧上升。

为了降低腐蚀磨损，一定要避免发动机长期在低温下工作，并尽量减少冷车起动次数，在汽车运行中要保持正常的工作温度，同时应保持配合副有良好的润滑，使摩擦表面被油膜覆盖，防止腐蚀物质直接与零件表面接触。

5）微动磨损

在两相互压紧的金属表面之间，虽然没有宏观的相对位移，但在外界变动载荷作用下，产生微小的振动作用（振幅一般为 2～20 μm，最大不超过 100 μm）时所产生的特殊磨损形式称微动磨损。

(1) 微动磨损的原因

微动磨损的原因是在过盈配合的配合副中，如驱动桥壳承孔与半轴套管配合表面、发动机轴瓦与轴瓦承孔配合表面、螺栓连接件、键连接处等，由于微小的振动作用，使相互接触的表面凸起发生粘着和滑移，引起接触点的剪切，使氧化膜破坏。破坏的氧化膜呈微细粉末成为磨料，从而引起配合件的磨损。

微动磨损的特点是粘着磨损、磨料磨损和氧化磨损的综合显示。

微动磨损的绝对磨损量很小，但危害很大，它不仅使配合精度下降，紧配合的机件变松，还可能引起应力集中，使零件断裂。

(2) 为了防止或减小微动磨损，可采取的措施

①使用弹性垫片或施加合适的预应力等方法来消除接触表面的相对振动；

②正确选择配对材料和表面处理工艺，一般情况下抗粘着性能好的材料其抗微动磨损的性能也好。另外采用表面镀镉、镀铜、镀银等处理工艺来提高抗微动磨损的能力；

③在两个紧配合表面之间使用固体润滑剂，如二硫化钼、聚四氯乙烯等。

6）穴蚀

与液体接触并有相对运动的固体表面，当其接触处的局部压力低于液体的饱和蒸汽压力时，将有气泡形成。当气泡流到高压区，压力超过气泡压力时，气泡便溃灭并产生极大的瞬间冲击力和高温，气泡的形成和溃灭的反复作用，使零件表面的材料产生疲劳而逐渐剥落为麻点，并随后扩展呈泡沫海绵状的现象称为穴蚀。如发动机中水泵叶片、水冷柴油机气缸的外壁、湿式缸套、滑动轴承等零件的表面，往往因穴蚀而产生局部聚集的孔穴群，如图 2.7，图 2.8 所示。

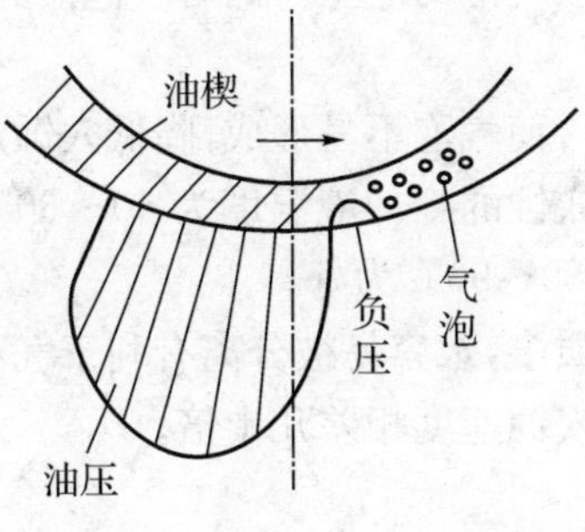

图 2.7　滑动轴承穴蚀示意图

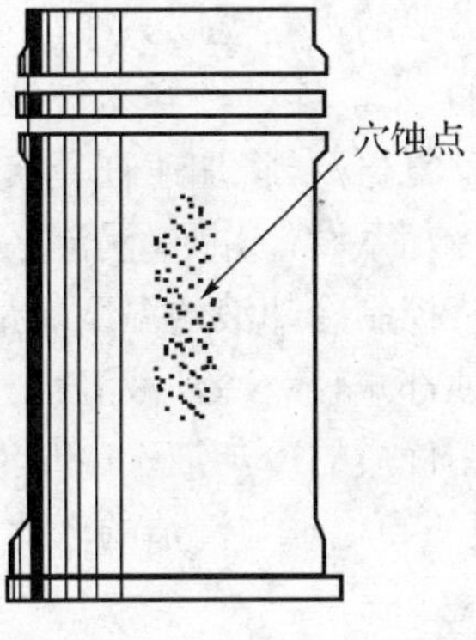

图 2.8　气缸穴蚀示意图

(1) 穴蚀的原因

穴蚀的机理较为复杂,它有机械力的作用结果,也有液体的化学和电化学作用的结果,同时液体中的磨料或腐蚀性介质,还会加速穴蚀破坏的进程。

柴油机湿式气缸套受侧压力大的一侧的外壁之所以经常产生穴蚀,是因为气缸内燃烧气体压力及活塞侧压力的周期性变化,引起气缸套在工作中发生振动。当缸套向内振动时,其外壁与冷却水接触处的压力迅速降低,从水中析出气泡或形成了气泡。当缸套再向外振动时,水压迅速升高,气泡被压缩、破裂,瞬间产生极大的冲击波并释放出巨大的能量。气泡溃灭的反复作用引起缸套外壁气泡溃灭部位的疲劳剥落,形成大量麻点,在以后的工作中,麻点部位更容易产生气泡,从而使疲劳剥落逐渐向缸套的纵深发展,在气缸套上形成针状孔洞和孔穴群。

根据上面分析缸套的穴蚀的主要原因是由于缸套的振动,引起水压变化,导致气泡反复的形成与溃灭造成的。

(2) 防止或减少穴蚀对像缸套这样的零件的破坏作用,可采取的措施

①合理地设计缸套等零件的结构,尽量降低其结构振动强度。

ⓐ增加缸套壁厚,或缸套做成上部厚,下部薄的不等厚缸套,这样既改变了缸套的固有频率以避免共振,又可达到重量轻,尺寸小的目的;

ⓑ合理地分配活塞销轴上下两部分重量,控制活塞销的偏斜度,以降低活塞对缸壁的冲击力,减轻缸套的振动强度;

ⓒ适当增加活塞长度,因为长活塞可减小活塞在缸套间隙内的倾斜量,增加缸套与活塞的接触面积,来降低振动强度;

ⓓ在修理与装配时严格控制曲柄连杆机构及其相对于缸筒的位置精度和间隙,达到减少振动之目的;

ⓔ保证活塞与缸套有合理的装配间隙,以降低活塞在工作时的冲击力;

ⓕ对缸壁进行表面处理,可以有效地防止穴蚀。

②正确的设计冷却系,使用优质的冷却液并控制冷却液的工作温度,防止或减少气泡的形成与溃灭。

ⓐ保证需要的水套宽度。冷却水腔太窄,会使水的可压性、适应性,水对缸套振动阻尼作用减弱,水的连续性容易被破坏,而导致气泡的产生。同时气泡溃灭产生冲击波易在狭窄处反复振荡,将加速缸套穴蚀;

ⓑ改进冷却系设计,减少涡流区和死水区,使气泡不易形成,降低穴蚀产生机率;

ⓒ应严格控制冷却液的温度。最易产生穴蚀的冷却液温度为 40～60℃,高于或低于此温度穴蚀都减轻。冷却液温度一般应在 80～90℃为好;

ⓓ应使用优质的冷却液。冷却液如含杂质多,水容易被分离有利于气泡的形成,含有盐类、碱类的硬化水与清洁的软化水相比,穴蚀速度相差几十倍。

2.2.3 汽车零件磨损因素和规律

1) 影响汽车零件磨损的因素

磨损通常是由多种磨损形式共同作用造成的，其磨损强度与零件的材料性质、加工质量及工作条件等因素有关。

(1) 材料性质的影响

不同材料由于其成分、组织、结构不同，抵抗磨损的能力也不同，如碳钢件的耐磨性随硬度的提高而提高、铸铁件的耐磨性则取决于碳含量。若在钢铁中加入一定的合金元素及进行适当的热处理，均可提高零件的耐磨性。

(2) 加工质量的影响

零件的加工质量主要指其表面粗糙度及几何形状误差。几何形状误差过大，将造成零件工作中受力不均，或产生附加载荷，使磨损加剧。表面粗糙度值过大会破坏油膜的连续性，造成零件表面凸起点的相互咬合，同时腐蚀物质更易沉积于零件表面，使腐蚀磨损加剧。

(3) 工作条件的影响

工作条件是指零件工作时的润滑条件、相对运动速度、单位压力及工作温度等，充足的润滑油可以在零件表面形成良好的油膜，避免摩擦表面之间的直接接触，同时对零件表面具有良好的清洗作用，减轻零件的磨损。

零件相对运动速度的提高，有利于润滑油膜的形成，使磨损减轻；但运动速度过快，摩擦产生的热量来不及及时散去，会导致机油粘度下降、油膜变薄、承载能力降低，出现边界摩擦甚至干摩擦，加剧零件磨损。

零件表面上的单位压力升高，零件的磨料磨损随之增加。当载荷超过油膜的承载能力时，摩擦表面间的油膜将被破坏，引起严重的粘着磨损。

零件的工作温度应适当，温度过高会造成油膜变薄甚至被破坏，磨损增加；但温度过低，腐蚀性介质更容易冷凝附着在工作零件表面，使腐蚀磨损增加。

2) 汽车零件磨损规律

由于汽车零件的工作条件各不相同，引起磨损的程度和因素也不完全一样，各有各的特点，但在正常磨损过程中任何摩擦副的磨损都有一定的共性规律，遵循这种磨损变化规律的曲线，称为磨损特性曲线。从图 2.9 中可以看出，零件磨损可分为三个阶段：

①第一阶段：磨合期(OA 段)。由于新零件及修复件表面较为粗糙，工作时零件表面的凸起点会划破润滑油膜，在零件表面上产生强烈的刻划、粘接等作用，同时从零件表面上脱落下来的金属及氧化物颗粒会引起严重的磨料磨损，所以该阶段的磨损速度较快。随着磨合时间的增长，零件表面质量不断提高，磨损速度会相应降低。

②第二阶段：正常工作期(AB 段)。经过磨合期的磨合，零件的表面粗糙度值降低，适油性及强度增强，所以零件在正常工作期的磨损变得非常缓慢。

③第三阶段:极限磨合期(B点以后)。磨损的不断积累,造成的极限磨损期零件的配合间隙过大,油压降低,正常的润滑条件被破坏,零件之间的相互冲击也随之增加,零件的磨损急剧上升。此时如不及时进行调整或修理,将会造成事故性损坏。

由上述可知,降低磨合期的磨损量,减缓正常工作期的磨损,推迟极限磨损期的来临,可延长零件的使用寿命,如图2.9中虚线所示。

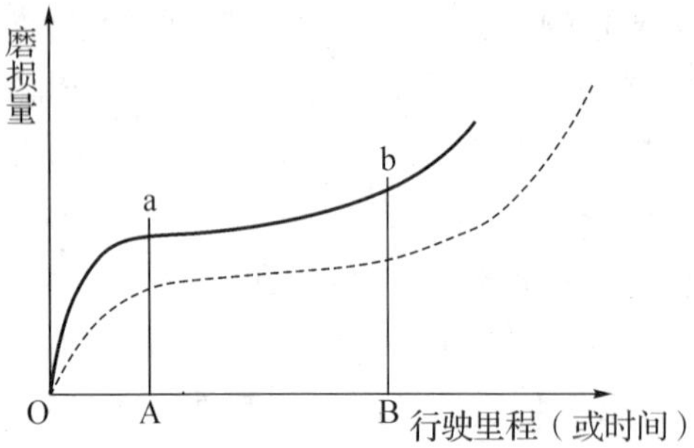

图2.9　汽车零件磨损特性曲线

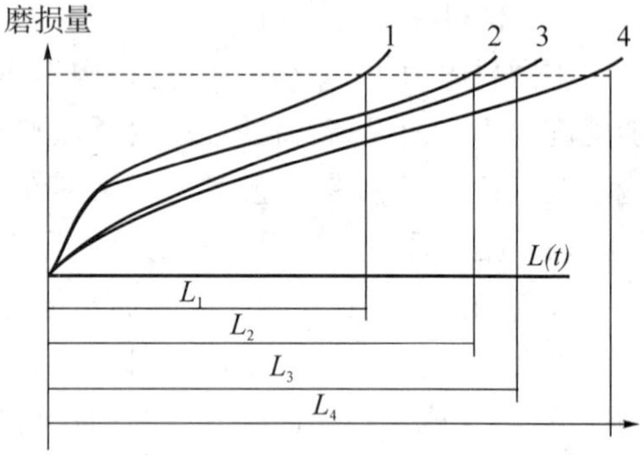

图2.10　汽车使用维修对磨损特性曲线的影响

汽车的使用、维护与修理水平都将影响到零件磨损特性曲线的走向,即影响到汽车的使用寿命。图2.10中有四条磨损特性曲线。

曲线4表示汽车在使用期间,磨合期与正常工作期间维修良好时而得到的磨损特性曲线。曲线1为汽车在磨合期和正常工作期内,其磨合规范选择与使用、维修等方面都不符合技术要求得到的磨损曲线。曲线3与2分别为磨合期内规范及使用条件欠佳和正常使用期内,使用、维修不当而得到的磨损特性曲线。从图中可以看出,使用、维修正确与否,汽车的使用寿命相差较大。

2.3　汽车零件的变形失效分析

零件在使用过程中,由于承载或内部应力的作用,使零件的尺寸和形状改变的现象称为零件的变形。变形是零件失效的一个重要原因。当变形值超过了材料的屈服极限时,将产生永久的塑性变形,此时亦称为零件的变形失效。汽车零件的变形,尤其是基础件的变形将破坏零件间的配合性质、相互位置关系和润滑条件变差,并产生一定的附加载荷,使零件的磨损加剧,使用寿命降低,导致各零件不能正常运动,失去工作能力。

零件失效的原因,除了设计、制造方面的原因外,还有在使用过程中的残余应力、外载荷、温度、使用维修不当等因素的影响。

1)残余应力的影响

汽车上用铸铁制造的零部件很多,如变速器壳体、气缸体等。这些铸造零件从高温冷却下来的过程中,由于冷却速度不同,在先冷却部分产生了弹性压缩,后冷却的部分产生了弹性拉伸；因而在铸件内部产生了彼此相互制约，结果产生了内应力，此内应力称为热应力。

另外，部分汽车铸造零部件在冷却过程中往往伴随固态相变产生。即由于合金铸件各部分在冷却过程中，由于散热和冷却条件不同，它们到达固态相变温度的时间也不同，使各部分相变的程度不相同而引起内应力，此内应力称为相变应力。

相变应力的方向，因合金的性质、铸件的结构和冷却条件不同，可能与热应力方向一致，也可能正好相反。

不管是热应力还是相变应力，只要他们残留在零件的内部，都会使零件处于不稳定状态。铸件的残余内应力长期作用，会使弹性极限降低，并且产生减少内应力的塑性变形，即产生内应力松弛现象，而引起零件的变形。

所以，在机械加工前应首先对铸件经过自然时效或人工时效处理，以消除铸件的残余应力，减少零件的变形。

2）温度的影响

金属材料的弹性极限随温度的升高而降低，同时加快内应力松弛，所以零件的工作温度越高，越容易引起变形。

3）外载荷的影响

汽车经常性的超载荷工作或在凹凸路面上高速行驶或者行驶过程中的突然制动或突然起步等，都使汽车的基础件如气缸体、变速器壳、后桥壳体等要承受不均衡的外载荷，从而形成新的内应力，逐渐引起零件的变形，零件承受的外载荷越大越不均衡，变形也就越大。

4）使用与维修的影响

汽车使用与维修水平高，可减轻零件的变形。因此在使用过程中应合理装载，正确操作。在维修中应严格检验零件的变形，并按修理工艺规程要求正确地进行拆装，并在修复时合理选择定位基准和修理工艺，以尽可能地使零件不产生内应力，防止变形的产生。

2.4 汽车零件的疲劳失效分析

汽车零件在较长时间内，由于交变载荷的作用，性能变差，甚至产生断裂的现象叫疲劳。在汽车上约有 90%以上的断裂可归结为零件疲劳失效造成的，如汽车车架的裂纹、曲轴的裂纹与断裂、钢板弹簧的裂纹与折断等缺陷，通常都是在交变载荷多次重复作用下，导致材料疲劳引起的。发生疲劳断裂的零件所承受的应力通常低于材料的屈服强度。

2.4.1 疲劳断裂的形成

金属零件疲劳断裂实质上是一个累积损伤过程，大体上可划分为滑移、裂纹成核、微裂纹扩展、宏观裂纹扩展、最终断裂几个过程。

1）疲劳裂纹的产生

在交变载荷下，金属零件表面产生不均匀滑移，金属内的非金属夹杂物和应力集中处等可能是产生疲劳裂纹核心的策源地。

在一定应力循环后，在应力硬化区内由于应力的增加出现局部损伤累积以及空穴集聚，这样在各晶粒内局部地区出现一个或几个相对滑移线，而且分布不均匀。随着疲劳的加剧，原有滑移线的滑移量加大，新出现的滑移线也往往挨着原有的滑移线而共同组成滑移带。滑移带随着疲劳的加剧而逐步加宽加深，在表面出现挤出带和挤入槽，如图 2.11 所示。这种挤入槽就是疲劳裂纹策源地。另外，金属的晶界及非金属夹杂物等处以及零件应力集中的部位（台阶、尖角、键槽等）均会产生不均匀滑移，最后也形成疲劳裂纹策源地。

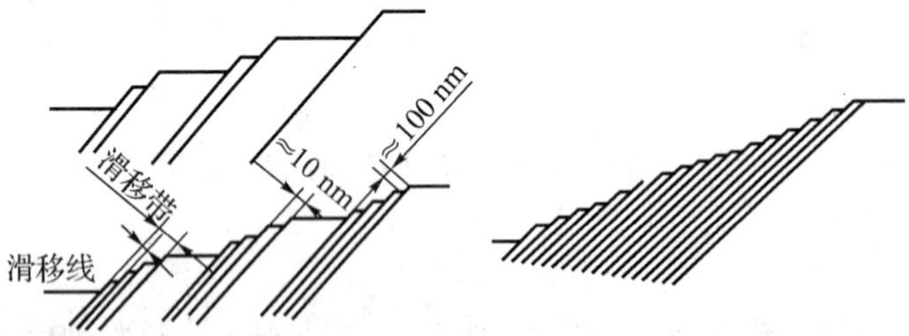

图 2.11　金属滑移示意图

2）疲劳裂纹的扩展

在没有应力集中的情况下，疲劳裂纹的扩展可分为两个阶段。在交变应力的作用下，裂纹从金属材料表面上的滑移带、挤入槽或非金属夹杂物等处开始，沿着最大切应力方向（和主应力方向成 40°角）的晶面向内扩展，这是裂纹扩展的第一阶段。这一阶段扩展速率很慢，如在有应力集中的情况下，则不会出现第一阶段，而直接进入第二阶段。

裂纹按第一阶段方式扩展一定距离后，将改变方向，沿着与正应力相垂直的方向扩展，这是疲劳裂纹扩展的第二阶段，如图 2.12 所示。这一阶段裂纹扩展途径是穿晶的，扩展速率较快。裂纹成核后的扩展过程主要包括微观和宏观两个裂纹扩展阶段。

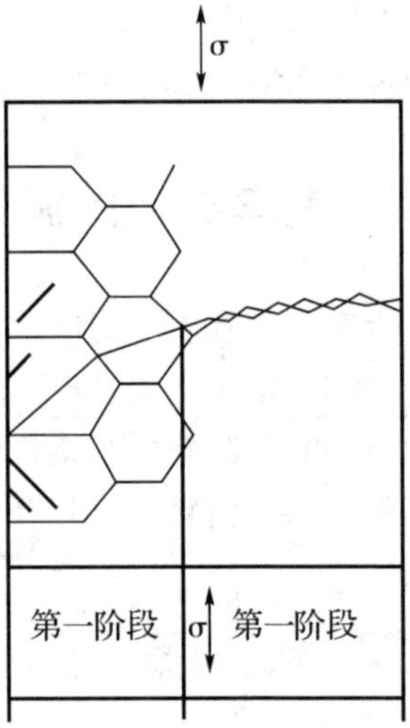

图 2.12　疲劳裂纹扩展的两个阶段

整个疲劳过程是：滑移—微观裂纹产生—微观裂纹连接—宏观裂纹扩展直至断裂失效。

3）疲劳断裂及断口宏观形貌特征

最终出现疲劳断裂的断口可分为三个区域：疲劳裂纹策源区，疲劳裂纹扩展区，最后断裂区。如图

2.13所示。

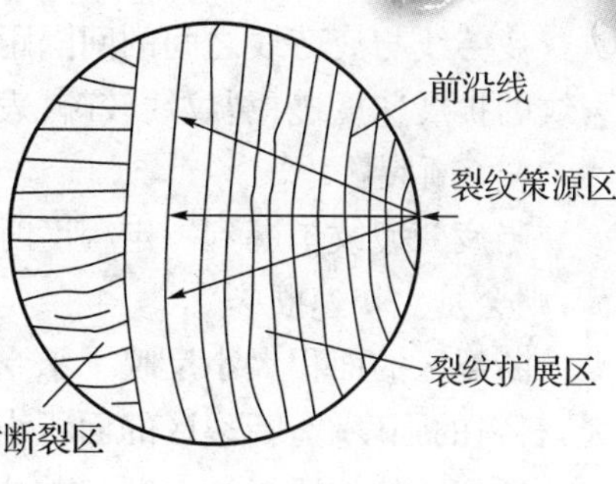

图 2.13　疲劳裂纹宏观断口示意图

(1) 疲劳裂纹策源区

疲劳裂纹最初产生是从断裂核开始的。断裂核周围有一相当光滑的微小区域叫做断裂源或疲劳源。疲劳源是疲劳裂纹的起点，它一般发生在零件的表面，且多在零件应力最集中的部位。如零件的台阶尖角或有划痕、裂纹、非金属夹杂等表面缺陷处。但如果零件内部存在空洞、疏松、脆性夹杂物、化学偏析或表面经过强化，断裂核或疲劳源也可能发生在零件次表层或内部产生。根据具体情况不同，如对于承受的交变应力幅值大的低周疲劳或表面有应力集中的零件在断口上，疲劳源可能不止一个，而有两个或多个。

但通常仅有一个会扩展开来，原因是在这些地方应力或缺陷更容易使疲劳失效产生。

(2) 疲劳裂纹扩展区

在该区最典型的特征是有一系列的同心环纹称为疲劳线(疲劳贝纹线)。它是裂纹扩展过程中载荷的性质和大小的变化痕迹。

疲劳裂纹正常扩展期间将伴有疲劳辉纹产生。疲劳辉纹反映的是在应力每一次波动时裂纹扩展的痕迹。疲劳辉纹只有在显微镜下才能观察到，它与用肉眼看到的疲劳线性质是不同的。疲劳辉纹反映的是一种疲劳失效零件断口的微观特征。

疲劳线的形状与材料对缺口的敏感程度有关：当疲劳线绕着裂纹源成为向外凸起的同心圆状(如图 2.14(a))表示材料对缺口敏感(如低碳钢)，裂纹扩展的速度中部大于边缘；相反若疲劳线围绕裂纹源成凹状时(图 2.14(b))，表示材料对缺口不敏感(如高碳钢)，裂纹扩展的速度边缘大于中部。

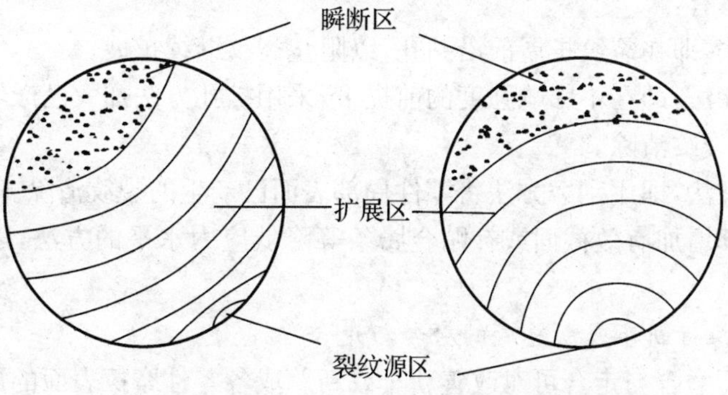

(a) 缺口敏感材料　　(b) 缺口不敏感材料

图 2.14　疲劳贝纹线的形状与材料缺口敏感性的关系

疲劳线与疲劳线之间的间隔距离的大小表示裂纹扩展的速度。疲劳线较密，表示裂纹的扩展速度慢；裂纹线较疏，表示裂纹扩展得快。

（3）断裂区

当疲劳裂纹扩展到一定程度时，达到临界尺寸后，零件的有效截面不能承受工作负荷，则会发生快速断裂。

断裂区的面积大小反映了承受载荷的大小。断裂区的面积大，表示断裂时的载荷大，材料的强度低；断裂区的面积小，则表示断裂时的载荷小，材料的强度高。

断裂区的位置越处于断口的中心位置，表示承受的外力越大，表面应力集中越严重；与此相反，断裂区的位置越靠近自由表面时，则表示零件承受的外力小，表面应力集中越轻微。

2.4.2 提高汽车零件抗疲劳断裂的措施和方法

影响零件的疲劳强度的主要因素有：零件截面尺寸的急剧变化或过渡圆角、划痕、沟槽、螺纹孔、键槽等处引起的应力集中；零件制造和修理过程中进行机械加工后在表面层产生的残余应力；同时在修理过程中采用的某些修理方法和措施不当，如压力校正、堆焊、刷镀等都会使疲劳强度有所降低。

提高金属零件疲劳抗力的基本措施是：

1）延缓疲劳裂纹萌生时间

其方法有强化金属合金表面，控制表面的不均匀滑移，如采用表面滚压、喷丸以及表面热处理等，细化材料晶粒可提高疲劳强度极限；采用热处理方法使晶界呈锯齿状或使晶粒定向排列并与受力方向垂直，以防止晶界成为疲劳裂纹扩展的通道。另外，提高金属材料的纯洁度，减小夹杂物尺寸以及提高零件表面完整性设计水平，尽量避免应力集中的现象等，都是抑制或推迟疲劳裂纹产生的有效途径。

2）降低疲劳裂纹扩展的速率

其主要方法有：

①止裂孔法，即在裂纹扩展前沿钻孔，以阻止裂纹继续扩展。

②扩孔清除法，即在不影响强度的前提下，采用扩孔方法加大已产生疲劳裂纹的内孔直径，将疲劳裂纹清除。

③刮磨修理法，即用刮磨方法将零件局部表面已产生的裂纹清除。此外，还可以在裂纹处采用局部增加有效截面或补贴金属条等降低应力水平的方法，以阻止裂纹继续产生与扩展。

3）正确地执行新车或新总成的磨合与走合

正确地进行磨合与走合可对改善新车或新总成各零件摩擦表面的形状和性质有重要作用，是提高疲劳寿命的有效措施之一。

4）正确地使用，合理地操作

在汽车运行中不应超载超速，不应经常性紧急制动、猛然起动；也不应让零件在腐蚀或高温的条件下连续工作，以免零件急剧磨损，使金属微粒嵌入零件表面造成应力集中，使疲劳裂纹容易形成。

5）在汽车修理时选取合适的表面强化处理工艺

如采用化学热处理（渗碳、渗氮、碳氮共渗等），表面淬火，表面变形强化（如喷丸、滚压、锤压、内孔挤压等），表面抛光，表面激化处理等工艺。通过表面强化工艺可以改变零件表面层的残余应力、表面层的组织结构来提高零件抗疲劳能力。

3 汽车维修制度及工艺组织

3.1 汽车维修制度

3.1.1 汽车维修制度简介

汽车维修制度是指为实施汽车维修工作所采取的技术组织措施的规定，与国家的社会经济条件以及车辆状况有着密切的联系。

1）中国的汽车维修制度

建国初期，我国主要以学习原苏联的汽车维修制度为主。1954 年交通部正式颁布《汽车运输企业技术标准与技术经济定额》，明确规定了当时的汽车维修制度为强制预防性维修制度，经 1963 年、1980 年两次修订，逐渐形成了适合我国国情的维修制度。1990 年，交通部为了适应汽车维修部门管理向行业管理的转变，根据国家有关设备管理的规定和政策，结合我国当时汽车运输的实际情况和建国以来的管理经验，借鉴国内外汽车技术管理的成果，制定了《汽车运输业技术管理规定》，以交通部第 13 号令颁布实行。

为规范机动车维修经营活动，维护机动车维修市场秩序，保护机动车维修各方当事人的合法权益，保障机动车运行安全，保护环境，节约能源，促进机动车维修业的健康发展，根据《中华人民共和国道路运输条例》及有关法律、行政法规的规定，交通部规定从 2005 年 8 月 1 日起正式实行《机动车维修管理规定》。凡从事机动车维修经营的企业和业户，均应遵守本规定。

中国现行的维修制度，属于计划预防维修制度，规定车辆维修必须贯彻预防为主、定期检测、强制维护、视情修理的原则。

同时，各汽车厂家根据国家的维修制度，结合本厂车型的具体情况，也分别制定了各自的维护制度，具体可参见车型说明书。

2）国外的汽车维修制度

美国的汽车维修制度亦采用计划预防维修制度。它将维修工作分为五级，其中维护工作分为三级（A、B、C），相当于日常、一级、二级维护；修理工作分为二级（D、E）。美国军队和大型运输企业均采用这种制度，其维修间隔里程较长，如C级维护周期为2万km以上。

日本的维修制度大体和美国的维修制度相同，规定汽车出车前必须进行例行维护，营运汽车每隔1个月、3个月和12个月必须按各个机构和装置的维修部位分别实施内容不同的预防性维护，它类似于三级维护制度。对其他自用汽车，也规定每隔6个月和12个月分别实施内容不同的预防性维护。1983年7月开始实施《道路运输车辆法》，其中规定：个人用车在新车检验后第三年进行第一次检验，随后，每隔两年检验一次；营运车、公共汽车和载货汽车每年检验一次。另外，生产汽车的厂家建议用户在买车1个月后（或1 000 km）3个月、6个月、1年各检查一次（这不属于国家规定，用户可自行掌握）。国家规定的检验，必须在各地区专门设立的认证工厂或车检中心进行。另外，还规定个人用车超过10年车龄后必须每年检验一次。

3.1.2 汽车维护制度的制定原则和步骤

汽车维护制度是为了保证汽车技术状况完好而采取的技术管理措施，涉及车辆的运行制度、运行条件、维修技术装备、维修作业的劳动组织、维修费用以及其他一些经营管理方面的工作。因此，制定汽车维护制度是一项复杂的工作，必须结合企业的服务对象，从技术、经济和管理等方面综合考虑。

1）制定维护制度必须考虑的原则

①影响汽车技术状况变化的因素是多方面的，它是一个随机过程。因此，汽车维护制度的制定必须建立在大量观察数据的基础上，必须采用数理统计方法和可靠性理论对大量统计数据进行科学分析，才能获得符合客观规律的结果。

②制定汽车维护制度必须采用技术经济分析方法，即不仅要考虑汽车的完好率，还必须考虑维护和修理费用对运输成本的影响。合理的维修制度应保证汽车在寿命周期内的单位费用最低，使汽车在规定的运行和维修条件下具有最佳的经济效果。

③制定汽车维护制度，应充分考虑汽车的使用强度和使用条件，并进行必要的分级。

④制定汽车维护制度，主要依据以下三方面的资料：汽车制造厂的建议、科研部门的试验资料，以及使用部门根据使用数据分析拟定的条例。由于不同地区的使用条件不同，必须在分析上述资料的基础上，结合当地的使用条件和使用经验进行具体分析后拟定。

2）制定汽车维护制度的步骤

①系统收集维护对象（车型）在规定的使用条件下，技术状况变化规律和故障数据，分析技术状况变化对汽车使用性能的影响及故障后果，利用可靠性理论对上述资料进行技术经济分析，针对汽车使用中出现的故障特性，选择适宜的维修方式（事后维修、定期维修、视情维修等）。

②对定期维护和定期检测的作业项目，应通过相应数据的统计分析，确定各维护作

业的周期。确定维护周期的方法有概率法、技术经济分析法等。

③根据维护作业的周期，对维护作业进行分级，确定各级维护作业的内容。

④对各级维护周期进行调整，使其形成一定的周期结构，即在大修周期内，使维护次数、级别按一定的方式排列，以便于组织实施。

3.2　汽车维修制度

汽车维修制度是指维持和恢复汽车技术状况，保持汽车的工作能力，由行政手段制定的维修法规和采取的维修作业的总体。其具体内容包括：汽车维修的原则、目的，汽车维修作业的级别、作业内容和汽车维修的技术要求等。汽车维修包括汽车维护（亦称汽车保养）和汽车修理两种性质完全不同的技术措施。

在我国，汽车维修应贯彻“预防为主，定期检测，强制维护，视情修理”的“十六”字方针原则。其目的是保持车容整洁，及时发现、消除故障和隐患，防止车辆早期损坏。

汽车的维修经营业务应由具备相关资质条件的企业或专项维修业户完成。汽车维修经营业务根据经营项目和服务能力分为一类、二类和三类维修经营业务等三类。

一类：可以从事相应车型的整车修理、总成修理、整车维护、小修、维修救援、专项修理和维修竣工检验工作；

二类：可以从事相应车型的整车修理、总成修理、整车维护、小修、维修救援和专项修理工作；

三类：可以分别从事发动机、车身、电气系统、自动变速器维修及车身清洁维护、涂漆、轮胎动平衡和修补、四轮定位检测调整、供油系统维护和油品更换、喷油泵和喷油器维修、曲轴修磨、气缸镗磨、散热器（水箱）空调维修、车辆装潢（蓬布、坐垫及内装饰）、汽车玻璃安装等专项工作的业户。

其中一类和二类属于汽车整车维修企业，三类属于汽车专项维修业户。

机动车维修经营许可证件实行有效期制。从事一、二类汽车维修业务证件的有效期为6年；从事三类汽车维修业务证件的有效期为3年。

3.2.1　汽车维护制度及作业内容

根据交通部《汽车运输业技术管理规定》，我国汽车维护分为日常维护（亦称例行维护），一级维护、二级维护和根据实际需要进行的走合维护、换季维护等。

汽车维护的作业内容主要包括清洁、润滑、检查、补偿、紧定、调整等项内容。

1）日常维护

日常维护以清洁、补给和安全检视为中心内容，其目的主要是维持汽车的车容和车态，使车辆处于完好的技术状况，以保证正常运行。它包括出车前的检查、途中检查和回场后的维护，并且均由本车驾驶员完成。

2）一级维护

一级维护由专业维护工执行。除执行日常维护作业外，以清洁、润滑、紧固为中心内容，并消除车辆在行驶一定里程后出现的某些不正常现象；检查有关制动、操纵等安全部件，使车辆保持正常运行状况。

一级维护的主要内容包括各总成和连接件的紧固、主要总成和部件的润滑，以及在外部检查时进行的一些必要的调整作业，由专业维修工完成该项工作。

3）二级维护

二级维护除执行一级维护作业外，以检查、调整为中心，对行驶一定里程的车辆进行一次较深入的技术状况检查和调整，要求拆检轮胎，进行轮胎换位。其目的是为保持车辆在以后较长运行时间内，能保持良好的运行性能。二级维护的作业项目较多，除执行一级维护的全部作业外，还必须消除一些维护作业中发现的故障和隐患，需要有一定的作业时间。所以二级维护需占用车辆的一定运行时间。

在对汽车进行二级维护前，应按《汽车运输业车辆技术管理规定》的要求，进行检测诊断和技术鉴定，以便确定附加作业或小修项目，结合二级维护一并进行。二级维护也由专业维修工完成该项工作。

4）走合和换季维护

对新车或大修后的汽车要进行走合维护，在春秋季末为适应季节的变换，进行的季节性维护（如更换润滑油、拆装保暖空调装置等），可结合定期维护进行。并规定车辆二级维护前应进行检测诊断和技术评定，根据结果，确定附加作业或小修项目，结合二级维护一并进行。

普通双轴挂车的维护则定为一级维护和二级维护的两级维护制度。在定车定挂的运行条件下，挂车应随汽车同时进行维护，在汽车进行二级维护时，挂车也应进行二级维护。

3.2.2 汽车修理制度

汽车在使用过程中，由于零件的磨损、腐蚀、疲劳、变形等原因会使汽车的动力性、经济性、安全性等技术性能逐渐变差，以致丧失正常的工作能力。汽车修理的作用，就是要使失去正常工作能力的汽车重新恢复正常的技术状况。

汽车修理是指对汽车所有零件及总成进行修理的总和。汽车各部零件及总成的使用寿命各不相同，不能同时进行修理。但又必须使它们的技术状况在汽车运行中能保持基本平衡。因此，同一台车上的零件和总成有先修后修之区别。因此，国内外的汽车修理，目前都遵循“视情修理”的原则，即在按技术文件规定对汽车技术状况进行诊断、检测和鉴定的基础上，确定修理内容，视情实施必要的作业范围和深度，并将修理作业按其不同对象和不同作业范围，划分为不同的修理类别。

我国汽车修理按其作业范围可分为汽车大修、总成大修、汽车小修和零件修理四级。

1) 汽车大修

汽车大修是指新车或经过大修的汽车，行驶一定里程后，经过技术检测、鉴定，需用修理或更换零件的方法恢复其良好的技术状况，使之完全和接近完全恢复汽车技术性能的恢复性修理。

汽车大修时，需对汽车全部总成解体，并对全部零件进行清洗和检验分类，更换不可修复零件，修复可修件，按大修技术标准进行装配和调试，以达到全面恢复汽车技术性能的目的。

2) 总成大修

总成大修是指汽车各总成经一定行驶里程后，其基础件或主要零件出现破裂、磨损和变形等，需要拆散进行彻底的修理，以恢复其技术性能的修理作业。通过总成大修，使汽车各总成的工作寿命趋于平衡，延长汽车大修间隔里程。

3) 汽车小修

汽车小修是一种运行性修理，它包括排除汽车在运行中临时发生的故障、维护作业中发现的隐患，以及更换或修理个别零件的修理方法。对于有规律的损伤(如清除积炭、换活塞环、研磨气门等)，可作为计划性小修，结合各级维护作业进行。汽车小修时，不应扩大修理范围，并在保证汽车技术性能和行车安全的前提下，尽量利用修复旧件，以降低修理费用。

4) 零件修理

零件修理是对已发生损伤、变形、磨损和腐蚀的零件(无法修复件除外)，在符合经济原则的前提下，利用矫正、喷镀、电镀、堆焊、机械加工等修复方法进行修复，以恢复其原件的使用性能。

3.2.3 汽车及总成大修的送修标志及规定

1) 汽车大修的送修标志

(1) 载货汽车大修标志

以发动机总成为主，结合车架总成或其他两个总成符合大修条件时(即总成全部解体、修理和装复)，货车应大修。

(2) 客车大修标志

客车以车厢为主，而发动机附离合器等总成中又有一个总成需要大修，即可组织大修。

(3) 挂车大修标志

①凡挂车车架(包括转盘)前轴、后轴、货箱四个主要总成中，若车架和其他任何一个总成需要大修时，即可组织大修。

②定车牵引的半挂车和铰接式大客车，按照汽车大修的标志与牵引车同时进厂大修。

2) 总成大修标志

(1) 发动机附离合器总成大修标志

①气缸磨损已超过极限，其圆柱度误差已达到 0.175～0.250 mm，或圆度误差已

达到 0.050～0.063 mm(以其中磨损量最大的一个气缸为准)；

②最大功率或气缸压力降低 25%以上；

③燃油和润滑油消耗量显著增加；

④零部件严重磨损或损坏造成异响。

(2) 车身总成大修标志

①载货汽车货箱和驾驶室锈蚀、变形严重、破裂，横梁、底板、栏板以及翼子板、发动机罩等锈蚀、变形、凹陷、破损面积较大需要进行彻底修理；

②客车车身总成车厢骨架断裂、锈蚀、变形严重、蒙皮破损面积较大，需要彻底修复；

③车架纵、横梁和支座等发生断裂、锈蚀、弯曲、扭转变形超过限度，大部分铆钉松动或铆钉孔磨损，必须全部拆散进行修理。

(3) 变速器和分动器总成附传动轴总成大修标志

①外壳破裂、变形，简单焊补修理不能修复者；

②齿轮磨损过甚，引起自动跳(脱)挡，需换两对以上齿轮者；

③齿轮和齿轮轴及轴承孔严重磨损，并发生异响者；

④轴线位移，座孔、万向节严重磨损、破裂，传动轴弯、扭、变形等。

(4) 驱动桥(含前、中、后驱动桥)总成大修标志

①驱动桥壳、主减速器壳、变速器壳破裂；

②齿轮严重损坏导致驱动桥发生异响；

③半轴及其套管、齿轮、制动鼓、轮毂破裂或磨损过甚者；

④导向杆、平衡轴及附件变形、破裂。

(5) 前桥附转向系总成大修标志

前梁裂损、变形严重，主销孔磨损，转向节臂、转向器等零件破裂、磨损、松旷等，需进行彻底修理。

(6) 制动系大修标志

气压制动的空气压缩机以及气控机构，液压制动的制动主缸和轮缸等工作效能变坏或零件磨损严重，应进行彻底修理。

(7) 电气系统大修标志

点火、启动、照明、信号、发动机以及仪表等烧坏、松动、失效等，均需进行修理。

3) 汽车和总成送修的规定

①汽车和总成送修时，承修单位与送修单位应签订合同，商定送修要求、修理车日和质量保证等。合同签订后须严格执行。

②汽车送修时，应具备行驶功能，装备齐全，不得拆换。

③总成送修时，应在装合状态，附件、零件均不得拆换和短缺。

④因肇事或因特殊原因而不能行驶或短缺零部件的汽车，签订合同时应作出相应的规定和说明。

⑤汽车和总成送修时，应将其有关的技术档案一并送承修单位。

3.3 汽车维修工艺及其组织形式

3.3.1 汽车维修工艺

1) 汽车维修工艺与过程

①汽车维修工艺：汽车维修工艺是指在汽车维修的各项作业中，利用维修工具按一定的技术要求维修汽车的方法。它是在汽车维修过程中逐渐积累起来，并经过理论总结提高的操作技术经验。

②汽车维修工艺过程：指汽车维修的各项作业按一定的方式组合和顺序进行，亦称为汽车维修工艺过程。它一般包括待修汽车的接收、外部清洗、整车及总成的拆卸、零件的清洗与检验、总成的装配与调试、汽车总装调试、出厂检验及交车等环节。

③维修工序：所谓维修工序，是指在一个工作地点由一个工人(或一组工人)对一个总成零件(或一组零件)所连续完成的维修工艺过程的一部分。它的特点是维修工作地点、加工对象和工人不变，全部过程是连续进行的。通常维修企业确定工人数、技术等级和设备负荷以及工具数等，都是以工序为单位计算的。

2) 工艺规程

所谓工艺规程是指对修复或制造一个零件工艺过程的众多方案中，经过技术和经济分析，从众多方案中选出最优方案，并将其内容用条文、图表等形式确定下来的规程。

工艺规程是对修复或制造一个零件提出的总要求，是确定工序的指导性文件，是维修企业法定的技术性文件，通常都作为技术档案保存在技术管理部门。

3) 确定工艺规程及工序的原则

①确定工艺规程的原则：目前国家对于汽车的维修没有统一的工艺规程。在汽车维修中，应根据各维修企业的设备情况和人员素质，结合国家、部门的技术标准、法规，在确保修复质量的可靠性、经济性及生产的安全性等劳动条件下确定工艺规程。通常在确定工艺规程时应考虑以下几点：

ⓐ技术上的先进性：应尽量采用新技术、新工艺、新设备，以提高生产率，降低维修成本，保证维修质量。但不能盲目追求技术的先进性，要结合实际情况，使先进性和合理性相结合，做到既先进又可行；

ⓑ经济上的合理性：在保证修复质量可靠的前提下，应尽量降低维修成本，节约开支，修旧利废，降低消耗，提高修复件行驶里程，延长零件和总成的使用寿命；

ⓒ改善劳动环境和安全条件：在制定修复工艺时，必须保证安全操作规程的完善和实施，注意降低劳动强度和改善劳动条件，减少或消除笨重的体力劳动，降低噪声和消除环境污染。

②确定维修工序的原则：若工序安排不合理，就难以保证整个维修工艺的完成，影响修复质量。确定汽车修复工艺的原则如下：

ⓐ容易使工件变形的工序,应尽量安排在前面,避免最后因变形造成浪费。如热加工、冷压、镶套等工序应尽量安排在前面;

ⓑ表面加工精度要求高的工序,应放在其他工序之后,以免运送中碰伤精加工表面;

ⓒ一般情况下,钻孔应在平面切削之后,尽量不要在斜面上钻孔,以免孔偏斜;

ⓓ减少运输,降低劳动强度,工序之间不能相互干扰,应尽量采用技术革新成果,提高自动化程度。

3.3.2 汽车维护工艺组织形式

为了有效地完成汽车维修工作,维护作业地点应按工艺配备,合理布局,使各方面工作协调,充分利用人力、物力,减少消耗,取得最佳效益。

1) 在组织汽车维护工艺时应考虑的原则

①工艺过程的组织应符合车辆运行的工作制度;

②能合理利用维护工艺设备和生产面积;

③能有效地完成规定的维护工作内容,保证维护质量;

④工艺过程的组织应保证维护作业的劳动生产率高,成本低。

维护工艺的组织通常是指汽车运输企业内维护地点(工间、工段和工位)的工艺组织,不包括燃油加注、外部清洗和安全检查等内容。

2) 汽车维护工艺作业的组织形式

①汽车维护工艺作业的组织形式按专业分工程度不同,分为全能工段式和专业工段式两种形式。

ⓐ全能工段式。全能工段式是把除外表维护作业外的其他规定作业,组织在一个工段上实施,把执行各维护作业的人员编成一个作业组,在额定时间内,分部位有顺序地完成各自的作业项目。

全能工段式可以是以技术较高的全能工人对汽车的固定部位完成其维护作业,也可以是以专业工种的工人在不同部位执行指定的专业维护作业。前者称为固定工位作业,后者则称为平行交叉作业。

ⓑ专业工段式。专业工段式是把规定的各项维护作业,按其工艺特点分配在一个或几个工段上,各专业工人在指定工段上完成各自的工作,工段上配有专门的设备。当专业工段按维护作业的顺序排列时,这些专业工段即组成汽车维护作业流水线。待维护汽车可以依靠本身的动力或利用其他驱动方式在流水线上移动。

②汽车维护工艺的组织形式还可按维护工作地点的布置方式,分为尽头式和直通式两种。

ⓐ尽头式工段。如图 3.1 所示,按尽头式布置的工段,汽车在维护时可各自单独地进出工段。汽车在维护期间,停在各自的地点固定不动,维护工人按照综合作业分工等不同的劳动组织形式,围绕汽车交叉执行各项维护作业项目。各工段的作业时间可单独组织,彼此无影响。因此,尽头式工段适合于规模较小、车型复杂的运输企业在高级

别维护作业、小修时采用。

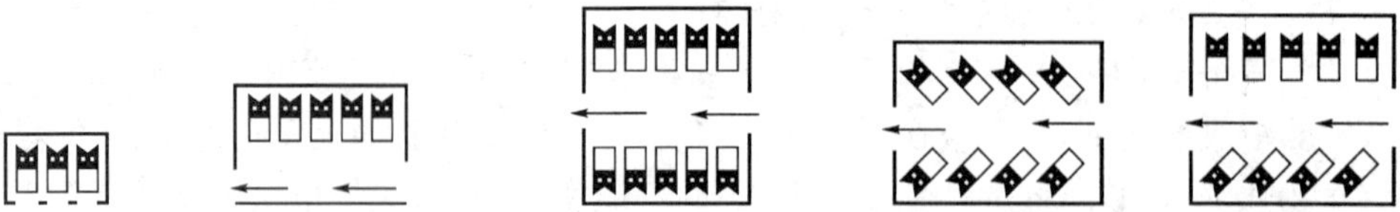

(a) 无内部通道　(b) 有内部通道　(c) 两侧布置的有内部通道　(d) 斜角式　(e) 混合式

图 3.1　尽头式工段

ⓑ直通式工段。直通式工段(见图 3.2)较适宜于按流水作业组织维护,各维护作业按作业顺序的要求分配在各工段(工位)上,工段的作业工人按专业分工完成维护作业。直通式工段完成维护作业的生产效率较高。因此,当企业有大量类型相同的汽车,而且维护作业内容和劳动量比较固定时,则宜采用流水作业方式。

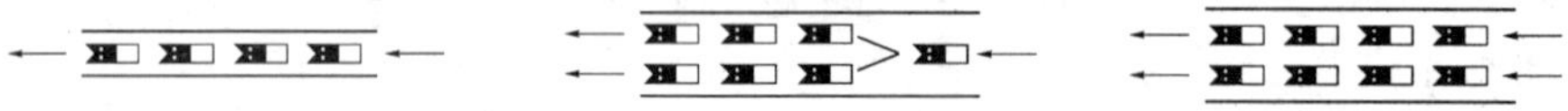

(a) 顺序排列　(b) 顺序平行排列　(c) 平行排列

图 3.2　直通式工段

3.3.3　汽车修理工艺的组织形式

汽车修理工艺的组织形式是汽车修理的基本方法、作业方式和劳动组织形式等内容的总称。

1) 汽车修理的基本方法

①就车修理法是指在修理作业时,要求被修复的主要零件和总成装回原车的修理方法。这种修理方法汽车的零部件和总成不进行互换,除报废件用新件代替外,原车的需修总成和零部件经修理后仍装回原车。因此不需要储备周转总成,且有利于单车成本核算,目前中、小型维修企业普遍采用这种修理方法。特别是那些修理生产量不大、承修车型复杂、送修单位多的修理企业,最适合采用这种修理方法。

②总成互换维修方法是指用储备的完好总成替换汽车上的不可用总成的修理方法。

这种修理方法的特点是汽车在修理过程中除车架(或车身)外,其余需修的总成(或组合件)都可以换用周转储备量中预先修好的(或新的)总成(或组合件),而替换下的总成或组合件另行安排修理。其修理工艺过程与上述的就车修理法,从总成解体至总成装配调整的整个工艺过程相同。修好后的总成进入周转总成库,不直接装车。这种修理方法由于利用了周转总成(组合件),从而保证了汽车修理装配的连续性,大大缩短了汽车大修在厂车日。因此,有可能对汽车装配和某些总成的修理组织流水作业,达到优质、高产、低消耗的目的。总成互换修理法适用生产规模较大,承修车型比较单一,具有一定周转总成的大型维修企业。

2）汽车维修的作业方式

①流水工作法。汽车维修流水工作法，是指待修汽车在生产线的各个专业工位上按确定的工艺顺序进行维修的方法。汽车修理的流水作业，通常是指大修车辆整车的拆装和装配是在流水线的各个工位上逐步完成的。各总成的修理，一般不安排在此流水线上，但总成分散到各专业车间后，亦可组织流水作业进行修理。流水作业法可根据流水线的不同情况，分为连续流水和间歇流水两种。

ⓐ连续流水作业法。所谓连续流水，是指在始终运动着的流水线上进行的，适用于大型修理企业。

ⓑ间歇流水是指流至每一工位停留一定时间，进行完规定的拆卸或装配工作后再流至下一工位。

汽车大修时，通常可采用间歇流水形式。这时，大修车辆的车架在间歇流水线上，一般利用其自身的车轮来实现工位之间的移动。因此，大修车辆在拆卸线上，应最后拆除车轮；而在装配线上，则应最先装配车桥及车轮。

流水作业法的优点是专业化程度高，修理生产节奏快，且按确定的工艺顺序进行，分工细、修理质量高。另外，总成和大型零部件的运输距离较短，便于集中发挥起重运输设备的作用。实施流水作业法时，必须具有完善的工艺、设备及较大的修理生产任务。因此，适合有一定规模的中型以上维修企业。同时，要求承修车型比较单一，并有足够的周转总成，以保证流水作业的连续性和节奏性。

②定位作业法。汽车维修定位作业法，是指汽车在固定工位上进行修理作业的方法，即大修汽车的解体及装机以车架为基础在固定的工位上进行，拆卸下的各总成及零部件的修理作业则分散到各专业车间或工组进行。

定位作业法的优点是不需流水线及其附属设备，占地较少。拆装作业不受严格的生产工序限制，修理生产的调度与调整比较方便。缺点是在拆装过程中总成及零部件运输距离较长，工人劳动强度大。这种方法适用于修理生产规模不大或承修车型比较复杂的小型修理企业。

3）汽车修理作业的劳动组织形式及其选择

①汽车修理作业的劳动组织形式。汽车修理作业的劳动组织不论是采用就车修理法，还是采用总成互换修理法，都可分为综合作业法和专业分工法两种。

ⓐ综合作业法。综合作业法是指整个汽车的修理作业，除车身、轮胎、锻焊和机械加工等作业由专业工种配合完成外，其余全部拆装修理工作均由一个修理工组完成。由于修理工组的作业范围较广，因而要求修理工组的组成人员，掌握修理操作技能和知识应该比较全面。它适用于修理生产量不大，承修车型比较复杂，而且企业本身设备条件也不高的小型维修企业。

ⓑ专业分工法。专业分工法是将汽车的整个修理作业按工种、工位、总成或工序划分为若干个维修作业组，每个作业组由一个或几个工人专门负责。作业组分得越细，专业化程度便越高。这种劳动组织方法有利于提高修理工人的单项作业技术熟练程度，

并有可能大量采用专用工具，从而提高工效、保证质量，缩短在厂车日，降低修理成本。该方法适用于生产规模较大、修理车型比较单一的维修企业。

②维修工艺组织方法的选择。汽车维修企业在组织汽车修理生产时，可依据自身技术条件，对基本修理方法、作业方法、劳动组织形式等灵活加以运用，选择最适合的工艺组织形式，以达到提高工效、降低成本、保证修理质量的目的。

ⓐ对于承修车型复杂的汽车修理企业，宜采用就车修理法为主，总成互换修理法为辅。在作业方式上，汽车的拆装可采用定位作业，由综合工组进行。而总成的修理，则可根据专业分工采用专业修理、综合拆装，以避免增加车间内起重运输的困难。在劳动组织方面，宜采用专业修理、综合拆装。

ⓑ对于承修车型较单一而承修车辆数量较大的汽车修理企业，宜以总成互换修理法为主，就车修理法为辅。在作业方式上，对汽车的拆装可采用间歇流水的方式。至于总成的修理，则应按流水作业的顺序安排工位，以便进一步组织修理生产流水线。对于个别采用就车修理法的车辆应另行采用定位作业法。在劳动组织形式上与流水作业相适应，以采用专业分工法为宜。较小的维修企业，适合采用就车修理法、定位和综合作业法。

③合理选择汽车维修工艺组织注意事项。

ⓐ在汽车维修的基本方法上，采用就车修理法与总成互换修理法相结合的方式时，应对那些机构比较复杂，修理费工、费时，不易与整个进度相配合的总成采用互换，其余部分则采用就车修理法。这样既可以缩短在厂车日，又解决了总成周转方面的诸多困难。

ⓑ在作业方法上，对汽车的拆装采取定位作业，便于集中采用起重运输设备和拆装工具。而对总成或组合件的修理，则应尽可能采用流水作业。

ⓒ在劳动组织上，目前采取综合拆装与专业修理相结合的形式较普遍。这样在整车的拆装上成立综合拆装组，按部分固定分工和按整车的拆装顺序同时进行工作，使工人的工作量大致平衡，并在作业过程中又不致产生大的干扰。对于总成或组合件的修理，则以工种或工件为对象进行专业分工，并通过作业组内部的协调达到进度上的基本平衡，从而使按工艺组织形式平行交叉作业成为可能。

4 汽车维修工艺过程

汽车修理工艺是指汽车修理时所进行的各种技术作业的总称。将汽车维修的各种作业按一定方式组合并按一定次序完成这些作业的全过程称为汽车维修工艺过程。一般包括汽车的接受、汽车的清洗、汽车的解体、零件清洗、零件的检验分类、零件维修、总成装配与试验、汽车总装试验及交车等环节。从本章开始具体阐述汽车维修工艺一般过程。

4.1 待修汽车的接收、清洗与解体

4.1.1 待修汽车的接收

车辆或总成维修时应符合送修规定，进厂时应进行验收，验收时应检查该车送修的技术鉴定书、车辆技术记录、送修前的车况调查资料以及送修人员对车辆修理的要求。进行车辆外部检视和必要的技术状况检查，查对该车的技术装备，做好进厂检验的技术记录，为生产调度部门及生产车间提供主要依据。经检测诊断评定技术状况，确定维修作业范围，填写进厂检验单，办理交接车手续，签订维修合同。

1）调查待修车辆使用及维修情况

通过向送车人员和驾驶员了解车辆的使用及维修情况，初步掌握待修车的技术状况。调查的内容主要有：

①车辆使用情况：如车辆累计行驶里程和维修间隔里程；各总成在使用中出现过哪些故障和损坏；车辆动力性的变化和燃油、润滑油的消耗情况；使用中有无事故发生等。

②车辆维修情况：如历次维修实施日期；维修中对各总成技术状况的评价和登记，修理和更换过哪些主要零部件；气缸压缩压力和磨损测量登记等。

2）车体外部检查

①车容：查看汽车外部有无撞、碰伤，各部油漆是否脱落，车门、玻璃、铰链、门锁把手、坐垫、靠背等各种零部件是否齐全或有无腐蚀、损坏等。

②安全机构：例如转向、制动、传动等机构是否有缺损、渗漏及螺栓（母）松动等现

象。

③基础件：如气缸体、变速器壳体、后桥壳、前桥及车架等有无渗漏、严重变形及破损等。

④轮胎：查看轮胎磨损及损坏情况，若有异常磨损应查明原因。

3）仪器设备检测诊断

为实施视情修理和强制维护制度，车辆大修的检测诊断主要是通过不解体检测设备进行的。没有检测手段的企业，汽车大修前的检测诊断应到交通主管部门认定的检测站进行，以便全面检测，准确确定修理的深度和广度。

检测诊断的主要内容包括汽车的动力性（车速、加速能力、底盘输出功率、发动机功率、扭矩、供给系统、点火系统的状况等）、安全性（制动、侧滑、转向、前照灯等）、可靠性（异响、磨损、变形、裂纹等）、经济性（燃料消耗）及噪声和废气排放状况等。能表征上述内容的具体检测参数及其数值，除部分通用者外，大都需根据不同车辆的结构特点、故障规律和使用条件，通过大量的测试数据记录来加以确定。

检测诊断结果是对待修车辆技术状况和技术性能进行技术评定的重要依据。

4）行驶检验

行驶检验的目的，主要是为了查明底盘各总成的技术状态，以及进一步判断发动机的动力性能和经济性能。

（1）汽车起步前的检验内容

①查看各仪表和刮水器等工作是否正常；

②左右转动转向盘，概略检查其游动间隙；

③踩下离合器和制动器踏板，概略检查两踏板的自由行程；

④检查驻车制动杆的制动行程，将驻车制动拉到底时，查看能否刹住车辆和查听制动有无松旷异响等。

（2）汽车起步时的检验内容

①踩下离合器踏板，将变速杆挂入各挡位均发响或者很难挂入各挡位，则为离合器分离不彻底等原因造成的；

②汽车起步时，应检验离合器是否发抖、打滑以及制动是否发咬等；

③汽车起步时（或迅速改变车速时），后桥如发出响声，多为减速器主、从动齿轮啮合不良或轴承松旷以及从动齿轮松动等原因所致。

（3）汽车行驶中的检验

①汽车在行驶中，应轻踩制动踏板，检查制动是否失效或不灵；放松制动踏板后，如果立即出现汽车加速性能变坏的现象时，则表明制动发咬；

②加速时，当发动机转速迅速上升而车速不能相应提高时，一般为离合器打滑（或自动变速器故障）所造成的；

③在不同的车速行驶中，应查听发动机和变速器内有无异响，在不同的车速下变速器内均发出异响，一般为轴承磨损松旷和缺少润滑油所致。汽车在行驶中还应注意变

速杆是否抖动，换挡时是否发响，如个别挡位发响，即为该挡齿轮严重磨损等原因造成；

④改变车速时，应查听传动轴有无异响。如传动轴发响，多数是因为传动轴键槽磨损所引起的。但有的十字轴轴颈、轴承和轴承座孔磨损严重或中间轴承缺油磨损过甚时，也会发出异响。此外，当传动轴轴管弯曲和失去平衡时，在高速运转中也会出现抖动和响声；

⑤在平坦路面上行驶时，应检验前桥和转向装置是否有不稳和跑偏现象。对于前桥驱动的越野汽车，还应挂前桥驱动挡进行试验；

⑥在平坦而坚硬的路面上，应检验制动效能和有无单边制动现象；

⑦转弯时，应检验转向机构是否轻便灵活，查听驱动桥是否发响。如驱动桥发响，一般为差速器内部零件磨损或齿轮磨损所致；

⑧高速时后桥有明显的刺耳声，低速时响声变小，空挡滑行时响声更小，通常是由驱动桥主、从动齿轮啮合不良所造成的；

⑨经过凸凹不平的道路时，应在各个挡位上用改变车速的方法，检验变速器是否跳挡。变速器跳挡，主要是由于齿轮磨损成锥形以及变速叉变形、轴承磨损松旷、定位装置失效和一、二轴轴线与曲轴轴线不重合等原因所造成的。为了进一步查明故障部位，可将变速杆挂入跳挡挡位的位置，然后拆下变速器盖进行检查；

⑩经过上下坡道时，应利用无险情的坡道做“上坡起步”，以便检验驻车制动器的制动效能和离合器是否打滑。驻车制动解除后不应有摩擦声。在坡道上还可以进行发动机动力性能的检验。汽车在转弯、上下坡道和凹凸不平路面上行驶时，还应查听车厢、驾驶室和悬架装置有无松动现象和异响。

(4) 汽车行驶后的检验

①检查有无漏油、漏水和漏气等现象；

②检查各部温度是否正常；

③对于路试中不能确定的故障，应进行部分拆卸检验。

5) 发动机的检验

发动机的检验，是为了判定发动机是否达到大修技术条件，从而确定汽车的修理类别。发动机起动后，应先查听有无异响，然后检查气缸压力，最后测量气缸的磨损情况。

6) 待修汽车的技术鉴定与承修合同的签订

①技术鉴定：待修车的技术鉴定，即根据上述对整车的技术检验对汽车的技术状态作出综合评定，并确定修理类别和修理范围。

②承修合同的签订：承修单位与送修单位应签订合同，商定送修要求、修理车日和质量保证等。合同签订后必须严格执行，并填写进厂检验单。

4.1.2 待修汽车外部清洗

在汽车大修检测诊断前，应进行外部清洗。其目的在于清除外部灰尘、泥垢和油污，便于汽车检测和拆卸工作的顺利进行，并保持作业工位整洁。

1) 外部清洗设备

外部清洗设备按结构形式分为固定式和可移动式两类。

固定式清洗设备具有清洗效率高、劳动强度低等优点,应用于大批量汽车的外部清洗作业。就其清洗方式而言,可分为喷射冲洗式和滚刷刷洗式两种。前者依靠压力水的冲击清除汽车车身及底盘部分的泥土污垢,主要适用于载货汽车的外部清洗作业;后者则主要依靠滚刷与车身表面的刷洗摩擦作用清除车身表面的灰尘、污垢,主要适用于轿车、旅行车和大客车等的车身表面清洗作业。

可移动式外部清洗设备是小型的清洗设备,其清洗装置以及电动机、水泵等均安装在可移动的小车上,机动灵活,使用方便。但由于采用单喷嘴且出口流量小,所以清洗效率较低,一般只用于维修作业量不大的企业。

一般可移动式汽车外部清洗设备由电动机、柱塞泵总成、高压喷水枪总成(见图4.1)、高压旋流喷刷器总成(见图4.2)等主要部分组成。

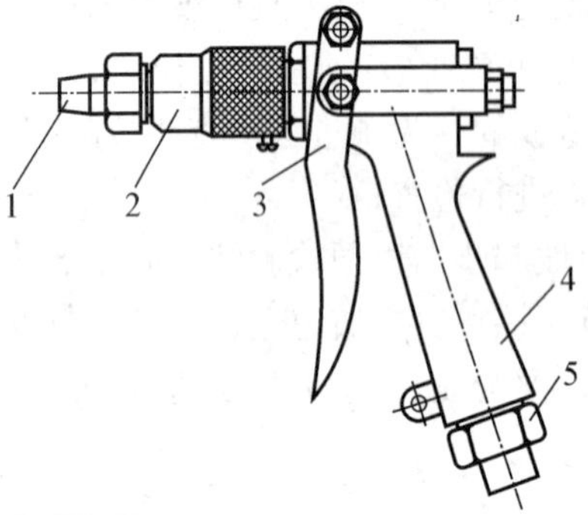

图4.1　高压喷水枪总成

1—喷嘴;2—调节套;3—进水开关;4—枪体;5—进水接头

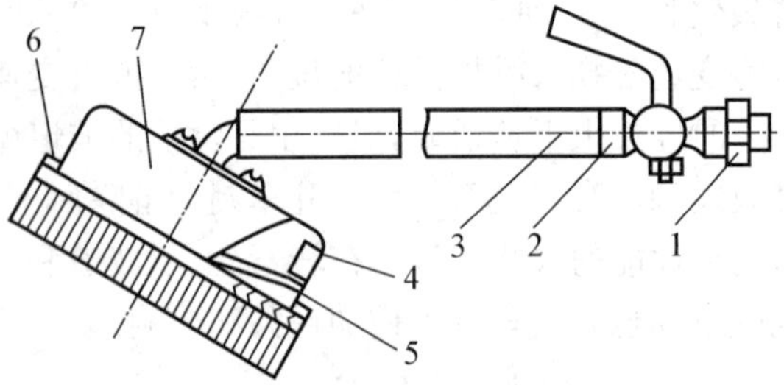

图4.2　高压旋流喷刷器总成

1—进水接头;2—进水开关;3—刷把;4—叶片;5—喷嘴;6—棕刷;7—外壳

柱塞泵在电动机的驱动下产生高压水。高压水流经高压软管进入喷水枪或旋流喷刷器。一般情况下,若要冲洗汽车底盘、轮胎等用高压喷水枪,而清洗车身则使用高压旋流喷刷器。扳动开关,高压水经喷嘴产生旋转冲击水柱。若转动调节套,则可改变喷射水流的状态,以适应清洗的需要。旋流喷刷器的外壳固定,进入该外壳的高压水由两个喷嘴切向喷出,冲击喷刷器叶片产生转动力矩,从而使喷刷器壳内的转子带动刷子做旋转运动。刷把上设有进水开关,通过控制喷射水量来达到清洗目的。

可移动式喷刷清洗机既能清洗汽车底盘部分的油污,又能刷洗除净车身表面的尘埃,故可广泛用于各类车辆的外部清洗。

2) 清洗用水

汽车外部清洗设备按水的利用程度不同,可分为循环用水式和非循环用水式两种。前者用水量少,节约水资源,并有利于保护环境。但为避免水管和喷嘴堵塞,需要有污泥沉淀器、油水分离器等辅助设备。同时,为保证正常的水循环,还需设置足够容量的储水池。

至于后者，由于水只利用一次就被排掉，不需要循环水的处理装置，因而结构较简单。但是，其耗水量大，不经济，且不利于环境保护。

汽车的外部清洗大多采用冷水清洗。对轿车、旅行车、大客车等车辆，常采用化学溶液以加速清洗过程，提高清洗效果，化学清洗液可用含量(质量分数)为2%～3%的中性皂液与热水相混合。用化学溶液清洗车身表面前，一般先用清水将车身淋湿，然后喷液刷洗。清洗后要用清水冲净。对于车身外表的装饰性镀铬表面，为保证其光亮，还应用干燥的软布揩干。

4.1.3 待修汽车的解体

送修汽车经过外部清洁后，拆下总成，然后再将总成拆成零部件。在修理作业中，拆装工作量占总工作量的40%左右。而汽车和总成的拆卸质量和工作效率，在很大程度上取决于工艺程序的安排、劳动组织的形式、拆卸机具设备的选用、工人的操作技术水平和对这项作业的重视熟练程度等。

1) 合理安排工艺顺序

汽车的解体，通常采用平行交叉的作业方式。解体的顺序一般是:先拆外，后拆内；先拆附件，后拆主体；先由整体拆成总成，再由总成拆为零部件。

为使拆卸顺序合理，必须熟悉拆卸汽车的结构特点；否则会因拆卸顺序不当而损坏零件，或因不易拆卸而延长拆卸时间。

2) 正确使用拆卸工具

拆卸使用的工具，一定要与被拆件相适应。

3) 做好标记

对有特殊要求的拆卸对象，如离合器与飞轮、曲轴与正时齿轮、气门挺杆、曲轴主轴承与轴承盖、连杆与轴承盖等，拆卸时应检查有无标记，对于没有标记的应做上标记，以避免搞乱次序破坏原有的动平衡与配合。

拆卸带有调整垫片的部件时，如转向器调整垫片、减速器调整垫片和差速器调整垫片等，也应注意做好标记或用铁丝栓好，以便装配时进行调整。

4) 螺纹连接件的拆卸

(1) 双头螺栓的拆卸

双头螺栓的拆卸应使用专用扳手。如果没有专用的拆双头螺栓的扳手，可用双螺母法拆卸，即用两个螺栓本身的螺母，同时拧在螺栓中部，并相对拧紧，此时两螺母与螺栓之间通过螺纹部分的接触锁紧力使之相对稳定，按拆卸的一般方法逆时针转动下螺母，整个螺栓即可拧出。

(2) 断头螺栓的拆卸

①断头螺栓露出工件表面有一定长度，当不能用拆卸双头螺栓方法拆卸时，可在断

头螺栓露出部分锯一槽口用旋具拧出，或用锉刀在断头螺栓露出部分锉一扁榫头用活动扳手拧出；或使用专用工具取出；

②螺栓断在螺孔内，可在断头螺栓上钻一适当的孔，打入淬火棱锥旋出断头螺栓，或在断头螺栓所钻的孔内攻出反向螺纹，并拧入反向螺纹螺钉，按一般拆卸螺栓的方法将断头螺栓拧出。如果条件允许，也可以将断头螺栓钻掉，重新攻制加大的螺孔；

③断头螺栓露出工件少许，除用拆卸螺栓断在螺孔内的方法外，也可以在断头上焊一螺母，然后按一般拆卸螺栓的方法拧出断头螺栓。

(3) 锈死螺栓的拆卸

①先将螺母旋进少许，然后试着将螺栓拧出；

②在螺母与螺杆间加注汽油或洗油，浸润 20～30 min，同时用手锤在螺母四周轻击，再设法将螺栓或螺母拧出；

③用喷灯或气焊枪对准螺母加热，并趁热迅速拧出。

若上述方法均无效，只有小心地凿去螺母。

(4) 成组螺纹连接件的拆卸

①按规定顺序先四周、后中间对角线拆卸。先将各螺栓拧松 1～2 圈，然后逐一拆卸，以免力量最后集中在某一个螺栓上，而造成难以拆卸和零件变形；

②拆卸悬臂部件的环形螺栓组时，应特别注意安全。除仔细检查是否垫稳、起重索是否捆牢外，应先从下面开始按对称位置拧松螺栓。最上部的一个或两个螺栓应在最后分解吊离时取下来，以免造成事故或损伤零部件；

③在整个螺栓组确实拆完后，方可用旋具或撬棒等工具将连接件分离。

5) 过盈配合件的拆卸

拆卸过盈配合件，应使用拉器、压力机等专用工具。如无专用工具，可用木锤、铜锤、橡胶锤或垫以木棒(块)、铜棒(块)用铁锤敲击。无论采用何种方法拆卸，都应注意首先拆下销钉等附加固定或定位装置，并应注意拆卸方向和着力点要正确。

6) 其他注意事项

①应趁热放油，发动机、变速器、主减速器等总成中的润滑油，应在汽车刚停车时趁热放油，以使废油彻底放尽。

②应在 40℃以下分解发动机，以防气缸盖，进、排气歧管变形。

③为防止零件变形，对于多螺栓的紧固件，如气缸盖、离合器盖等，应按照从四周至中央的顺序或对称交叉的顺序分次均匀地拧下螺栓。

4.2 汽车零件的清洗与分类

为了保证零件的检修质量，必须对已拆下来的零部件上的油污、积炭或水垢等污物彻底清洗干净。

4.2.1 清洗油污

1）清洗油污的类型

清洗油污的类型可分为冷洗、热洗及非金属零件的清洗三种。

①冷洗：用煤油、柴油或汽油作清洗剂，清洗后用压缩空气吹干。此种方法成本较高，但较为简便，适用于维护和小修时使用。

②热洗：用碱溶液作清洗剂，效果与洗油相同，且费用较低。

③热洗清洗方法：清洗溶液温度应保持在70～90℃，把零件放入煮洗15～20 min，取出后用清水冲洗，再用压缩空气吹干。操作过程中要注意：不要使碱液落到皮肤上，以免烧伤。

非金属零件的清洗：橡胶零件（如制动皮碗、皮圈等），应用酒精或制动液清洗。不得用洗油、碱溶液清洗，以防发胀变质。制动器和离合器的摩擦衬片有轻微油污时，应用汽油刷洗干净。皮质零件（如皮质油封等）一般用干净布擦净即可。

2）清洗油污的方法

清洗油污的方法可分为碱水清洗、合成洗涤剂清洗和有机溶剂清洗三类。

（1）除油机理

汽车零件上的油污大多为不可皂化的矿物油污。这类物质在碱液中不易溶解，而只能生成乳浊液。乳浊液是几种互不溶解的液体的混合物，其中一种液体是以微小的滴状散布在另一种液体中。由于碱离子的活性很强，可使油滴时而形成、时而破裂，对油污起着强烈的机械搓揉作用，从而降低油层表面的附着能力，但是油和金属的附着力很大，要使油与金属脱开，单靠碱离子的作用是不够的，必须加入其他的活性物质——乳化剂。乳化剂其分子的一端呈极性，另一端呈非极性。极性的一端与水吸引，另一端与油污吸引，从而降低油和水的表面张力，起到乳化作用。清洗过程是污垢、洗涤剂和零件表面间相互作用的复杂过程。润湿、乳化、分散、起泡和稳定等作用的基本现象，与清洗液的组成有关。

润湿是液体的固态表面上所产生液滴的流散现象。此时，流散液滴的表面和固态表面相切的角θ称为边缘角。如果边缘角小于90°，就认为固体表面被液体所润湿；如果边缘角大于90°，表面就不会被润湿。液体对固体的润湿性取决于液体的表面张力、液体和固体的性质和成分。例如，被机油脏污了的表面能被碳氢溶剂很好地润湿，但不能被清水所润湿，表面活性物质加入水中，就会降低水的表面张力，从而就能润湿被机油脏污的表面。

表面活性物质（乳化剂）在油滴的表面产生牢固的吸附层。分子的非极性部分与油相结合，极性部分与水相结合，使油滴不能在金属表面集聚，而流向水溶液，从而构成油污的固相分散作用。

为防止被洗下的污垢再次返回金属表面，就必须科学地配制洗涤剂成分，明确其清洗条件（浓度、温度、污垢量），这样才能保持除垢的稳定性。

(2) 清洗液

清洗液由碱性物质、乳化剂和缓蚀剂等构成。清洗液的清洗效率,可根据零件表面上的污垢减少量来确定。在一定的时间内,从零件表面清除的污垢越多,清洗效率越高。

近年来超声波清洗获得了一定程度的推广和应用。超声波清洗是一种高效和高生产率的清洗方法。其优点在于它能快速清除零件表面上的各种污垢,能清洗具有难以接近的空腔和油道的形状复杂的零件。而且,它可以采用各种洗涤剂,在室温下或适当加热时就可以进行清洗,易于实现机械化和自动化操作。

清洗时,由采用磁致伸缩转换器制成的低频超声振动发生器发出的超声波作用于被清洗零件的表面,形成直径大约为 50～500 μm 的细小气泡。一部分气泡在出现不久后突然破裂产生局部液力冲击,使污垢被破坏,自零件表面上脱离下来;另一部分气泡不破裂,但在超声场的作用下和液流一起加剧液体的脉动及搅拌,从而加强清洗作用。如图 4.3 所示。

至于汽车零件的清洗设备,目前国内汽车维修企业中的大中型企业多配用卧置圆筒形单室式零件清洗机;小型企业多配用直立圆筒形单室式零件清洗机。它由圆筒形清洗室、清洗室盖、开盖机构、转盘驱动机构、喷射系统和控制系统等组成。

在清洗室盖内侧、清洗室内的圆周方向和底部,视机型的不同装有 60 或 70 个固定喷嘴。清洗时待洗零件置于网格转盘上由电动机带动旋转,而固定喷嘴将加热的清洗液喷至零件上,将油污逐渐从零件上清除干净。零件表面残存的清洗剂则由同样的另一台清洗机用热水冲洗干净。

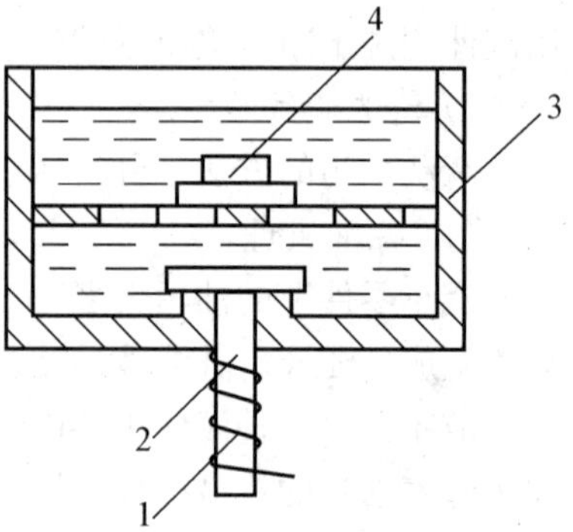

图 4.3 超声波清洗装置示意图

1—高频电流线圈;2—镍棒;3—洗槽;4—待洗零件

4.2.2 清除积炭

清除积炭可用机械的或化学的方法清除,或者两种方法并用。

机械法:用刮刀、铲刀、金属丝刷清除。

化学法:用化学溶液清除。清洗时溶液温度应保持在 80～90℃,将积炭零件浸泡待其积炭软化后,用毛刷或棉纱擦拭干净。清除积炭后,铝合金零件还应用热水冲洗。

4.2.3 清除水垢

清洗水垢多用酸洗法或碱洗法,因为酸性或碱性溶液对水垢均有溶解作用。修理单位常用盐酸处理水垢。

盐酸对于金属的腐蚀性很强,必须在酸中加入缓蚀剂,以减轻酸对金属的腐蚀作用,同时又不减弱对水垢的清洗作用。

用盐酸清洗水垢,其溶液浓度以 8%～10%为宜,盐酸缓蚀剂优洛托平的加入量为

3～4 g/L(水)，将溶液加热至50～60℃，清洗持续时间为50～70 min。用盐酸溶液处理之后应该用加有重铬酸钾的清水冲洗。

采用3%～5%的磷酸三钠溶液清洗，能消除任何成分的水垢。其溶液应加热到60～80℃，清除水垢后用清水冲洗。

4.2.4 除锈

除锈应根据具体情况，可采用机械方法、化学方法或电化学方法。

1) 机械法除锈

常用的方法有刷、磨、抛光、喷砂等，可依靠人力用钢丝刷、刮刀、砂布等刷、刮或打磨锈蚀层，也可用电动机或风动机作动力，带动各种除锈工具清除锈层，如磨光、刷光、抛光和滚光等。其磨光轮可用砂轮，抛光轮用纤维织品制成，刷光轮一般用金属制成，滚光则是把零件装入滚筒内，由磨料(砂或碎玻璃)摩擦除锈。

2) 化学除锈

利用金属的氧化物容易在酸中溶解的性质，用一些酸性溶液清除锈层，故称酸洗。主要使用的有硫酸、盐酸、磷酸或几种酸的混合溶液，并加入少量缓蚀剂。

4.2.5 清除旧漆层

清除旧漆层的各种溶液可分为有机退漆剂和碱性溶液退漆剂两种。

1) 有机退漆剂

退漆剂经漆膜很快扩散，并使漆膜和底漆一起剥落。处理时间为20～40 min，膨胀后用木刮板刮掉，再用稀释剂或汽油擦拭。

2) 碱性溶液退漆剂

碱性溶液可使漆层软化或溶解。主要用苛性钠、磷酸三钠和碳酸钠。表面活性剂采用脂肪酸皂、松香水、烷基芳香基磺酸酯等。缓蚀剂用滑石粉、胶淀粉、乙醇酸钠等。

4.3 汽车零件的检验

零件检验的目的是通过检验确定零件的技术状况，并将零件分为可用、待修和报废三类。可用零件是指符合大修技术要求(即大修允许的)能够继续使用的零件；待修零件是指磨损及几何形状的偏差大于允许值或达到了极限值，但可通过修理恢复其技术状况的零件；报废零件是指损伤严重、无法修复或无修复价值的零件。

零件检验分类是一项极其重要的工序，它直接影响修理质量和修理成本，因此，必须以科学的态度搞好零件的检验分类工作。

4.3.1 零件检验的主要内容

1) 零件的几何形状精度

检验项目有圆度、圆柱度、平面度、直线度、线轮廓度和面轮廓度。检验时，一般采用通用量具。

2）零件表面相互位置精度

检验项目有同轴度、对称度、位置度、平行度、垂直度、斜度以及跳动。检验一般采用心轴、量规与百分表等通用量具相互配合进行测量。

3）零件表面质量

主要检查疲劳剥落、腐蚀麻点、裂纹及刮伤等。裂纹可用渗透探伤、磁粉探伤及超声波探伤等方法进行检验。

4）零件内部缺陷

内部缺陷有裂纹、气孔、疏松和夹渣等。主要用射线及超声波探伤。对于近表面的缺陷，也可使用磁粉探伤法检验。

5）零件的机械物理性能

硬度、硬化层深度、磁导率等，可用电磁感应法进行无损检验。硬度也可用超声波、剩磁等方法进行无损检验。零件的表面应力状态可采用 X 射线、光弹、磁性及超声波等方法测量。

6）零件的质量与平衡

例如活塞、活塞连杆组质量需要检查。高速转动的曲轴飞轮组、传动轴及车轮等都需要进行动平衡检查。动平衡检查需要在专门的动平衡机上进行。

除检验内容外，更重要的是确定零件检验分类的技术条件，明确零件极限磨损尺寸、允许磨损尺寸和允许变形值，以及其他损伤缺陷的限度，为正确进行零件检验分类创造条件。

4.3.2 零件检验的基本方法

1）直观检查

这是一种不用仪器，仅凭眼看、手摸、耳听来检验和判断零件技术状态的方法。这种方法简便易行，在实践中应用较广，汽车上差不多有一半以上的零件，可用直观检查方法确定其技术状态。

①目测法：对于表面毛糙、沟槽、明显裂纹、刮伤、剥落（脱皮）折断、缺口或破洞等损伤，以及零件的重大变形、严重磨损、表面退火或烧蚀、橡胶零件等材料的变质等，都可以通过眼看、手摸或借助于放大镜观察、检验来确定是否需要修理或报废。

②敲击法：汽车上部分壳体及盘形零件有无裂纹，铆钉连接的零件有无松动，轴承合金与底板结合是否紧密，均可用敲击听音的方法检验。即用小锤轻击被检验零件，若零件发出的金属敲击声清脆，表明技术状态良好；若发出的声音沙哑，可以判定被检验的零件有裂纹、松动或接合不紧密的情况。

③比较法：用新的标准零件与被检验的零件相比较，从对比中鉴别被检验零件的技术状态是否符合要求。

2）量具测量法

零件因磨损或变形引起尺寸和几何形状的变化，或者因长期使用引起技术性能（如弹性）的下降等，一般应通过量具和仪器测量其现有的尺寸和数据，用测出的数据与允许使用的技术标准对照，来确定零件是否需要修理和更换。

用量具和仪器检验零件，一般能获得较为精确的数据。但选择使用要得当，在测量前必须认真检查量具的精确度，测量部位以及读数等都要正确。尽管如此，往往还会产生测量误差。所以在测量时应取多次测量的算术平均值。

3）探测法

对零件隐蔽缺陷的检验，特别是对曲轴、转向节等重要零件细微裂纹的检验，必须认真进行。常用浸油锤击检验法和磁力探伤检验法进行检验。

4.3.3 汽车零件形状和位置误差的检验

汽车各零件在使用中要产生不同程度的变形，将导致零件间相互装配关系的破坏，使总成和汽车的技术性能变坏，汽车的动力性降低，汽车燃料的消耗增加，汽车的使用寿命缩短。零件的变形程度用零件的形状误差和位置误差（形位误差）来衡量。形状误差主要包括直线度、平面度、圆度、圆柱度等误差。位置误差主要包括平行度、垂直度、同轴度、圆跳动等误差。

形位误差的检测，其测量基准应尽量选用设计基准和加工基准，这样可以提高测量精度；为使检测结果能够反映被测零件的真实误差，检测时必须保证零件的表面状态，要排除擦伤、粗糙度变大等表面缺陷，根据测量精度要求选取测量方法，根据零件的结构特征、功能要求、加工工艺等因素选取测量位置、测量截面及测量点的数目。

1）直线度误差的检验

直线度误差是实际直线相对于理想直线产生偏离的实际值。在汽车修理过程中，直线度要求大部分是对轴线提出的。符合轴线直线度定义的测量方法是非常困难的。在实际检测中，常用简单的径向圆跳动来代替轴线的直线度误差，只需把测得的径向圆跳动数值的一半作为轴线直线度即可。这样测得的数值是近似的，在一般的生产中已能满足技术要求的精确度。

图 4.4 所示为传动轴轴线直线度的检测。首先检查和校正中心孔的位置，使两端中心线位于同一水平高度。检测时，转动传动轴，百分表指针最大、最小读数之差值为该测量平面的径向圆跳动误差。在轴向的不同位置进行同样测量，测得最大径向圆跳动数值的一半即可作为其轴线直线度误差。

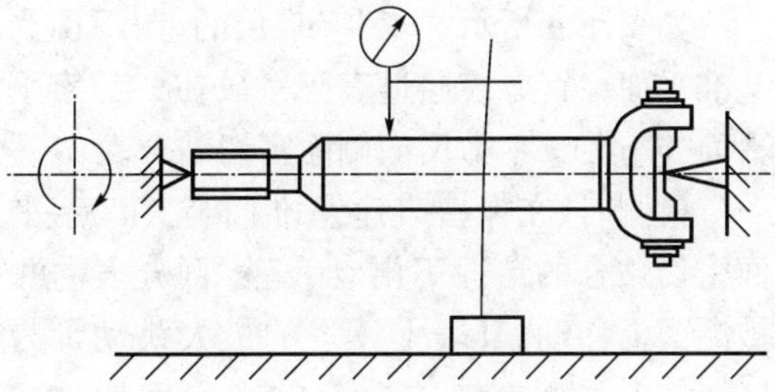

图 4.4 直线度误差的检测

直线度还可以用直尺和塞尺配合测量。

最后对所测结果和使用标准进行对照分类，确定修理方法。

2）平面度误差的检测

平面度是指平面要素实际形状的平整程度。零件的工作平面变形后，必然在该平面产生凹凸或翘曲，其表面的状况要影响到零件配合的位置精度和密封效果。所以对于零件的配合平面和工作平面，都有平面度误差的限制。

对于一个平面的形状误差而言，平面度和给定平面内的直线度有一定的联系。直线度误差表示被测直线方向上在与该平面相垂直平面内的形状误差，而平面度误差是指被测平面在其垂直的任意方向的给定平面内的形状误差。也就是，平面度误差是被测平面内各个方向的最大直线度误差。因此，可以用各个方向的直线度误差的检测代替平面度误差的检测。

下面介绍汽车维修企业常用的平面度误差的两种测量方法。

(1) 刀口形样板尺测量法

该法一般是采用塞尺测量变形平面与刀口形样板尺（或直尺）之间所形成的间隙来测量平面度误差。多用于测量气缸体、气缸盖平面。测量时应利用长度等于或略大于被测平面全长的刀口形样板尺。图 4.5 所示为用刀口形样板尺检测气缸盖平面的平面度误差，将样板尺与被测平面密切接触，沿测量直线 AA、A_1A_1、BB、B_1B_1、CC、C_1C_1 用塞尺测量样板尺与被测平面之间的间隙，其最大值可作为该平面的平面度误差。利用该法测量时，对于中凹的平面接触位置在两端，可形成稳定的接触。而对于中凸的平面，接触位置在中间，不能形成稳定的接触，此时检测，应将两端的间隙调成相等后再进行测量，否则测量误差将过大。该法测量是一个近似值，但由于设备简单，测量方便，故生产中被广泛应用。

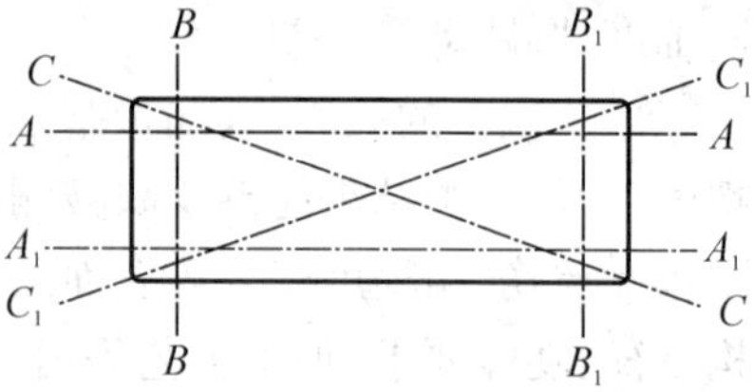

图 4.5　平面度误差的检测

(2) 利用“工”字平尺与百分表测量法

如图 4.6 所示，“工”字平尺的上、下面为测量基准平面。百分表通过表座平放在“工”字平尺上平面并与“工”字平尺的侧面密切贴合。

检测时，在保持表座基准面与“工”字平尺平面密切贴合的情况下滑动表座，百分表的测头在被测面上移动，其表上读得的最大跳动量为被测气缸体上平面在该方向上的平面度误差。变换“工”字平尺的方位，测得不同方向的平面度误差，其中最大值即为气缸体上平面的平面度误差。

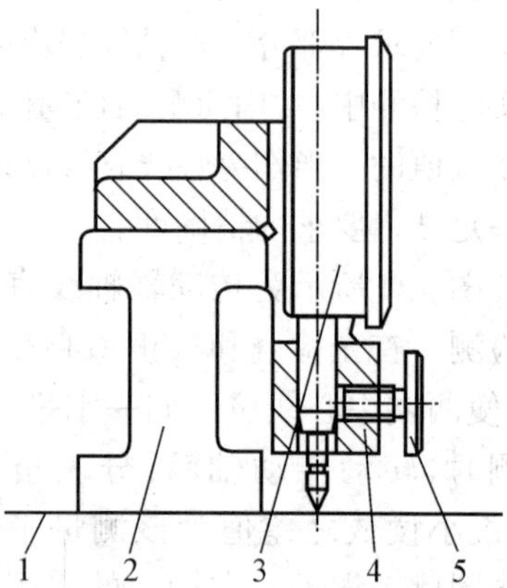

图 4.6　平面度检测

1—气缸体上平面；2—“工”字平尺；3—百分表；4—表座；5—紧固螺栓

上述利用被测平面各个方向的直线度误差代替其平面的平面度误差，仅对被测表面是实心的气缸体、气缸盖平面等是合理的，而对变速器壳体的接盖平面、气缸体的底平面等不规则的环形窄平面来说，利用该法就不合适了。通常是将变速器壳扣放在检验平台上，并使其稳定接触后用塞尺测量，其最大间隙即为表面的平面度误差。若不是稳定接触，其最大间隙与该部位摆动时的间隙变动量值之半的差值即为平面度误差。

3）圆度误差的检测

圆度误差是指横截面上实际圆偏离理想圆的实际值。但是，由于圆度误差是在半径方向计量的，其计量基准是圆断面的理想中心，而该中心在测量前是未知的，这使圆度误差的测量比较复杂。因此，在汽车维修中对圆度误差常用两点法测量。

两点法又称直径测量法，其误差是在直径方向上进行计量的，即测量零件同一横截面上实际圆不同的直径值，取最大直径与最小直径差值的一半作为圆度误差。

4）圆柱度误差的检测

圆柱度是指实际圆柱面偏离理想圆柱面的实际值。与圆度误差相类似，由于对圆柱度误差按定义测量比较困难，通常亦用两点法测量，即在轴孔类零件表面公差所指的圆度范围内的不同截面上测其最大与最小直径，并用最大与最小直径差值的一半作为待测的圆柱度误差。特别要强调的一点是，在测量圆柱度误差中采用的两点法的含义是指在被测圆柱表面的任意部位或方向上所测得的直径中的最大值与最小值差值的一半，而不是同一横截面内的最大与最小直径差值的一半。

5）平行度误差的检测

壳体件因产生变形或因修理加工精度低，使壳体的轴线与轴线、轴线与平面、平面与平面间的平行度变差。如气缸体的曲轴主轴颈承孔轴线与凸轮轴承孔轴线的平行度超过允许限度；变速器壳上、下轴承孔的平行度超过允许限度等。平行度的检测方法可分为直接测量和间接测量两种。

(1) 直接测量法

图 4.7 所示为用直接测量法检验变速器壳体轴承座孔的平行度。在被测的变速器壳体 2 两轴的座孔中装上定位套 1，定位套中插入测量轴 3，用测量工具（如外径千分尺 4）测出测量轴在孔两端的距离，其差值便是被测两座孔中心线在全长上的平行度。

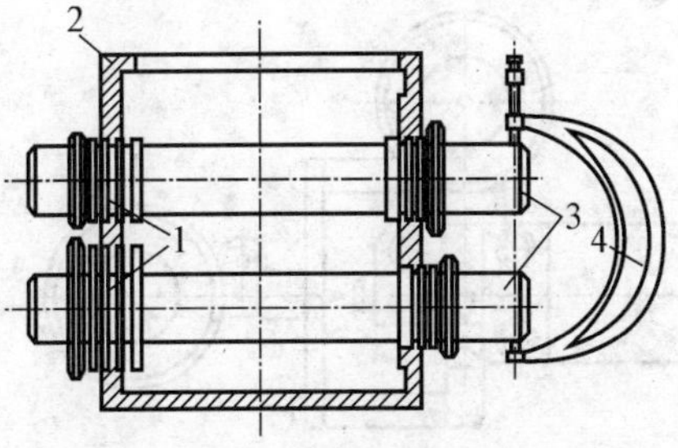

图 4.7　直接测量法检测轴线的平行度

1—定位套；2—变速器壳体；3—测量轴；4—外径千分尺

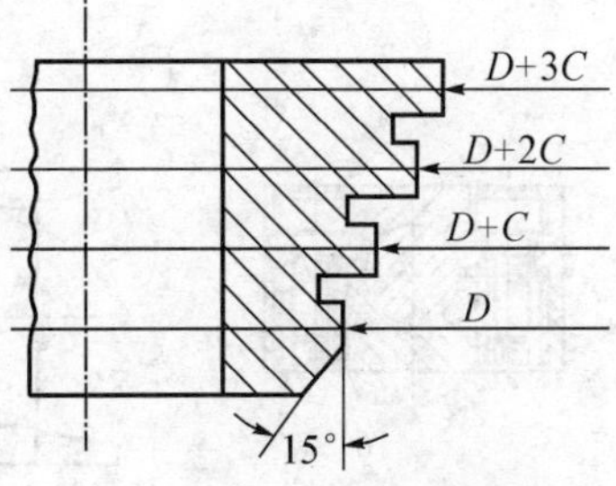

图 4.8　阶梯形定位套

由图可以看出，测量轴与定位套之间、定位套与被测座孔之间的间隙愈大，测量的误差愈大，因此对配合间隙应加以控制。测量轴及定位套均应按一级精度制造。

为了适应不同尺寸的孔径并减小被测孔径与定位套的间隙可采取以下三种办法：

①采用锥形定位套。将定位套外圆表面磨成锥形，锥度为 1∶100。

②采用阶梯形定位套。将定位套的外径做成几级尺寸，如图 4.8 所示，C 为阶梯的级差，可选为 0.01～0.05 mm。

③采用活动支承式定位套。将定位套外圆做成三个支承点，如图 4.9 所示。其中一个支承点做成活动支承 C，它可沿径向移动以适应不同直径的孔，消除套与孔间的间隙。采用这种定位套，必须注意活动支承点 C 的位置对测量精度的影响。安装时，活动支承必须与测量距离成垂直位置。由图 4.9 可见，活动支承点 C 的位置偏差 a_1 及 a_2 对距离 A_2 的测量误差的影响比对 A_1 的影响小。

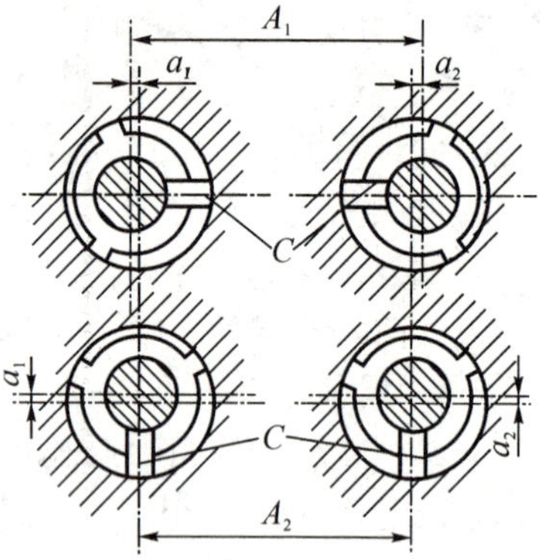

图 4.9　带活动支承点的定位套

图 4.10 所示为用平行度检测仪检验发动机气缸体曲轴主轴颈承孔与凸轮轴承孔轴线的平行度。检测仪主要由本体 8、摆叉 11、轴 9、摆动臂 5、固定臂 6、挡块 12 和百分表Ⅰ、Ⅱ组成。

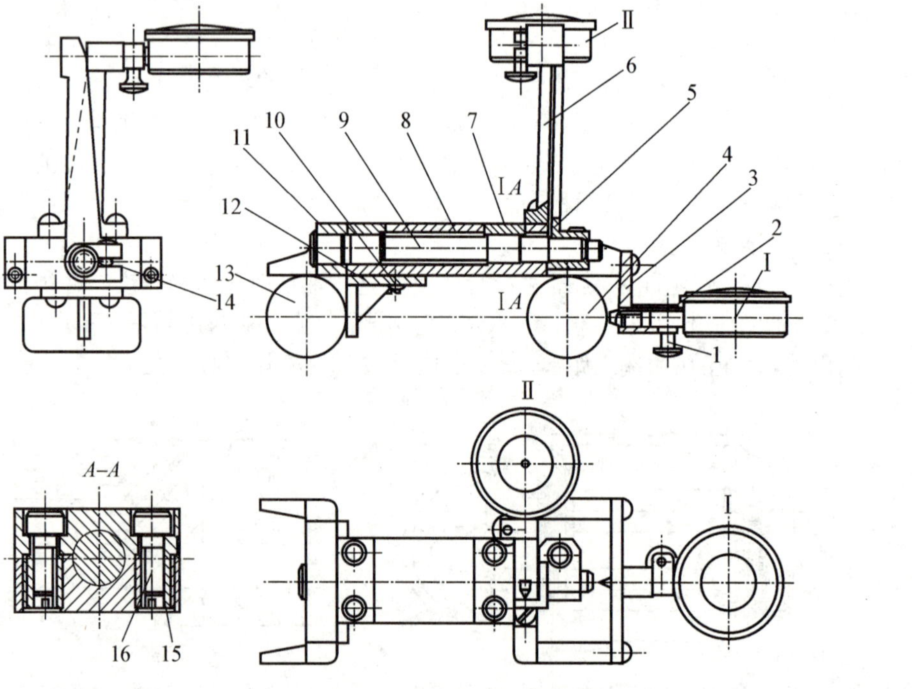

图 4.10　曲轴、凸轮轴平行度检测仪

1—锁紧螺钉；2—锁紧套；3—百分表座；4、13—基准心轴；5—摆动臂；6—固定臂；7—轴承盖；8—检测仪本体；9—轴；10、14—螺钉；11—摆叉；12—挡块；15—间隙调整螺母；16—螺栓；Ⅰ、Ⅱ—百分表

摆叉 11 与轴 9 镶在一起，然后装入检测仪本体 8 的两个间隙可调整的承孔中。摆动臂 5 固定在轴 9 的另一端，并可随摆叉 11 一起摆转。检测仪本体 8 一端具有与摆叉 11 相同的叉式结构，且装配后两者的底平面共面。

气缸体被测两承孔轴线分别用等直径的两心轴模拟代替。百分表Ⅰ、Ⅱ分别用百分表座 3 和固定臂 6 与检测仪本体固为一体，并分别指示两互相垂直方向的平行度误差。百分表Ⅱ测头轴线到本体轴 9 承孔轴线距离为 100 mm。百分表Ⅰ测头轴线到叉底面的距离等于基准心轴半径，其方向与本体下面固定挡块的立面相垂直。

检测时，被测气缸体底面向上放置，在曲轴和凸轮轴承孔中分别装入模拟心轴，心轴要长于被测气缸体，每端要露出 100 mm 左右。先将检测仪的摆叉和本体的底平面在气缸体的一端分别贴靠在两个心轴的圆柱面上，当挡块 12 的垂直平面也同时与一个心轴表面贴合时，记录两个百分表的读数。在气缸体的另一端重复上述操作，记录读数，则得两轴线在公共平面内的平行度误差为

$$f_1=(A-B)\frac{L_1}{L_2}$$

式中：A、B——分别为百分表 I 在气缸体前、后端面读数；

L_1——气缸体长度；

L_2——在心轴上的测量长度。

百分表Ⅱ的读数 C 在两次测量中应相同，其值为与 f_1 垂直方向每百毫米长度上的平行度误差为

$$f_2=\frac{L_1}{100}C$$

综合后两轴的平行度误差为

$$f=\sqrt{f_1^2+f_2^2}$$

使用这种检测仪前，应该用调零规对两个百分表同时调零。

(2) 间接测量法

图 4.11 所示为壳体承孔轴线平行度的间接测量示意图。把壳体基准面与检测平台的平面相接触，将定心套 3 与测量轴 4 按与直接测量法相同的办法安装到壳体 2 的轴孔中，然后用百分表 1 或专用的高度尺测量各测量轴两端的高度。任一测量轴两端的读数差就是该轴与基准平面的平行度误差；由两测量轴分别测出的两端各自的高度差之差，即为两孔轴线在所测长度内的平行度误差。

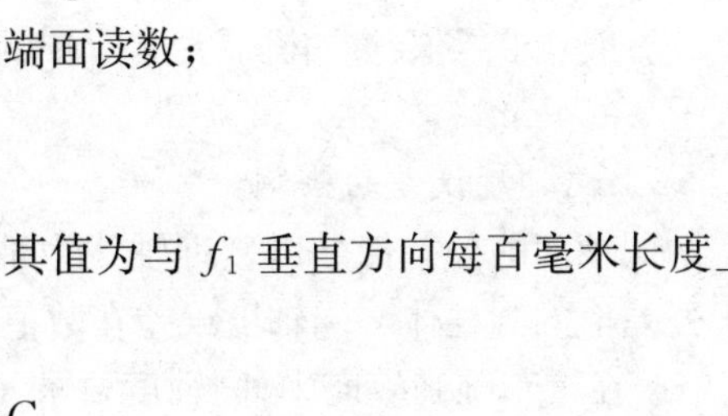

图 4.11 间接测量法检测孔轴线平行度

1—百分表；2—壳体；3—定心套；4—测量轴；5—测量平台

6) 垂直度误差的检测

气缸体曲轴主轴承座孔轴线与气缸轴

线的垂直度误差过大会恶化该缸活塞连杆组件、气缸和曲轴的受力状况。图 4.12 所示为进行上述垂直度误差检验所用的仪器。

测量心轴 1 用定心套 2、10 安装在气缸体 8 的曲轴主轴颈轴承座孔中。检验仪器用两个三爪定心器 7 固定在气缸中,使仪器的轴线与气缸轴线重合。百分表 5 的触头 4 与心杆 3 上端相接触。心杆下端装有偏心球形测量触头 9。设其触点至心杆轴线的偏心距为止。测量时,转动手轮 6,使心杆转动 180°。当存在垂直度误差时,百分表就会出现读数差。设此值为 Lδ,即表示气缸轴线在 2/4 的长度内的垂直度误差,则在全长上的误差 Δ 为

$$\Delta=\frac{L\delta}{2A}$$

一般要求 Δ 值:汽油机不大于 0.05 mm;柴油机不大于 0.10 mm。

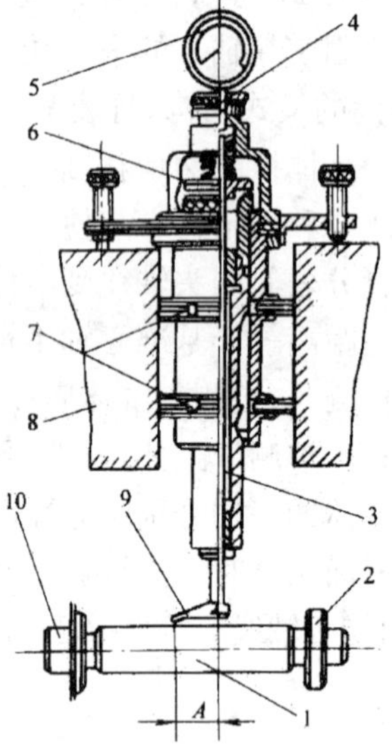

图 4.12　垂直度误差检测

1—测量心轴;2、10—定心套;3—心杆;4—百分表触头;5—百分表;6—手轮;7—定心器;8—气缸体;9—测量触头

7) 同轴度误差的检测

同轴度的公差带是以基准轴线为轴线,直径等于公差值的圆柱体。同轴度误差在数值上等于被测轴线相对于基准轴线最大偏离量的 2 倍。在汽车维修生产中,同轴度要求及其误差的检测一般都以径向圆跳动要求及其检测代替,而且将最大径向圆跳动值直接作为同轴度误差值使用,同时规定了检验基准。对各种外圆跳动的检测,一般在平板上用百分表检测;对内圆跳动的检测,一般需使用专用检验仪。

图 4.13 所示为曲轴轴承承孔轴线同轴度误差检验仪。用本体 1 将检验仪支承在心轴上,通过一快速装夹结构将其与心轴固定在一起。在本体上安装百分表和等臂杠杆。等臂杠杆的一端用球形测头与被测承孔表面接触,另一端则与百分表的测头接触。等臂杠杆的中间用一销轴支承在本体上,从而可将测头所测得的误差值等值地传递给百分表。心轴的作用则是用来模拟作为检测基准的两端曲轴承承孔的公共轴线。

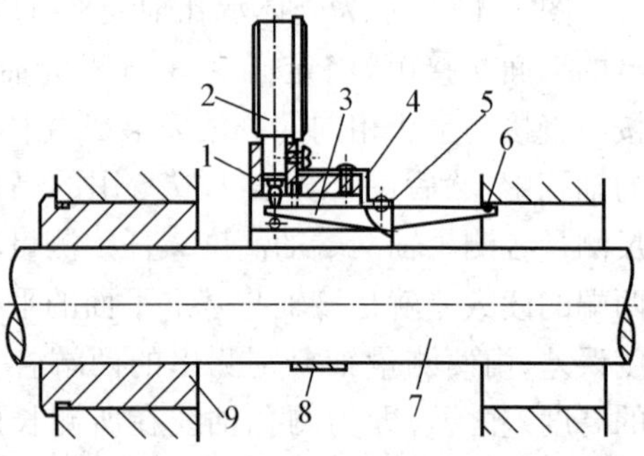

图 4.13　曲轴轴承座孔同轴度误差检测

1—本体;2—百分表;3—等臂杠杆;4—压簧片;5—轴销;6—钢球;7—心轴;8—卡簧;9—定心套

检测时缸体底面朝上,并安装心轴和各道主轴承盖,在心轴位于两承孔之间的部位,安装检验仪如图 4.13 所示。然后使测头分别位于承孔的不同测量截面上,

再转动心轴，测量其径向圆跳动值，并取各测量截面中的最大径向圆跳动值为该道主轴承承孔轴线对两端主轴承承孔公共轴线的同轴度误差。最后，取下检验仪，改变其在心轴上的安装部位，对不同的主轴承承孔重复上述操作，便可获得所有主轴承承孔的同轴度误差。

8）圆跳动误差的检测

圆跳动包括径向圆跳动和端面全跳动。

（1）径向圆跳动

被测表面对基准轴线径向圆跳动的检测方法和轴线直线度误差的检测方法相同。图4.14所示为飞轮壳承孔对曲轴承孔轴线径向圆跳动的检测。将心轴3安装在定心套1内，表架4用紧固螺钉5固定在心轴的端面，表架的径向位置是可调的，将百分表6装上并进行调整，使读数适当后，通过定位套2进行轴向定位，旋转心轴一周，由百分表6便获得被测承孔的径向圆跳动量。

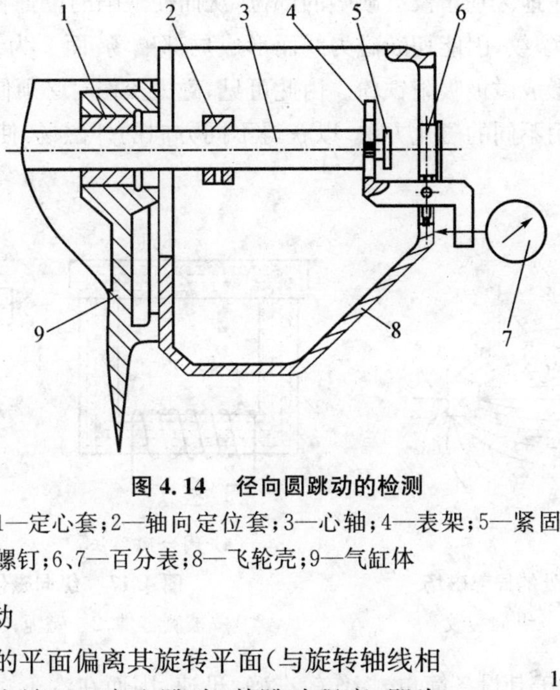

图4.14　径向圆跳动的检测

1—定心套；2—轴向定位套；3—心轴；4—表架；5—紧固螺钉；6、7—百分表；8—飞轮壳；9—气缸体

（2）端面圆跳动

如果旋转零件的平面偏离其旋转平面（与旋转轴线相垂直的平面），必然在端面上产生跳动，其跳动程度，即为端面圆跳动量。转动零件飞轮壳1，从百分表2上测得该零件的端面圆跳动量。测点的半径愈大，所得的跳动量也愈大。一般在检验技术条件中规定在一定的半径范围内所应有的跳动量。对于图4.15所示飞轮壳承孔圆跳动的检测，飞轮壳1后端面圆跳动的检测，可利用百分表2进行。检测时将轴向定位套端面靠在定心套3的端面后，旋转心轴一周，即可从百分表2上测得飞轮壳后端面圆跳动量。

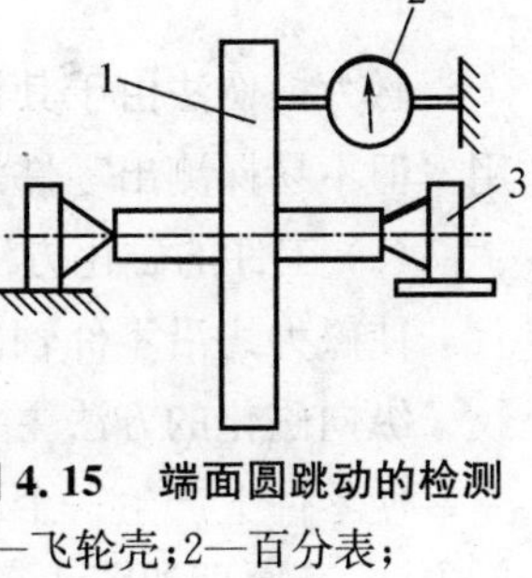

图4.15　端面圆跳动的检测

1—飞轮壳；2—百分表；3—定心套

4.3.4 隐蔽缺陷的检验

零件的隐蔽缺陷是用眼睛很难直接看到的。在汽车修理中，必须检验零件的隐蔽缺陷。零件隐蔽缺陷若不能及时被发现，有可能引起突然断裂，造成严重事故。

检验零件隐蔽缺陷的方法有磁力探伤、渗透法探伤、超声波探伤、水压试验、浸油敲击法等。这些方法都属无损探伤检验。

1）磁力探伤

（1）基本原理

当磁力线通过被检验的铁磁性材料的零件时，零件被磁化，如图 4.16 所示。如果零件有裂纹（或气孔、砂眼等），裂纹部位的磁力线会因不导磁或磁阻大而被中断，因而形成局部磁场和磁极。若在磁化零件表面撒以铁粉或铁粉液，则铁粉就会被局部磁极所吸住，使此处明显地区别于没有缺陷的部位，从而使缺陷的位置和大小清晰地显现出来。图中 1 为横向裂纹，因能切断磁力线而形成局部磁场；而 2 为纵向裂纹，因很少切断磁力线，故不能形成磁极吸附铁粉。由此可见，磁力探伤时必须使裂纹垂直于磁力线方向。为此，可采用不同的磁化方法，以获得不同方向的外磁场，使磁力线方向与零件的裂纹方向垂直。

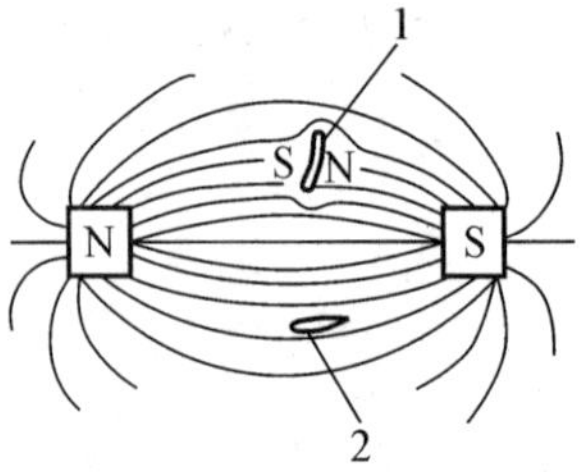

图 4.16 裂纹处的局部磁场

1—横向裂纹；2—纵向裂纹

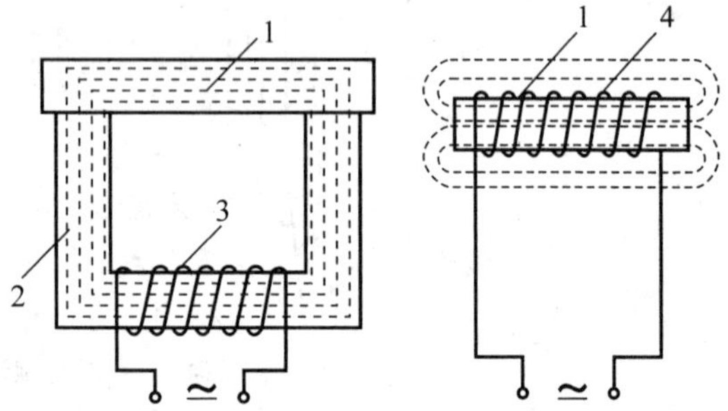

（a）闭合磁路法 （b）线圈法

图 4.17 纵向磁化法

1—被测零件；2—磁轭；3、4—线圈

磁力探伤法由于其设备简单，探伤较准确、迅速，因而在汽车修理企业中被广泛应用。但不易探测出零件深处的缺陷，因而磁力探伤法应用受到缺陷深度的限制。

（2）工件的磁化方法

使磁力线沿零件轴向通过的方法称为纵向磁化法。此法适于检验零件的横向裂纹。纵向磁化的方法主要有闭合磁路法和线圈法两种，如图 4.17 所示。

使零件上产生一个环绕其轴线的周向磁场即为周向磁化。该法通常是用轴向通电的方法，其原理如图 4.18 所示。电流沿零件轴向流动，因此产生一个环绕零件轴心线的磁场，该磁场磁力线垂直于零件上的纵向裂纹，故适于检验沿零件轴向的裂纹即纵向裂纹。

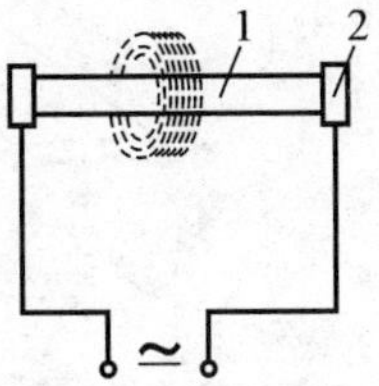

图 4.18 周向磁化法

1—零件；2—磁轭

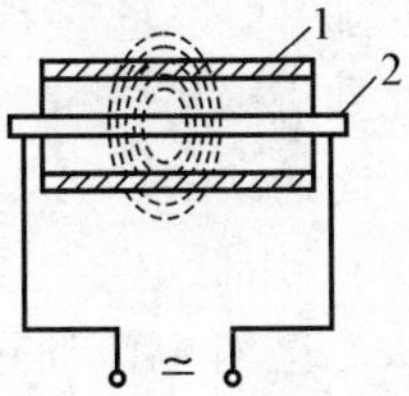

图 4.19 中心孔通电磁化法

1—零件；2—导电心杆

轴向通电法需要电流很大，容易引起电路系统和零件发热，因此要尽可能采取剩磁检验。但是否用剩磁检验则取决于零件材料的剩磁强度。对于中碳钢以上的钢材，其剩磁强度大，可以用剩磁检验。对于铸铁、低碳钢等剩磁强度弱的零件，在某些情况下用剩磁检验效果不佳而不得不带电连续检验。

交流磁力探伤因只需降压变压器，设备简单，故应用较多。但是它有集肤效应，只能检验表面或接近表面的裂纹，适于检验疲劳裂纹。采用直流磁力探伤，其电流强度一般可降低 30％～50％。

当零件为空心结构时，可用中心孔通电法（见图 4.19），而且可以用导线代替图中的导电心杆 2，并可使导线多次通电，这样可以降低导线中通过的电流。

零件中的缺陷，特别是裂纹，其方向是不定的。为了使裂纹在检验中充分显现出来，其磁力线方向应尽可能垂直于缺陷。因此，除了用纵向、周向磁化进行检测外，有时还需对所有方向进行探测，这就需要进行复合磁化。复合磁化是将纵向磁化和周向磁化装置同时作用于被检验的零件上，如图 4.20所示。此时纵向磁场向量为 H_1，周向磁场向量为 H_2，合成磁场向量为 H_0。

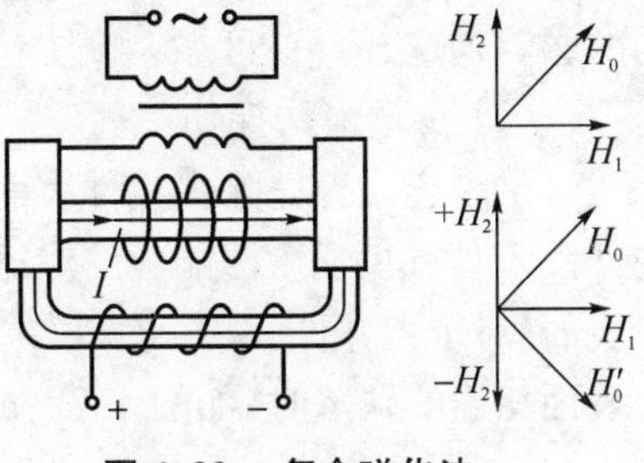

图 4.20 复合磁化法

H_1—纵向磁化；H_2—周向磁化；

H_0、H_0'—复合磁化

复合磁化时，周向磁化采用交流电，纵向磁化采用直流电，纵向磁场的 H_1 大小和方向不变，而周向磁场 H_2 随交流电而变化，其周期由 $+H_2$ 变化至 $-H_2$；再由 $-H_2$ 变化至 $+H_2$；复合磁场由 H_0 变化到 H'_0。这样，就可以保证复合磁场的磁力线垂直于任何角度的裂纹，对其进行检测。

零件的外形对磁力线分布均匀性有很大影响。如果对直径均匀的长轴作纵向磁化时，因轴的两端电磁感应比中部大得多，故不易发现中部隐伤，因此对长轴要进行逐段磁化检验。

中小型轴类零件的磁化和检测都是在磁粉探伤机上进行的，但当零件过大或形状复杂而无法在探伤机上进行时，可用以下方法：

①磁轭法。如图 4.21 所示，将两个极性不同的电磁铁跨放在被测部位的两侧，此时若零件中有如图所示方向的裂纹时，则此处将聚集磁粉。改变两磁极相对位置，即可测得任意方向的缺陷。

②触头通电法。若用低电压电源触头取代图 4.21 中的磁轭，则两触头之间有电流通过，电流产生感应磁场，其方向与磁轭法的磁场方向相垂直，由此可测得与两触头连线方向相一致的缺陷。

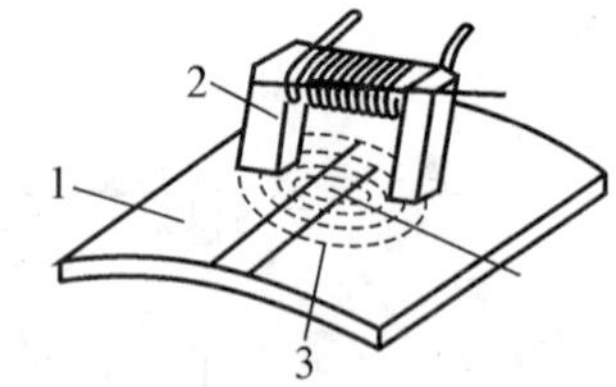

图 4.21　磁轭法磁化
1—零件；2—磁轭；3—磁力线

(3) 退磁

零件经磁化检验后，会留下部分剩磁，因此必须进行退磁，以避免零件在使用时吸引铁屑，造成磨料磨损。

用交流探伤仪退磁时，只需将零件置于最大磁化电流的条件下逐步降低电流至零，即可完成退磁。当零件采用磁化线圈磁化时，将零件置于线圈中，并逐渐沿线圈中心线方向移出 1 m 左右，即可达到退磁的目的。直流探伤仪有专门的退磁换向开关，接通退磁开关，即可自动退磁。交流退磁仅对零件表面退磁有效，对直流磁化的零件，必须应用直流电退磁。磁力探伤法只适用于能磁化的零件。

2) 渗透法探伤

渗透法探伤常用来检验与零件表面相通的微观缺陷。它不受被检验零件材料性能的影响，方法简单、可靠。该法包括渗透液法、气雾剂法。

(1) 渗透液法探伤

①渗透。首先除去零件表面油污、锈斑，在 20～40℃的水温下清洗烘干，然后将零件浸入具有很强渗透能力的渗透液中（浸泡时间不小于 0.5 h），或将渗透液涂于零件表面（对于大零件）3～4 次，每次涂抹后均应在空气中停顿 1.5～2 min。当零件存在与表面相连的缺陷时，如图 4.22(a)所示，由于毛细管作用的结果，渗透液即浸入到缺陷中。

②清洗。待渗透液充分渗透到缺陷中后，用压力为 150 kPa 温度为 20～40℃的水或清洗剂除去零件表面的渗透液，如图 4.22(b)所示，并低温烘干 1～2 min，这时缺陷中的渗透液产生一个向上的毛细作用力。

③吸附。在零件表面涂一层显像剂（氧化镁干粉）。显像剂具有良好的吸附，以及由显像剂颗粒构成的多孔隙覆盖层的毛细作用，使缺陷中的渗透液被吸附到显像剂中，如图 4.22(c)所示。

④显像、观察缺陷痕迹。由于显像剂的

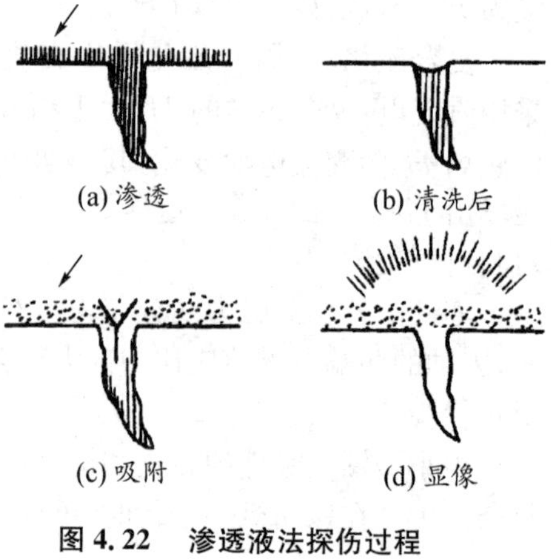

图 4.22　渗透液法探伤过程

吸附以及渗透液的扩散作用，渗透液扩大了它的散布范围，如图 4.22(d)所示。在室温下(18～20℃)，涂抹显像剂 5～6 min 后即可显现出缺陷。温度偏低时，时间应适当延长。为了有更好的显像效果，显像剂粉末覆盖 10～15 min 后，用空气将多余的粉末吹掉，再将它放在 40～50℃热空气流或烘箱内，停放 30～60 min，可增大渗透液向显像剂内的扩散程度，以提高显像效果。不同种类渗透液有不同的显像结果。当用带有红颜色的渗透液时，可在白色的显像剂中看到红色的痕迹，这种方法称为着色法；当用含有荧光物质的渗透液时，如用紫外线照射，可以见到鲜明的荧光，即为缺陷所在，这种方法称为荧光法。

(2) 气雾剂法探伤

探伤气雾剂由渗透气雾剂、清洗气雾剂和显像气雾剂三部分组成，分装在不同的容器内。

当渗透气雾剂喷射在被检验零件上时，如果零件有表面缺陷，渗透药物便会渗入到缺陷里，然后用清洗剂洗去表面多余药物，再喷射显像气雾剂，缺陷中的渗透剂便会被吸出，在显像药物中显出缺陷的轮廓。

气雾探伤的使用方法如下：

①清理处理。先用清洗气雾剂将被检验零件表面的灰尘、油污洗净，然后烘干或晾干。

②渗透处理。向清洗后的零件表面喷射渗透气雾剂，一般情况下保持 10～30 min。也可将零件预先加热至 40～50℃，然后进行渗透处理，这样可提高其渗透效果。

③除去表面药剂。用清洗气雾剂喷射被检验零件表面，然后用清水洗掉多余的渗透物，并用干净布擦干零件表面。

④显像处理。零件经过上述处理后，将显像气雾剂均匀地喷在零件表面上，其厚度为 0.05～0.07 mm，经 10～20 min 作用后，零件表面的缺陷便会在白色的显像剂上显示出红色的缺陷图像。

操作时应注意：气雾剂喷孔距零件表面 20～30 cm 为宜。

3) 超声波探伤

超声波探伤是一种利用超声波通过不同介质的界面会产生反射和折射现象，从而发现零件内部隐蔽缺陷的方法。用于零件探伤的超声波，其频率在 0.25～25 MHz之间，它具有良好的指向性，并遵循光学的反射和折射原理。当超声波在被检验的零件内部传播中遇到缺陷时，在缺陷与零件材料之间的界面会引起反射，使原来单方向传播的超声能量有一部分被反射回去，而通过此界面的能量就相应减少，这时在反射方向可以接收到此缺陷处的反射波，而在反射方向对面所接收到的超声能量就会小于正常值。

探伤用的超声波是利用声电换能器(也称为探头)将电信号转变为超声波。探伤仪器中使用由压电晶体制成的换能器，将电信号转变为超声波的探头称为发射探头；反之，将超声波信号转变为电信号的探头称为接收探头。

探伤用的超声波，根据传播介质质点的振动方式不同，有纵波、横波、表面波等几种。

纵波：纵波可以在一切介质中传播。传播时，介质质点的振动方向与波的传播方向一致。

横波：横波在传播时，介质质点的振动方向垂直于波的传播方向。在流体中不存在横波。

表面波：表面波沿固体表面传播，质点的振幅随离表面的深度增大而迅速衰减，其传播速度约为横波的90%左右。

(1) 反射法探伤

这是一种利用超声波反射时间不同来检验零件内部缺陷的方法。图4.23所示为反射式探伤器的工作原理。振荡器6将交变电能传给发射探头3，当该探头与零件1接触时，一部分超声波首先被零件表面反射回来，另一部分传入零件，当遇到裂纹8时，又有一部分超声波反射回来，而剩余的超声波到达零件底面后全部被反射回来。当接收探头2将先后三次收到的反射回的超声波信号经放大器4传到示波器5时，在示波器的荧光屏上便出现三个波峰。当零件无缺陷时，示波器上只有前、后两个波峰，即顶面信号(初脉冲，称始波)及底部信号(接收脉冲，称底波)。如果在此两个波峰之间再出现波峰(反射脉冲)，即为零件的隐伤信号，称缺陷波。根据荧光屏上所显示的这三个波峰的比例及间距，可以确定隐伤的大小及位置(深度)。

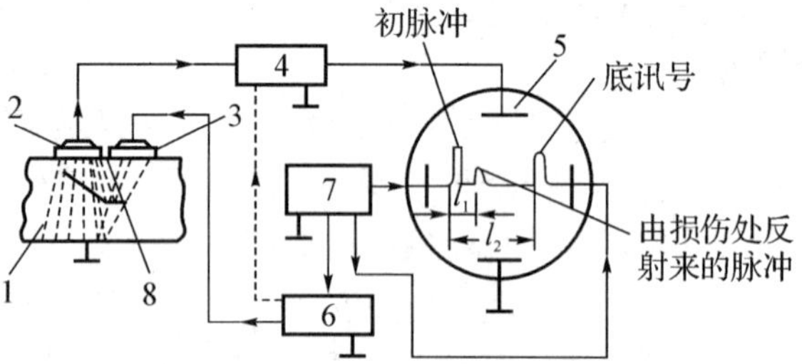

图 4.23　反射法探伤原理图

1—零件；2—接受探头；3—发射探头；4—放大器；5—示波器；6—振荡器；7—发生器；8—裂纹

(2) 穿透法探伤

这种方法是根据超声波能量变化情况来判断零件内部状况的。此法把发射探头和接收探头分别置于零件两相对表面。发射探头发射的超声波能量是一定的。在零件不存在缺陷时，超声波穿透过一定厚度零件以后在接受探头上所接收到的能量也是一定的；而当零件存在缺陷时，由于缺陷的反射，接收到的能量会有所减少，从而可断定零件内部存在缺陷。

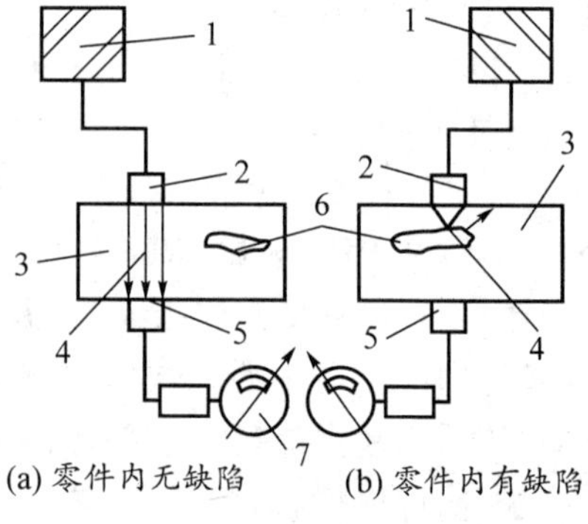

图 4.24　穿透法探伤原理图

1—发射器；2—发射探头；3—零件；4—超声波；5—接受探头；6—裂纹；7—指示仪表

图4.24所示为穿透式超声波探伤的工

作原理。由震荡器功率放大器及整流器所组成的发射器 1，将交变电压加在发射探头 2 上(压电换能器)，使探头振荡产生超声波。若探头紧压在零件 3 表面，则超声波 4 传入零件。当零件内无隐伤时(如图 4.24(a)所示)，超声波穿过零件而到达接收探头 5，指示仪表 7 指针摆动，说明零件内无隐伤。当零件内有裂纹时(如图4.24(b)所示)，指示仪表指针不摆动(或偏摆很小)，说明零件内有隐伤。

穿透法探伤灵敏度比反射法低，且受零件形状的影响较大。但较适宜于检验成批生产或板材类零件，此时可以通过接收能量的精确对比而得到较高的精度，且易于实现自动化。

4) 水压试验

对于气缸体、气缸盖和进排气歧管等空腔铸件裂纹的检验，一般是在专门的装置上进行水压试验。图 4.25 所示为气缸体、气缸盖的水压试验。将气缸盖及气缸衬垫装在气缸体上，将水压机水管接在气缸体进水口处，并将其他水道口堵住，然后将水压入水套，要求水压在 0.3～0.4 MPa 下保持 5 min 后气缸体和气缸盖无水珠出现，表明无裂纹。否则，如有水珠出现，即表明该处有裂纹。

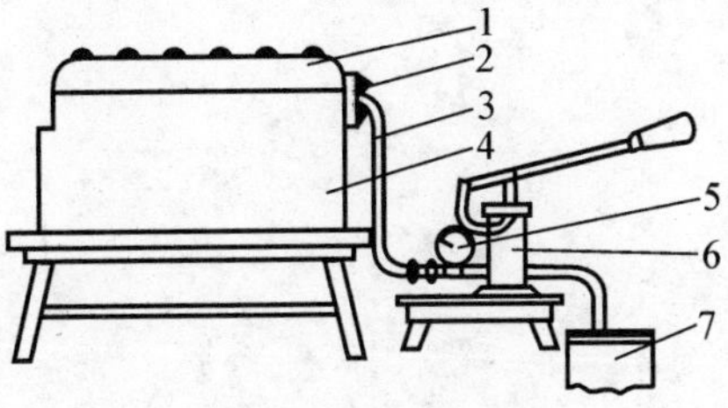

图 4.25　水压试验

1—气缸盖；2—盖板；3—水管；4—气缸体；5—水压表；6—水压机；7—贮水槽

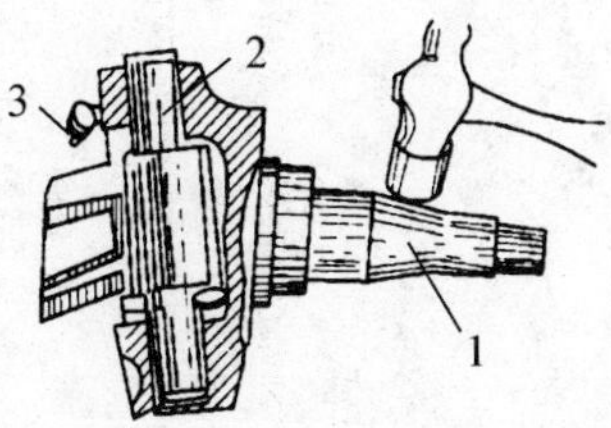

图 4.26　浸油敲击法

1—转向节；2—主销；3—润滑脂加注口

5) 浸油敲击探伤

浸油敲击探伤是将零件浸入煤油或柴油中片刻，取出后擦干表面，并撒上一层白垩粉，然后用小锤轻敲零件，若有裂纹，在裂纹处即会有油痕出现，如图 4.26 所示。

此法简单易操作，常用来检验转向节、半轴等有关安全行车机件的表面疲劳裂纹。

4.3.5　汽车零件平衡检验

平衡既是旋转零件质量分布的一种表征，也是这种分布的检验及在必要时的校正。检测以及在必要时校正转子质量分布的程序，以保证在工作转速下轴颈运转时产生的振动和轴承力在规定的范围内。零件或组合件产生不平衡的原因主要有：

①零件材料不均匀，如有缩孔、砂眼等；

②零件使用中磨损、变形；

③加工误差，使零件的轴线偏离旋转轴线；

④装配误差，使零件的轴线偏离旋转轴线。

曲轴、飞轮、带轮等零件及传动轴、离合器、车轮等组合件，如果它们失去平衡，当高速旋转时，必将在零件本身或在其支承上产生附加载荷(如离心力、力偶矩等)，从而引起振动或发出噪声，加速零件失效。在汽车修理时，必须对这些零件或组合件进行动平衡检验，以提高汽车修理质量，延长汽车使用寿命。

5 汽车零件修复方法

汽车零件的修复可以减少零件的更新数量，节约大量的材料和能源，同时还可以降低汽车的修理成本。对于短缺零部件，修复后可以减少待料情况，缩短在厂车日，提高社会经济效益，提高社会汽车保有量。

科学技术的发展为汽车零件的修复提供了多种可供选择的修复方法，这些修复方法是根据修复零件的缺陷特性进行分类的，各自具有一定的特点和适用范围。

磨损零件的修复方法基本上可分为两类：

一是对已磨损零件进行机械加工，使其恢复正确的几何形状和配合特性，并获得新的几何尺寸。

二是利用堆焊、喷涂和电镀等方法对零件的磨损部位进行增补，或采用胀大（缩小）、镦粗等压力加工方法增大（或缩小）磨损部位的尺寸，然后再进行机械加工，恢复其名义尺寸、几何形状及规定的表面粗糙度。

变形零件的修复可采用压力校正法和火焰校正法等方法。

零件上的裂缝、破损等损伤缺陷，可采用焊接、钎焊、钳工机械加工法或粘结修复法等。

5.1 机械加工修复法

机械加工修复法是零件修复中最常用的修复方法，汽车上许多重要零件都是利用机械加工的方法修复。机械加工修复法包括修理尺寸法、附加零件修理法、零件的局部更换修理法以及转向和翻转修理法。

1）机械加工修复的特点

汽车零件机械加工修复与零件的新件制造有较大的区别，其特点如下：

①修复加工批量小，有时甚至单件加工，不便于生产组织；

②加工余量小，精度难以保证；

③零件表面硬度高，加工难度大；

④由于损伤破坏了原有加工基准，定位困难，影响加工精度。

2）汽车零件修复中应注意的问题

为了提高汽车修复零件的使用可靠性，在汽车零件修复中应注意以下几个问题：

①注意选择定位基准，保证加工质量和加工精度；

②在不影响零件装配的前提下轴类零件应选取较大的过渡圆角，降低应力集中，提高零件的疲劳强度；

③保证修复零件的表面粗糙度，提高耐磨性、疲劳强度、过盈配合质量以及抗腐蚀能力。

5.1.1 修理尺寸法

1）修理尺寸法定义

修理尺寸法是修复配合副零件磨损的一种方法。它是将待修配合副中的一个零件利用机械加工的方法恢复其正确的几何形状和配合特性，然后选配具有相应尺寸的另一配合件与之相配合，以延长零件的使用寿命。零件加工后的尺寸叫修理尺寸。一般将配合副中比较贵重或结构比较复杂的零件进行机械加工修复，而选配便宜或结构简单的零件。

2）修理尺寸的级差

为了延长主要件和基础件使用寿命，根据实际使用中磨损的情况及材料强度和结构限制，可以将修理尺寸分为若干等级，每级间隔即为级差。不同的零件修理尺寸级差可能会不一样。汽车零件常选择的级差有 0.04 mm、0.20 mm 和 0.25 mm 等，但以 0.25 mm级差使用较多。不同零件的修理级别由设计时确定。对于缸套和缸筒，级差通常取 0.25 mm，每级依次增加。汽油车分为六级修理尺寸，柴油车分八级修理尺寸；对于曲轴主轴颈、连杆轴颈，汽油车分八级修理尺寸，柴油车分十三级修理尺寸；活塞销分四级修理尺寸；凸轮轴承孔内径分二级修理尺寸。由于车辆报废里程及使用强度的限制，修理尺寸的实际加工等级会有所减少，如东风 EQ1090 气缸一般只推荐 0.50 mm、1.00 mm 两级。

3）轴和孔修理尺寸的确定

图 5.1 中 d_m 和 D_m 分别为轴和孔的基本尺寸；d_r 和 D_r 分别为轴和孔磨损后的尺寸；d_{r1} 和 D_{r1} 为轴和孔用修理尺寸法修复后的第一级修理尺寸；C 为单侧加工余量；δ_{max} 为零件单侧最大磨损量。

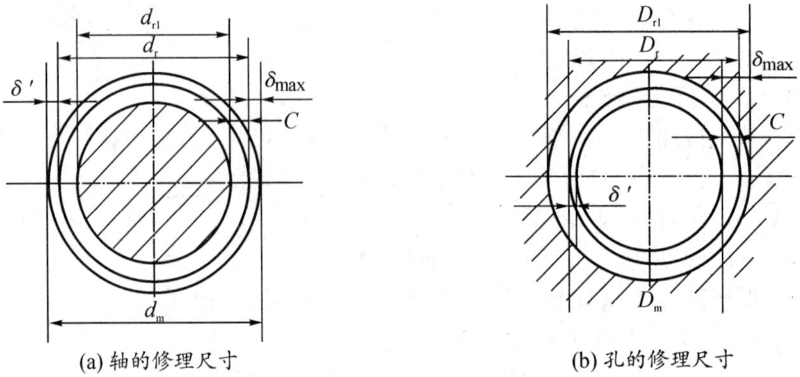

图 5.1 轴和孔的修理尺寸

轴和孔各级修理尺寸计算如下：

轴的第一级修理尺寸

$$d_{r1}=d_m-2(\delta_{\max}+C)=d_m-2(\rho\delta+C) \tag{3.1}$$

孔的第一级修理尺寸

$$D_{r1}=D_m+2(\delta_{\max}+C)=D_m+2(\rho\delta+C) \tag{3.2}$$

式中：ρ——磨损不均匀系数，一般为 0.5～1；

δ——在修理间隔期中，零件直径的总磨损量，$\delta_{\max}=\rho\delta$。

单侧加工余量 C 数值大小取决于设备精度、磨损情况及工人的技术水平。精车与精磨取 0.05～0.10 mm，磨削和研磨取 0.03～0.05 mm，汽车修理中一般取 0.03～0.10 mm。

令 $r=2(\rho\delta+C)$，n 为修理尺寸的序级号(n：1，2，3，4，…，n)，则各级修理尺寸计算值为

$$\begin{array}{ll} d_{r1}=d_m-r & D_{r1}=D_m+r \\ d_{r2}=d_m-2r & D_{r2}=D_m+2r \\ \vdots & \vdots \\ d_{rn}=d_m-nr & D_{rn}=D_m+nr \end{array}$$

式中：r——修理间隔的级差值，各级级差不尽相同，但以 0.25 mm 为最多，为便于配件供应通常使修理尺寸标准化。

计算后的修理尺寸值还应和标准的修理尺寸级别进行比较，最终确定需要加工的修理尺寸。如果计算值在两个标准级别之间，应取较大级别作为进行加工的尺寸。

4) 修理尺寸法的特点和应用

修理尺寸法使各级修复尺寸标准化，便于加工和供应配件。但是它要求零件加工后有正确的几何形状和粗糙度，而且要按规定标准加工，这就使加工余量大，使修理次数减少。

修理尺寸法能大大地延长复杂零件和基础件的使用寿命，它简便易行，经济性好，但为了保证零件有足够的强度，尺寸的增大(孔)或缩小(轴)应有一个限度。由于零件强度的限制，采用修理尺寸法到最后一级时，零件就要采用镶套、堆焊、喷涂、电镀等方法才能恢复到基本尺寸。

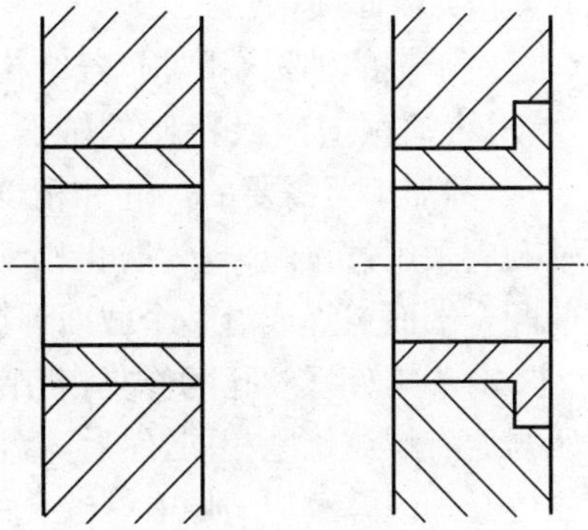

图 5.2　磨损孔的镶套修复

5.1.2　镶套修理法(附加零件修理法)

汽车零件在使用中如果只是出现局部的磨损或损坏，在其结构和强度容许条件下，运用机械加工的方法可将其磨损部分切削小(对轴)或镗大(对孔)，恢复零件磨损部位的几何形状，然后用一个套并采用过盈配合的方法将其镶在被切去的部位，以代替零件磨损或损伤的部分，最后再恢复零

件的基本尺寸，这种方法就叫镶套修理法(也称附加零件修理法)。如图 5.2 所示为磨损孔的镶套示意图。

汽车上许多零件如气缸套、气门座圈、气门导管、飞轮齿圈、变速器轴承孔、后桥和轮毂壳体中滚动轴承的配合孔以及壳体零件上磨损的螺纹孔和各种类型的端轴轴颈等，都可以用这种修复工艺。

1）镶套时应注意的问题

(1) 材料

镶套的材料要根据镶套部位的工作条件来选择。如在高温下工作的部位，镶套材料应与基体一致或相近似，使它们的线膨胀系数相同；材料热稳定性能要好，以保证零件工作时的稳定性。为了获得好的耐磨性能，也可镶套比基体金属好的耐磨材料。

(2) 过盈量

镶套过盈量应选择合适，必要时要经过强度计算。因为过盈量太大易使零件变形或挤裂；过盈量不足，又易松动和脱落。由于要镶的套是一薄壁衬套，镶套时包容件承受的是拉应力，被包容件承受的是压应力，因而当套的厚度不大时(一般为 2～3 mm)应力与相对过盈量成正比关系。所谓相对过盈量，是指单位直径(为镶套的基本尺寸)上的过盈量。如气缸体承孔镶套，套外径尺寸为 100 mm，其过盈量为 0.05 mm，则相对过盈量为 0.05/100=0.000 5。根据相对过盈量的大小，镶套配合分为轻级、中级、重级和特重级等几种。

轻级镶套配合的特点：能传递较小扭矩，保持相对位置，当受力大时另行固定。主要用于转向节指轴(镶后焊牢)、变速器中间轴齿圈(镶后焊牢)等。

中级镶套配合的特点：能承受一定的扭矩及冲击，分组选择装配，受力过大时仍需另行紧固。主要应用于干式缸套、气门导管、变速器及后桥壳上孔、主销孔、变速器中间轴齿轮等。

重级、特重级镶套配合的特点：能承受很大扭矩、动负荷；不加固，分组装配，加热包容件，冷却被包容件。主要用于飞轮齿圈、气门座圈、转向节指轴(不焊)等。

(3) 端面锁止

对于轴的轴颈端磨损，若结构和强度允许，可将轴颈上压入特制的轴套，如图 5.3 所示，并加工至需要的尺寸和精度。轴套与轴颈应采用过盈配合，为防止松动也可在套的配合端面点焊或沿整个截面焊接。

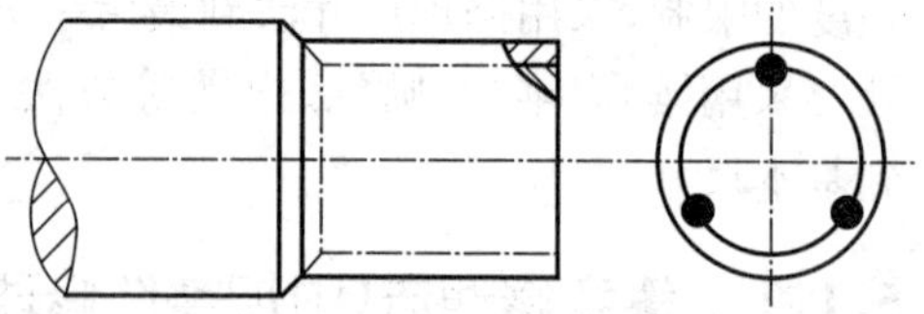

图 5.3 轴颈端的镶套修复

对于零件螺纹孔的修复，若结构允许可先镗大到一定尺寸，并车出螺纹，螺纹的螺距与原有螺纹螺距相同，然后，将特制的具有内、外螺纹的螺纹套旋入零件的螺纹孔中，螺纹套的内螺纹应与原有螺纹孔的螺纹相同，螺纹套可用锁止螺钉固定。锁止螺钉的数量取决于零件直径。直径为 20 mm 以下的零件，可以用一个锁止螺钉；直径为 30～50 mm 的，可在同一截面的相对位置安装两个锁止螺钉；直径大于 120 mm 的，用三个锁止螺钉固定，并相互间隔 120°夹角。

(4) 加工精度及表面粗糙度

在零件镶套时，各零件的表面粗糙度和加工精度，应根据图样要求选择。如果表面粗糙度过大，压入时表面凸凹处互相剪切，压入后使实际过盈量减小。一般情况下，镶缸套外圆表面粗糙度为Ra1.25，缸套承孔为Ra2.5，气门座圈外表面为Ra2.5，气门座承孔为 Ra1.25。为了保证准确的过盈量，配合面加工精度要求较高，通常采用 IT6 级、IT7 级。

2) 镶套的操作

镶套是谨慎细致的钳工操作。镶套前应仔细地检查配合件的尺寸及形状误差，检查倒角、表面粗糙度，并做好除锈、除油等清洁工作。在允许的圆柱度范围内，座孔应大头朝上，镶入件应小头朝下，平稳压力压入，忌用榔头敲击。压入过程中，应注意检查压入件是否歪斜，压力是否正常。

3) 镶套法的特点

镶套法可以恢复基础件的局部磨损，延长基础件的使用寿命；应用镶套法一次可以使磨损了的零件恢复到基本尺寸，为以后的修理提供了方便；工艺简单，易操作，不需大型设备，成本低，质量易保证；不需要高温，零件不易变形。但它的应用受到零件结构和强度的限制。

5.1.3 零件的局部更换修理法

具有多个工作面的汽车零件，由于各工作表面在使用中磨损不一致，当某些部位损坏时，其他部位尚可使用，为防止浪费，可采用局部更换法。

局部更换法就是将零件需要修理(磨损或损坏)的部分切除，重制这部分零件，再用焊接或螺纹联接的方法将新换上的部分与零件基体连在一起，经最后加工恢复零件原有性能的方法。

这种修理方法常用于修复半轴、变速器第一轴或第二轴齿轮、变速器盖及轮毂等。

零件的局部更换法可获得较高的修理质量，节约贵重金属，但修复工艺较复杂。

5.1.4 转向和翻转修理法

转向和翻转修理法是将零件的磨损或损坏部分翻转一定角度，利用零件未磨损部位恢复零件工作能力的一种修复方法。

转向和翻转修理法常用来修复磨损的键槽、螺栓孔、飞轮齿圈和汽车轮胎的换位等。

转向修理法修复磨损的键槽和螺栓孔的实例如图 5.4 所示。翻转修理法修复的典型实例是飞轮齿圈。飞轮齿圈啮合部位磨损严重时，将齿圈压出翻转 180°后再将齿圈压入飞轮，以利用其未磨损部位工作。

转向和翻转修理法简单易行，修理成本低，但其应用会受到结构条件的限制。

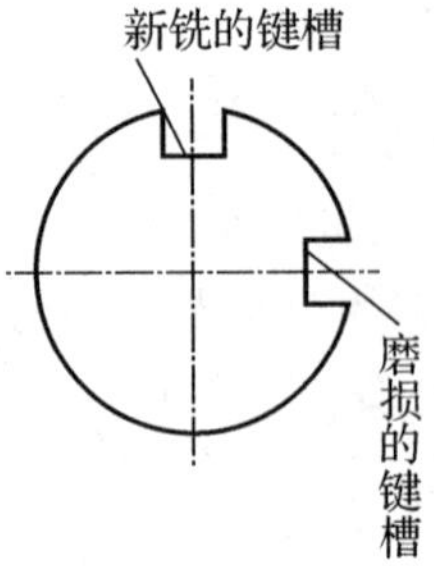

(a) 磨损键槽的修复

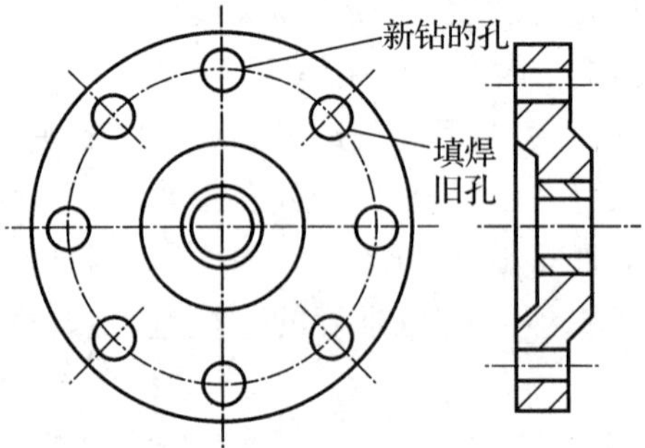

(b) 磨损螺栓孔的修复

图 5.4　转向修复法

5.2　焊接修复法

焊接修复法修复零件是借助于电弧或气体火焰产生的热量，将基体金属及焊丝金属熔化和熔合，使焊丝金属填补在零件上，以填补零件的磨损和恢复零件的完整。把焊接技术用于维修工作时称为焊修。它可以修复磨损量较大的零件，增加零件的尺寸，焊层厚度易控制，设备简单，修复成本低，是一种应用较广的零件修复方法，普遍用于修复零件的磨损、裂纹和断裂等缺陷。

焊修能修复零件的各种缺陷，各种金属材料都可焊修；操作容易，能在任何场合下工作；焊修的结合强度高，质量好，效率高，成本低，灵活性大，能节约大量金属材料。但是焊修要求较高的技术水平，容易产生气孔、夹渣、裂纹等缺陷，且热影响区大，易改变基体金属的组织结构和性质，使它的应用受到一定的限制。随着焊接技术的迅速发展和采取相应的工艺措施，焊修在汽车修理中的应用必将越来越广泛。

焊接根据使用的热源不同分为气焊和电焊。在汽车零件修复中，铸铁零件的焊修，铝合金的焊修，二氧化碳保护焊修等方法应用较多，且各具特点。

气焊火焰热量较分散，工件受热变形大，生产率较低，但火焰对熔池压力及输入量可控制，熔池冷却速度慢，焊缝形状、尺寸和焊透程度易控制，做到使焊缝金属与基材相近似。同时，由于设备简单，不受电源限制，方便灵活，所以用途较广。气焊主要适用于碳钢、合金薄板件的焊接，还可用于有色金属和铸铁的焊补。

电焊(焊条电弧焊)是利用普通电弧作为热源，以焊条为填充金属材料，采用手工操纵焊条进行焊接的方法。焊条电弧焊的特点及适用范围：焊条电弧焊具有设备简单、操作方便、连接强度高、施焊速度快、生产率高、零件变形小等优点；广泛应用于碳钢、合金钢及铸铁等金属材料不同厚度、不同位置的焊接，在汽车修理中主要用来修复裂纹、破裂和折断等。

5.2.1 铸铁零件的焊修工艺

铸铁由于其突出的优点，是制造形状复杂、大尺寸、易于加工、防振减磨的基础零件的主要材料。汽车上应用最多的是灰铸铁，其次是球墨铸铁和可锻铸铁。

无论是灰铸铁还是球墨铸铁，可焊性都很差，大部分情况下，碳是以游离状石墨存在于铸铁中。灰铸铁中，碳是以片状石墨存在；球墨铸铁中，碳是以球状石墨存在；可锻铸铁中，碳是以团絮状石墨存在；灰铸铁由于含碳量高、塑性差、脆性大、强度低，对加热和冷却的敏感性高，因而在焊修时易产生裂纹、白口、气孔和夹渣等缺陷。

1）铸铁的焊接特点

铸铁零件焊修时，施焊处因被加热而产生体积膨胀，会产生加热区受压和未被加热区受拉的应力状态；相反，在焊后冷却时，由于焊区体积收缩，则出现焊区受拉和周围受压的情况。当由加热和冷却引起的拉应力超过抗拉强度时，将导致裂纹的出现。焊修时由于焊缝区域与焊区周围的温度差较大，热传递较快，因而冷却速度快，铸铁中的石墨化过程来不及完成，使铸铁中的碳以渗碳体的形式存在，形成白口。白口铸铁的性能很差，它的伸长率几乎等于零，脆性很大，焊缝区产生热应力和相变应力就更易使其产生裂纹。

可见，在铸铁焊接中最易产生的问题是白口和裂纹。为此，焊修时可采取如下措施：

（1）防止白口

①将工件预热，以减缓焊缝的冷却速度；

②采用石墨化型焊条、镍基焊条等专用焊条，或在焊条中加入促进石墨化元素，防止渗碳体的生成。

（2）防止裂纹

①减少焊接应力，预热工件，采用加热减应焊法；

②采用塑性、延性好的金属焊条，松弛焊缝的拉应力。

2）铸铁零件的焊修方法

根据对焊件加热的情况不同，可以分为热焊法、冷焊法、加热减应区法三种。根据热源的不同，可以分为电焊和气焊两种。

①气焊就是氧－乙炔火焰焊。铸铁气焊熔池冷却速度慢，并且可以适当控制，做到使焊缝金属与基体材料相近似。特点是工艺简单，但劳动强度大，生产率低，零件受热变形大。主要适用于中小零件的焊修，特别是适合于薄板的焊补。

②电焊就是手工电弧焊。特点是施焊速度快，生产率高，零件变形小。但焊缝机械加工性能比气焊差，焊缝硬而脆。

③铸铁热焊是在焊前将工件预热，并在热状态下施焊和焊后缓冷。一般可预热到600～700℃之间。施焊中温度应保持不低于400℃。这种方法可以有效地防止白口和裂纹。铸铁热焊可以采用铸铁芯或钢芯石墨化焊条进行电焊，也可以用气焊。汽车热

焊多采用气焊。但它的工艺复杂，成本较高，且工作条件苛刻，因而热焊只限于对焊接质量要求高又不便冷焊的场合。

④冷焊就是焊前不对工件预热或预热温度低于 400℃情况下进行的焊修。这种方法不对工件预热或预热温度低，焊后变形小，成本低，生产率高和劳动条件好，具有更大的应用范围。

铸铁件可以采用电焊，也可以采用气焊，多采用冷焊。

⑤加热减应焊又称对称加热法，其实质是对零件选定部位（减应区）加热的焊补方法，只不过要正确地选择加热部位而已。如图 5.5 所示，一个带有裂纹的零件，若直接施焊而不采用加热减应的话，焊后焊缝很可能被拉断，即使不被拉断，零件也会产生很大的变形。如在减应区加热，焊缝与减应区在受热时一起膨胀，冷却时又一起收缩，就会大大减轻焊补应力。

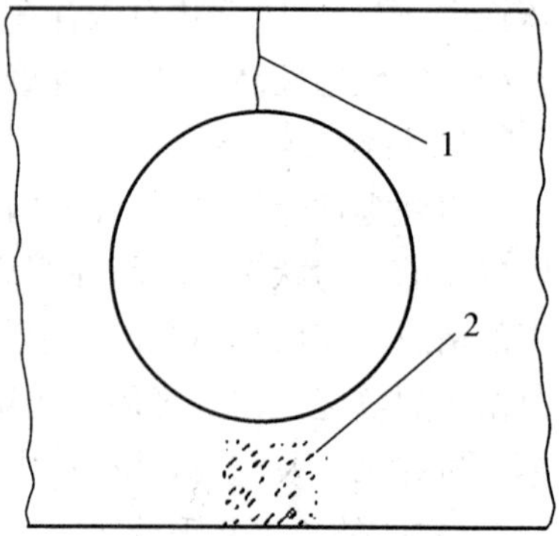

图 5.5　加热减应区的选定

1—裂纹；2—加热减应区

加热减应焊具有气焊和电弧冷焊二者的优点，焊缝质量高，零件变形小，成本低，劳动条件好。发动机缸体的裂纹、气门座孔内的裂纹、曲轴箱内的裂纹及气缸上平面裂纹，均可采用加热减应焊。

3）灰铸铁零件的焊修工艺

灰铸铁焊修常用的方法是电弧冷焊和气焊加热减应焊。

（1）电弧冷焊焊补工艺

①焊前准备。了解零件的结构、尺寸、损坏原因，决定修复方案及措施；清洁工作表面，钻 4～5 mm防裂纹扩展止孔和沿裂纹开 60°～70°坡口，如图 5.6 所示。烘干焊条，工件用火烤除油。

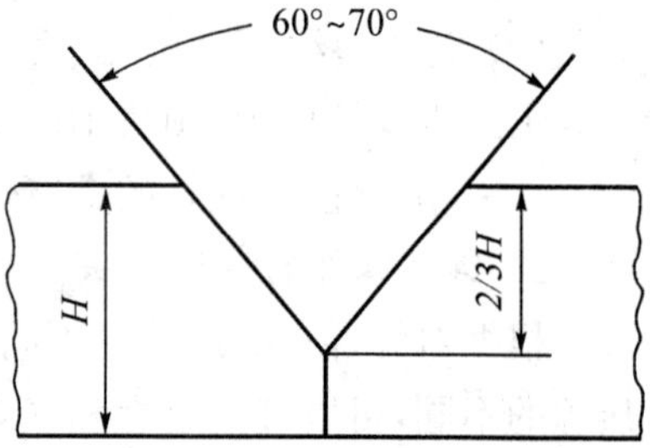

图 5.6　焊缝坡口

②施焊。工艺要点是：用小电流、分段、分层、锤击以减少焊接应力和变形，并限制基体金属成分对焊缝的影响。电流过大，熔池深，焊渣向内转移，熔池内会产生较厚的白口层，如图 5.7 所示。若电流过小，电弧则不稳，导致产生焊不透、气孔和夹渣等缺陷。对于长焊缝，应采取分段施焊的方法，以减少焊接应力和变形，如图 5.8 所示。每焊完一小段后，立即用小锤锤击焊缝，使焊件应力松弛，待焊缝区域冷却到 60℃以下时再施焊下一段，每段长度不应超过 20 mm。当工件厚度较大时，则应采用多层施焊方法，如图 5.9 所示。每焊完一层后要将溶渣清除干净。采用分层焊，一方面可用较细的焊条，从而可使用较小的电流；另一方面后焊的一层对先焊的一层可起到退火软化作用。

图 5.7　施焊电流对焊缝白口层的影响

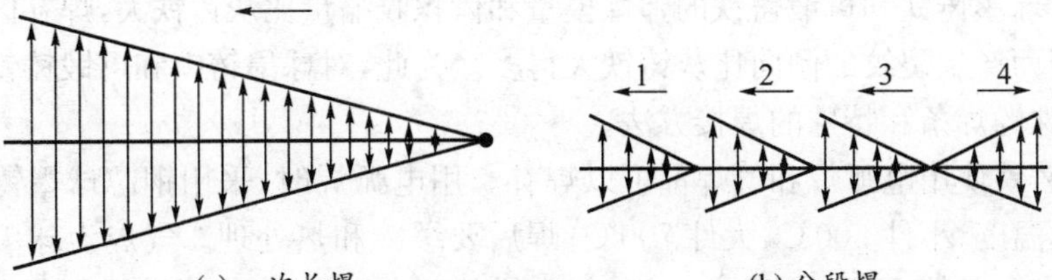

图 5.8　焊接应力的分布

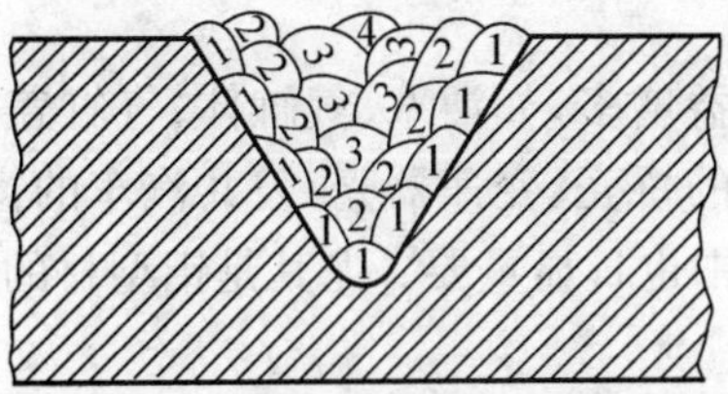

图 5.9　多层焊的顺序

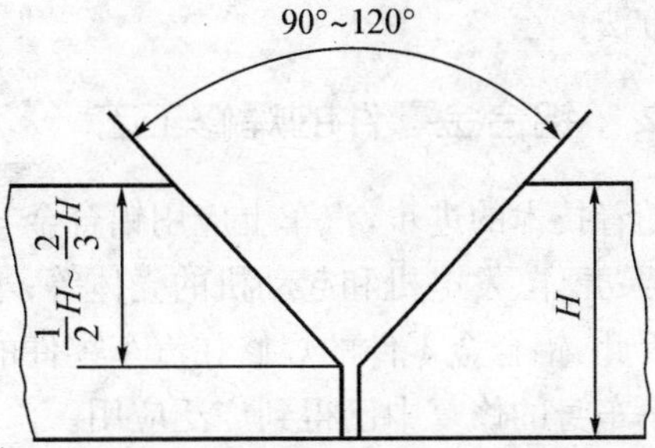

图 5.10　加热减应法焊接时坡口尺寸

③焊后处理。为缓解内应力，焊后工件必须保温和缓慢冷却；清除焊渣。气缸体焊后应进行水压试验，若漏水，可用环氧树脂胶粘补或重新焊。其他零件焊后均应进行必要的检查。

(2) 加热减应焊接工艺

①焊前准备。焊前准备同电弧焊基本一致。但当所焊部分厚度在 6 mm 以上时，要开 90°～120°的 V 形坡口，如图 5.10 所示。如所焊部位厚度在 15 mm 时，要开 X 形坡口。

②正确选择减应区。加热减应焊法的关键是正确选择减应区。当对所选部位加热时，应导致裂纹趋于张开才正确。选择时应遵从以下原则：

阻碍焊缝区膨胀及收缩的部位；与其他连接不多，且为强度较大之处；减应区的变形应对其他部位没有大的影响，不能因为减应区的膨胀和收缩而产生新的裂纹。

③施焊要点。根据壁厚选取不同的焊炬和焊嘴。焊点火焰应用弱碳化焰或中性焰。加热区加热用中性焰。焊区应水平放置，防止熔液流失。施焊方向应指向减应区，如反向焊补则起不到减应作用。施焊时，先熔母材，再渗入焊丝，否则熔化不良。施焊时应一次焊完，避免反复加热，以免应力过大。

4）球墨铸铁和可锻铸铁的焊修工艺

球墨铸铁与可锻铸铁比灰铸铁更难焊。其主要原因是：作为球化剂的镁在焊补时极易烧损，使焊缝中的碳球化困难，得不到球状石墨，使焊缝塑性和韧性降低，更易出现白口；由于球墨铸铁和可锻铸铁的弹性模量和体积收缩量比灰铸铁大，焊补区产生的拉应力大，因而产生裂纹的倾向比灰铸铁大得多。为此，对球墨铸铁和可锻铸铁焊修时必须采用特殊的焊条和特殊的焊接方法。

球墨铸铁使用电弧焊和气焊都可以焊补。用电弧焊时，采用钢芯球墨铸铁焊条并预热；预热温度，小件 500℃，大件 700℃；焊后要缓冷和热处理。气焊为球墨铸铁的焊补提供了有利条件，可预热，防止白口产生，镁的蒸发损失少，宜用于质量要求较高的中小件焊修。可锻铸铁的焊补，可用纯镍或高钒焊条进行电弧冷焊。对于用可锻铸铁制造的后桥壳，有的采用 J422 普通低碳钢焊条，用小电流在焊缝区补焊一块低碳钢板的焊修方法。

5.2.2 铝合金零件的焊修工艺

随着技术的进步，汽车上应用铝合金零件日益增多，如活塞、气缸体、气缸盖、飞轮壳、水泵壳体、发电机和起动机的壳体等；小汽车的桥壳、变速器壳，公共汽车的窗户框等。因此，铝合金零件的焊修在汽车零件的修复中也日显重要。尤其是铝型材的钎焊，在客车车身的修复中已得到广泛应用。

1）铝合金的焊接特点

铝表面有一层难熔而且强度极高的氧化铝薄膜，它阻碍铝熔化和焊接。铝的熔点为 650℃左右，而氧化铝薄膜的熔点高达 2 050℃，焊接时很难熔化，阻碍基体金属的熔合，易造成焊缝金属夹渣。氧化铝薄膜易吸水，液态铝能溶解大量氢气，快速冷却及凝固时，氢气来不及析出焊缝而产生大量气孔。铝的导热性好，焊接时的热量相当多而集中。铝的热胀冷缩严重，高温强度低，易产生变形。铝由固体转为液体时无明显的颜色变化，因而很难判断加热程度和温度。铝在 370℃时强度仅为 10 MPa 左右，可见铝合金高温强度低，焊补时易引起塌落和焊穿现象。

2）铝合金焊接方法介绍

铝合金焊接通常用气焊、电弧焊和氩弧焊。

气焊设备简单，操作方便。但焊接质量较差，变形大，生产效率低，且不易掌握。主要用于耐腐蚀性要求高、壁厚不大的小型铝合金件的焊补。气焊工艺是：焊前清理和预热，用化学方法或机械方法清除焊件焊口的油污及氧化膜；开 V 形、X 形或 U 形坡口；根据工件厚度的不同，选取不同的焊嘴和焊丝直径。焊补较大零件的裂纹应在两端打止裂孔。焊补时宜用中性焰或轻微碳化焰。切忌使用氧化焰或碳化焰，避免氧化和使氢带入熔池而产生气孔缺陷。整条焊缝力争一次焊完，不要中断。焊后应及时清除焊渣及多余的焊剂。

大型铝及铝合金工件的焊补宜采用电弧焊。常用的焊条有：L109——焊补纯铝及一般接头要求不高的铝合金；L209——焊补铝板、铝硅铸件、一般铝合金及硬铝；L309——用于纯铝、铝锰合金及其他铝合金的焊补。在电弧焊工艺中，主要是预热，烘干药皮；选择焊条直径和焊接电流；操作时，在保持电弧稳定燃烧前提下，尽量用短弧焊、速施焊，防止金属氧化，减少飞溅，增加熔透。

氩弧焊是以氩气为保护气体的一种电弧焊接法。氩气的密度比空气大，它既不与金属起化学反应，又不溶解于液体金属。氩弧焊有保护效果好、焊接热量集中、零件变形较小等优点，在铝合金焊修中，氩弧焊是一种比较完善的方法，因此得到广泛应用。氩弧焊前要做好焊丝和工件的清洁工作；焊接过程中，要求焊炬运行平稳，送丝均匀，保护电弧稳定燃烧。手工钨极氩弧焊焊接工作原理如图 5.11 所示。

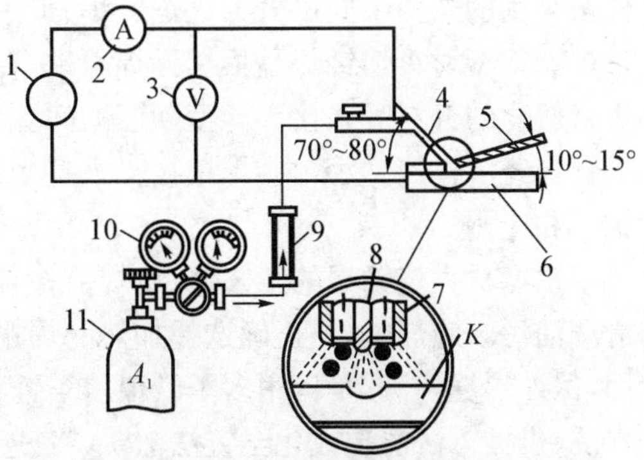

图 5.11　铝合金氩弧焊示意图

1—直流电焊机；2—电流表；3—电压表；4—焊炬；5—焊丝；6—零件；7—气流罩；8—钨极；9—流量计；10—调压表；11—氩气瓶

焊接采用直流反接时(即工件接负极)，能有效地破坏铝合金表面的氧化膜。因为氩气电离，正离子高速冲击工件破坏了氧化膜，但钨极烧伤严重。如采用直流正极，钨极烧蚀小，电弧稳，但无冲击作用。

铝合金零件在焊接时容易出现氧化层、气孔、裂纹及烧穿等焊接缺陷。焊接时应采取适当的措施和方法消除或减轻焊接缺陷对焊接质量的影响。

(1) 氧化层的产生和预防

原因：高温时铝和氧气产生的氧化反应。铝的氧化物熔点很高(2 050℃，铝为650℃)会阻碍铝合金的熔化，使得融合不良或夹渣。预防措施：表面清洁，去除氧化膜，工件接负极去除氧化膜等。

(2) 气孔的产生和预防

原因：容易吸水的氧化膜中的水分解产生的 H_2，在溶池中浮升的速度较慢，同时铝合金的冷凝速度较快，使 H_2 来不及溢出而形成气孔。气孔降低了焊区的结合强度，使焊接质量变差。预防措施：表面清洁，去除氧化膜等。

(3) 裂纹的产生和预防

原因：由于热胀冷缩的速率不一样(液相线和固相线不同)，同时铝的膨胀系数大，但冷凝时的收缩率更大(是钢的 2 倍)，因此产生焊接应力。预防措施：焊前预热；选择流动性好，收缩率小的焊丝或焊条。

（4）烧穿的产生和预防

原因：铝合金在固液转换时没有显著的颜色变化，使焊接过程无法控制。预防措施：在焊接处的背面垫上潮湿石棉布进行降温。

3）铝型材钎焊简介

钎焊是将熔点比基体金属低的材料作钎料，把它放在焊件连接处一同加热到高于钎料熔点而低于基体金属的熔点温度，利用熔化后的液态钎料湿润基体金属，填充接头间隙，并与基体金属产生扩散作用而把分离的两个焊件连接起来的一种焊接方法。钎焊按采用的热源不同可分为火焰钎焊、炉中钎焊、高频钎焊。下面主要介绍铝型材火焰钎焊。铝型材火焰钎焊是根据钎焊原理，在保持接头处完整的基础上，利用毛细吸附作用将熔化的钎料吸入接头异型断面的间隙中，达到一次焊成整个截面接头的目的。火焰钎焊经济性好、效率高，焊接接头平整光滑，抗拉强度高，在客车的装配、修理中得到推广和应用。

铝型材火焰钎焊的工艺要点：焊前检查铝型材是否歪扭、翘曲、平整，用酒精或汽油清洗油污。施焊时，要正确选择加热的焊炬、加热方式和加热温度。钎剂、钎料不可多用，保证焊缝填满即可，用多了既浪费了钎料、钎剂，又增加了焊缝内部缺陷。焊后可用水洗、机械方法清洗或化学方法清洗，将残渣除净。清洗时既要避免损坏钎焊缝，又要防止砂粒、金属屑嵌入焊缝。

5.2.3 振动堆焊

振动堆焊是焊丝以一定的频率和振幅振动的脉冲电弧焊，是机械零件修复中广泛应用的一种自动堆焊方法，其实质是在焊丝送进的同时，按一定频率振动，造成焊丝与工件周期地起弧和断弧，电弧使焊丝在较低电压（12～20 V）下熔化，并稳定均匀地堆焊到工件表面。其主要特点是堆焊层厚，结合强度高，工件受热变形小，常用于修复一些轴类零件。

振动堆焊层的硬度是不均匀的，这是由于后一焊滴对前一焊滴，或后一圈焊波对前一圈焊波都有回火作用。焊波峰部为回火马氏体及屈氏体，硬度为 40～60 HRC，焊缝搭接凹处为索氏体及珠光体，硬度为 20～40 HRC。大量振动堆焊修复的曲轴装车使用表明，这种软硬相间的组织并不影响其耐磨性，与新曲轴相差不多。

堆焊层与基体的结合强度高达 5 MPa，这是由于堆焊层与基体的结合是冶金结合，比喷涂修复层的结合强度高的多，使用中很少发现有脱落、掉块现象。

由于振动堆焊层与基体金属间有很大的内应力，所以堆焊修复后疲劳强度降低较多，一般可高达 40%。因此，受大冲击负荷的柴油机曲轴、合金钢及铸铁曲轴不应采用振动堆焊修复。

蒸汽保护下振动堆焊、二氧化碳气体保护焊及埋弧焊的原理与振动堆焊相同，只不过是为了改善焊层的性能，减少焊层的气孔、裂纹和夹碴，堆焊过程都是在气体或焊剂保护下的一种振动堆焊。

5.2.4 CO_2保护焊

CO_2保护焊的成本低，生产率高，焊接质量好，工件变形小，操作简单，焊接处的抗腐蚀性、抗裂性强；由于隔绝空气，防止了气孔和裂纹的产生。但由于合金焊丝受到冶炼和拔丝工艺限制，难于灵活调整焊丝成分；另外，耐磨性不够高。CO_2保护焊常用于修复耐磨性要求不高的零件。它既可以用细焊丝代替气焊焊接薄钢板，又能堆焊曲轴、焊补铸铁。因此，在汽车修理中被广泛应用。

CO_2保护焊的工作原理如图 5.12 所示。

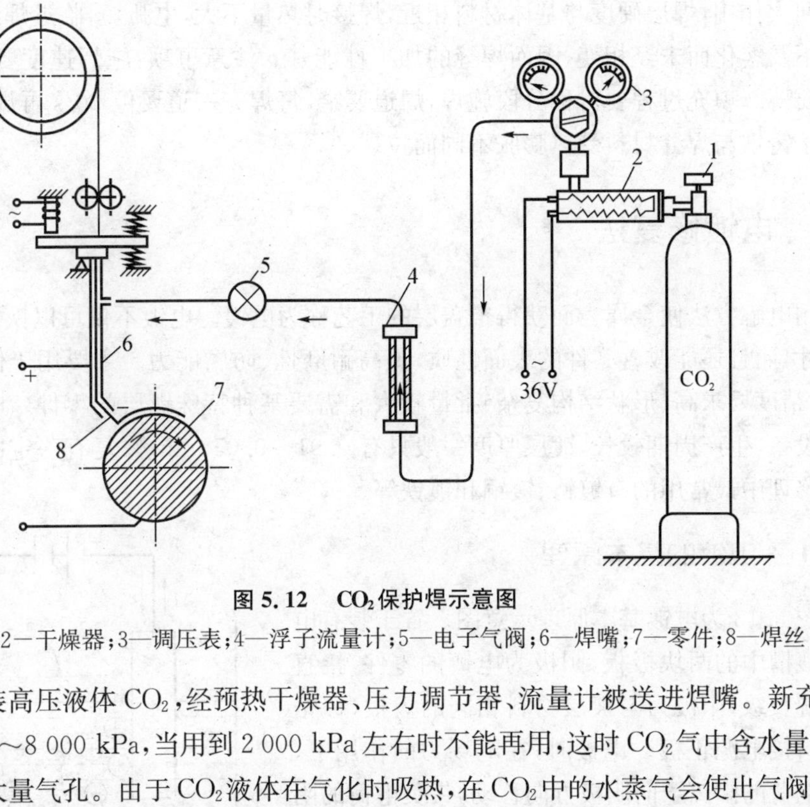

图 5.12　CO_2保护焊示意图

1—开关；2—干燥器；3—调压表；4—浮子流量计；5—电子气阀；6—焊嘴；7—零件；8—焊丝

钢瓶装高压液体 CO_2，经预热干燥器、压力调节器、流量计被送进焊嘴。新充的瓶压为 7 000～8 000 kPa，当用到 2 000 kPa 左右时不能再用，这时 CO_2气中含水量过多，焊缝出现大量气孔。由于 CO_2液体在气化时吸热，在 CO_2中的水蒸气会使出气阀结冰，阻塞通道，所以在出气阀处装有干燥器，且可防止 CO_2中的水分进入焊缝而增加焊缝的气孔。CO_2在高温下会发生分解，产生的氧与铁液化合生成 CO 气体。从熔池中逸出的 CO 会引起飞溅，来不及逸出的 CO 则成为焊层中的气孔，因此必须采用脱氧措施。一般用含有钛、锰、硅等元素的焊丝，并注意不要用普通的碳钢焊丝。

CO_2保护焊熔滴过渡形式有短路过渡和喷射过渡两种。短路过渡是焊丝两尖端接触短路时熔化滴入熔池，在不断地起弧及短路循环中形成焊缝。喷射过渡是焊丝两尖端互相靠近时在电弧作用下熔化并喷向熔池，最后形成焊缝。短路过渡适用于细焊丝，规范为:电压 20～25 V、电流 160～170 A。短路过渡的焊缝成形好,飞溅小,用于薄钢板或曲轴主颈的焊接。喷焊过渡适用于粗焊丝,焊接参数为:电压＞32 V,电流＞300 A。喷射过渡也能得到飞溅小、比较整齐的焊缝,适用于焊厚钢板。

CO_2保护焊焊丝伸出长度应适当。伸出过小,飞溅的金属会粘住焊嘴;伸出过长,CO_2保护减弱,飞溅加大,焊接过程不稳定,焊缝中出现气孔。

细丝CO_2保护焊在汽车制造和修理中被广泛应用。所用细丝直径为 0.5～1.2 mm,焊接钢板的厚度为 0.8～4 mm。细丝CO_2保护焊冷焊铸铁件,可使焊缝中含碳量降低为中碳钢或高碳钢,与基体材料平滑过渡而无明显的白口。对焊丝中的锰、硅进行脱氧及除硫、磷处理可精炼焊缝金属,提高焊缝的抗振性和强度。由于焊第二、三层时对第一层的回火作用,焊层硬度与基体材料相近,焊接时热量不大,电弧短,临近焊缝的铸铁基体来不及熔化而未经相变,因而焊缝的加工性能好。注意事项:施焊速度要快,多层焊每层要薄。填充过程要对称分段施焊,焊道要窄,每焊完一道要停 30 s 再焊另一道,以防由于铸铁与焊缝材料受热膨胀不同而拉裂。

5.3 电镀修复法

用电解方法使金属表面获得覆盖层的工艺称为电镀。电镀不仅可以恢复磨损零件的尺寸,而且还能改善零件的表面性质,提高耐磨性、防腐能力。主要用于修复磨损量不大、精度要求高、形状结构复杂、批量较大和需要某种特殊镀层的零件。电镀需要特殊的设备,生产周期较长,镀层厚度一般只有 0.01～0.05 mm,修复有一定的限制。在汽车修理中最常用的有镀铬、镀铜和镀铁等。

5.3.1 电镀的基本原理

图 5.13 为电镀基本原理示意图。置于装有电解液镀槽中的两块极板,阴极为电镀的零件,接直流电源负级,阳极为与镀层材料相同的极板(镀铬除外),接电源正极。电镀时,在电场力的作用下,带正电荷的阳离子向阴极方向移动,带负电荷的阴离子向阳极方向移动。电解液中的阳离子,主要是所需镀覆的金属离子和氢离子。金属离子在阴极得到电子还原成原子,呈金属析出并沉积在阴极表面。氢离子也从阴极得到电子还原为原子,一部分进入零件镀层,另一部分逸出镀槽。这种反应称为阴极反应。

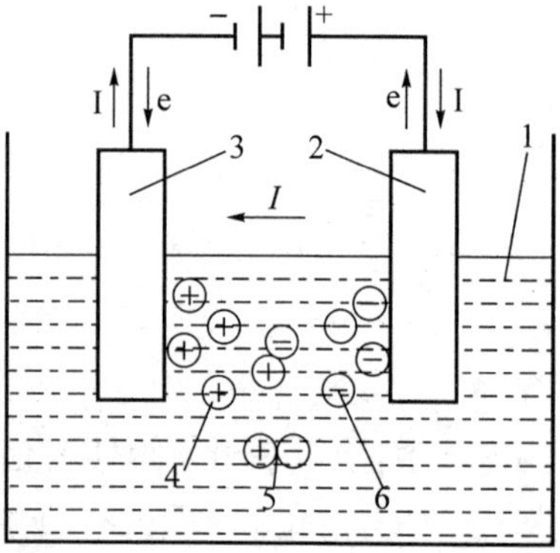

图 5.13 电镀原理示意图

1—电解液;2—阳极;3—阴极;4—正离子;5—未电离的分子;6—负离子

能够导电的溶液叫电解液。如酸性镀铜的 $CuSO_4$ 溶液，镀铬的 CrO_3 水溶液，镀铁的 $FeCl_4 \cdot 4H_2O$ 水溶液等。在溶液中或熔化状态下能够导电的化合物叫电解质，如 H_2SO_4、H_2CO_3、$FeCl_4$、CrO_3、$CuSO_4$ 等。电解液中的电解质在电场力的作用下被分解的过程称为电解。

电镀时的阳极反应有两种情况：一种是阳极不溶解的，称之为不溶性阳极。如铅板，它不参加电极反应，只起传导作用。另一种为可溶性阳极，阳极的金属原子失去电子而成为阳离子进入溶液，以补充由阴极析出所消耗的阳离子。

5.3.2 镀铬简介

镀铬是用电解法修复零件的最有效方法之一。镀铬的修复质量高，它不仅可修复磨损表面的尺寸，而且可提高表面耐磨性，适合于修复磨损量不大，而且比较贵重的零件。

1）镀铬的特点

镀铬层具有很高的硬度，高达 800～1 200 HV，比淬火钢还硬，具有较高的耐磨性；有较高的耐热、耐腐蚀性，在 480℃以下不变色，5 000℃以上开始氧化，7 000℃时硬度才显著下降，镀层能在高温下工作；镀层的化学稳定性好，在碱、硫化物、碳酸盐中稳定，但怕盐酸和热硫酸；具有较低的摩擦系数，与基体金属的结合强度好。但是，镀铬层的吸油性差，镀层厚度受到限制，一般 0.1～0.3 mm 范围内为宜，生产过程复杂，环境污染严重。

2）电解液的种类

电解液的种类有三种，其质量浓度为分别为 150 g/L，250 g/L，350 g/L。

150 g/L 电解液为稀电解液，效率高，镀层匀，硬度大，适合耐磨性镀铬；350 g/L 电解液为浓电解液，效率低，深镀能力强，镀层较软，孔隙小，适用于装饰性镀铬；250 g/L 电解液为中浓度电解液，具有通用性。一般修理厂采用质量浓度为 150～250 g/L 范围的电解液。

3）镀铬工艺

镀铬的一般工艺包括：镀前准备、电镀、镀后加工及处理。镀前进行机械加工、绝缘处理，除去油污和表面氧化层；装挂具吊入镀槽，根据要求选定镀铬规范，按时间控制镀层厚度；镀后检查镀层质量和尺寸；进行必要的镀后加工。但这种工艺存在电流效率低、沉积速度慢、工作稳定性差等缺点。近几年来，已采用了快速镀铬、无槽镀铬、喷流镀铬、三价镀铬等新工艺，并取得较好效果。

5.3.3 镀铁简介

镀铁又称镀钢，具有沉积速度快，环境污染小，材料便宜，耗电少、效率高等特点。目前在汽车修理中应用较多的是低温镀铁。

1）分类

按电解液的温度分为高温镀铁和低温镀铁。使用直流电源，在 90～100℃下进行的镀铁称为高温镀铁。高温镀铁的镀层硬度不高，且与基体结合不可靠。采用不对称交流电源在常温下进行的镀铁称为低温镀铁。它解决了常温下镀层与基体结合的强度问题，镀层力学性能好，工艺简单，操作方便，目前已逐渐取代了镀铬。

2）电解液

电解液是进行电镀的媒介，对镀层质量有直接影响。目前使用较多的是单盐电解液。常用的有低碳钢和盐酸、三氯化铁和盐酸、氯化亚铁和盐酸配制的电解液。

3）镀铁工艺

镀铁工艺过程可分为镀前准备、表面活化处理、镀铁和镀后处理。

（1）镀前准备

主要包括镀前检查、除油、除锈、绝缘和装挂等工序。

（2）表面活化处理

清除零件表面的氧化膜，使基体金属显露出洁净的微观组织。铁离子在这种充分活化的表面上放电沉积，才能具有高的结合强度。目前镀铁表面活化处理的方法有多种，常用的有阳极刻蚀、盐酸浸蚀和交流活化等。

（3）镀铁

按电源不同可分为不对称交流一直流镀铁；直流镀铁；特殊波形镀铁三种工艺。零件经过表面活化处理后应立刻进行起镀和过渡镀，然后正常镀，在此过程中必须遵守有关镀铁工艺规范。

（4）镀后处理

包括水洗、中和、除氢处理、清除绝缘涂料和机械加工等。

5.3.4 镀铜简介

在汽车修理中，镀铜的应用很广泛，例如，铜套、轴瓦、缸套的外圆加大；装饰性镀铬时，要预先镀铜打底，便于防锈和抛光；零件渗碳处理时，不需要渗碳部分用镀铜作为保护层（如活塞销的内孔）。

镀铜可以分为铜零件镀铜和钢零件镀铜。前者方便简单，只需采用酸性镀铜即可，而钢零件镀铜则较为复杂。因为铁铜置换反应，如采用酸性镀铜会生成一层与基体结合差的疏松的铜层，镀后不能用。以往对这种情况往往采用氰化物预镀（又称碱性镀铜）打底，再采用酸性镀铜。采用氰化物预镀虽然能使钢零件表面生成细密结合牢固的镀层，但有剧毒，造成环境污染，危害工人健康，而且沉积又很慢。所以，现在正大力研究推广无氰镀铜新工艺。

5.3.5 刷镀修复法

刷镀又称涂镀，是新近发展起来的一种零件修复工艺。它是应用电化学的原理，在金属表面局部有选择地快速沉积金属镀层，达到恢复零件尺寸和改变零件表面性能的目的。其特点是设备简单，不需镀槽，能在不解体或半解体的条件下快速修复零件，可用于对轴、壳体、孔类、花键槽、轴瓦瓦背、平面类及盲孔、深孔等各类零件的修复。

刷镀机动灵活，可用于零件的局部修复，且镀层均匀，光滑、致密，尺寸精度容易控制、修理成本低，因此在修理行业得到广泛的推广和应用。

1）刷镀的基本原理

刷镀的工作原理如图 5.14 所示。将接于电源正极的刷镀笔周期性地浸蘸或浇注专用刷镀液与接于电源负极的工件表面接触并作相对运动，镀液中金属离子在电场力的作用下向工件表面迁移，不断还原并沉积在工件表面而形成镀层。随着时间的延长和通过电量的增加，镀层逐渐增厚，直至达到需要的厚度。

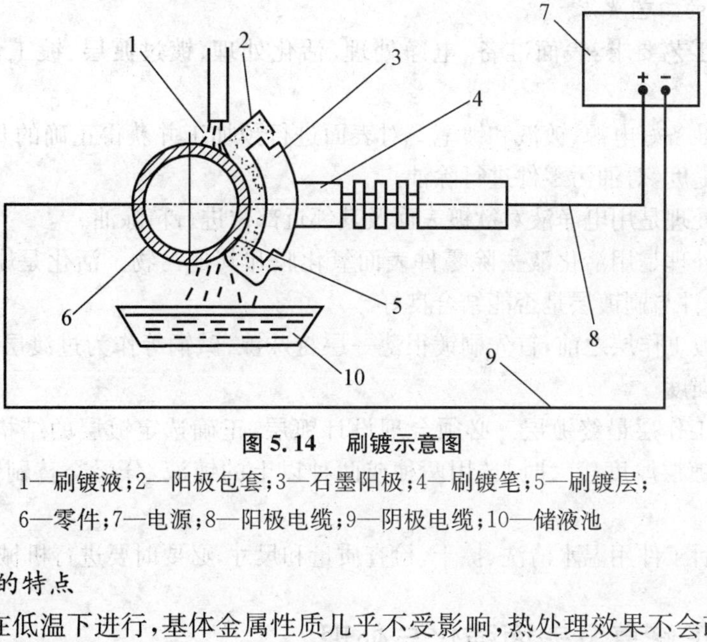

图 5.14　刷镀示意图

1—刷镀液；2—阳极包套；3—石墨阳极；4—刷镀笔；5—刷镀层；
6—零件；7—电源；8—阳极电缆；9—阴极电缆；10—储液池

2）刷镀的特点

①刷镀在低温下进行，基体金属性质几乎不受影响，热处理效果不会改变；镀层具有良好的力学和化学性能，它与基体金属的结合强度高于常规的槽镀和金属喷涂。

②由于不需要镀槽，所以工艺适用范围大，工件尺寸不受限制，可以现场镀覆，设备简单，操作安全，对环境污染小。

③在大电流密度及高离子浓度下，仍能获得均匀、致密的镀层；沉积速度快，耗电少，成本低。一台设备可镀多种金属和合金，同一零件又可获得不同性能的镀层，镀层的厚度可控制在±0.01 mm，适于修复精密零件。

④刷镀适宜局部修复，一次只能修复一个零件，对大面积和大批量零件的修复不如槽镀。

3）刷镀液

刷镀液按其作用不同可分为预处理溶液、金属刷镀溶液、退镀溶液和钝化溶液四大类。机械维修中最常用的是前两种。

(1) 预处理溶液

包括电净液和活化液。它的作用是清除零件表面的油污杂质和氧化物，以获得洁净的表面和基体金属，为刷镀作准备。电净液呈碱性，在电流作用下具有较强的去油污能力，适用于所有金属的净化。活化液呈酸性，作用是去除金属表面氧化膜，以露出新鲜的金属基体。

(2) 金属刷镀溶液

这类刷镀液多为有机化合物水溶液，其金属离子含量高，沉积速度快。金属刷镀溶液的品种很多，按获得镀层成分不同可分为单金属和合金刷镀液；根据镀液酸碱程度不同可分为碱性和酸性两种。

4) 刷镀的工艺要求

刷镀的工艺要求：表面准备、电净处理、活化处理、镀过渡层、镀工作层、镀后处理。

①镀前准备好电源、镀液和镀笔。对表面进行预加工并获得正确的几何形状和较小的表面粗糙度，对油污零件进行除油。

②电净处理是用电净液对欲镀表面及其邻近部位进行精除油。

③活化处理是用活化液去除零件表面氧化膜和其他污物。活化是刷镀好坏的关键，它决定工件与刷镀层是否能结合良好。

④在刷镀工作层之前，首先刷镀很薄一层特殊镍、碱铜等作为过渡层，提高镀层与基体的结合强度。

⑤刷镀工作层最终镀层。必须合理设计镀层，正确选定镀层的结构和每种镀层的厚度。当镀层厚度较大时，选用两种或两种以上的镀液，分层交替刷镀，得到复合镀层。

⑥刷镀后工件用温水清洗、擦干，检查质量和尺寸，必要时要进行机械加工。

5.4 校正修复及表面强化与处理

汽车的某些零件在使用过程中往往会发生变形，影响汽车使用性能，因此需要进行校正来恢复其使用特性。常需校正的汽车零件有支撑桥、车架零件、车身、曲轴、凸轮轴、传动轴以及连杆等等。

零件的表面强化与处理也是利用金属的塑性变形和表层金属组织结构变化获取较好的硬度、耐磨性和疲劳强度的加工方法。

静压校正、敲击校正(冷作校正)和火焰校正是常用的三种校正方法。

5.4.1 静压校正

压力校正简称压校。它是汽车零件修复中常用的方法。将变形的零件放在压力机的V形槽中，凸面朝上，用压力机把零件压弯。反向压弯值是原来弯曲值的10～15倍，并保持一段时间后撤除压力，得到需要的反向塑性变形，检查变形情况。若一次校不直。可进行多次，直到校直为止。零件的校正如图5.15所示。由图可见，工件上部受压产生塑性变形，表面变短，下部受拉也产生塑性变形，表面伸长，中部为弹性变形。在校正过程中将产生内应力，使零件抗弯刚度下降，且变形不稳定，使用中容易弯曲。为使压力校正后的变形保持稳定，并提高零件的刚性，校正后需进行热处理消除应力。零件经校正后，疲劳强度下降10%～15%，校正次数越多，下降越大，因此只适宜做1～2次校正。

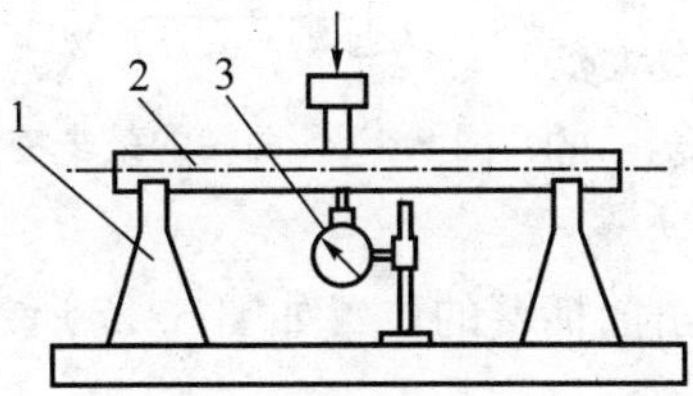

(a) 压力校正

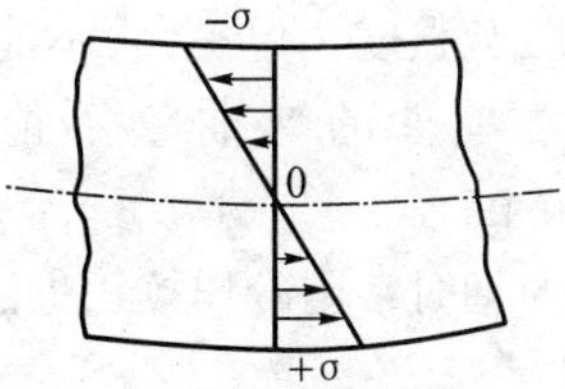

(b) 零件应力分布

图5.15 零件的校正

1—V形块；2—轴；3—百分表

对于调质或正火处理的零件(连杆、前梁、半轴、半袖套等)，可在冷压后加热至400～500℃，保温0.5～2 h；对于表面淬硬的零件(曲轴、凸轮轴)加热至200～250℃，保温5～6 h，这样不会降低表面硬度。

对于汽车上由球墨铸铁制造的凸轮轴、曲轴、连杆等零件，由于塑性差，冷压校正时易折断，故不易采用冷压校正。

静压校正会使零件中产生内应力，在零件使用中这种内应力还会与由工作负荷作用产生的应力汇集在一起，从而有可能出现第二次变形。为了提高零件校正的稳定性和加强承载能力，校正后的零件要进行热处理。图5.16表示对用45钢制作的零件加热1 h后，其温度对恢复校正后的零件承载能力的影响。从图中可以看出，当零件加热到400～500℃时，承载能力恢复到原来的90%。能加热到这种温度的零件是那些在制造中已进行过温度不低于450～500℃热处理的零件，如连杆、前轴梁等。高频淬火的零件(曲轴、凸轮轴)要保持校正的稳定性，就要在不超过180～200℃的温度下保温一段时间，消除内应力。这样能使承载能力恢复到原来的60%～70%。静压校正会使零件的疲劳强度降低15%～20%。

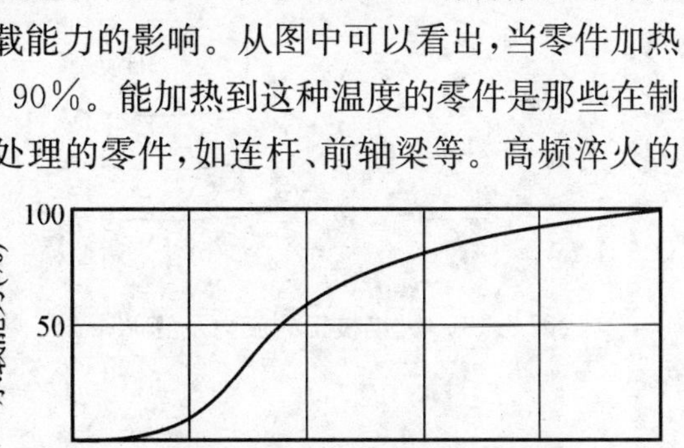

图5.16 温度对校正零件承载能力的影响

5.4.2 冷作校正(敲击校正)

冷作校正是用手锤敲击零件的凹面,使其产生塑性变形。该部分的金屑被挤压延展,在塑性变形层中产生压缩应力。变形层好像是一个被压缩的弹簧,它对附近的金属有推力作用,弯曲的零件在变形层应力的推动下被校正。

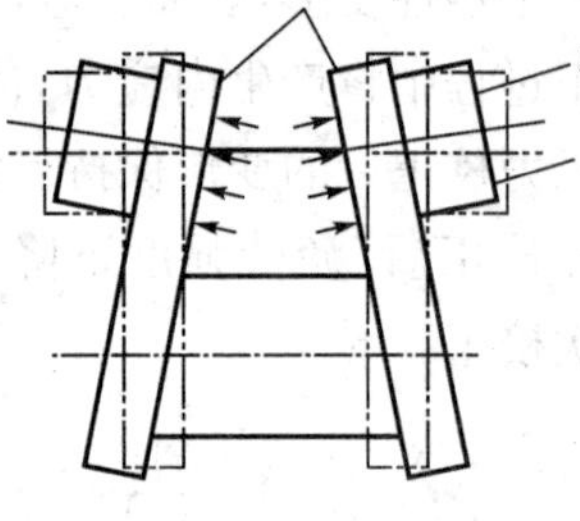

图 5.17 曲轴的敲击校正示意图

冷作校正法不存在静压校正法所固有的缺点。其优点是校正的稳定性好,校正的精度高(可达0.02 mm)生产率高,一般不需要进行热处理,且不降低零件的疲劳强度。但是,它不能校正弯曲量太大的零件,通常零件的弯曲量不能超过零件长度的0.03%~0.05%。

校正曲轴时常用冷作校正方法。校正时敲击曲柄臂的位置如图 5.17 所示。

5.4.3 火焰校正

火焰校正是氧一乙炔热点校正的简称,是一种比较先进的校正方法。它的校正效果较好,效率高,尤其适用于一些变形量较大、形状复杂的大尺寸零件,校正保持性好,对疲劳强度影响较小,应用比较普遍。

火焰校正是利用气焊炬迅速加热工件弯曲凸起处的某一点或几点后再急剧冷却的校正方法,如图 5.18 所示。当工件凸起点温度迅速上升时,表面金属膨胀而使工件向下弯曲,上层金属受压应力在高温下产生塑性变形。假设它本来要膨胀 0.10 mm,由于受周围冷金属限制只膨胀了 0.05 mm,其余 0.05 mm 产生了塑性变形。但冷却后却仍然要收缩 0.10 mm,由于塑性变形的 0.05 mm 无法收缩,从而收缩量大于膨胀量 0.05 mm,那么表层就缩短了 0.10 mm,使工件向上弯曲,这就对原有的下弯量起到了校正作用。

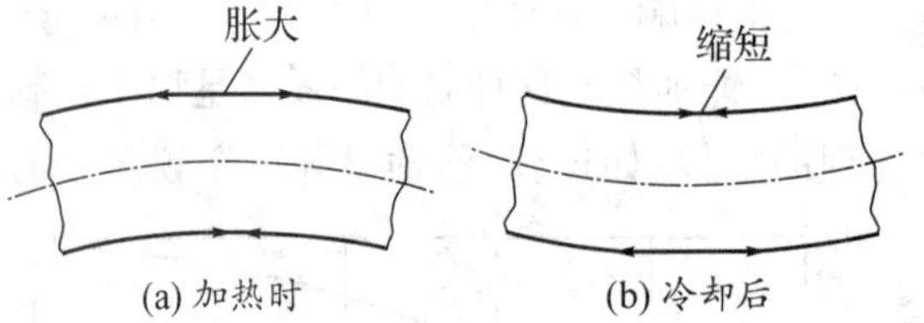

图 5.18 火焰校正的应力及变形

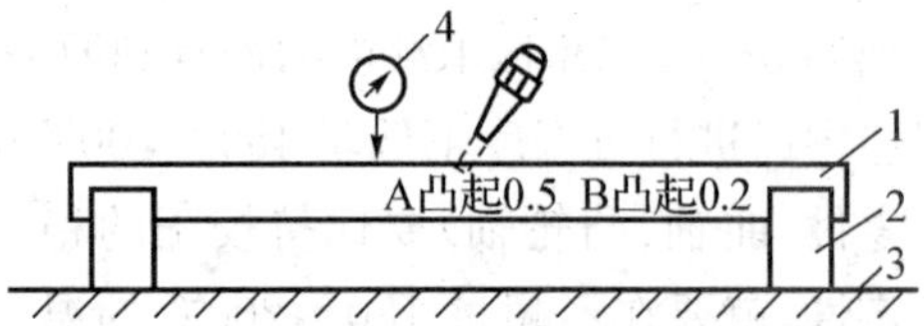

图 5.19 火焰校正法

1—零件;2—V 形块;3—平板;4—百分表

火焰校正时零件支承在 V 形块上,用百分表检测弯曲情况,如图 5.19 所示,并用粉笔做好记号,然后使工件凸点向上,用火焰将凸点迅速加热到 700~800℃,然后立即用水冷却。校正时,可在凸处多烧几点,直至校直为止。

对曲轴进行火焰校正时，在几个轴颈的曲柄侧面选加热点，用各加热点校正的综合效果使曲轴校直。但由于选择加热点、加热长度、宽度和深度都凭经验来确定，因此较难掌握。

对于塑性较差的合金钢零件、球墨铸铁及弯曲较大的零件，宜多选几个加热点。每点加热温度可稍低些，使工件均匀校直，不可某一点温度过高。另外，对铸铁件校正时不宜用水冷却，应自然冷却，以防应力过大而断裂。

火焰校正的关键是加热点温度要迅速地上升，焊炬热量要大，加热面积要小。如果加热时间拖长，加热面积过大，整个工件断面的温度都升高了，就降低了校正效果。

加热长度一般不宜超过工件长度的 70%。加热温度，根据零件宜用 200～800℃，最高不超过 1 000℃。加热深度不得超过零件厚度的 60%，以 30%～50%为最好。加热深度凭经验掌握，较难控制。这种方法最适合校正传动轴和车身。

5.4.4 零件的表面强化与处理

表面变形强化与处理是利用金属的塑性变形特点，在外力作用下使金属表面产生塑性变形和表层金属组织结构改变，而又不破坏金属整体形状的加工方法。

表面变形强化处理的主要方法有射丸、滚压、挤压、激光处理等几种形式。

1）射丸表面强化处理

射丸有喷丸和抛丸两种形式，喷丸是用 400～500 kPa 压力的压缩空气，将小铁丸高速喷向零件表面。抛丸是用旋转的圆盘将小铁丸抛向零件表面。喷丸适合于单件或小批量生产，多用于零件的内孔、圆角、键槽的局部强化。抛丸适合于大量自动化生产。

曲轴上的曲柄圆角、连杆、气门弹簧、片状钢板弹簧、半轴等都可以采用射丸法强化，以延长它们的使用寿命。

2）滚压强化处理

滚压是用很硬的滚子对零件表面滚压，使零件形成紧密的冷作硬化层，并减小零件的表面粗糙度，得到表面强化，通常用来加工轴类零件的表面。但也可用于内孔表面的加工。外圆柱表面滚压如图 5.20 所示。对刚性不足的零件，为防止轴的弯曲，可用如图 5.21 所示的多滚子滚压。

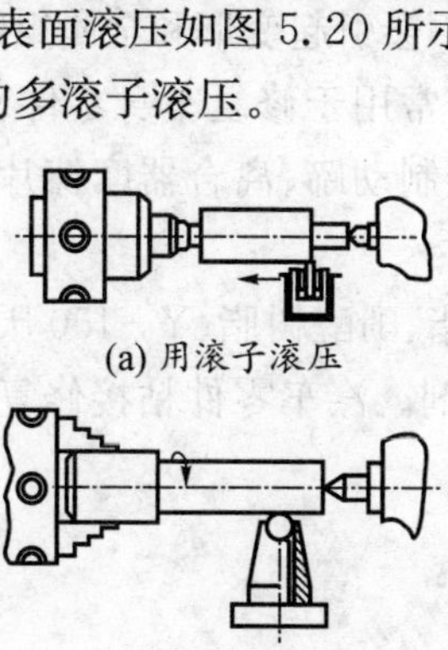

(a) 用滚子滚压

(b) 用滚珠滚压

图 5.20　外圆柱表面滚压

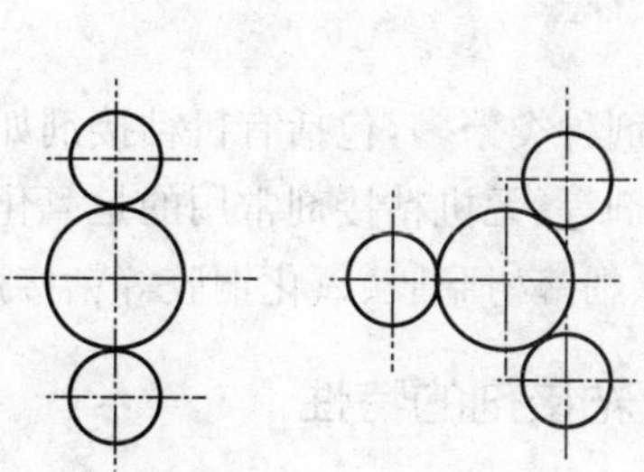

(a) 双滚式　(b) 三滚式

图 5.21　多滚子滚压

3）挤压强化处理

挤压强化仅用于内孔加工，它是用与孔形状吻合的挤刀推或拉过被加工的孔，使其达到一定尺寸精度或表面粗糙度的强化方法。挤压过盈量大小与材料工件孔径和壁厚有关。过盈量太小，表面粗糙度和精度达不到要求；过盈量过大，表面会产生刮伤和拉毛。挤压时必须正确选择过盈量。挤压钢材料时用机油加少量石墨，挤压青铜材料时用稀机油，挤压铝合金材料时用肥皂水。

4）激光表面强化处理

激光表面强化处理包括表面硬化、表面合金化及表面融覆等形式。经过强化处理，能提高零件的表层硬度、耐磨性、耐腐蚀性和耐热性等性能。

激光表面强化处理的原理是采用高功率密度的激光束，对零件表面按一定的轨迹和速度进行扫描，使金属表面产生相变和熔融，由于金属的热传导作用，随着激光束离开零件表面，零件表面的热量迅速向仍保持冷态的材料内部传递，而零件表面快速冷却，起到表面淬火、合金化和融覆等强化作用。

用离子注入或其他化学热处理方法将合金元素涂敷到待加工零件表面，然后再用激光束扫描的处理方法是激光表面合金化强化处理方法。

如果用具有特殊性能的粉末涂敷在零件表面，然后再用激光束扫描的处理方法就是激光表面融覆强化处理方法。

激光束具有功率密度高、加热快、光束传递移动方便、容易控制、热影响区小、零件变形小和不影响基材的机械性能等优点，尤其适合对重要的零件、形状复杂零件或零件局部进行强化处理。

5.5 粘接修复法

粘接修复是应用粘接剂将两个物体或损坏的零件牢固地粘接在一起的一种修复方法。由于它具有工艺简单、设备少、修复成本低、不会引起变形和金属组织的变化，因此在机械修复中得到了广泛的应用。在汽车修理中常用于修复车身零件、粘补散热铝水箱、油箱和其他壳体上的穿孔和裂纹，也用于粘接制动蹄、离合器摩擦片及缸体的堵漏等。

粘接剂种类繁多，包括有机粘接剂如环氧树脂、酚醛树脂、Y－150 厌氧胶、J－19 高强度粘接剂等；无机粘接剂常用的是氧化铜粘接剂。汽车零件粘接修复中常用的是环氧树脂胶、酚醛树脂胶、氧化铜胶等粘接剂。

5.5.1 粘接剂的特性

1）环氧树脂胶

环氧树脂胶是一种人工合成的树脂状化合物，它能使多种材料表面产生较大的粘接力,是目前广泛使用的一种粘接剂。环氧树脂本身不能单独作为粘接剂使用,使用时必须加入固化剂、稀释剂、增塑剂和填料等等。

环氧树脂粘接剂的特点是粘附力强、固化收缩小、机械强度高、且耐腐蚀、耐油、电绝缘性好,适合工件工作温度在150℃以下使用。它的缺点是性脆,韧性较差。

2) 酚醛树脂胶

酚醛树脂是由酚醛类在催化剂中经缩合而得到的一类树脂,可以单独使用,也可以和环氧树脂混合使用。

酚醛树脂有较高的粘接强度、耐热性好,但其脆性较大,不耐冲击。汽车修理中常用它来粘接制动蹄片及离合器摩擦片。

酚醛树脂与环氧树脂混合使用时,其用量为环氧树脂的 30%～40%,同时还要加增塑剂和填料。为了加速固化,可加入 5%、6%乙二胺,这样既改善了耐热性,又提高了韧性。

3) 氧化铜胶

氧化铜粘接剂具有耐热性好(耐热温度为 600～900℃)、粘接工艺简单、使用方便、操作容易且固化过程体积略有膨胀等特点。宜采用槽接或套接,适用于缸体上平面裂纹、气门室裂纹、管接头防漏等粘接。其缺点是粘接脆性大、耐冲击能力差。

氧化铜粘接剂是由粒度为 320 目的纯氧化铜粉和密度为 1.7 g/cm^{3}的正磷酸调和而成。调制工序为:将纯的氧化铜粉和无水磷酸放在铜片上用竹片调匀,待能拉出 7～10 mm 的细丝时,即可使用。

对于粘接剂修补的零件,应根据损坏程度、结构、性能及客观条件确定粘接方案,选择粘接剂,合理设计粘接接头。

5.5.2 粘接工艺要点

主要工艺要点是:

1) 粘接剂的选用

必须根据被粘物的材质、结构、形状、载荷大小和环境条件选择粘接剂。被粘物的表面致密强度高,可选用改性酚醛胶、改性环氧胶、聚氨脂胶;橡胶材料粘接或其他材料粘接时,应选用橡胶型粘接剂;热塑性塑料粘接可用溶剂或热熔性粘接剂;热固性塑料粘接必须选用与粘接材料相同的粘接剂。

2) 接头设计

粘接接头设计应按尽可能增大粘接面积,提高粘接力。接头的受力方向应在粘接强度的最大方向上,并尽量使其承受切应力。接头的结构尽量采用套接、嵌接或扣合连接的形式。接头设计应尽量避免对接形式。如条件允许时,可采用粘一铆、粘一焊、粘一螺纹联接等复合形式的接头。几种粘接接头形式示意如图 5.22 所示。

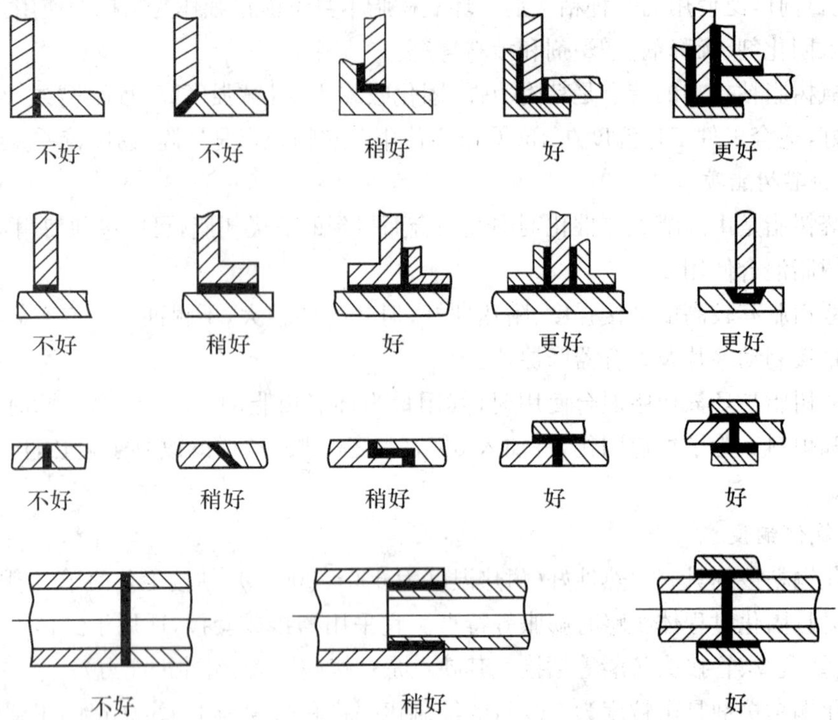

图 5.22　几种粘接接头示意图

3）粘接前的表面处理

粘接前的表面情况对粘接质量有很大影响。粘结时要求被粘表面无油、无锈和其他杂质，有合适的表面粗糙度和表面尽可能活化。表面准备工作包括表面清洗、机械加工、去脂处理、活化处理等工序。表面处理后与粘合的时间间隔不宜太久，以免沾污粘接表面。

4）粘合和固化

粘合时，首先要对相互粘合的表面均匀涂抹粘接剂，防止有漏涂或局部涂抹过厚的现象。胶层一般控制在 0.05～0.35 mm 为最佳。粘合后的固化，一般需在一定的压力和温度条件进行下，并有一定的时间要求。固化后要缓慢冷却，以免产生应力。

5.5.3　影响粘接质量的因素

影响粘接质量的因素很多，其中粘接前的表面准备是决定粘接结合强度的关键。粘接表面要做到无油、无锈，并保证一定的表面粗糙度。对于高强度的重要零件，应进行表面化学处理。

合理设计粘接接头是提高粘接强度的重要途径。用环氧树脂胶粘接时，其抗拉强度和抗剪强度比较好，剥离和冲击强度低，在设计接头形式时，要进行受力分析，增加粘接面积，提高粘结强度。粘接剂是保证粘接质量的关键因素之一，要根据粘接工件的工作要求选择粘接剂，配方的比例要严格控制。粘合和固化质量的好坏直接影响粘接强度，涂胶要均匀，严格控制固化温度、压力和时间。

6 汽车发动机维修工艺

汽车发动机总成在长期使用过程中,其技术状况及性能会因其基础件和主要零部件的磨损、变形和裂损而不断下降,进而发生故障及损坏,不再能满足使用要求及废气排放标准,并最终丧失工作能力。发动机维修的目的就是通过定期检测和诊断,查出故障和损坏部位,经过视情修理,使其恢复原始的技术状况和性能,继续低耗高效地运行。

根据修理作业范围和深度的不同,汽车发动机的维修可分为大修和小修。大修是指发动机主要零件出现破损、断裂、磨损和变形,在彻底分解后,用修理或更换零件的方法,使其达到完好技术状况和使用寿命的恢复性修理。大修后的发动机,其技术状况和使用性能必须达到规定的技术标准。小修是指用修复或更换个别零部件的方法来消除发动机在运行中临时出现的故障或针对在维护作业中发现的隐患所进行的运行性修理。

6.1 汽车发动机总成大修工艺

6.1.1 发动机总成大修条件

为贯彻视情修理的原则,防止提前进行发动机大修而造成浪费,或推迟发动机大修时机而造成汽车动力不足、运行速度下降、燃料润料消耗量上升等的不良影响,规定发动机总成符合下述条件时,方可送修理厂大修。

①发动机加速性能恶化,明显感觉起步加速时间和超车加速时间延长。

②发动机标定功率或气缸压缩压力低于标准值 25%以上。

③气缸磨损,其圆柱度误差达到 0.175～0.250 mm,或圆度误差达到 0.050～0.063 mm。

④燃油和机油消耗量明显增加。

⑤发动机出现异响。

⑥发动机不能正常运转或根本不能运转。

⑦发动机重大损伤事故。

6.1.2 发动机总成大修检测方法

在将发动机从汽车上拆下之前，应先向车主了解其技术状况及故障症状。例如，发动机运转时有无异响、燃油消耗量是否超过标准值、曲轴箱窜气情况以及排放是否不良等。在对诸因素进行综合分析后，再决定拆卸与否。为此，在发动机拆下前，应采用通用的仪器设备对发动机的常用参数进行检查。检查的项目与方法如下：

1）气缸密封性的检测

气缸密封性与气缸、气缸盖、气缸垫、活塞、活塞环和进、排气门等零件的技术状况有关。在发动机使用过程中，由于这些零件磨损、烧蚀、结焦或积炭，导致气缸密封性下降，这将使发动机功率下降，燃油消耗率增加，使用寿命大大缩短。因此，气缸密封性是表征发动机技术状况的重要参数。

在发动机不解体的条件下，检测气缸密封性的常用方法有：

①测量气缸压缩压力；

②测量曲轴箱窜气量；

③测量气缸漏气量或气缸漏气率；

④测量进气管真空度；

⑤测量曲轴箱机油中金属磨屑的含量等等。

在就车检测时，只要进行其中的一项或两项就能确定气缸密封性的好坏。

2）测量气缸压力

测量活塞到达压缩行程上止点时的气缸压缩压力的大小，此压力可以反映气缸密封性的好坏。气缸压力的大小与发动机的功率密切相关。对于运转异常或功率不足的送修发动机，在对点火系、燃料供给系调整无效的情况下，应测量气缸的压力。根据气缸压力的测量结果与标准值进行比较，便可判断出气缸与活塞的磨损情况、气门密封性的好坏以及气缸垫是否烧损或冲坏等。

测量气缸压力的方法有用气缸压力表测量和用多功能发动机综合检测仪测量两种方法。用气缸压力表测量气缸压缩压力，方法简便，价格低廉，在汽车维修企业中广为应用，但这种方法的测量误差大。而用多功能发动机综合检测仪测量气缸压缩压力则可获得精确的测量结果。

现以 YT－412 型发动机分析仪为例说明其测量方法。首先拆下被测气缸的火花塞，旋上分析仪配置的压力传感器，用起动机转动发动机曲轴 3～5 s。此时，由压力传感器取出的压力信号，经放大和模/数（A/D）变换后，送入单片机系统处理，并由显示器显示结果。

值得注意的是，测量气缸压缩压力之前应确认蓄电池电量充足，起动机状态良好，起动转速符合要求。

所测气缸压力的诊断标准应符合《汽车大修竣工技术条件》的规定，大修后的发动机气缸压缩压力应符合原设计规定——标准值，汽油机应不超过各缸平均压力的 8%；

在用发动机的气缸压缩压力，不得低于交通部颁发的《汽车运输业车辆技术管理规定》中规定的标准值的25%，否则发动机应送厂大修。

根据气缸压缩压力的测量结果可判断气缸活塞组零件的故障，如表6.1所示。

表6.1 根据气缸压缩压力判断气缸活塞组零件故障

测量结果	故障原因
超过标准值	燃烧室积炭过多、气缸垫过薄、缸体与缸盖结合面经多次修理磨削加工过多
低于标准值 为了确切判断故障部位，可拆下空气滤清器，打开散热器盖，旋转发动机曲轴，使压力低的气缸活塞处于压缩行程上止点位置，通过火花塞孔向气缸吹压缩空气，若：	
化油器口有漏气声	进气门不密封
排气尾管有漏气声	排气门不密封
散热器加水口有气泡	气缸垫不密封
相邻两缸火花塞有漏气声	气缸垫在该两缸之间烧蚀
加机油口有漏气声	活塞、活塞环或气缸磨损严重

3）发动机功率的检测

发动机的有效功率是评价发动机的综合性指标。通过检测发动机功率可以定性地确定发动机的技术状况和定量地评定发动机的动力性变化。通常可就车使用无负荷测功仪或发动机综合检测仪检查。检测条件：发动机温度在80℃以上，点火系、供油系工作正常。若功率测量值小于额定值75%，则应将发动机拆下进行修理。

发动机功率检测方法有两种，即稳态测功法和动态测功法。

稳态测功法是将发动机安装在试验台架上，在节气门开度一定、转速一定、冷却液和机油温度均保持正常值的稳定状态下，利用测功机测出发动机的转速和转矩，并按计算式计算出发动机的有效功率。如果节气门全开、发动机在标定转速稳定运转，则这时发动机输出的有效功率即为标定功率。由于稳态测功法需通过测功机对发动机施加负荷，因此稳态测功法为有负荷测功法。

动态测功法是在发动机加速过程中测量发动机功率的方法。由于动态测功法无需对发动机外加负荷，因此又称无负荷测功法。无负荷测功特别适用于对运行中车辆发动机的功率检测，测量精度比稳态测功法稍差。当发动机在怠速运转时，如果突然全开节气门，将发动机加速到较高转速，这时发动机输出的有效功率越大，曲轴的角加速度也越大，加速时间则越短。

所测发动机功率的诊断标准应符合《机动车运行安全技术条件》和《汽车发动机大修竣工技术条件》的规定，在用车的发动机功率不得低于标定功率的75%，大修后发动机功率不得低于标定功率的90%。

4）发动机异响的检查

发动机有异常声响，则表明发动机有故障。异响可用JTQ－1型机器听诊器或相当的异响检测仪检查。

在无检测仪器的情况下，常用人工判断。判断异响的方法是通过变换发动机工况、采用火花塞断火或喷油器断油、踩下与释放离合器踏板以及比较发动机冷态与热态时声响强弱程度的变化进行，根据发动机上所有运转件产生异响时的音调、频率、音质和强度不同的声响特征，通过听觉直接判断。但有些声响不借助仪器是完全听不到的，即使能听到声响，也很难确定其发生部位。因此，检测人员需借助触杆式汽车拾音器在发动机前、后、左、右不同部位寻找察听异响的最强音点，与各种典型异常声响比较，便可确定异响部位和原因。

5）进气管真空度的测量

进气管真空度是进气管内的压力与大气压力的差值，单位为千帕（kPa）。发动机进气管真空度的大小随气缸活塞组零件的磨损而变化，并与气门组零件的技术状况、进气管的密封性以及点火系和供油系的调整有关。因此，检测气管真空度，可以用来诊断发动机多种故障。

一般高速发动机进气管真空度低，低速发动机进气管真空度高。此外，进气管真空度还与测量地点的海拔有关，海拔越高，进气管真空度越低。海拔每升高500 m，真空度降低3.3～4.0 kPa。

进气管真空度用真空表检测，无需拆卸任何机件。测量时，先起动发动机，并使其以高于怠速的转速空转30 min以上，使发动机达到正常温度；接着将真空表软管接到进气支管的测压孔上；将变速器挂空挡，使发动机怠速运转；观察真空表指针的读数与其摆动区间即可确定发动机的工作状况（如图6.1所示）。

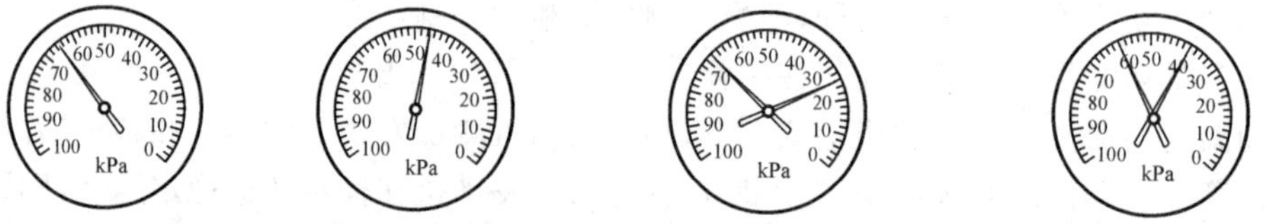

在发动机正常状态真空表指针应稳定地停在57~74 kPa范围内

当真空表指针稳定且比正常状态的示值低10~30 kPa时，表明进气支管泄漏

当表针在23.6~67.4 kPa之间摆动时，表明气缸衬垫漏气

当表针在37.6~60.7 kPa之间摆动时，表明气门密封不良

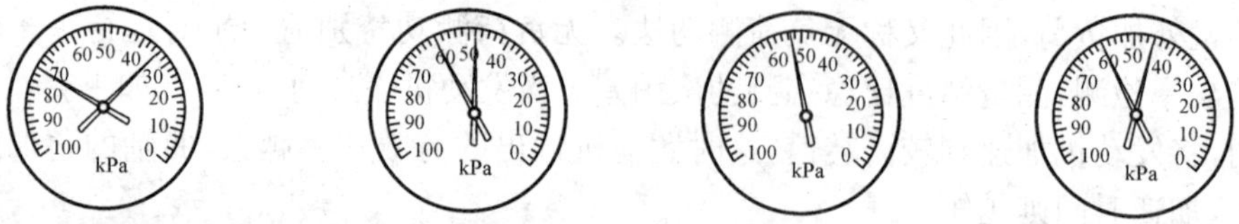

若气门弹簧折断，真空表指针将在33~74 kPa之间迅速摆动

若气门导管磨损，则表针将在47~60 kPa之间摆动

若点火过迟，表针将稳定地停在47~57 kPa范围内

若混合气过浓，表针缓慢摆动；若混合气过稀，则真空表示值无规律下降

图6.1　真空表示值与发动机工况的关系

进气管真空度的诊断标准根据《汽车发动机大修竣工技术条件》的规定，大修竣工的四冲程汽油机转速在500～600 r/min时，以海平面为准，进气管真空度应在57.2～70.5 kPa范围内。波动范围：六缸汽油机一般不超过3.3 kPa，四缸汽油机一般不超过5.1 kPa。

6）曲轴箱窜气量的检测

随着气缸活塞组零件的磨损，窜入曲轴箱内的气体增多。例如，新发动机曲轴箱窜气量约为15～20 L/min，磨损后的发动机则高达80～130 L/min。曲轴箱窜气量的多少与发动机运行工况有关。在一定工况下，单位时间窜入曲轴箱内的气体量，可作为衡量气缸密封性的尺度。

曲轴箱窜气量的检测通常是在底盘测功试验台上进行的，先对发动机加载，使节气门全开，发动机运行于最大转矩转速下，再用QCY-1型曲轴箱窜气量测定仪检测。

检测的具体方法是：

①堵住机油标尺插口及曲轴箱通风进、出口，保持曲轴箱密封；

②在加机油口上安装气嘴，接上橡胶管。橡胶管的另一端连接仪表入口；

③缓慢均匀地开启测定仪的调节阀，直至全部开启为止；

④记下仪表示值。

目前曲轴箱窜气量尚无统一的诊断标准，表6.2所列为单缸平均曲轴箱窜气量参考值，可供诊断时参考。将测得的曲轴箱窜气量除以被试发动机的气缸数，即为单缸平均曲轴箱窜气量。

表6.2 单缸平均曲轴箱窜气量参考值

发动机技术状况	单缸平均曲轴箱窜气量(L/min)	
	汽油机	柴油机
新发动机	2～4	3～8
需大修的发动机	16～22	18～28

7）检查气缸表面及活塞顶状况

当发动机有异响或气缸—活塞组件密封状况不良、缸壁拉伤时，可使用工业纤维内窥镜对气缸表面和活塞顶状况进行窥查，必要时对异常现象可拍片分析，为发动机大修提供依据。

除此以外，条件许可时还可检测气缸漏气量以及废气中的CO和HC的排放量。

6.1.3 发动机大修工艺过程

1）发动机大修工艺过程分类

目前的发动机大修工艺过程主要有下列两种：

(1) 传统的发动机总成大修工艺过程

传统的发动机大修工艺应包括拆装调试工艺和零件修理工艺两个主要部分。这种大修工艺的显著特点之一就是要进行镗缸和磨曲轴,即对基础件和关键零件进行修理和机械加工。图 6.2 所示为目前使用较为普遍的传统的发动机总成大修工艺过程框图。

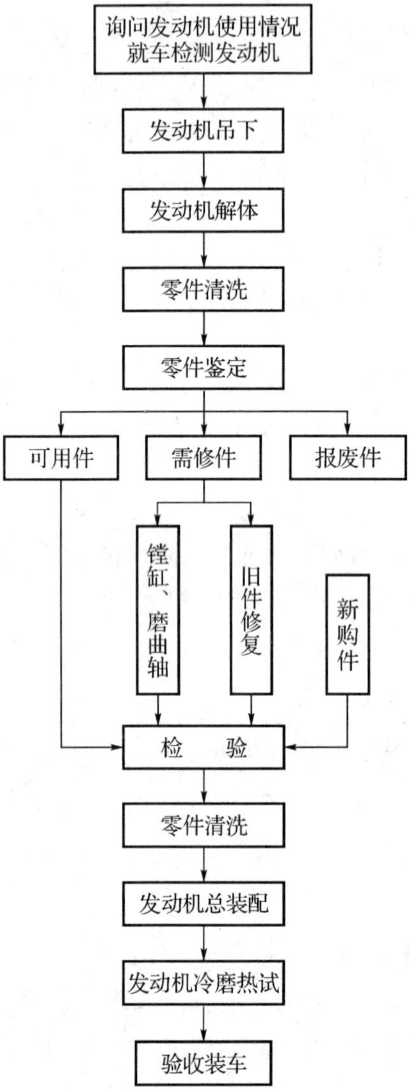

图 6.2　传统发动机总成大修工艺

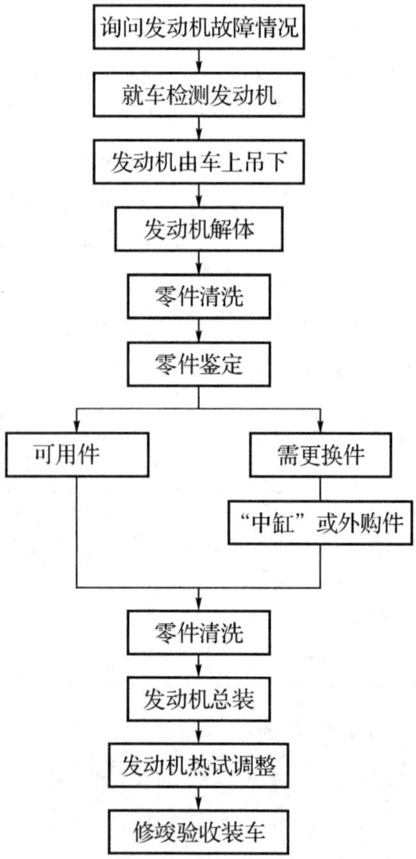

图 6.3　以更换零件为主的发动机大修工艺过程

(2) 以更换零件为主的发动机总成大修工艺过程

以更换零件为主的发动机总成大修工艺与传统大修工艺的区别在于,零件经鉴定后将其分为可用件和需更换件两类,取消了对气缸和曲轴的机械加工,如图 6.3 所示。

2) 发动机大修过程中的工序安排方法

发动机大修工艺过程包含很多工序,如果把整个大修工艺过程视为一个系统,用统筹法对这些工序加以合理安排及规划，使其相互密切配合，协调一致，不仅可以确保大修质量，而且还能缩短工时，减少费用，从而获得较大的经济效益。

检修发动机时，应先将发动机总成从汽车上拆卸下来，经分解、清洗和检验之后，再进行各项修理作业。由于汽车结构上的差别，从汽车上拆下发动机总成和发动机分解的步骤和方法不尽相同。操作时应按照汽车制造厂使用维修手册中规定的程序和操作规范进行。

现以上海桑塔纳轿车为例，说明 JV 型发动机部分总成拆卸及其分解的步骤和方法。拆卸工作必须在发动机完全冷却之后进行。

(1) 从轿车上拆下发动机总成

(2) 发动机的分解

①V 带及同步带的拆卸。上海桑塔纳轿车 JV 型发动机前端零件如图 6.4 所示。其中图注号同时表示拆卸或分解的顺序，而 N · m 前的数字则表示螺栓拧紧力矩的大小。

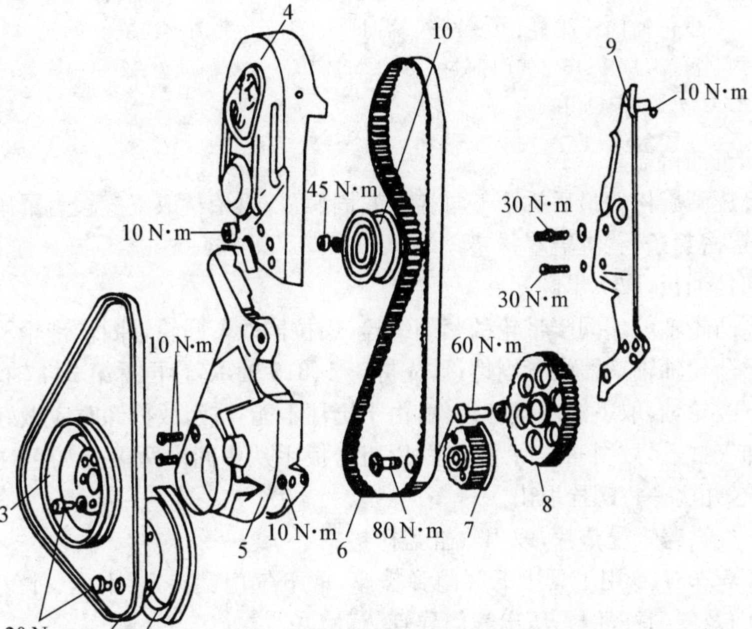

图 6.4　发动机前端零件的拆卸

1—V 带；2—水泵带轮；3—曲轴带轮；4—上护罩；5—下护罩；6—同步带；7—曲轴同步带轮；8—中间轴同步带轮；9—后护罩板；10—张紧轮

②发动机外部装置的拆卸。依次拆卸水泵、发电机、起动机、分电器、燃油泵、机油滤清器座及机油滤清器、化油器及进、排气支管。

③气缸盖及配气机构的分解。图 6.5 为气缸盖分解图，其中图注序号同时表示拆

卸的顺序。

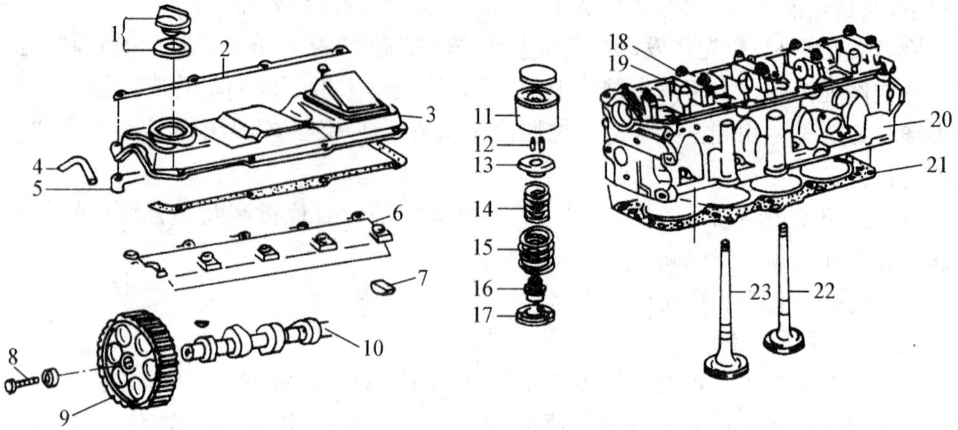

图 6.5　气缸盖分解图

1—加机油口盖；2—压条；3—气缸盖罩；4—密封条；5—衬垫；6—挡油板；7—半圆塞；8—紧固螺栓；9—凸轮轴同步带轮；10—凸轮轴；11—挺柱；12—锁夹；13、17—上、下弹簧座；14、15—内、外气门弹簧；16—气门油封；18—螺母；19—凸轮轴承盖；20—气缸盖；21—气缸盖衬垫；22、23—进、排气门

ⓐ拆卸机油口盖。

ⓑ分批逐渐旋松并最后拆下气缸盖罩紧固螺母，再依次取下气缸盖罩压条、气缸盖罩、气缸盖罩密封条、气缸盖罩衬垫。

ⓒ拆卸挡油板，取下半圆塞。

ⓓ拆下凸轮轴前端同步带轮的紧固螺栓，用拉器取下凸轮轴同步带轮及键。

ⓔ拆下凸轮轴轴承盖的紧固螺母，先拆第 1、3、5 轴承盖，再拆第 2、4 轴承盖。

ⓕ取下凸轮轴，取下液压挺柱组件，由于挺柱不能互换，故拆卸时应做好标记。

ⓖ拆卸气缸盖，按图 6.5 所示顺序，用扭力扳手从中间向两端分 2～3 次交叉旋松气缸盖螺栓，并逐一将螺栓取出。

ⓗ取下气缸盖螺栓垫片，取出气缸盖衬垫。

ⓘ用 VW2037 专用工具压下气门弹簧座，取下气门锁夹，拆下内、外气门弹簧，拆卸进、排气门及气门杆油封，压出气门导管。

ⓙ拆下火花塞。

④机体的分解。图 6.6 为机体分解图，其中的图注号同时表示分解的顺序。

⑤活塞连杆组的分解。图 6.7 为活塞连杆组零件的分解图。其中图注号同时表示拆卸的先后顺序。拆卸前先验看活塞、连杆和连杆盖上的朝前标记（即朝向曲轴带轮端）。若不能清晰辨识，则应重做标记。

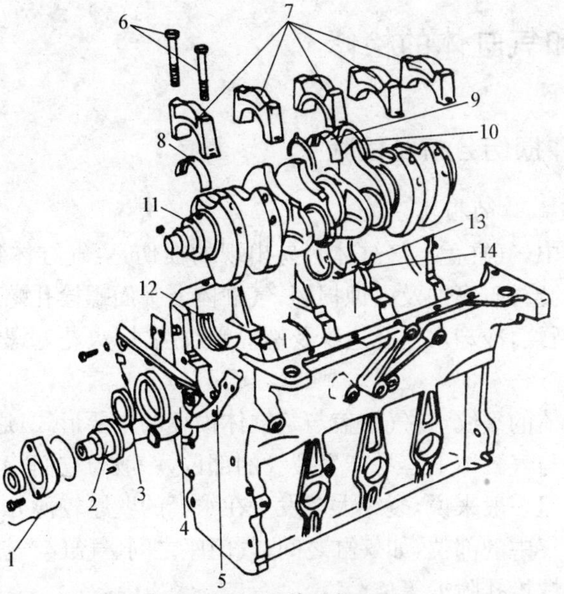

图 6.6　机体分解图

1—中间轴油封支座及油封；2—中间轴；3—曲轴前油封；4—曲轴前油封支座；5—衬垫；6—主轴承盖螺栓；7—主轴承盖；8—1、2、4 和 5 道下主轴瓦；9—3 道下主轴瓦；10—下半圆止推片；11—曲轴；12—1、2、4 和 5 道上主轴瓦；13—3 道上主轴瓦；14—上半圆止推片

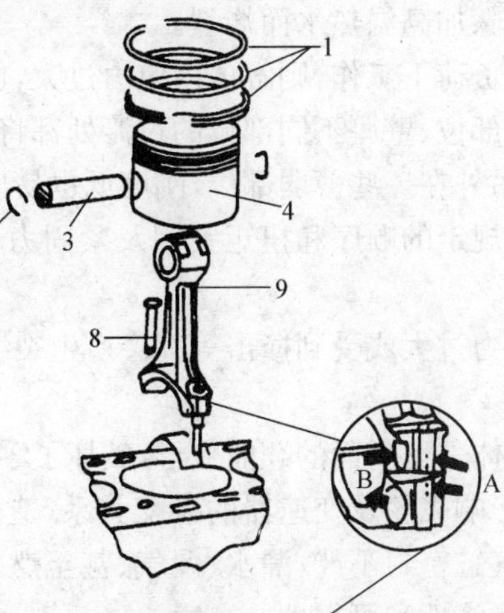

图 6.7　活塞连杆组零件分解图

1—活塞环；2—挡圈；3—活塞销；4—活塞；5—连杆螺母；6—连杆盖；7—连杆轴瓦；8—连杆螺栓；9—连杆体

6.2 气缸盖和气缸体的检修

6.2.1 主要零件损伤分析及检验

1）气缸盖与气缸体的损伤分析

发动机在使用中，气缸盖与气缸体容易出现的损伤是：气缸体裂纹，气缸体上下平面翘曲变形，气缸的磨损、腐蚀及穴蚀损坏，气缸体上平面螺栓孔螺纹损坏，气缸盖平面翘曲，燃烧室表面裂纹，冷却水道孔边缘及螺栓螺纹腐蚀，火花塞螺纹孔损坏等故障。

（1）裂纹

气缸盖与气缸体的裂纹，是气缸盖与气缸体损坏的主要形式，通常也是它们报废的主要原因。气缸盖与气缸体上容易产生裂纹的部位，一般与它们特定的结构有关，不同的机型不尽相同。但一般来说，裂纹大多发生在水套的壁厚较薄处，或工作过程中应力尤其是热应力比较集中的部位，如气缸之间、气门座之间、气缸与气门座之间、壁厚不同部位的过渡处以及螺栓孔附近等。

气缸盖与气缸体裂纹发生的原因是多方面的，以下仅从使用方面提出几点：

①水套中水垢过厚、散热性能变差，致使局部工作温度升高，热应力过大，易造成裂纹产生。

②在冬季停车后没有及时放水而发生冻裂；先起动发动机后加冷却水，造成局部热应力过大；或在严冬季节，骤加高温热水而炸裂。

③发动机长时间在超负荷下工作，则缸体内应力过大，也易造成裂纹。

④加工部位与未加工部位、壁厚不同部位的过渡处都将产生应力集中，当与残余应力叠加时，易产生裂纹。另外在一些薄弱部位，刚度低也易出现裂纹。

⑤气缸盖螺栓未能按规定的顺序和扭矩紧固及紧固力不均匀等，易造成气缸盖变形或螺栓孔附近产生裂纹。

⑥拆装搬运时局部受力过大或受到撞击等都会产生裂纹。

（2）变形

气缸盖下平面及气缸体上下平面的翘曲变形，破坏了零件的正确几何形状，不仅会影响发动机的装配质量，影响飞轮及变速器的装配关系，造成离合器、变速器工作时发响和磨损加剧，还将造成气缸密封不严、漏水、漏气、甚至燃烧气体冲坏气缸垫，这将直接影响发动机的动力性、经济性和可靠性。

气缸盖与气缸体产生变形的主要原因：

①热应力影响。发动机工作时，机件温度很高，使零件在热加工或机械加工中留有的残余应力重新分配，从而引起变形。

②机械应力影响。缸盖螺栓预紧力的大小及均匀程度、扭紧缸盖螺栓的顺序、气缸垫的质量、气缸盖的刚度等因素，将直接影响气缸体顶面及气缸盖底面的受力情况。在

长期的不均匀受力作用下，气缸盖和气缸体会产生变形。

另外，在使用中，发动机长期在变转速、大负荷条件下工作，若润滑不足、烧瓦抱轴等也会引起气缸体变形和轴承座孔中心线的变化。

2) 气缸盖与气缸体的检验

(1) 裂纹的检验

气缸盖与气缸体外部的破裂较大时，凭观察即可发现，而细微和内部裂纹则需用试验方法检验查明。

①水压试验。将气缸盖和气缸垫装在气缸体上，接好水压机上出水管接头与气缸体前端的进水口。封闭所有水道口，然后将水压入缸体水套中，用(30～40)×10 kPa的压力，不少于5 min的保持时间，检查有无渗漏，如某处有水珠出现，则表明该处有裂纹存在，如图6.8所示。

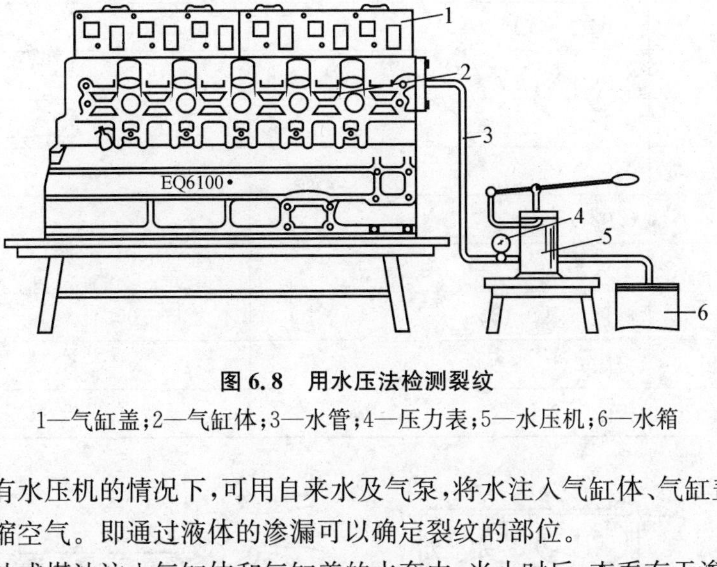

图6.8 用水压法检测裂纹

1—气缸盖；2—气缸体；3—水管；4—压力表；5—水压机；6—水箱

②在没有水压机的情况下，可用自来水及气泵，将水注入气缸体、气缸盖的水套内，然后充入压缩空气。即通过液体的渗漏可以确定裂纹的部位。

③将汽油或煤油注入气缸体和气缸盖的水套内，半小时后，查看有无渗漏。

另外，还可利用磁力探伤、荧光探伤以及超声波探伤等试验方法检验。

(2) 变形的检验

气缸盖与气缸体接合平面发生变形可用刀形样板尺和塞尺进行检查，如图6.9所示。将刀形样板尺放在气缸盖下平面(或气缸体上平面)上，然后用塞尺测量刀形样板尺与平面间的间隙。在至少测量四个位置后，取其最大值作为平面的平面度误差。气缸盖与气缸体变形引起的平面度误差超过允许使用限度时，应予以修理。表6.3为几种汽车发动机气缸体与气缸盖平面的平面度允差。

表 6.3　几种汽车发动机气缸盖下平面与气缸体上平面的平面度允差（单位:mm）

车型	平面度允差	
	气缸盖	气缸体
解放 CA1091	不大于 0.2(0.05/100)	小于 0.1(0.05/100)
东风 EQ1090－1	在全长上不大于 0.10,在 100 m 上不大于 0.03	在 45 mm 上不大于 0.1,在 100 mm 上不大于 0.05
上海桑塔纳	不大于 0.05	0.10
长安奥拓	0.05	0.03
天津华利	0.10	0.05
一汽捷达	不大于 0.05	0.05
奥迪 100	0.03/100	0.10
北京切诺基	0.03/25～0.05/125	
天津夏利	0.10	
大宇王子/超级沙龙	0.025	
大宇希望	0.025	
丰田 K 系列	不大于 0.05	
丰田 Y 系列	修理极限 0.15	不大于 0.05
韩国现代 1.5 L	极限 0.1	
韩国现代 1.8 L、2.0 L	极限 0.2	

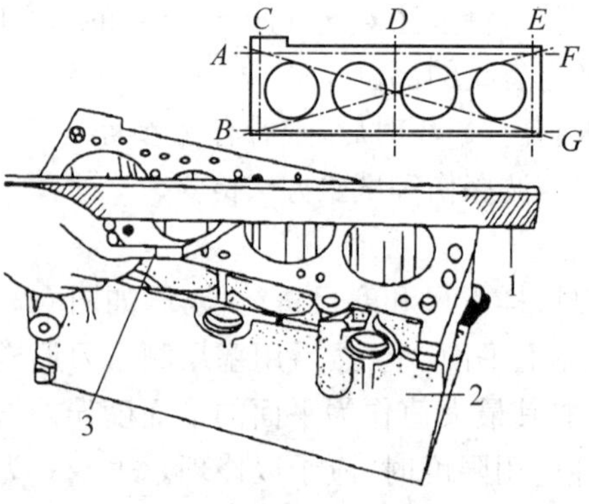

(a) 检查气缸体上平面

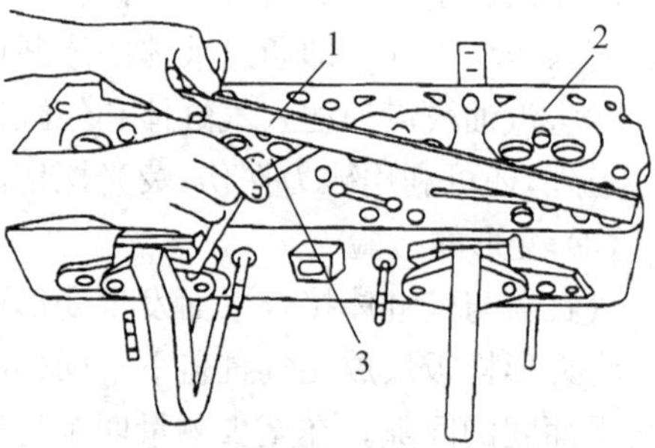

(b) 检查气缸盖下平面

图 6.9　检验气缸体、气缸盖的平面度

1—刀口尺;2—气缸体(盖);3—塞尺

(3) 气缸体主轴承座孔的检验

采用直径为60～70 mm的镗瓦机镗杆做检验杆并用塞尺来检测主轴承座孔的同轴度误差。检验杆的圆度、圆柱度和直线度误差均应不大于0.02 mm。检测时，应将主轴承座孔和轴承盖清洗干净，以规定的转矩拧紧轴承盖。把检验杆穿入主轴承座孔内，用塞尺检查主轴承座孔与检验杆之间的间隙，以确定主轴承座孔的同轴度误差及磨损，如图6.10(a)所示。

也可用气缸体轴承座孔同轴度检验仪进行检测，如图6.10(b)所示。检测时，将定心轴1安装在定心轴套2、7内。在定心轴1上装有检测仪本体6、等臂杠杆4及百分表5。测量时使等臂杠杆的球形触头3触及被测孔的表面，当转动定心轴时，如果孔同轴度误差大，等臂杠杆的球形触头便产生径向移动，其移动量经杠杆传给百分表，便能测出孔的同轴度误差。对不同轴承孔分别进行测量，即可得到各轴承孔的同轴度误差值。

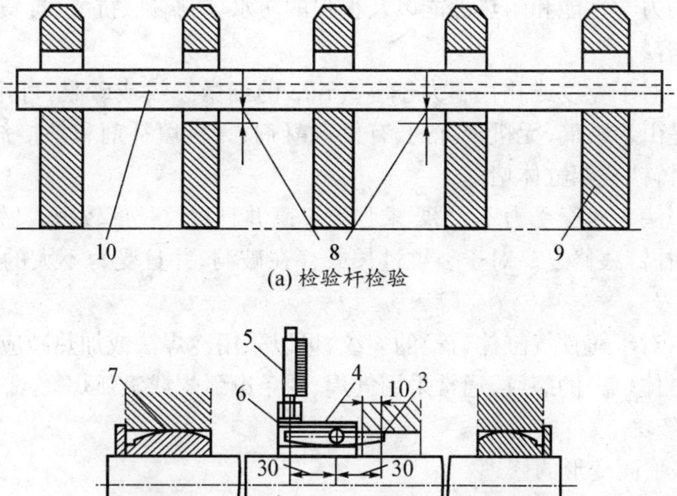

(a) 检验杆检验

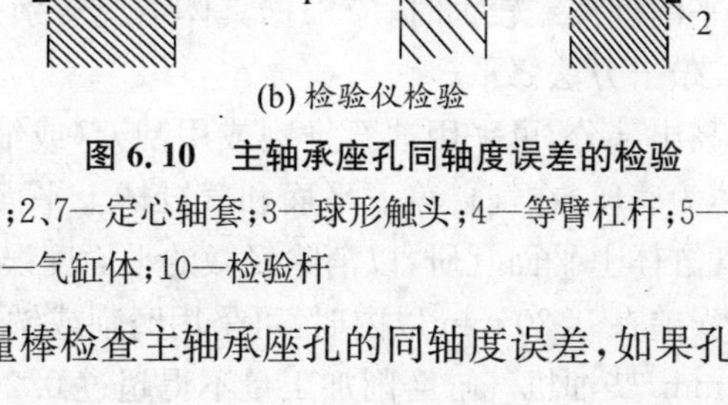

(b) 检验仪检验

图6.10 主轴承座孔同轴度误差的检验

1—定心轴；2、7—定心轴套；3—球形触头；4—等臂杠杆；5—百分表；6—本体；8—间隙；9—气缸体；10—检验杆

另外，还可采用量棒检查主轴承座孔的同轴度误差，如果孔同轴度符合要求，则量棒能顺利的通过。

如果同轴度误差大于0.15 mm，相邻两孔的同轴度误差大于0.10 mm，圆柱度误差大于0.025 mm时，则需要进行修理。

对于主轴承座孔的磨损检验，可用量缸表检测圆度和圆柱度及直径尺寸误差。

(4) 凸轮轴座孔的检验

先将凸轮轴座孔清洗干净,然后仔细观察凸轮轴承的磨损情况。如果发现有单边磨损现象,说明凸轮轴承座孔的同心度不好,应检查轴承座孔的同心度;如果偏座不严重,可用修正轴瓦的方法解决,一般情况下不用重新镗凸轮轴轴承孔。

6.2.2 气缸盖与气缸体的修理

1) 裂纹的修理

气缸盖与气缸体裂纹的修理方法主要有粘结法、堵漏法、补钉(板)法、焊接法等,具体采用何种方法修理应根据裂纹的大小、程度和部位来确定。

①粘结法。粘结法通常采用环氧树脂或氧化铜作为粘结剂。氧化铜粘结剂为无机粘结剂,其特点是能耐高温(600℃),可用来粘补气缸体上平面、气门室等处的裂纹。对于受力不大,温度不高于 100℃部位的裂纹,大部分可以采用环氧树脂进行粘接。环氧树脂具有优良的力学性能和耐热性能以及很强的防水、防腐蚀、抗酸、抗碱的能力,并且制作方便,操作容易。

②堵漏法。对于宽度或孔径不大于 0.3 mm 的细微裂纹或砂眼,可用堵漏剂进行堵塞。堵漏剂是由水玻璃、无机聚沉剂、有机絮凝剂、无机填补剂和粘接剂等组成的胶状液体,适用于铸铁或铝缸体堵漏。

③补钉(板)法。对于受力不大、要求强度不高并且裂纹长度较短、又处于较为平整的部位,可采用补钉法修复。对于裂纹过长或存在破洞,并且受力不大的部位,可用补板的方法修复。

④焊接法。对于铸铁气缸体(盖)的裂纹,可以采用冷焊法或加热减应法进行焊接。对于铝合金气缸体(盖)的裂纹,通常采用气焊、焊条电弧焊或氩弧焊。

2) 变形的修理

(1) 气缸盖平面变形的修理

当气缸盖平面的平面度误差在全长上不大于 0.20~0.30 mm 或局部不平时,可用刮研法修复。当气缸盖平面度误差较大时,应根据具体情况分别采用磨削、铣削、局部预热加压,并结合铲刮或敲击方法修平。

①对于气缸盖局部高出部分,可采用油石推磨或用刮刀(或细纹锉刀)修平。也可采用互研法,即用气缸体为底座,在气缸盖下平面和气缸体上平面之间涂上研磨砂,往复推拉气缸盖,使其与气缸体上平面互研,以消除轻微的平面度误差。

②当气缸盖平面度误差在 0.20 mm 以内时,可采用磨削或铣削修复。汽油机气缸最大加工量不得超过 1 mm,柴油机气缸磨削加工量不得超过 0.20 mm。注意 EQ1090 压缩比为 7 的发动机以及现代高压缩比的汽油机,压缩比几乎无增大的余地,不宜采用铣削或磨削加工修复。

③当气缸盖平面翘曲变形大于 1 mm 时,可采用局部预热加压,并结合刮削来修复。将翘曲的气缸盖放在专用的平板工作台上,如图 6.11 所示。在气缸盖平面两端与

平板间垫以0.5～0.7 mm厚的垫铁，使气缸盖平面中间部分悬空。然后拧紧螺栓，并用喷灯预热气缸盖中段，使其温度为300～400℃再继续加压，使中间部位与基准面贴合，用小锤对气缸盖加强筋部位逐步进行敲击2～3次，停留5 min左右。将压板移到气缸盖全长1/3处敲压，停留一段时间后，松开压紧装置，取出气缸盖检查校正情况。若不符合要求，可结合铲刮来修整平面。

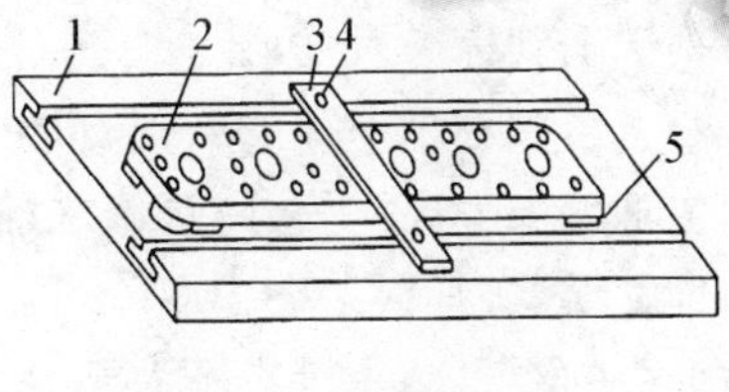

图6.11　气缸盖的矫正

1—工作台；2—气缸盖；3—压板；4—压紧螺钉；5—垫片

注意，气缸盖经磨削、铣削方法加工后，应检验气缸盖燃烧室容积。对于汽油机燃烧室容积，一般不应小于出厂规定的95%；同一台发动机各缸燃烧室容积差不大于平均值的4%，否则将会出现怠速工作不稳定和增加爆燃的倾向。

气缸盖翘曲变形修复后应能满足在50 mm×50 mm的范围内平面度公差为0.02 mm，在整个平面为0.10 mm。若气缸盖下平面加工过以后，厚度超过原标准厚度2 mm时（以燃烧室最低点测量）应更换新气缸盖。柴油发动机气缸盖下平面在整个平面内，平面度误差超过0.40 mm时，也应更换新气缸盖。

(2) 气缸体变形的修理

在变形较小的情况下，可以利用研磨膏研磨，即在气缸体平面上涂些研磨膏，把气缸盖放在气缸体上扣合研磨修复。

当变形量不大时，可以用铲削的方法进行修平。即用铲刀修刮凸出部分，应边检查边铲刮，至平面度误差达到技术要求为止。

当变形量较大时，气缸体上、下平面的翘曲使镗缸的定位基准失去了准确性，可以采用铣削或磨削来修复。为保证气缸轴线与缸体平面的垂直度精度，气缸体平面的磨削，应选择气缸体主轴承座孔中心线为基准，如气缸体底平面变形小也可作为定位基准。平面磨削时，将气缸体垂直地放到磨床平台的两块垫铁上，两块垫铁分别支承在第一道和最后一道轴承盖的结合面上，使其贴合好并装夹牢固，然后进行磨削，总磨削量不宜过大，约0.24～0.50 mm，否则将影响气缸压缩比的变化。如以气缸体下平面作镗缸定位基准，应对气缸体下平面进行检验和修理。

(3) 主轴承座孔的修理

当主轴承座孔的同轴度、圆度和圆柱度误差超过允许值时，可采用镗削主轴承座孔的方法进行修理。修复后的主轴承座孔，按规定分为加大0.25 mm和0.50 mm两级，同时应选用外径相应加大尺寸的主轴承。

若轴承座孔仅是同轴度超差，可将主轴承盖结合面铣去0.40 mm；若同时又有磨损，除铣削主轴承盖结合面外，还需铣削主轴承座孔盖结合面，但最大铣削量不得超过0.40 mm。然后在镗瓦机上，按标准尺寸镗削轴承座孔。

另外，还可采用将主轴承座孔直径扩大2 mm，然后用镍丝进行电火花拉毛，再用石棉将油道孔堵塞，用中碳钢丝进行喷涂至比标准孔径约小2 mm，取出石棉，最后将其镗削到标准尺寸。

若主轴承座孔的磨损变形，未超过允许极限，则无需镗孔，微量误差可以通过镗削主轴承来解决。另外，镗修之前，需要检测气缸体后端面对两端轴承座孔公共轴线的垂直度误差，其误差在 100 mm 内应不大于 0.07 mm。气缸体上平面与曲轴主轴承座孔轴线的距离减小量应不大于 0.40 mm。曲轴主轴承座孔与凸轮轴轴承座孔轴线的平行度误差，应不大于 0.02 mm。

(4) 气缸盖与气缸体螺纹孔的修理

螺纹孔螺纹的损坏通常是由于螺栓拆装不当或拧紧力矩过大引起的。另外，金属腐蚀等原因也会引起螺纹孔螺纹损坏。气缸体、气缸盖上的一般螺纹孔螺纹损伤应不多于 2 个牙，但装火花塞或喷油器预热塞的螺纹孔螺纹损伤应不多于 1 个牙。

由于拆装不当造成螺纹孔螺纹损坏，可采用镶套法修复，即将损坏的螺纹扩大，并按规定攻出螺纹，然后装入有外螺纹的螺栓套。它的内螺纹与原螺纹孔的螺纹尺寸相同，外螺纹则应与螺孔扩大后攻制的螺纹尺寸相同。必要时在螺套外径上加止动螺钉，防止螺套松动，或者车制螺套外径时使其稍有一定锥度，紧固后也可防止松动。

火花塞座孔螺纹损坏也可用镶套方法进行修复。将原孔加大，另加工一衬套，使其外径与加大后的孔形成过盈配合或采用螺纹联接，内孔与原尺寸相同。铝合金气缸盖一般用铜做内套。镶入内套时，在螺纹上应涂以铅油，镶入后应将内套下口铳大，以防松动。

对于螺孔出现裂纹，可以用堆焊法将螺孔填满，然后重新加工出螺纹孔。

6.2.3 气缸的修理

1) 气缸磨损的特点及检测

(1) 气缸磨损的特点

在正常磨损情况下，气缸表面在活塞运动的区间内形成不均匀的磨损，沿高度磨成上大下小的不规则锥形。磨损最大的部位是活塞上止点位置时第一道活塞环相对应的气缸壁处；活塞环不接触的气缸上口，几乎没有磨损，从而形成台阶。气缸的径向磨损也不均匀，形成不规则的椭圆形。其各向的磨损量往往相差 3～5 倍。其最大磨损部位往往随气缸结构，使用条件的不同而不同，一般是前后或左右方向磨损最大，俗称为“失圆”。

(2) 气缸磨损的检测

发动机气缸磨损到一定程度时，发动机的功率和动力性将会明显下降，燃油及润滑油的消耗也将明显增加。因此，通常以气缸的磨损程度作为发动机技术状况的鉴定和是否需要大修的主要依据。

气缸检测所用的主要测量工具是量缸表。量缸表的使用方法如下：

先根据被测气缸的公称尺寸或上次修理尺寸，选择合适长度的固定量杆。装上支撑架，调节固定量杆，使其在自由状态下的长度约大于被测气缸公称尺寸或上次修理尺寸 0.5～1.0 mm。

然后用量缸表一端卡住固定量杆，另一端压缩活动量杆至公称尺寸或上次修理尺寸，再旋转表盘使刻度盘上的零位对准指针。

测量时，若指针正好指示零位，说明被测缸径与公称尺寸或上次修理尺寸的缸径相等。若指针顺时针离开零位时，表示缸径小于公称尺寸或上次修理尺寸；反之，说明缸径大于公称尺寸或上次修理尺寸。

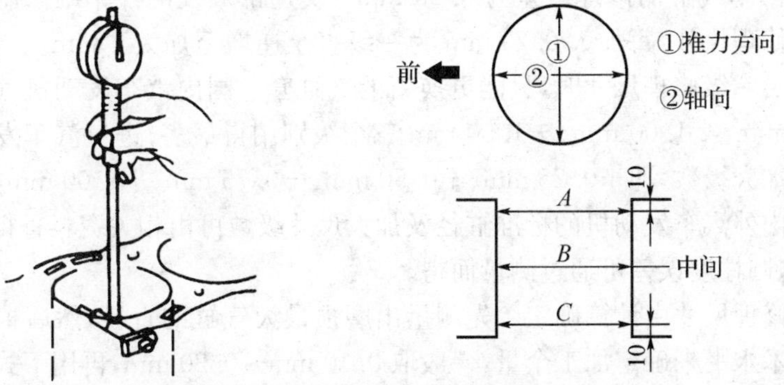

图 6.12　量缸表测量气缸直径

①气缸圆度误差的检测。测量时，先使量杆稍微倾斜放入气缸，然后稍稍摆动量缸表，使量缸表的量杆与气缸中心线垂直，如图 6.12 所示。当表针指示到最小数值时，即表示量杆已垂直于气缸中心线。这时表针指示的最小数值，即是在该位置气缸的实际误差(磨损量)。将此差值加上公称尺寸或上次修理尺寸，就是该位置气缸的实际直径。圆度误差即取作同一横截面上不同方向最大直径与最小直径的差值之半。

气缸圆度误差的测量，需分别在以下三个位置上测量，即气缸上边缘第一道活塞环相对应的下方(*A*)；气缸的中部(*B*)；距离下边缘相当于最下一道活塞环位于下止点位置(C)的三个平面内，见图 6.12。

②气缸圆柱度误差的检测。将调整好的量缸表，放入气缸上口内测量，如图 6.12 所示。量缸表在活塞行程范围内上下移动，测量缸筒周围的每个位置，找出气缸磨损最大位置。然后转动表盘使表针指到零位上，再将量缸表垂直移至距气缸下口 10～20 mm处，在此测得的读数的一半，就是该气缸的圆柱度误差。

若气缸直径为 100 mm，圆度误差超过 0.062 5 mm、圆柱度误差超过 0.20 mm，则应进行镗缸修理。

根据发动机的磨损规律，一般磨损较为严重的都在其前后两个气缸，因此，检测时应重点测量前后两个气缸的磨损情况。其修理尺寸应由其中磨损最大的一个气缸来决定。

2）气缸的修理

（1）气缸修理尺寸的确定

气缸的磨损变形超过允许极限或未超出使用限度但缸壁上有严重的刮伤、沟槽时，应确定气缸的修理尺寸，进行镗修。同时应选择相应修理尺寸的活塞、活塞环和活塞销，以恢复气缸的正确几何形状和正常的配合关系。

要确定气缸的修理尺寸，必须知道修理级差、标准缸径和实际缸径。

国内外汽车气缸的修理级差为 0.25 mm。交通部颁发的汽车维修制度与标准中规定了八级修理尺寸，每加大 0.25 mm 为一级直至递增至加大 2 mm。当气缸磨损超过或接近最后一级修理尺寸时，只能更换新的气缸套。国内汽车发动机气缸的修理级差以＋0.50 mm、＋1.00 mm、＋1.50 mm 三个级别用得最多；进口汽车发动机气缸一般只有四个加大级数，即＋0.25 mm、＋0.50 mm、＋0.75 mm、＋1.00 mm 四级。

部分国内外汽车发动机的标准缸径及加大尺寸级数可由相关资料查得。实际气缸直径和圆度、圆柱度误差可通过测量而得。

气缸的修理尺寸由计算确定。先测量出磨损最大气缸的直径，然后根据设备的精度要求和技术水平来确定加工余量，一般取 0.10 mm～0.20 mm，再用下式计算：

气缸的修理尺寸＝最大磨损直径＋加工余量

经计算确定的气缸修理尺寸值再与标准修理级数对照，以选出合适的修理级别。

（2）气缸的镗削量和镗削次数

气缸的修理尺寸确定后，选择同级修理尺寸的活塞和活塞环，测出活塞裙部的外径，结合必要的磨缸余量和缸壁间隙，即可确定气缸的镗削量。其公式为

镗削量＝活塞裙部最大直径－气缸最小直径＋配合间隙－磨削余量

配合间隙要根据活塞的结构、形式、膨胀系数和加工时的温度条件，通过试验确定。

磨削余量是根据设备和技术条件来确定的。通常磨削余量可在 0.03～0.06 mm 之间选定，一般取 0.05 mm。磨削余量留得过大，不仅浪费工时，增加成本，而且珩磨时还易出现圆度和圆柱度误差；反之，难以保证加工后的表面粗糙度要求。在保证磨缸质量的条件下，磨削余量小，可以减少磨削工时，保证尺寸精度。

镗削次数和每次镗削的吃刀量可根据求出的镗削量、镗缸机所允许的切削深度和工艺过程的要求来确定。对于铸铁的气缸，一般第一刀吃刀量为 0.03～0.05 mm。因为经过使用的气缸壁表面有一层硬化层和不均匀磨损，造成镗削时负荷不均衡，吃刀量应尽量小些。最后一次吃刀量也不宜过大，否则会增加表面粗糙度值，一般也选用 0.03～0.05 mm 为宜。中间几次吃刀量，不应超过镗缸机允许的最大吃刀量，否则，镗杆会发生抖动，从而使加工表面质量明显下降。

（3）镗缸工艺

气缸镗削的目的是恢复气缸原设计要求的圆度、圆柱度和表面粗糙度，保证各气缸中心线与曲轴主轴承承孔中心线在一个平面内，并相互垂直。目前，在汽车修理行业中，使用的镗缸机厂牌较多，结构和使用方法也有差异。常用的镗缸机有移动式

(T8014A 型)和固定式(T716 型)两种,现以国产 T8014A 型移动式镗缸机为例介绍气缸镗削工艺。

国产 T8014A 型镗缸机结构如图 6.13 所示,它是以气缸体平面为镗缸定位基准的。其主要技术规格如下:镗孔直径范围为 65～140 mm;最大镗孔深度为 300 mm;主轴转速 250、380 r/min;主轴进给量每转 0.11 mm;最大切削深度≤0.5 mm。

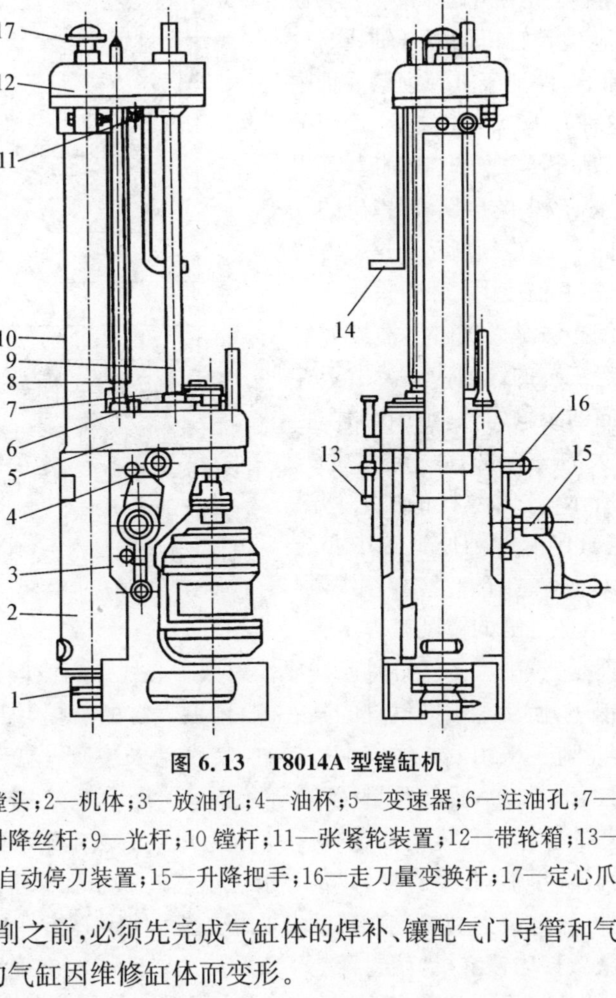

图 6.13 T8014A 型镗缸机

1—镗头;2—机体;3—放油孔;4—油杯;5—变速器;6—注油孔;7—磨刀轮;8—升降丝杆;9—光杆;10 镗杆;11—张紧轮装置;12—带轮箱;13—开关;14—自动停刀装置;15—升降把手;16—走刀量变换杆;17—定心爪控制旋钮

在对气缸镗削之前,必须先完成气缸体的焊补、镶配气门导管和气门座圈等修理工作,以免镗削好的气缸因维修缸体而变形。

气缸的镗削工艺:

①检修镗削气缸体的上平面,如有不平整现象,可用油石或细锉刀修磨,并将气缸体上平面和镗缸机底平面擦拭干净。若基准面不平或夹有杂物,都会影响镗缸机的定位,使镗杆倾斜,镗出的气缸轴线与气缸体基准面(上平面)不垂直,影响修理质量。

②初步固定镗缸机,先将固定装置的撑体放入欲镗气缸相邻或相隔的一气缸内。调整连接螺栓至气缸体上平面适当高度时,用 U 形钢圈垫住,把镗缸机放在气缸体上,使镗杆对准需镗的气缸孔,插入压板。

③选择和安装定心指。根据气缸直径选择一套长度相适应的定心指。清洁后将其插入定心指孔内，并用弹簧箍紧，然后转动定心指旋钮，使定心指收缩。

④定中心。按气缸镗削后的中心线与气缸原中心是否重合，可分为同心法和偏心法两种。

ⓐ同心法。同心法是在气缸未磨损或磨损甚微的部位定中心，使镗缸机的镗杆轴线与气缸原来的中心线重合，保证气缸镗削前后轴中心线一致。但用这种方法是以气缸最大磨损部位作为镗削半径的基准，当把气缸镗圆时，磨损小的部位就要镗削去较多的金属，使镗出的气缸直径比较大，如图 6.14 虚线所示。这种方法一般是在未换镶气缸套前使用。

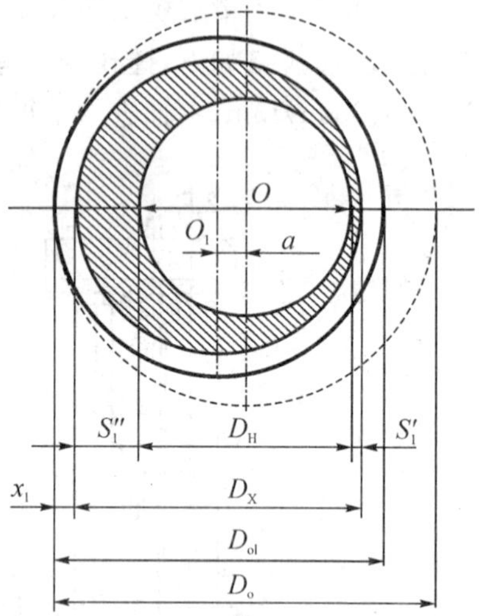

图 6.14　镗销气缸的两种定中心方法示意图

D_H—气缸原有直径；D_X—最大磨损直径；D_{O1}—偏心法镗后的气缸直径；D_O—同心法镗后的气缸直径；S_1'、S_1''—半径方向最大磨损及最小磨损量；x_1—加工余量；a—气缸轴心线平行移动量

ⓑ偏心法。偏心法是以气缸磨损最大的部位作为基准确定气缸的镗削中心。由于气缸磨损沿圆周方向的不均匀性，定中心时，必然向气缸磨损较大的一方偏移一定距离 a。如图6.14中 OO_1 所示，这时镗杆的中心移至 O_1 点，使镗出的气缸中心线与原气缸中心线不重合，但它可以缩小镗削半径，如图 6.14 粗实线所示，可以增加气缸的镗削修理次数，延长使用寿命。但是，镗削后的气缸轴心线要偏离原中心线。当该偏移量过大时，连杆小头将紧压活塞销座，使活塞偏向气缸的某一侧，增加气缸的磨损，缩短发动机的使用寿命。因此，应尽量避免采用偏心法定中心镗缸，特别是未镶换气缸套的发动机气缸。对于已镶换过气缸套的气缸，且偏移量(OO_1)不大时，可采用偏心法定中心镗削。

ⓒ定中心工艺的操作。首先清洁定心指和气缸，用同心法定中心时，将镗杆对准欲镗的气缸孔，摇转升降手柄，降下镗杆，使定心指位于气缸下部活塞环行程以下(用偏心法时，定心指应对准气缸最大磨损处)，转动定心指旋钮，使定心指外伸抵紧气缸壁，借定心指的外伸力微微移动镗缸机，使镗杆处于气缸中心。为了更准确地定中心，可松开定心指旋钮，转动镗杆到另一角度，重新再定一次。待镗杆中心定好后，将镗缸机固定牢靠，防止其移动，最后收起定心指，将镗杆升起。

⑤选择刀架。根据镗削气缸的直径选择合适的镗刀架和镗刀(硬质合金刀)，并将其装入镗杆头上的刀架孔内。

⑥调整镗刀。若采用在镗杆上直接测量的测微器，首先将测微器装在镗杆头上，测量镗刀的实际尺寸，若镗刀尺寸不合适，取出镗刀架转动调整螺钉，直到所需的尺寸为止。在调整中要反复测量，调整准确后，将镗刀架的固定螺钉拧紧，然后再用测微器复

查一次，方可取下测微器，镗刀即调整完毕。

另外，用专用测微器测量调整镗刀，如图 6.15(a) 所示。将镗刀装于刀架上，刀架上有调整螺钉，用来调整镗刀的长度，这种测微器的最小测量尺寸为 68 mm。

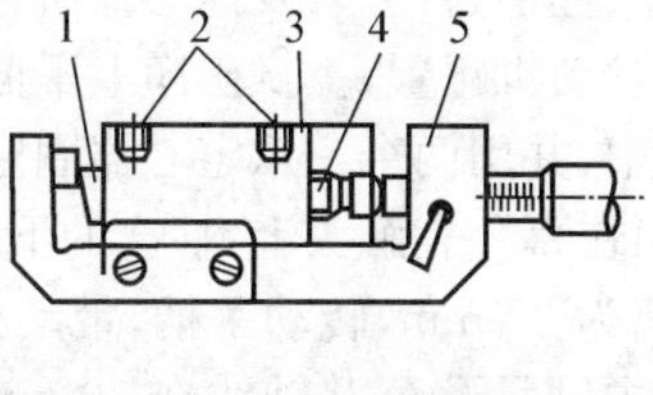

(a) 专用测微器

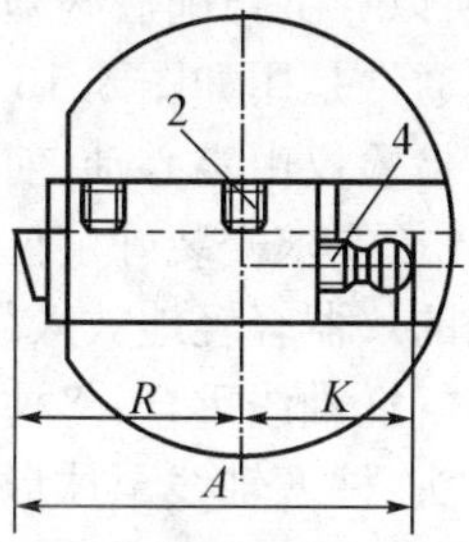

(b) 镗刀刀架安装

图 6.15　测微器和刀架安装

1—镗刀；2—固定螺钉；3—刀架；4—调整螺钉；5—测微器

将长度 A 为 68 mm 的刀架装入镗头的刀架孔内，如图 6.15(b) 所示。其调整螺钉抵在孔壁上，由孔壁到镗杆中心线的距离 K，已调好并固定其值不变 24 mm，由镗杆中心线到刀尖的距离 R 为镗削半径。则镗削半径 $R=A-K=68-24=44$ mm，即镗缸直径为 88 mm。

镗刀架尺寸的调整方法是：将刀架的刀头顶住测微器的砧，把刀架放入测微器刀架槽内，拧松调整螺钉的固定螺钉，用调整螺钉把刀架的长度调整到需镗孔的尺寸后，将固定螺钉拧紧。镗刀架的尺寸调整好后，将刀架和刀架孔擦拭干净，把刀架放入刀架孔内，用镗头上的螺钉将刀架紧固。

⑦镗头转速和进刀量、吃刀量的选择。通常根据气缸材料的硬度、气缸直径以及刀具性能、镗削性质(粗或精镗)以及镗缸机的机身刚度等来选择镗头转速、进刀量和吃刀量。气缸材料硬度高、缸径大时，应采用低速镗削；反之，用高速镗削。

⑧镗削。将镗刀降至缸口，用手转动镗头检查吃刀量是否过大，镗刀在气缸圆周的各个方向的吃刀量是否一致。然后起动电动机进行第一刀的试验性镗削，可镗至气缸以下 10 mm 处，然后可用量缸表检查镗削后的直径实际尺寸，并与镗缸机的测微器进行比较，确定其误差，便于再次调整镗削尺寸时予以修正。在最后一刀镗削过程中，不得中途停机，以免留有刀痕。

⑨校正自动停刀装置。根据所镗气缸的深度校正自动停刀控制杆的位置。

⑩缸口倒角。在每只气缸镗削完毕后，用专用工具在气缸上口镗出 2×75°的倒角(也可用半圆锉刀把缸口棱角锉去)，以便安装活塞连杆组。

气缸镗削后的质量要求是：同一发动机各气缸应镗成标准尺寸和同一级修理尺寸，其圆柱度误差不大于 0.01 mm，表面粗糙度值应不大于 Ra1.6，并预留出 0.03～0.04 mm的磨削量。

湿式气缸套的镗削：湿式气缸套磨损量超过使用极限后，采用换用新缸套的方法，然后配以标准活塞即可。若要对其镗削，可采用专用缸套架固定气缸进行镗削，也可用厚于湿式缸套上口高度的铁板固定气缸套予以镗削。

(4) 气缸轴线对气缸体两端曲轴轴承孔公共轴线垂直度的检验

气缸轴线对气缸体两端曲轴轴承孔公共轴线的垂直度，直接影响气缸的磨损速度和使用寿命，所以气缸镗削后必须进行检验。

检验工具通常是用如图 6.16 所示的汽车发动机气缸轴线与曲轴轴承孔轴线垂直度检验仪。该检验仪由定心轴、前后定心轴套、柱销、百分表及定心器所组成。

检验时，先按要求安装好定位机机构；将发动机正置，擦拭干净上平面和气缸内壁，把装好百分表的仪器轻轻地放入待测的气缸中，并用两个三爪定心器固定在气缸中，使仪器的轴线与气缸轴线重合；将柱塞的上端顶在百分表触头上，柱塞的下端是装有带球形触头的测量头，柱塞轴线至球形触头的距离为 35 mm，转动手柄，带动柱塞使之转动 180°，百分表读数的差值，即表示气缸轴线对主轴承孔公共轴线在 70 mm 长度范围内的不垂直度。然后将其换算成气缸全部长度的不垂直度，其值应不超过技术标准，垂直度应≤0.05 mm。

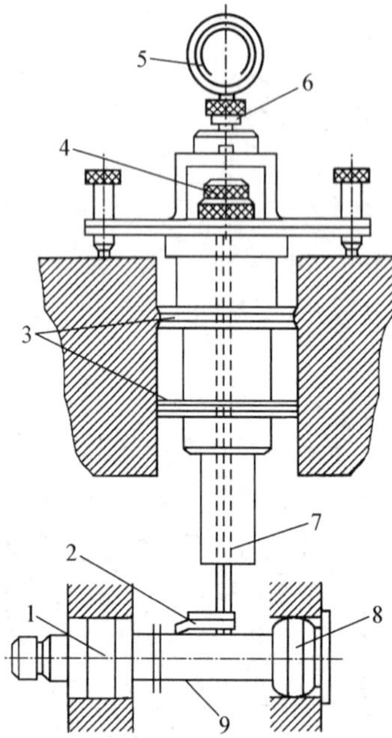

图 6.16 气缸孔垂直度检测仪

1—后定心轴套；2—测量头；3—气缸定心器；4—转动手柄；5—百分表；6—百分表测头；7—柱塞；8—前定心轴套；9—定心轴

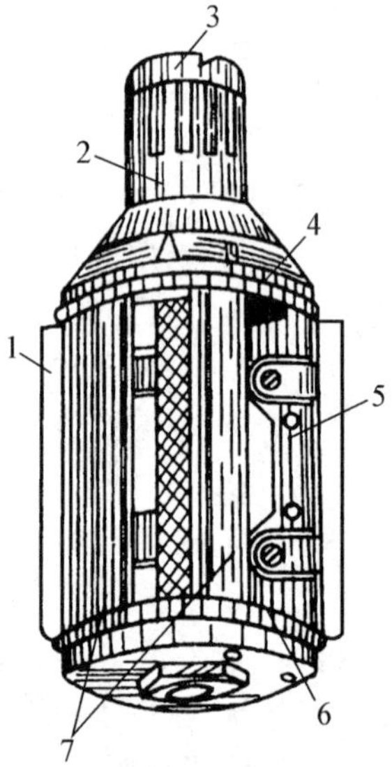

图 6.17 珩磨头

1—砂条；2—调整盘；3—接头座；4、6—箍簧；5—砂条导片；7—连接杆

(5) 气缸的珩磨

气缸经过镗削后，表面有螺旋形的加工刀痕。这些刀痕会影响缸壁与活塞及活塞环的良好配合，所以还要进行珩磨加工，以提高表面质量，改善配合性能。

珩磨时，将装有专用磨缸砂条的珩磨头放入待磨气缸内，由专用磨缸机、钻床或手电钻进行驱动，使珩磨头在气缸内作旋转运动和往复直线运动，进行磨削。珩磨头是以气缸孔本身定位，并与主轴挠性连接的，所以可以消除磨头与气缸中心微小偏移的误差，如图 6.17 所示。

①珩磨前的准备。清洗干净镗削完毕的气缸壁表面的铁屑，将其放置在磨缸机主轴下方的油盘内。在选择砂条时，铸铁气缸套选用绿色碳化硅，粗磨一般选用粒度为 0.063 mm(240 目)砂条，精磨时选用粒度为 0.045 mm(320 目)以下的砂条。

砂条长度的选择可按下式计算：

砂条长度=(气缸长度−间隙)/2+砂条伸出长度

砂条在缸口上下伸出长度一般取 15～20 mm。砂条上下运动接口处应有的间隙，一般取 4～8 mm，如图 6.18 所示。

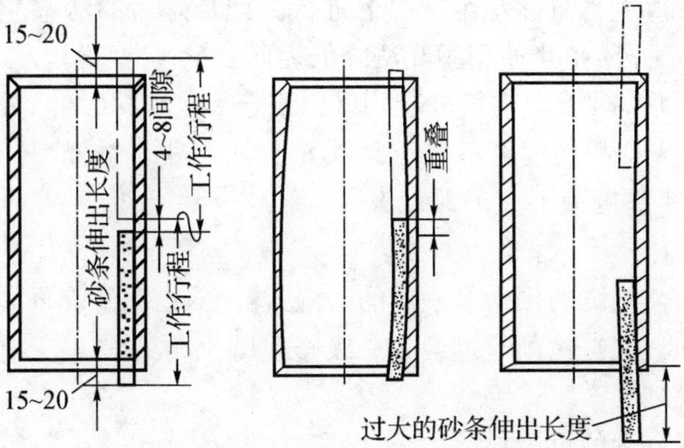

图 6.18　砂条行程和长度对气缸形状的影响

调整磨头对气缸壁的压力。珩磨头砂条与缸壁的接触应力应在 $98\times10^3\sim490\times10^3$ Pa 之间，转动调整盘，使其在气缸中靠重力不能自由落下，用手转动磨头感到有一定的阻力为合适。装入砂条的珩磨头放入气缸后，用手推动珩磨头，使其在气缸内上下往复运动数次，取出观察砂条与缸壁的接触情况。砂条与缸壁没有接触之处，便没有留下摩擦产生的黑色痕迹。取下砂条，在砂条的背面与导片之间垫纸调整，直到全部与缸壁接触为止。

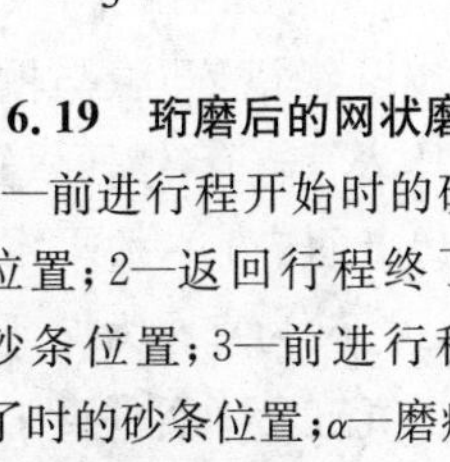

图 6.19　珩磨后的网状磨痕

1—前进行程开始时的砂条位置；2—返回行程终了时砂条位置；3—前进行程终了时的砂条位置；α—磨痕螺纹线相交的角度

珩磨速度包括磨头的圆周速度和往复直线运动速度。磨头的圆周速度一般取60～70 m/min；往复直线运动速度：粗磨时取 15～20 m/min；精磨时取 20～25 m/min。往复直线运动和圆周运动同时作用的结果，使被磨削的缸壁表面形成螺旋交叉的网状磨痕，如图 6.19 所示。磨头的往复直线运动速度与圆周速度之比，称为珩磨比。珩磨比越大，磨痕交叉角 α 也越大，反之则越小。

为缩短磨缸时间和创造较为有利的润滑条件，一般 α 取 30°～60°角比较合适，与其相应的珩磨比为 1∶5～1∶2，通常采用 1∶5～1∶3。

冷却液一般用肥皂水、柴油或在煤油中加入 15%～20%的润滑油，将其注入磨头与缸壁之间，用以清洗磨削和冷却砂条。

②磨缸。首先打开冷却液开关供给冷却液，然后开动磨缸机进行珩磨，一般应隔缸磨削。在磨削过程中，要随时用量缸表检查缸径尺寸，或者用活塞试配检查配合间隙。

活塞试配的检查方法是：先将缸壁和活塞清洗干净，将活塞倒置于气缸内，在活塞裙部未开膨胀槽的一边，用塞尺夹入活塞与缸壁之间。用手握住活塞，用弹簧秤拉出塞尺，拉力应符合规定，各缸间的拉力差不超过 9.8 N 为宜。也可用经验法检验，即将活塞倒置放入气缸内，夹入规定厚度的塞尺，用手推拉，没有过大阻力则为合适。

上述检查都要等到气缸冷却至常温下进行。配合好后的活塞应在顶部打上缸号，以免装配时错装。另外，禁止使用抛光法降低表面质量。

气缸经过珩磨后，对于干式气缸套，其圆度误差不大于 0.005 mm，圆柱度误差不大于 0.007 5 mm，表面粗糙度值不大于 *R*a0.8；对于湿式气缸套，其圆柱度误差不大于 0.012 5 mm，表面粗糙度值不大于 *R*a0.8。

(6) 镶配气缸套

气缸套的损伤与气缸的损伤是一致的。湿式缸套，由于缸套外表面过于粗糙，使其外表面易产生穴蚀。气缸镗削超过最大一级修理尺寸，或气缸壁上有特殊损伤时，在气缸体上镶换新的气缸套。

①镶配干式气缸套的过程如下：

选择缸套：第一次镶配气缸套时，应选取标准尺寸的气缸套。气缸套外径修理尺寸，一般分为四级：标准级、+0.50 mm、+1.00 mm、+1.50 mm。气缸套外径表面粗糙度不大于 *R*a1.6，圆柱度误差不超过 0.02 mm，如有倒锥形时，其圆柱度误差不得超过 0.005 mm，圆度误差不超过 0.05 mm。下口外圆方向有 10×5°的倒角。

镗削缸套承孔：根据气缸套的外径尺寸进行镗缸。各轴承孔应采用定位镗削，并镗成同一修理尺寸，其圆柱度误差不大于 0.01 mm，要保证镗孔表面粗糙度值不高于 *R*a3.2。轴承孔与缸套配合过盈一般为 0.05～0.10 mm。一般带有凸缘的气缸套为 0.05～0.07 mm；无凸缘的为 0.07～0.10 mm。选用有凸缘的气缸套时，应在气缸体上端镗出凸缘槽，凸缘与槽口每边应有不小于 0.05 mm 的间隙。

压入气缸套：镶压气缸套之前，在孔内壁和缸套外表面涂上一层润滑油，将气缸套放正，在缸口上面垫上一块平木板，用压力机徐徐压入轴承孔，或用其他压器压入，压力约为(20～50)×10^3 N 为宜。为保证气缸套垂直地压入，在压入前应用直角尺在气缸套各方向进行测量。当气缸套确实垂直于气缸体上平面时，再缓慢施加压力，在压入过程中如压力突然增加，应立即进行检查。出现这种情况一般可能是由气缸套偏斜或过盈量过大，配合过紧引起的；反之，如果压入压力过低，则很可能是气缸孔尺寸过大，配合过松。气缸套压入后上端应与气缸体上平面齐平，不得低于上平面，若高出上平面，用锉或磨削修整。镶压气缸套应采用隔缸顺序压入。在压入气缸套的前后应对气缸体进行水压试验。

②镶配湿式气缸套的过程如下：

先拆除旧缸套，并洗净缸体内的支承肩及水套中的铁锈、油泥和水垢等杂物。有时这些杂物很坚硬，需用砂布打磨，将各个结合面处的金属全部露出光泽为止。特别是与密封圈接触的部位必须光滑，以防止不平而漏水。如在气缸套下凸肩有硬质沉积物造成四周接触不均匀，使气缸套安装倾斜，上凸肩处出现空隙，压紧气缸盖后会发生一个回正力矩，使气缸套发生变形，容易发生早期磨损、活塞环折断、活塞偏磨、窜油等故障。

支承肩和缸套结合端面的表面粗糙度值应为 $Ra2.5$，而且不得有斑点和沟痕，接着试装缸套。在安装之前，应先将不装密封圈的气缸套装入气缸体内，然后压紧。检查气缸套端面高出气缸体平面的距离，使其符合原厂规定(一般约高出 0.03～0.10 mm)。如不符合尺寸要求，可调整气缸套台肩下的纯铜垫片。另外，位于同一气缸盖下的缸套高度差，应不大于 0.03 mm，如不符合要求，也需用纯铜垫片加以调整，高度不足可增加垫片；反之则减少垫片。调整好后，将缸套抽出，检查支承台肩与承孔结合面是否结合良好。

最后正式装入气缸套。将密封圈涂上一层润滑油装在缸套的密封槽上，检查密封圈应高出缸套外表面，否则应重调密封圈，再将缸套边密封圈一同压入承孔内。压入时应稍加力即可装入。如装不进去，不可强行压入，应取出检查原因，排除故障后，重新装入。有的柴油机气缸套有一定的方向性，不要错位，以免影响气缸盖和喷油器的安装。

气缸套装入后，应进行水压试验，检查密封圈的密封性。

6.3 曲柄连杆机构的检修

6.3.1 活塞连杆组的检修

1) 活塞的损坏与选配

(1) 活塞的磨损

活塞在正常工作中，磨损很小。活塞头部在工作中由于活塞环的支承作用很少与气缸壁接触，其磨损很小；活塞裙部虽与气缸壁接触，但单位面积压力不大，润滑条件也较好，所以磨损速度也很小。发动机大修主要取决于活塞与气缸壁的间隙和气缸的磨损程度。活塞的损坏往往是发动机处于非正常工作状态时造成的。

①活塞环槽的磨损。活塞的最大磨损部位是活塞环槽。燃气的压力作用使活塞环对环槽的单位压力很高；同时由于活塞作高速往复运动，使活塞环对环槽的冲击很大；此外燃烧气体的高温作用，使活塞头部工作温度偏高，而且越靠近活塞顶部其温度和气体压力越高，所以以第一道环槽的磨损最为严重，以下各环槽的磨损逐渐减轻。环槽磨损主要是下平面，上平面磨损较少，这使环槽磨损成内小外大的梯形，从而导致活塞环的侧隙增大，造成气缸漏气、窜油。

②活塞裙部的磨损。活塞裙部的磨损较小，通常在承受侧向力的一侧发生磨损和擦伤，当活塞裙部与缸壁间隙过大时，发动机工作易出现敲缸，并出现严重的窜润滑油现象，此时应检查其圆柱度与圆度误差。

③活塞销座孔的磨损。活塞在工作中，由于气体压力和惯性力的作用，使活塞销座孔形成椭圆形磨损，最大磨损部位在销座孔的上下部位，其磨损使活塞与销的配合松旷，出现不正常的响声。

(2) 活塞的损伤

活塞在工作中，还会出现以下几种非正常的损坏形式，如刮伤、烧伤和脱顶等损伤。

①活塞刮伤。活塞刮伤亦称“拉缸”。其主要原因有：活塞销与销座孔配合过紧；活塞与气缸壁之间的间隙过小，不能形成良好的润滑油膜；气缸壁表面严重不清洁，存有较大和较多的机械杂质，使活塞刮伤；活塞销锁环脱出或折断从而刮伤气缸壁或活塞；连杆弯曲、扭曲严重，破坏了活塞与气缸的正常配合间隙等。

②活塞顶烧伤。其主要原因是由于发动机在超负荷条件下长时间工作，或在强烈爆燃的条件下长时间工作，而造成活塞顶或侧面局部或大面积熔化。

③活塞脱顶，即活塞头部与裙部分离。其主要原因有：活塞环的开口间隙过小，工作中受高温膨胀后在气缸中卡死；发动机长时间在高温、大负荷条件下工作，活塞受冲击过甚或冷却液不足等，使发动机过热，引起活塞机械强度降低；活塞制造时有缺陷等。

对于活塞的轻微拉伤，可用“00”号砂布蘸机油打磨；若发现活塞有裂纹、穿洞、槽岸断裂或严重拉伤、烧伤等现象，应换用新品。

(3) 活塞的选配

活塞在使用中，一旦磨损超过使用限度或损坏，一般不能进行修理，通常要选配新活塞，并同时选配新活塞环和活塞销。选配新活塞时应注意以下几点：

①发动机大修时，应根据气缸的修理尺寸，选配与气缸同级修理尺寸的活塞。活塞的修理尺寸是指活塞的直径较原标准尺寸加大一个或几个修理级差，加大的数值刻在活塞顶上，常用“+”表示。

②同一台发动机上应选用同一厂牌和同一组的活塞，以便使材料、质量、尺寸及性能一致。同一组活塞的直径差不得大于 0.010～0.015 mm。同一组活塞的质量差不超过 3%～5%。

③选配活塞时，要注意活塞的分组标记和涂色标记。活塞的修理尺寸级别代号常打印在活塞的顶部。

④在维修过程中，如果活塞与气缸套都换用新件，通常分组选用标准直径的活塞。如果气缸的磨损小只需更换活塞，则应选用同一级别中活塞直径最大的一组，或按气缸外部加工凸台上打出的气缸修理尺寸级别来选配。

⑤对于膨胀槽应开到底而没有开透的活塞，装配前应将膨胀槽开透。

2) 活塞环的损坏与选配

活塞环是气缸的主要密封件，因此，要求其径向弹力要适度；环的第一密封面（外径)与气缸壁,第二密封面(上下侧面)与活塞环槽面的密封良好;环的摩擦面具有良好的耐磨性和良好的导热性及韧性。

(1) 活塞环的损坏

发动机工作时,活塞环经常处在高温、高压的作用和润滑条件差的环境中,其磨损加剧,活塞环的弹力逐渐减弱,端隙和侧隙增大,气缸的密封性变差,随之出现窜油、漏气现象,使发动机动力性下降,经济性变差。经验表明,活塞环的磨损、失效,要比气缸达到磨损极限快。因此,除在发动机大修时需要更换活塞环外,在两次大修之间,即气缸的最大圆柱度误差达到 0.09～0.11 mm 时,应更换一次活塞环,以改善发动机的动力性和经济性。若气缸磨损已达到规定值,但发动机的动力性能没有明显下降和严重的窜机油现象,则可以延长气缸磨损圆柱度达到 0.22 mm 时更换活塞环。

活塞环除了一般磨损损坏外,还有断裂、崩落等损坏。其损坏原因主要是活塞环的端隙、侧隙过小,受热膨胀使环卡断;或发动机爆燃引起活塞强烈振动,致使活塞环断裂。此外,在维修发动机更换活塞环时,缸肩未刮也会撞断第一道活塞环。

(2) 活塞环的选配与检验

为了适应活塞连杆组修理的需要,活塞环与活塞一样,除标准尺寸外,还有相应的修理尺寸,每级加大 0.25 mm。在发动机大修或二级维护更换活塞环时,应选用与气缸和活塞同一级别尺寸的活塞环。

为了确保活塞环与活塞环槽、气缸壁的良好配合,在选配活塞环时,应进行活塞环的漏光检验、弹力检验、端隙、侧隙及背隙检验。

①活塞环的漏光检验。漏光检验是检查活塞环的外圆面与气缸壁的贴合情况。检查方法是将活塞环平置于所装气缸内,在活塞环的下面放一个发亮的灯,活塞环上面放一块盖板,盖住环的内圆,如图 6.20 所示。最大漏光缝隙一般不得超过 0.03 mm。每处漏光弧长所对应的圆心角不得大于 25°,同一环上的漏光弧长总和不超过 45°,在环端开口处左右 30°范围内不允许有漏光现象。

②活塞环的弹力检验。活塞环的弹力检验如图 6.21 所示。检验时,将活塞环放在弹力检验器上,把活塞环的开口间隙放置在水平位置,移动检查器上的量块,当把活塞环开口间隙压缩至标准数值时,弹力应符合各机型的规定要求。

③端隙的检查。端隙即活塞环放在气缸内,在开口处呈现的间隙。检查端隙时,将活塞环置于气缸筒内,并在活塞顶部将环略向气缸内推入,使活塞环平整,然后用塞尺测量。检查端隙时,应在气缸直径最小处进行,不能在气缸磨损最严重的上部检查,以免活塞环行至最小位置时卡死。如果在活塞行程区域以外检查,则会使活塞环在工作区域中端隙过大。测量结果若端隙大于规定数值则应另选一组活塞环,端隙小于规定数值时应对环口一端加以锉修或磨修,锉修时应注意只能锉修一端且环口应平整,锉修后应去掉加工部分产生的毛刺,以防止刮伤气缸。

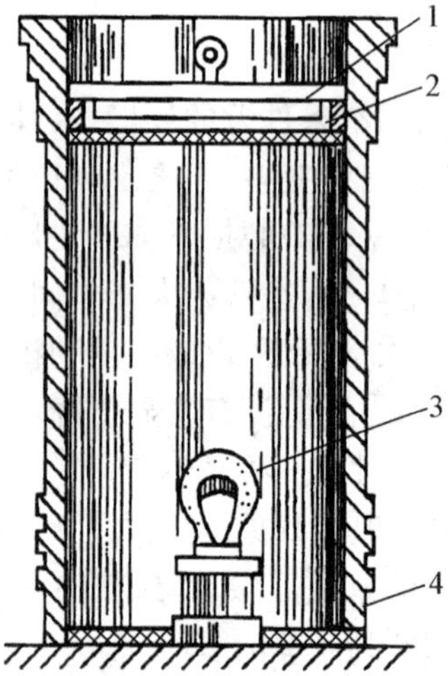

图 6.20 活塞环漏光的检查

1—盖板；2—活塞环；3—灯泡；4—缸套

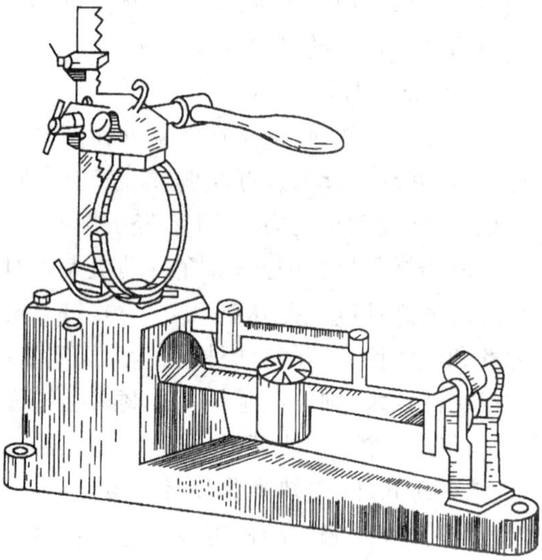

图 6.21 活塞环的弹力检验

④侧隙的检查。活塞环侧隙即活塞环在环槽内的上下间隙。侧隙过大，会影响活塞环的密封作用；侧隙过小，会使环卡死在环槽内。检查时，将环放入环槽内，用塞尺按如图 6.22 的方法测量。其经验检查方法是：活塞环在其槽内，能沿槽转动自如，且无松旷感觉为宜。若侧隙过小，可在平板上垫砂布研磨活塞环平面，禁止加宽活塞环槽。

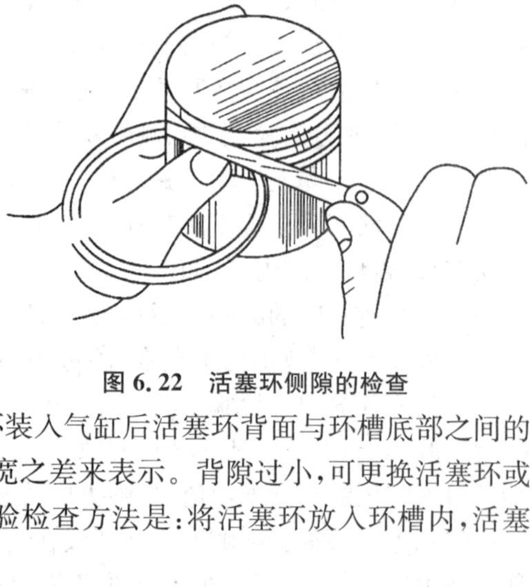

图 6.22 活塞环侧隙的检查

⑤背隙的检查。活塞环背隙即为活塞环装入气缸后活塞环背面与环槽底部之间的间隙。为了测量方便，通常以环槽深度与环宽之差来表示。背隙过小，可更换活塞环或车深环槽，以防活塞环卡缸。一般背隙的经验检查方法是：将活塞环放入环槽内，活塞环低于槽岸，运动自如，无松旷感觉为宜。

3）活塞销与活塞销座孔的检修

(1) 活塞销的磨损和变形

活塞销是连接活塞与连杆的重要零件。目前活塞销多采用全浮式装配，常温下有微量的过盈。发动机正常工作时，活塞销与销座和连杆衬套存在微小的间隙。在工作中，活塞销在销座和衬套内自由转动，使磨损减轻，并沿圆周均匀分布。由于全浮式活塞销载荷分布均匀，提高了活塞的抗弯曲能力，因此，全浮式活塞销的弯曲变形很小，其主要损伤是与活塞和连杆的连接配合处，其径向磨损后失圆、轴向磨损成台阶。

半浮式活塞销在微型车上应用较多。由于活塞销与连杆小头衬套无相对转动,其磨损部位一般发生在与活塞销座孔配合表面,且沿圆周方向的磨损也不均匀。这种连接形式的活塞销在磨损的同时,会发生弯曲变形。

活塞销的磨损过大,会使配合间隙增大而使连接松旷,引起不正常的敲击(异响)和机件损坏,甚至出现打坏气缸的现象。活塞销如弯曲变形过大,将会引起销座的应力集中,可能造成销座的破裂。

(2) 活塞销的选配

活塞销的选配原则如下:

①发动机大修时,应选择标准尺寸的活塞销,以便给小修留有修配余地。

②同一台发动机应选用同一厂牌、同一修理尺寸的整组活塞销。

③换用的新活塞销要求:表面应无锈和斑点,表面粗糙度一般不应超过 Ra0.20,圆柱度误差不得大于 0.002 5 mm,质量差在 10 g 以内。

(3) 活塞销与其座孔的修配

在活塞销选配时,也可能出现有个别活塞销座孔不符合技术要求的情况,则需要通过机械加工的方法进行修配。

①活塞销座孔的铰削。活塞销与活塞销座孔的配合,在修理中是通过对活塞销的磨削、座孔的镗削或铰削来达到配合要求的。

目前为了简易方便,汽车维修站普遍采用长刃可调式铰刀对活塞销座孔进行手工铰削。其工艺步骤如下:

ⓐ选择铰刀。根据活塞销座孔的标准尺寸选择可调式长刃铰刀,使两活塞销座可同时进行铰削,以保证两端座孔同轴度的要求。然后将选好的铰刀正直地夹入台虎钳上,使它与台虎钳口的平面保持垂直。

ⓑ调整铰刀。由于活塞销座孔铰削量很小,通常第一刀是做试验性的微量铰削的调整,以后各刀的调整也不应过大,通常是旋转调整螺母 60°～90°角为宜。如此时仍觉铰削量过小,可再旋转调整螺母 30°～60°角。

ⓒ铰削。两手握住活塞(见图 6.23),并对其稍施压力,用力要均匀,掌握要平正,按顺时针旋转活塞进行铰削。为了使销孔铰削正直(两边销孔一致),每调整一次铰刀,要从销孔的上下两个方向各铰一次。每次铰削至座孔下方与刀片下端接近平齐时,应压下活塞使其从铰刀下方脱出,以防铰偏和起棱。

ⓓ试配。在铰削过程中应随时用活塞销试配,以防止铰大。当铰削到用手掌能将活塞销推入一个座孔的 1/3 左右时,应停止铰削。

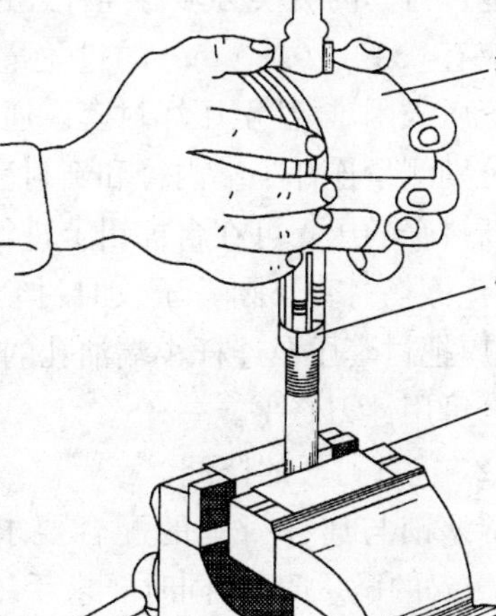

图 6.23　活塞销座孔的铰销

用木锤或垫以铜铳用手锤将活塞销轻轻打入销座孔，然后将活塞销打出，视其座孔接触印痕进行修刮。

ⓔ修刮。为了增加销与座孔的接触面和获得合适的配合松紧度，通常在活塞销座孔铰削后，要对其座孔进行修刮。修刮应按照由里到外、刮重留轻、刮大留小的原则进行。修刮时，刮刀应与活塞销座孔轴线成 30°～40°角，以免修刮面积大，刮伤接触部位。修刮以能用手掌的力量将活塞销推入一个座孔的 1/2～2/3 为宜，其配合接触面积要达到 75%以上。

②活塞销座孔的镗削加工。镗削活塞销座孔多采取高速精镗。镗削时，在车床上用夹具夹住活塞，然后对其座孔进行精加工。座孔内径经镗削后比活塞销外径小 0.009～0.013 mm（含挤压余量 0.004～0.006 mm）。最后在车床上对镗削后的座孔用无刃铰刀挤压座孔，以降低其表面粗糙度，并使活塞销座孔有 0.004～0.007 mm 的过盈量，可直接与标准尺寸的活塞销相配。

③活塞销座孔修配后的检查。

ⓐ活塞销座孔经过铰削或镗削后，为了使燃烧室容积和压缩比控制在允许范围之内，需对活塞销座孔中心线至活塞顶面的距离进行检查。

ⓑ在对活塞销座孔进行铰销等加工过程中，若加工方法不当，将会破坏座孔中心线与活塞中心线的垂直度，最终导致活塞与气缸的偏磨磨损，因此需对活塞销座孔中心线与活塞中心线的垂直度进行检查。

4）活塞销与连杆衬套的修配

发动机大修时，在更换活塞、活塞销的同时，也必须更换连杆衬（铜）套，以确保相互配合质量。

（1）连杆衬套的选择

连杆衬套的更换必须在连杆经过检查、校正之后进行。衬套外圆与连杆小端孔的配合应有 0.10～0.20 mm 的过盈量，以保证衬套在工作时不转动。过盈量过大，会造成衬套压入困难，甚至压坏衬套。通过测量衬套过盈量来选择衬套，测量时，可用游标卡尺分别测量连杆小端内径和新衬套的外径，两者之差就是衬套的过盈量。

新衬套的压入可在台虎钳上进行。压入前应检查连杆小端孔有无毛刺、损伤等现象，以免擦伤衬套外圆。压入时衬套应放正。整体式衬套应使油孔对正；两半截式衬套，则应把衬套压至连杆小端油孔的边缘，以保证润滑油流动畅通。露出连杆小端端面的部分可用锉刀修平。

（2）连杆衬套的修配

活塞销与连杆衬套的配合要求：活塞销与衬套的配合，在常温下应有 0.003～0.008 mm的微量间隙，同时要求手工铰削的衬套接触面积在 75%以上。活塞销与连杆衬套的这种配合，可通过对衬套的铰削或镗削来实现。

①连杆衬套的铰削：铰配连杆衬套通常采用手工操作，其工艺过程如下：

ⓐ选择铰刀。根据活塞销标准尺寸选择铰刀，将铰刀正直地夹在台虎钳上，使其与钳口的平面保持垂直。

ⓑ调整铰刀。铰削第一刀时，将连杆小端套入铰刀，一手托住连杆大端，一手压下连杆小端，将刀片调整到露出衬套上平面 3～5 mm 即可。以后各刀视加工余量大小而定，余量大，可旋转调整螺母 60°～90°；余量小，则旋转调整螺母 30°～60°。实践证明，吃刀量过大或过小都会使连杆在铰削中上下波动，从而铰出棱坎或喇叭口。

ⓒ铰削。如图 6.24 所示，一手把持连杆小端，并向下略施压力，另一手握住连杆大端，均匀用力按顺时针方向扳转连杆进行铰削。铰削时应确保连杆轴线与铰刀轴线垂直，以防铰偏衬套。当衬套下平面与刀刃下方相平时，应停止铰削，此时将连杆小端下压，使衬套脱出铰刀，以免铰出棱坎和喇叭口。在铰刀直径不变的情况下，再将连杆翻转从衬套相反方向重铰一次，以防止出现锥体。

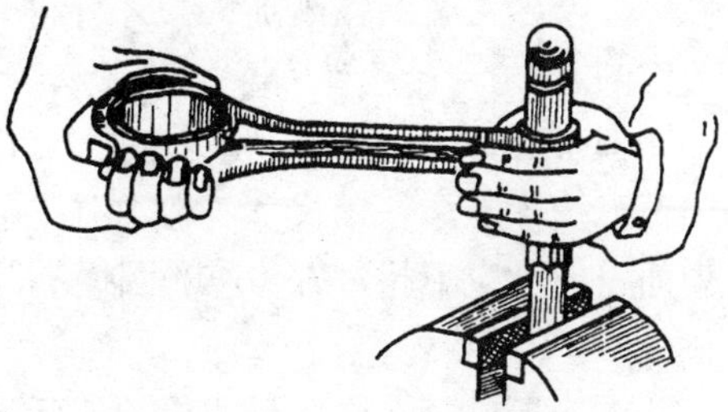

图 6.24　铰削连杆衬套

ⓓ试配。为防止将衬套孔铰大，铰削时应边铰边用活塞销试配。当铰削到用手掌能将活塞销推入衬套的 1/3～2/5 时，应停止铰削。然后，将活塞销压入或用木锤打入衬套内，用台虎钳夹住活塞销两端，用双手左右往复扳动连杆数次，如图 6.25 所示。然后压出活塞销，观察衬套与活塞销接触印痕情况。

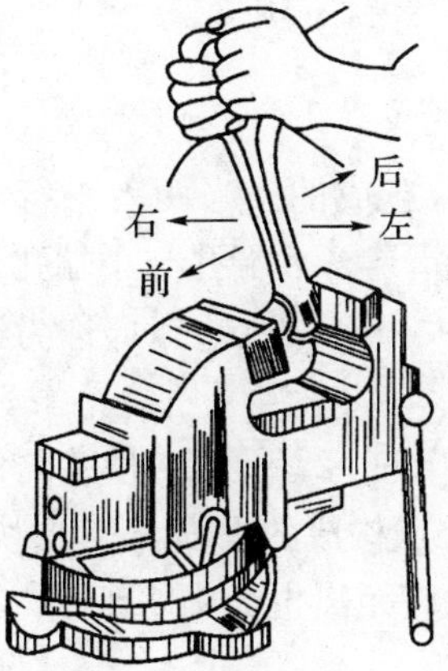

图 6.25　活塞销与衬套配合的检查

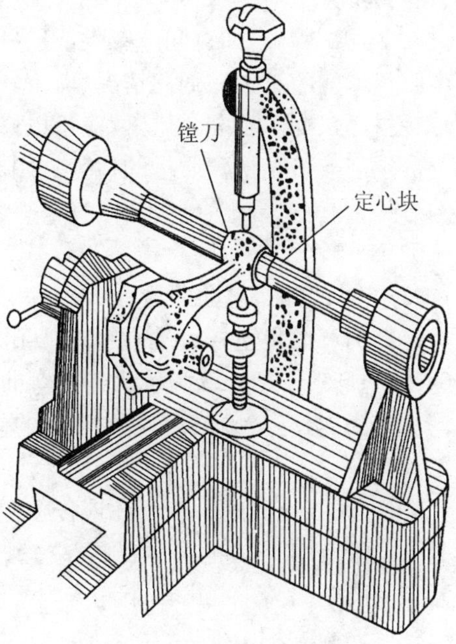

图 6.26　连杆衬套的镗削

ⓔ修刮。根据衬套内表面与活塞销的接触情况，用刮刀进行修刮。修刮时，刮削接触印痕深、接触面积大的部位。修刮至接触面积75%以上，涂上润滑油能用手掌力将销推入孔内，并略有阻力为宜。

为了降低衬套内表面的表面粗糙度及提高耐磨性，进一步使衬套与连杆小端孔壁贴合，在衬套铰削留有微小余量的基础上，使用挤光刀在压床上对连杆衬套进行挤光（一般留出的微小挤压余量为0.02～0.03 mm）。

②连杆衬套的镗削加工。连杆衬套除了用手工铰削进行修配外，也可用镗削机进行镗削。

镗削时，以衬套的内孔定中心，然后固定连杆大端，支撑连杆小端，如图6.26所示。用镗刀按标准活塞销尺寸镗削加工，并使其配合间隙为0.003～0.008 mm，衬套内孔表面粗糙度应不超过$Ra0.40$，圆度和圆柱度误差不得大于0.002 5 mm。镗削后稍加修整，即可与销装配。

③连杆衬套维修质量的检验。活塞销与衬套的配合要求通常是以感觉来判断的。检验方法如下：

ⓐ手工铰削衬套的质量检验。除了满足用手掌的力量能将涂有机油的活塞销推入衬套内的要求外，还应把活塞销夹在钳口垫有铜皮的台虎钳上（夹持力不宜过大）做进一步检验，先沿活塞销轴线方向扳动连杆，应无间隙感觉；在衬套两端加些机油扳动时，活塞销与衬套之间不应有“气泡”产生；转动连杆时，连杆应能随手圆滑转动；把连杆置于与平面成75°角时应能停住，用手轻轻拍打时连杆能借自身重量徐徐下降，则表明配合符合要求。

在上述试验中，如有间隙感觉或连杆下降快，表明配合过松，如有“气泡”产生，表明有喇叭口或间隙过大。遇此情况，应重新选用同级中直径稍大的活塞销进行试配，或重新选择衬套铰配。若配合过紧，应予以修刮。

ⓑ镗削或挤光衬套质量的检验。用拇指能把涂有机油的活塞销推入衬套内，并无间隙感觉，即为符合配合要求。

5）连杆的检修

（1）连杆弯曲、扭曲的检验

连杆的弯曲是连杆大端孔与小端孔轴心线不平行造成的。当两者平行度误差每100 mm大于0.04 mm时，称为连杆弯曲；连杆扭曲是指连杆大端孔与小端孔轴心线不在同一平面内，有交叉。当其平行度误差每100 mm大于0.06 mm时，称为连杆的扭曲。

连杆弯曲、扭曲的检验可在连杆检验器上进行，如图6.27所示。检验器的测量工具是一个带有V形块的“三点规”。“三点规”上的三个点构成的平面与V形块垂直，下面两点间的距离为100 mm，上测点与下测点连线的垂直距离也为100 mm。

具体检验方法如下：

图 6.27　连杆弯曲、扭曲的检验

1—量规；2—检验平板；3—锁紧支承轴扳杆；4—棱形支承轴；5—调整螺钉

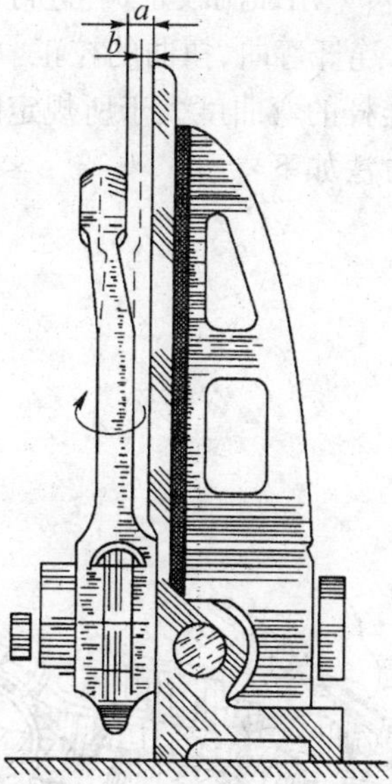

图 6.28　连杆双重弯曲的检验

①将连杆大端的轴承盖装好（不装轴承），按规定力矩将连杆螺栓拧紧，装上已铰配好的活塞销。

②将连杆大端装在检验器的支承轴上，拧动支承轴上的调整螺栓，使支承轴向外扩张，将连杆固定在检验器上。

③用“三点规”进行测量。如果“三点规”的三个测点均与检验器的平板接触，表明连杆无弯曲和扭曲。如果上测点与平板接触，下面两测点与平板不接触，且与平板的间隙相等；或下面的两点与平板接触，而上测点与平板不接触，则表明连杆弯曲了。此时用塞尺测得的测点与平板间的间隙值，即为连杆在 100 mm 长度上的弯曲度数值。

如果只有一个下测点与平板接触，且上测点与平板间的间隙等于另一个下测点与平板间间隙的 1/2，此时下测点与平板间的间隙即为连杆在 100 mm 长度上的扭曲度值。

在实际工作中，连杆通常同时存在弯曲和扭曲变形。在测量中表现为：一个下测点与平板接触，但上测点与平板间的间隙不等于另一个下测点与平板间间隙的 1/2，此时下测点与平板间的间隙为连杆在 100 mm 长度上的扭曲度值；上测点与平板间的间隙和下测点与平板间间隙的 1/2 的差值为连杆在 100 mm 长度上的弯曲度数值。

连杆双重弯曲的检验如图 6.28 所示。将连杆大端端面与平板靠近，测出连杆小端端面与平板的距离 a；再将连杆翻转 180°，用同样方法测出距离 b，若两次测出的数据不等，说明连杆有双重弯曲，两次测得的数值之差（$a-b$），即为双重弯曲值。连杆的双重弯曲是不允许的，这种垂直于摆动平面内的双重弯曲，对发动机工作极为有害。在缺少配件时，可采用加温校正，再进行调质处理。

(2) 连杆弯曲、扭曲的校正

当连杆的弯曲度大于所规定的要求时，通常可在弯曲校正器上进行校正，如图6.29所示。方法如下：

图 6.29　连杆弯曲的校正

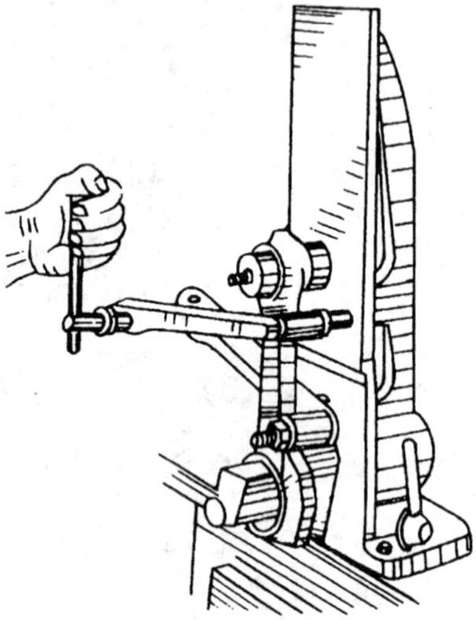

图 6.30　连杆扭曲的校正

①在检验弯曲度时，应记住弯曲的方向位置所在，用粉笔做出标记，以便于连杆的弯曲校正。

②根据连杆的长度及弯曲方向，将垫块调整至适当的位置上。

③将连杆平整稳妥地放在垫块上，轻轻旋转手柄，使垫块紧压连杆。松开手柄，取出连杆，在直线度检查仪上检查，如不符合精度要求，需反复进行，直到达到校正要求为止。

当连杆的扭曲度大于其规定的精度要求时，可用扭转校正器进行校正，如图 6.30 所示。校正扭曲时，先将连杆大端盖装好，装到检验器的心轴上，然后用扳钳进行校正，直至合格为止。

在常温下校正连杆，卸去负荷后，连杆有恢复原状的趋势。因此，当校正弯、扭变形较大的连杆时，校正后最好进行时效处理。方法是：将校正后的连杆用喷灯加热至300℃左右，并保温一定时间。在校正弯、扭变形较小的连杆时，在校正负荷下保持一定时间即可。经校正的连杆，应再次进行检验，如此反复进行，直至把弯曲、扭曲现象消除为止。

当连杆弯曲和扭曲并存时，一般先校正扭曲，后校正弯曲。

6.3.2 曲轴飞轮组的检修

1）曲轴的损伤分析

（1）曲轴轴颈的磨损

曲轴主轴颈和连杆轴颈的磨损是不均匀的，其主要表现是径向磨成椭圆形，轴向磨成锥形。这种不均匀磨损是由曲轴的结构、载荷、润滑油的质量和使用条件等因素所造成的，其磨损的一般规律如图 6.31 所示。

①主轴颈的磨损。主轴颈的磨损形成椭圆形，最大磨损部位在靠近连杆轴颈一侧（见图 6.31 中 $B-B$）。如果主轴颈两侧均有连杆轴颈，将使主轴颈在两曲轴臂 120°夹角间的表面磨损最大。主轴颈沿轴向的磨损是不均匀的，一般没有规律性。

主轴颈磨损成椭圆形，主要是由于受到连杆、连杆轴颈及曲柄离心力的影响，使靠近连杆轴颈一侧的轴颈与轴承发生的相对磨损较大。如图 6.31 所示，五个主轴颈中，二、四两道主轴颈由于两边都有连杆轴颈，受力较均匀，磨损也较均匀，而其余三道轴颈，在靠近连杆轴颈的一侧磨损严重。

主轴颈的不均匀磨损其后果相当严重，各轴颈不同方向的磨损，将导致主轴颈同轴度的破坏，这是造成曲轴断裂的主要原因之一。

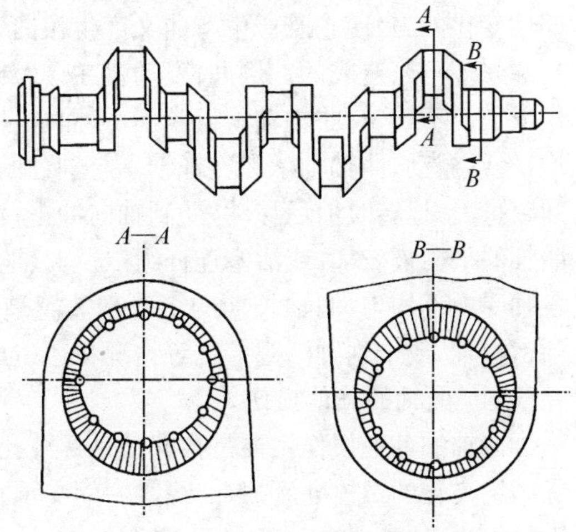

图 6.31 曲轴的磨损规律

②连杆轴颈的磨损。连杆轴颈径向椭圆磨损的最大部位在各轴颈的内侧面上，即靠近曲轴中心线侧（见图 6.31 中 $A-A$）。连杆轴颈沿轴线方向磨损的最大部位一般在机械杂质沉积一侧和轴颈受力大的部位。

发动机工作时，连杆轴颈承受着由连杆传来的周期性变化的气体压力、活塞连杆组往复运动的惯性力及连杆大端回转运动离心力的作用，这些力的合力作用在连杆轴颈内侧，方向始终沿曲柄半径方向，使连杆大端始终压紧在连杆轴颈内侧，因而连杆轴颈的内侧磨损最大，造成轴颈的椭圆形磨损。

曲轴旋转时，在离心力的作用下，润滑油的杂质聚积在连杆轴颈一侧，从而加速了该侧轴颈的磨损，使连杆轴颈磨损呈锥形。另外，连杆弯曲，连杆大端的不对称结构等原因，都会使轴颈受力不均而发生磨损偏斜。经验证明：连杆轴颈的磨损比主轴颈的磨损速度快。这主要是由于连杆轴颈的负荷比主轴颈大，润滑条件差所致。

（2）曲轴裂纹与折断

曲轴裂纹大多发生在主轴颈或连杆轴颈与曲轴臂相连接的过渡圆角处，以及轴颈中间的油孔处。其原因:一是这些地方断面形状急剧变化产生严重的应力集中,使局部应力增加数倍,甚至十几倍。二是有些曲轴轴颈高频淬火时,由于工艺上的原因,圆角部分多不能淬硬,使圆角处出现残余拉应力,抗疲劳强度下降。另外,修磨曲轴时,把轴颈至曲轴臂的圆角磨小,是造成曲轴裂纹甚至折断的又一个重要原因。

曲轴发生折断是发动机的严重事故。当曲轴将断裂时,发动机振动极大,有沉重而粗闷的异常响声,下曲轴箱回响很大,随之发动机停止运转,则曲轴已完全折断。

曲轴折断主要是受弯曲和扭曲作用而引起的,多发生在曲轴臂的中部、曲轴臂与连杆轴颈端部,或曲轴臂与曲轴轴颈的接合处。

(3) 曲轴的弯曲和扭曲

曲轴是在燃烧气体的压力、往复的惯性力和旋转的离心力等作用下工作的,这些周期性变化的力,使它既产生弯曲又产生扭曲。曲轴弯曲、扭曲的原因多数是由于使用不当和修理不当造成的。例如:发动机在爆燃或超负荷等冲击条件下工作;个别气缸不工作或工作不均匀;曲轴轴承松紧不一;曲轴轴颈或轴承座孔轴线不在一直线上,受力不均,经常振动;曲轴轴承和连杆轴承与轴颈的间隙过大,运转时受到径向冲击;曲轴轴向间隙过大,运转时前后移动,受到轴向冲击;活塞或连杆质量相差过大,超过允许范围;曲轴的平衡被破坏,或活塞连杆组以及曲轴与飞轮的平衡遭破坏;发动机运转不平稳,各轴受力不均匀;曲轴长期的不合理放置造成的变形。经验证明,个别缸发生轴承烧蚀、"抱轴"或个别缸活塞卡缸等情况将会造成曲轴发生扭曲变形。

(4) 曲轴的其他损伤

曲轴的其他损伤主要是指起动爪螺纹孔损坏,曲轴前后油封轴颈的磨损,曲轴后凸缘固定飞轮的螺栓孔磨损,凸缘盘中间支承孔磨损,传动带轮轴颈和凸缘圆跳动误差过大等损坏形式。

2) 曲轴的检验与校正

(1) 曲轴弯曲的检验与校正

①曲轴弯曲的检验。将曲轴两端的主轴颈用V形铁块支撑在工作平台上,把百分表的测杆触头抵在中间主轴颈,如图6.32所示。转动曲轴,先记下百分表的最小读数。再将曲轴翻转180°,记下百分表的最大读数。最大读数与最小读数之差,即为曲轴中间轴颈的径向圆跳动误差值。该值一般不得大于0.15 mm,否则应进行压力校正。

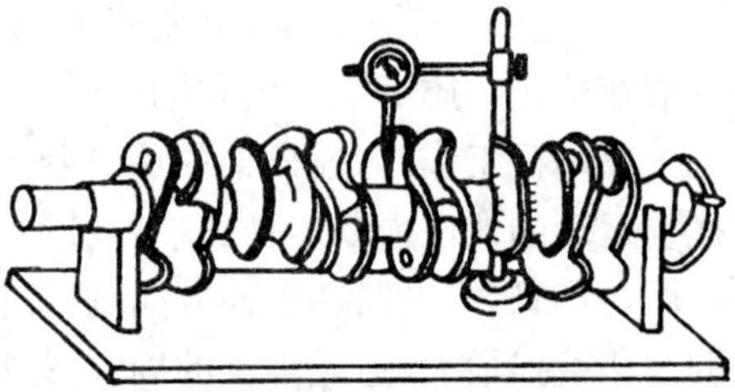

图6.32 曲轴弯曲的检查

若被检曲轴主轴颈为双数,应检测中间两道主轴颈,取其最大值作为该曲轴的径向圆跳动误差。必须指出,这样测出的结果,因为牵涉到两端轴颈不圆所增加的误差,故为一近似值。

②曲轴弯曲的校正。曲轴弯曲的校正通常采用冷压校正和表面敲击方法。

ⓐ冷压校正。冷压校正曲轴通常在压床上进行，如图 6.33 所示。将曲轴放置在压床工作平板的 V 形块上，使曲轴弯曲的拱面向上，将两只百分表置于曲轴中部下方，两只百分表的测头正好与两轴颈下面接触，并有一定预压紧量，转动百分表表面使指针对准“0”位，并在压床的压杆与曲轴轴颈之间垫以软金属垫，以免压伤曲轴轴颈工作表面。开动压床，使曲轴沿原弯曲拱面的相反方向上产生较大的弯曲变形。其压校变形量的大小与曲轴的材料和原弯曲变形的大小有关。若曲轴弯曲变形较大时，校压时必须反复多次进行，以防压校变形量过大而使曲轴折断。

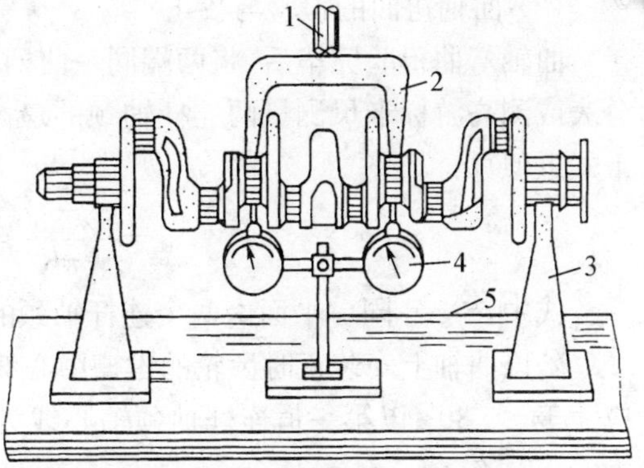

图 6.33　在压床上冷压校正曲轴

1—压力机；2—叉形压杆；3—V 形支架；4—百分表；5—平板

冷压校正的曲轴，往往发生“弹性变形”和“后效”，所以校正后需进行自然时效或人工时效处理。即将冷压后的曲轴放置 10～15 天，再重新检校，或将冷压后的曲轴加热至 300～500℃，保温 0.5～1 h，待其自然冷却。

ⓑ表面敲击校正。这种方法适用于弯曲量不大的曲轴，如图 6.34 所示。通过采用球形手锤或风动锤敲击曲柄臂表面的非加工面，使曲柄臂变形，从而使曲轴轴线发生位移，以达到校正弯曲变形的目的。敲击的部位、程度和方向要根据曲轴弯曲量的大小和方向确定。敲击前，先将曲轴支承在 V 形块上。当曲轴弯曲方向与曲轴曲柄平面重合时，可按如图 6.35 所示进行敲击；当曲轴弯曲方向不与曲轴曲柄平面重合时，可分别敲击两对曲柄。

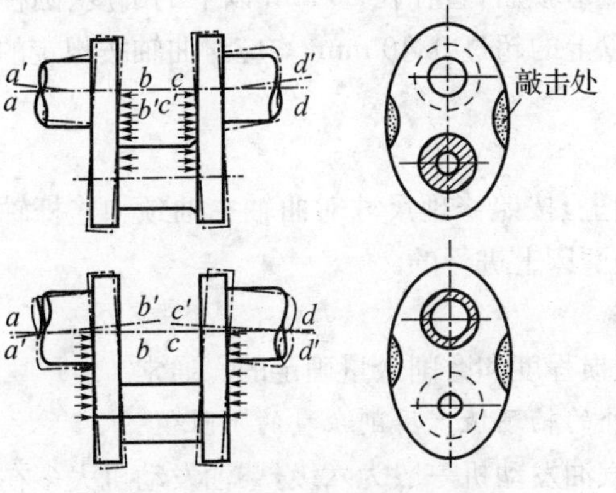

图 6.34　表面敲击法校正曲轴

$a'-b'$及$c'-d'$为校直前主轴颈曲线；$a-b$及$c-d$为校直后主轴颈曲线

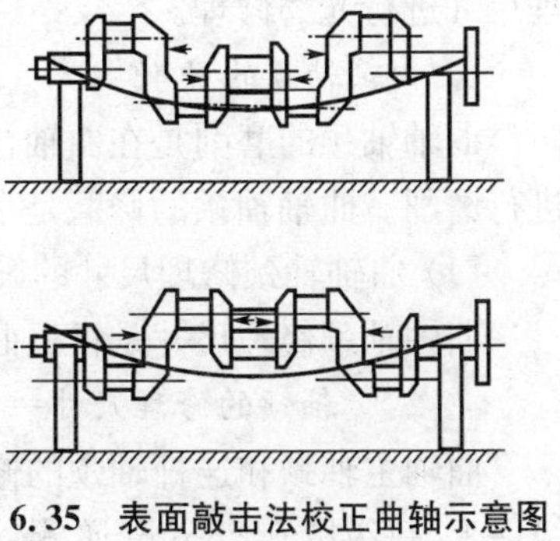

图 6.35　表面敲击法校正曲轴示意图

(按箭头所指方向敲击)

(2) 曲轴扭曲的检验与校正

曲轴弯曲检验完毕后，将两端同一曲柄平面内的两个连杆轴颈置于水平位置，用百分表或测高游标卡尺测量两连杆轴颈的最高点至平板的高度差 S，曲轴的扭曲角可用下式近似算：

$$\alpha=\frac{S\times 360}{2\pi R}\approx 57\frac{S}{R}\text{(度)}$$

式中：S——同一平面内两个连杆轴颈的高度差(mm)；R 为曲柄半径(mm)。

若以曲轴上安装正时齿轮的键槽中心线为基准，第一道连杆轴颈的轴心线偏移不应大于 $\pm 0°30'$；以第一道连杆轴颈轴心线为基准，各道连杆轴颈的分配角度偏差不应大于 $\pm 0°30'$。

曲轴扭曲变形的校正较困难，在扭曲变形不大时，可结合连杆轴颈的修磨予以消除；若扭曲变形过大，则应更换曲轴。

(3) 曲轴裂纹的检验与处理

曲轴裂纹既可用磁力探伤机检查，也可用油浸锤击方法进行检查。曲轴裂纹经光磨后，可用放大镜检查。其技术要求是：各轴颈沿轴线方向的裂纹未裂至两端圆角处或油孔边缘处的允许存在；轴颈上的横向裂纹，经光磨后能消除的允许使用，否则应予更换，以防止裂纹继续延伸而使曲轴折断。

(4) 曲轴轴颈磨损的检测

曲轴轴颈磨损的检测，主要是用外径千分尺测量轴颈的圆度和圆柱度误差，以便了解轴颈的磨损程度，确定轴颈是否需要修磨和确定修理尺寸。测量时，按照磨损规律，首先在轴的同一横断面上进行多点测量。通常是先在轴颈油孔的两侧测量，然后旋转90°再测量，即可测量出轴颈磨损最大部位的最小直径和轴颈磨损最小部位的最大直径，而最大直径与最小直径差值的 1/2 就是圆度误差，轴颈两端的直径差值的 1/2 即为轴颈的圆柱度误差。曲轴主轴颈、连杆轴颈磨损后，直径在 80 mm 以下的圆度、圆柱度误差应不大于 0.025 mm，直径在 80 mm 以上的超过 0.40 mm，均应对曲轴按规定的修理尺寸进行光磨修理。

3) 曲轴轴颈的磨削

曲轴轴颈的磨削是在曲轴校正的基础上，按照修理尺寸对曲轴主轴颈和连杆轴颈进行磨削。曲轴轴颈的修磨是在专用曲轴磨床上进行的。

(1) 曲轴轴颈修理尺寸的确定

曲轴轴颈修理尺寸是根据曲轴轴颈磨损程度和磨削余量确定的。通常

轴颈的修理尺寸＝最大磨损处的轴颈值－磨削余量的下限值

曲轴主轴颈和连杆轴颈的修理尺寸，汽油发动机一般为六级，柴油发动机大多在六级以上，每级以 0.25 mm 递减。在保证磨削质量的前提下，应尽可能选择最接近的修理尺寸级别，以延长曲轴使用寿命。曲轴的连杆轴颈和主轴颈，应分别削成同一级修理尺寸，以便选配统一的轴承，保证合理的配合间隙。

(2) 选择磨削定位基准

磨削曲轴主轴颈时，一般采用起动爪螺孔倒角和曲轴后端凸缘盘轴承座孔为定位基准，起动爪螺孔倒角和曲轴后端凸缘盘轴承座孔近似于制造加工基准孔。

磨削连杆轴颈时，宜采用曲轴前端正时齿轮轴颈和曲轴后端凸缘盘外圆柱面作定位基准。正时齿轮轴颈和凸缘盘外圆柱面，一般不易磨损，且装夹方便、工作可靠。同时，这两个表面加工精度较高，它们的公共轴线相对主轴颈公共轴线的误差很小，因此磨削后的误差也小。

若上述基准面在使用过程中遭损坏，则应在曲轴磨削前，对定位基准进行检修，使之符合技术要求。

(3) 主轴颈的磨削

由于主轴颈中心线是确定和检验曲柄半径的基准，因此，磨削曲轴时，应先磨削主轴颈，后磨削连杆轴颈。以起动爪螺孔倒角和后端轴承座孔为定位基准。装夹固定后，采用百分表检查主轴颈轴心线与磨床轴心线的同轴度，以避免由于装夹过紧(或过松)，定位基准失准，磨床主轴松旷等造成的曲轴弯曲、摆动和偏心等。磨削用砂轮一般宜采用粒度为 0.40～0.29 mm(46～60 号)，硬度为中软 ZR1 和 ZR2，以陶瓷为粘接剂的氧化铝砂轮。正确选择磨削规范，以保证轴颈表面淬火层不致因磨削时温度升高而产生退火或裂纹。

磨削时如轴颈的磨削量较大，可以分粗磨和精磨两步进行。为提高生产效率，粗磨最好采用切入法进刀，精磨时采用纵向进刀，以保证加工精度，如图 6.36 所示。在精磨结束前，应使砂轮沿整个轴颈表面往复定位行走 1～2 次，以降低表面粗糙度。

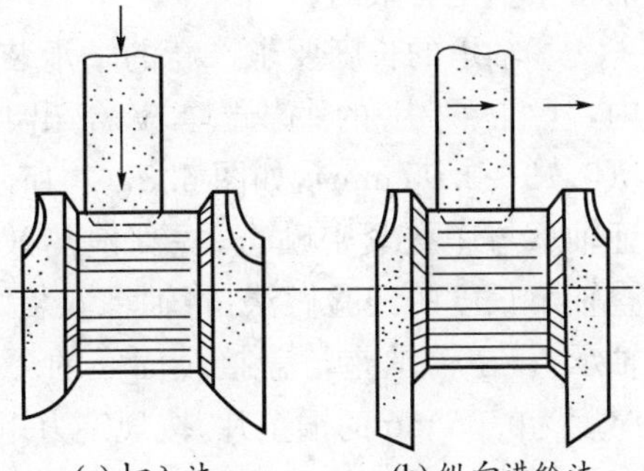
(a) 切入法　　(b) 纵向进给法

图 6.36　磨削进给法

(4) 连杆轴颈的磨削

连杆轴颈在磨床上磨削时应装花盘(卡盘)，调整连杆轴颈轴线，对正好中心才能进行磨削。由于连杆轴颈的磨损是不均匀的，所以磨削有同心与偏心两种方法。同心法就是磨削后保持连杆轴颈的轴线位置不变，也就是保持曲轴半径不变；偏心法是按磨损后的连杆轴颈表面来定位进行磨削的，这样轴颈的轴线位置与曲轴半径均发生了变化。

采用同心法磨削，可能增大磨削修理尺寸间隔，采用偏心法磨削可以减少轴颈的磨削量，增加修理次数。但应尽量减少轴颈轴线的偏移量，并且力求各轴颈的偏磨量一致。

连杆轴颈磨削时，一般是先磨削两端的连杆轴颈，因为它的扭曲变形最大，磨削量也最大。当这两个连杆轴颈磨完以后，再按曲轴的分配角利用磨床的分度机构旋转曲轴，使另一对连杆轴颈转到机床主轴中心位置，用同样的方法进行调整和磨削，磨削方法和磨削规范与磨削主轴颈相同。

4）曲轴主轴承和连杆轴承的修配

轴承在使用过程中若发生磨损、疲劳剥落、刮伤和烧熔，在发动机进行大修时，必须全部更换。更换轴承包括选配和修配两个过程。

（1）轴承的选配

汽车发动机曲轴轴承合金层厚度一般为 0.30～0.35 mm，经过精加工后，可以按轴颈的修理尺寸直接选用。有的轴承则在此厚度的基础上，再加 0.03～0.06 mm 的刮削余量，或再加 0.15～0.20 mm 的镗削余量。曲轴轴承除标准尺寸外，还有按内径缩小 0.25 mm 为一级修理尺寸的不同级别，以供修理时选用。

①根据轴颈选轴承。根据曲轴轴颈磨削后的尺寸和修理时对轴承采用的加工方法（刮削或镗削），应选用同一级修理尺寸，并具有相应加工余量的轴承。若轴承背面的规格标记与轴承的厚度不相符，或遇无标记的轴承时，可用特制的千分尺测量轴承的厚度，然后查对轴承的规格。

不可将下一级修理尺寸的轴承采用多镗削合金的方法将内径扩大，以代替上一级别的轴承使用。因为轴承合金层的厚度与其疲劳强度有关。巴氏合金层减薄，疲劳强度将提高；若合金层过厚，则易发生疲劳剥落现象。因此，对不同合金材料的轴承都有一定合金厚度的要求。缩小尺寸的轴承，通常是底板厚度增加，而合金厚度相差无几，加工余量是有限的。

②轴承的长度要求。新的轴承装入座孔内，上下两片的每端均应高出座平面 h(0.03～0.05 mm)，如图 6.37(a)所示，以保证轴承与座孔紧密贴合，提高散热效果。检查轴承长度的经验做法：将轴承安装好，装上轴承盖，在轴承座与盖接合面间的一边插入厚度为0.05 mm的铜垫片，按规定力矩拧紧另一端螺栓。当把夹有铜垫片一边的螺栓（母）拧紧到 10～20 N·m 时，垫片如抽不出，表明轴承长度合适；若垫片能抽出，表明轴承长度过长，应在无定位凸榫的一端将轴承适当锉低些；若当铜垫片的一端未到规定拧紧力矩时，垫片就抽不出，表明轴承长度过短，应重新选配。

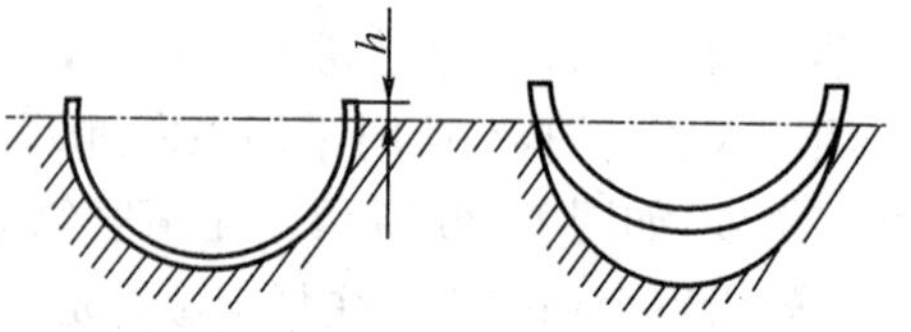

(a) 轴承的长度要求　(b) 轴承的曲率半径要求

图 6.37　轴承装入座孔的要求

③背面光滑凸榫完整。轴承背面应光滑无斑点、毛糙，表面粗糙度值应不大于 Ra 1.25。轴承定位凸榫是轴承在座孔内圆周方向和轴向的定位结构。凸榫损坏失效后，将导致轴承窜位。若定位凸榫过低，可用尖铳冲出理想的凸榫，若凸榫已损坏，无法修复，应重新选配轴承。

④弹性合适无哑声。把新选用的轴承放入轴承座上后，要求轴承的曲率半径大于座孔的曲率半径，如图 6.37(b)所示。以保证轴承装入座孔后，可供轴承借自身的弹力作用与轴承座贴合紧密。检查轴承合金与底板贴合得是否紧密，可敲击轴承片查听，若

有哑声，表明合金与底板贴合不牢，应重新选配。

除上述要求外，轴承的合金表面不应有裂纹和露出底板的砂眼。

(2) 轴承的修配

曲轴轴承常用的修配方法有刮削、镗削和直接选配等多种方法。通常巴氏合金的轴承用刮削或镗削法修配，锡铝和铜铅合金轴承用直接选配法修配。镗削修配是专业修理厂普遍采用的方法，它可保证轴承的尺寸精度和形位公差精度，减小表面粗糙度，提高修理质量。

①连杆轴承的刮削。

ⓐ将曲轴放在支架上，在轴表面涂一层红丹，将装配好轴承的连杆套在相应的连杆轴颈上，均匀地拧紧螺母，直到转动连杆有阻力时为止，往复转动连杆，使轴承与轴颈摩擦。拆下连杆查看轴承的接触印痕，确定修刮部位并进行修刮。开始修刮时，接触部位都是在轴承的两端，且压痕较重，此时每次可多刮去一些。

ⓑ轴承经过几次修刮后，其接触部位逐渐由轴承的两端向中间扩展。当接触面扩大到轴承长度的 1/3 处时，应在轴承座端面接触处垫上 0.05 mm 厚的垫片 2～3 片，以减少合金的修刮量，提高修刮速度，缩短修刮时间。此时要注意适当保留接触面，即刮大留小，刮重留轻，长印划断，大块分割。轴承需反复多次修刮，直至松紧度合适，接触面符合要求时为止。

ⓒ刮削中，若出现轴承松紧度合适，接触面不足时，应适当抽减垫片继续修刮，以进一步提高接触面。一般情况下，轴承刮削好后应保留垫片 1～2 片，以便小修维护中撤去垫片调整恢复轴承的松紧度。

ⓓ刮配后要求轴承的接触面和松紧度都须符合规定。

ⓔ连杆大端与曲轴臂间隙的检查：连杆轴承刮削后，还应按图 6.38 所示方法检查连杆大端与曲轴臂之间的间隙，一般为 0.17～0.35 mm。若超过使用限度 0.50 mm 时，应在连杆大端侧面加焊少许青铜或浇一层轴承合金，并进行修配。

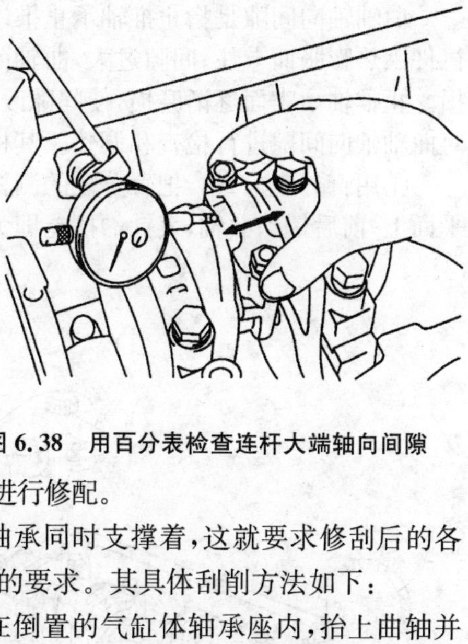

图 6.38 用百分表检查连杆大端轴向间隙

②曲轴主轴承的刮削。一根曲轴由几道主轴承同时支撑着，这就要求修刮后的各道轴承的轴向中心线必须重合，以适应曲轴工作的要求。其具体刮削方法如下：

ⓐ校正水平线。将擦拭清洁的各道轴承放在倒置的气缸体轴承座内，抬上曲轴并转动数圈，不装轴承盖，抬下曲轴，查看各道轴承的接触位置。若接触位置是在轴承的两端略靠下的位置，则为正常；若接触位置是在轴承两端边缘或在轴承下部，或有的轴承根本不接触，均属不符合要求，应更换一组轴承，重新选配。若接触情况不一致，但相差不大时，可对高出的部分稍加修刮，使各道轴承中心线一致。

ⓑ刮配轴承。水平线校正好后，抬上曲轴按标记装上全部轴承盖，交替拧紧螺栓，每拧紧一道螺栓转动曲轴数圈，松开该道螺栓。然后按此方法依次将各道螺栓拧紧又松开，进行完毕，取下主轴承盖，抬下曲轴，根据接触状况修刮轴承工作面，并在轴承盖接合面内加 2～3 片 0.05 mm 厚的垫片，即将刮好时，将全部轴承盖螺栓拧紧，同时转动曲轴以研磨各道轴承工作面，再进行选择性刮削，以确保各轴承中心线一致。

5）曲轴轴承配合间隙的检查

曲轴轴承间隙是指曲轴的径向和轴向间隙。这两种间隙都是为了适应发动机在工作中机件受热膨胀时的需要而设定的。

（1）曲轴径向间隙的检查

轴承与曲轴轴径之间的间隙，称为曲轴的径向间隙。检查的方法有：

①将轴承盖螺栓按规定顺序及拧紧力矩拧紧后，用适当的力矩（四道轴承的用30～40 N·m，七道轴承的用 60～70 N·m）转动曲轴，以试其松紧度。或用双手转动曲轴臂使曲轴旋转，试其松紧度。这种方法简单易行，但需要有一定的技术经验。

②用内径千分尺和外径千分尺分别测量轴颈的直径和轴承的内径，测得的这两个尺寸的差，就是它们之间的间隙。一般径向间隙为 0.025～0.050 mm。

③在轴颈和轴承之间，放一比轴承标准间隙约大 2 倍的软铅片，按规定力矩拧紧轴承盖，然后卸下盖取出铅片，用千分尺测其厚度，这个厚度即为曲轴轴承的径向间隙。

（2）曲轴轴向间隙的检查

曲轴轴向间隙是指止推轴承止推端面与轴颈定位肩之间的间隙。间隙过小，会使机件因热膨胀而卡住；间隙过大，曲轴前后窜动，则会使活塞连杆组机件产生不正常磨损。止推轴承表面逐渐磨损，使间隙改变，形成轴向位移。因此，在主轴承修配完后，应对曲轴轴向间隙进行检查和调整。其检查方法有如下两种：

①用百分表检查。把百分表的测杆触头抵在曲轴的前端或其他与曲轴轴线垂直的平面上，前后撬动曲轴，表针的摆差即为曲轴的轴向间隙，如图 6.39 所示。

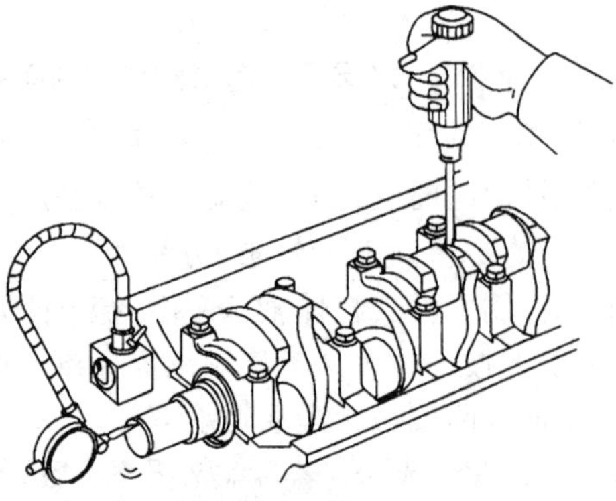

图 6.39　检查曲轴轴向间隙（Ⅰ）

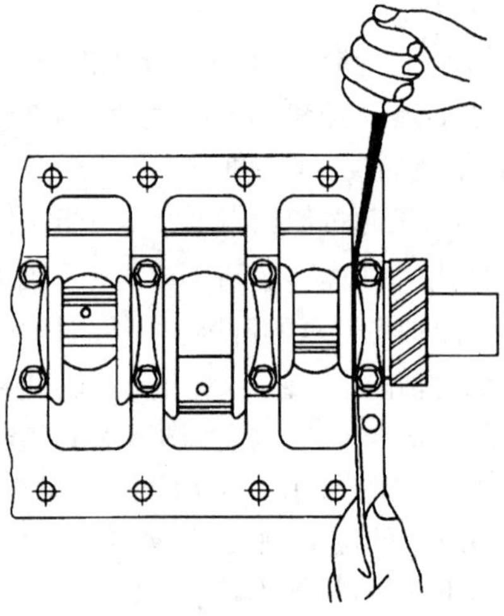

图 6.40　检查曲轴轴向间隙（Ⅱ）

②用塞尺检查。如图 6.40 所示，用撬棒将曲轴撬向后端，用塞尺在第一道曲轴臂与止推轴承之间进行测量。轴向间隙过大或过小，可通过换用不同厚度的止推轴承进行调整。

6）飞轮的检修

飞轮常见的损坏主要是齿圈磨损、打坏和离合器接触工作面磨损。在进行发动机大修时，应检查飞轮的磨损，根据实际情况进行修理。

（1）飞轮齿圈的修理

飞轮齿圈轮齿若仅仅是单面磨损，并且磨损不超过齿长的 30%以上，可将齿圈翻转 180°角继续使用。个别轮齿损坏，可采取镶齿法修复。如果齿圈两面磨损严重或者轮齿打坏 4 个以上时，可堆焊修复或更换新齿圈。更换新齿圈时，先拆下旧齿圈，选择过盈量为 0.3～0.9 mm 的新齿圈，将其加热到 300～400℃时趁热压进飞轮。为防止齿圈松动，可采取每隔 120°角钻孔，载入钢销固定。

（2）飞轮工作面的修理

飞轮工作面磨损成波浪形或起槽，深度超过 0.5 mm、平面度误差大于 0.1 mm 时，应光磨或在车床上精车后磨光。飞轮厚度不得低于新飞轮 1.2 mm。波浪形深度不超过 0.5 mm 时，允许有不多于两道的环形沟痕存在，但应消除毛刺。

（3）飞轮偏摆的检验与调整

飞轮与曲轴装合后，放在倒放缸体的主轴承孔内，或用支架支平，如图 6.41 所示。用千分表触及飞轮后端工作面的 1/2 半径处，转动曲轴一圈，千分表指针摆动差不大于 0.20 mm，摆差如过大，可在曲轴凸缘与飞轮之间加垫片调整，不允许用机械加工法修整，以保证曲轴与飞轮的平衡。

图 6.41　飞轮偏摆的检查

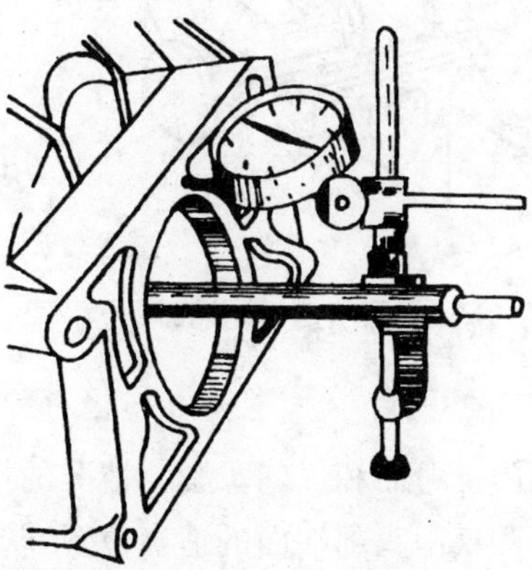

图 6.42　飞轮壳后端面摇摆度检查

（4）飞轮壳后端面摇摆度的检修

飞轮壳与缸体安装后，其安装变速器的平面应与曲轴中心线垂直，以保证变速器输入轴与曲轴中心线重合，减少变速器故障的产生。检查方法如图 6.42 所示。装好飞轮壳后，将专用检测轴装入曲轴后端凸缘孔中，并使其保持水平，将千分表架支在检测轴上,使支架随同千分表转一圈,千分表指针差应不大于0.20 mm,若摆差过大,可在飞轮壳与缸体接合面之间加垫片调整。

6.4 配气机构的检修

6.4.1 气门组成机构的检修

1）气门的检修

发动机运转过程中,气门工作条件十分苛刻,要承受冲击性交变载荷和燃烧气体的热负荷作用,尤其是排气门还要受到高温气流的冲刷和腐蚀影响,加之气门相对运动的部位润滑条件极差,使气门产生下列损伤:气门工作面出现烧蚀、开裂、斑点或凹坑;工作面受磨损起槽、变宽;气门杆弯曲、磨损、端部偏磨等。

当气门工作面磨损、烧蚀时,可在专用气门光磨机或气门车削机上进行加工(如图6.43所示);出现严重烧蚀、开裂时应更换。

要光磨的气门应满足下列技术条件:气门杆的直线度误差应小于0.03 mm,气门头部的偏摆量不超过0.05 mm,气门杆的磨损量不超过0.05 mm。

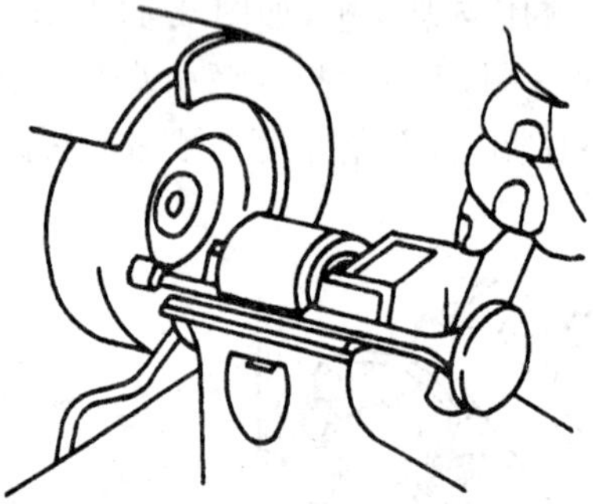

图6.43 修磨气门杆尾端面

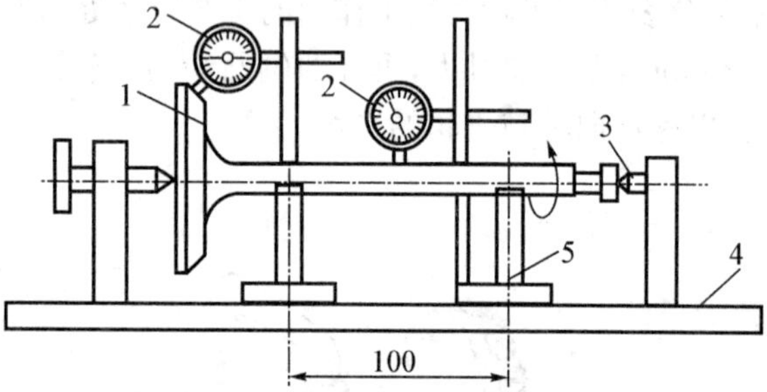

图6.44 气门杆弯曲检验

1—气门;2—百分表;3—顶针;4—平板;5—V形块

气门杆弯曲和气门头歪斜情况的检测,可按如图6.44所示方法将百分表分别触及气门杆和气门头部端面的适当位置,转动气门杆一周,百分表最大和最小读数之差,分别表示气门杆弯曲和气门头歪斜的程度。若气门杆的直线度和气门头部的垂直度分别超过0.03 mm和0.02 mm时,可用压力机予以校正或更换气门。

气门头部工作面及气门杆端部磨削后应符合下列技术要求:工作面不允许有麻点,表面粗糙度值低于Ra1.25,气门头部上边缘厚度不小于0.50～1.00 mm。气门头部边缘厚度低于极限值时,工作时容易挠曲,尤其是排气门会发生烧蚀。气门工作面磨削后，其工作面角度应符合要求。气门杆端部磨削后，其总长度不能小于极限值。气门的极限长度比标准长度尺寸一般允许小 0.5 mm 左右。

2）气门导管的检修

（1）气门导管磨损的检查

气门导管磨损后会使其与气门杆的配合间隙增大，导致气门工作时摆动，关闭不严，造成漏气，特别是当高温气体窜入气门杆与导管间隙时排气门产生过热，磨损加速，严重时会造成导管内润滑油烧结，使气门卡死。

气门导管的磨损程度可用伸缩式内径测量仪或带百分表的内径测量仪直接测量（如图 6.45 所示）导管内径，将所测值与标准内径相比较。如果测量值与标准值之差大于气门导管的极限磨损量时，应进行铰孔并满足加大修理尺寸的气门杆的要求，必要时更换气门导管。

气门导管内径的磨损情况，还可以通过测量气门杆与导管间的配合间隙来间接测量导管的磨损情况。测量时，先把气门安装在导管内并将其提起，高于气缸盖平面10～15 mm，然后将百分表杆触到气门头边缘，测量气门头的摆动量。

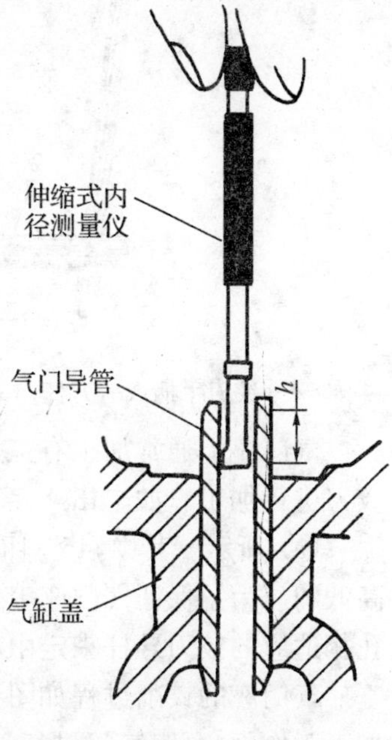

图 6.45　测量气门导管内径

（2）更换气门导管

当气门导管内孔磨损，且超过最后一级修理尺寸时，应更换。更换气门导管时，应先用铳子或压床将旧气门导管按规定方向压出。对于丰田 2Y、3Y 装有限位卡环的气门导管，应先将其露出承孔的部分敲断，然后再将它铳出。对于铸铁缸盖，铳出时可不加热；对于铝合金缸盖，应加热后再铳出，以免缸盖裂损。安装新气门导管时，应根据导管外径适当铰削承孔，使其有一定的过盈量。安装导管时，应对缸盖加热，可用热水（60～80℃），或用喷灯加热。气门导管安装好后，应用长刃铰刀铰削内孔，使导管与气门杆有合适的配合间隙。进气门配合间隙一般为 0.025～0.060 mm，排气门约为 0.035～0.070 mm。

3）气门座的铰削与研磨

（1）气门座的铰削

气门座通常用一组气门座铰刀进行加工。气门座铰刀由多只不同直径、不同锥角的铰刀组成，如图 6.46 所示。铰削作业应在镶气门导管后进行，这样才能保证气门座与气门导管的中心线重合。

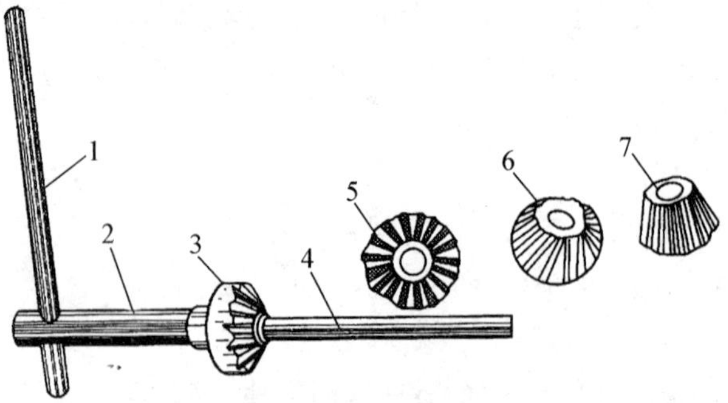

图 6.46　气门座铰刀

1—铰刀手柄；2—刀杆；3—30°铰刀；4—导杆；5—15°细刃铰刀；6—45°铰刀；7—75°铰刀

气门座上通常加工有三个不同锥角的斜面，可用一组与其相应的不同角度的气门铰刀进行加工。如丰田 Y 系列发动机气门座的倾斜角度分别为 30°、45°和 60°，如图 6.47(a) 所示。其中，45°斜面为工作面，而 30°和 60°是用来调节工作面的宽窄和位置高低的。为了保证气门座工作斜面与气门导管中心线的同轴度，应选用与气门导管内孔相适应的铰刀导杆来定中心。

气门座的铰削过程如图 6.47(b)、(c) 所示，一般应先粗铰后精铰。先用 45°铰刀加工工作面，再用气门进行试配，并根据气门工作锥面接触带的位置和宽度用 30°或 60°铰刀进行调整铰削。接触带偏向小头，用 60°铰刀铰削；接触带偏向大头，用 30°铰刀铰削。修整铰削好的气门座，宽度应为 1.2～1.6 mm。与气门试配后，气门上的工作面接触带应处在中部偏下，则为正确。

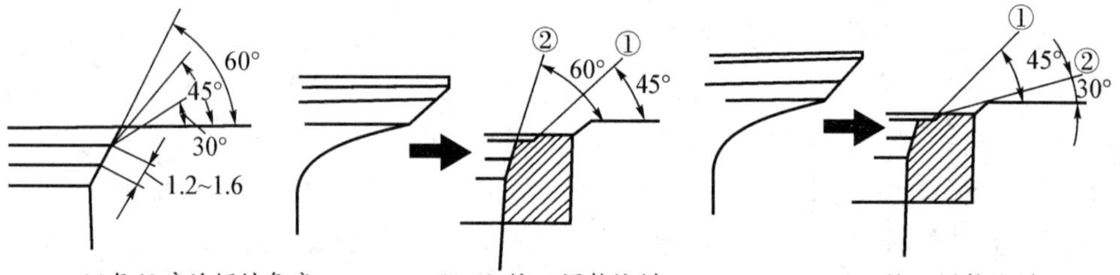

(a)气门座的倾斜角度　(b) 60°铰刀调整铰削　(c) 30°铰刀调整铰削

图 6.47　气门座的角度

(2) 气门座的磨削

有些气门座材质十分坚硬，不易铰削，可用气门座光磨机进行磨削。磨削工艺要点如下：

①根据气门工作面锥度和尺寸选用砂轮。一般砂轮直径比气门头部直径长 3～5 mm。

②修磨砂轮工作面达到平整并与轴孔同轴度公差在 Φ0.025 mm 以内。

③选择合适的定心导杆，夹紧在气门导管内。磨削时，导杆应不转动。

④光磨时，应保证光磨机正直，并轻轻施以压力。光磨时间不宜太长，要边磨边检

查。

(3) 气门的研磨

若气门、气门座及气门导管均按规定标准修理，经检验合格，就不一定需要研磨配合。若因修理条件所限，不能达到修理技术规定或在维修中各方面磨损不大时，可采用研磨方法使气门与气门座的工作结合面获得良好的配合。研磨方法有机动研磨和手工研磨，手工研磨比较可靠而简单，故被普遍采用。

手工研磨：研磨前应先用汽油清洗气门、气门座和气门导管，将气门按顺序排列或在气门头部打上记号，以免错乱。在气门工作锥面上涂薄薄一层粗研磨砂，同时在气门杆上涂以稀机油，插入导管内，然后利用气门捻子，使气门作往复和旋转运动，与气门座进行研磨，注意旋转角度不宜过大，并提起和转动气门，变换气门与座的相对位置，以保证研磨均匀。手工研磨中，不应过分用力，也不要提起气门用力在气门座上撞击，否则会将气门工作面磨宽或磨成凹槽。当气门工作面与气门座工作面磨出一条较完整且无斑痕的接触环带时，可将粗研磨砂洗去，换用细研磨砂，继续研磨。当工作面出现一条整齐的灰色的环带时，再洗去细研磨砂，涂上润滑油，继续研磨几分钟即可。

机动研磨：将气缸盖或气缸体清洗干净，置于气门研磨机工作台上，在已配好的气门工作面上涂上一层研磨膏，将气门杆部涂以机油并装入导管内，调整各转轴，对正气门座孔，连接好研磨装置，调整气门升程，进行研磨。一般研磨 10～15 min 即可。研磨后的工作面应成为一条更光泽的圆环。

4) 气门与气门座的密封性检验

检验前必须将气门和气门座清洗干净，然后再进行检验。常用的方法有以下几种：

①检验前将气门及气门座清洗干净，在气门锥面上用软铅笔均匀地划上若干条线，每条线相隔约 4 mm，然后与相配气门座接触，略施力压紧并转动气门 45°～90°，取出气门，察看铅笔线条，如铅笔线条均被切断，如图 6.48 所示，则表示密封良好；否则，应重新研磨。

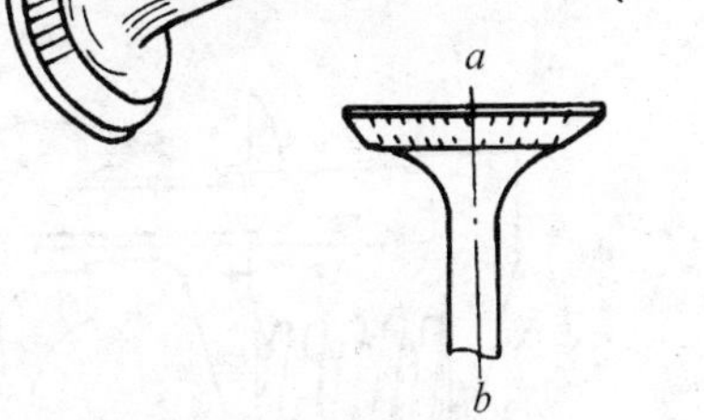

图 6.48 用铅笔划线检查

②将气门与相配气门座轻轻敲击几次，察看接触带，如有明亮的连续光环，即为合格。

③在气门工作面上涂抹一层轴承蓝或红丹，然后用橡胶捻子吸住气门在气门座上旋转 1/4 圈，再将气门提起。若轴承蓝或红丹布满气门座工作面一周而无间断，又十分整齐，即表示密封良好。

④用煤油或汽油浇在气门顶面上，5 min 内察看气门与座接触处是否有渗漏现象，如无即为合格。

⑤用气密性检验器进行检验，如图 6.49 所示。检验时，先将空气容筒紧贴在气门

头部周围，再压缩橡胶球，使空气容筒内具有 60～70 kPa 的压力。如果在半分钟内气压不下降即为密封性能良好。

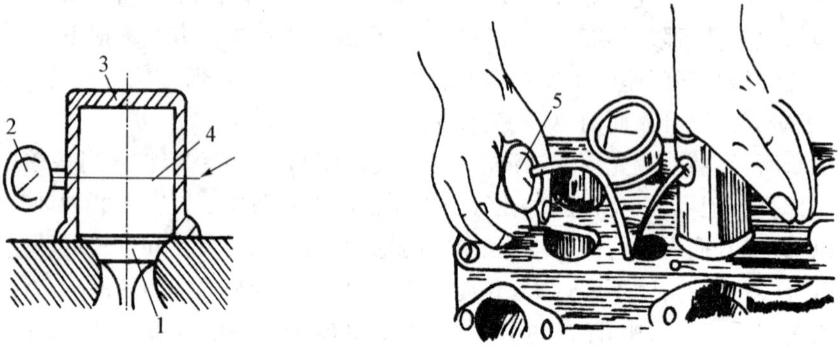

图 6.49　用气门与气门座密封性试验器检验气门密封性

1—气门；2—气压表；3—空气容筒；4—与橡胶球相通的气孔；5—橡胶球

5）气门弹簧的检修

气门弹簧经过长期使用后，由于受力压缩产生塑性变形，促使弹簧弹性疲劳而使自由长度缩短、弹力不足，簧身歪斜以至变形和折断，影响配气的正确性和气门关闭的严密性。气门弹簧的歪斜变形或折断，不仅影响发动机的正常运转，而且在顶置式气门装置中，还会发生气门掉入气缸，造成机械损失事故。

（1）气门弹簧的检查

①气门弹簧损伤的检查。气门弹簧的损伤可用磁力探伤进行检查。若发现任何性质的裂纹或折断，均应更换。

②气门弹簧自由长度的检查。用游标卡尺或高度尺测量，如图 6.50(a) 所示。大修时，气门弹簧的自由长度允许比出厂尺寸缩短 4%，在相同压缩长度下，相应压力允许降低 8%。

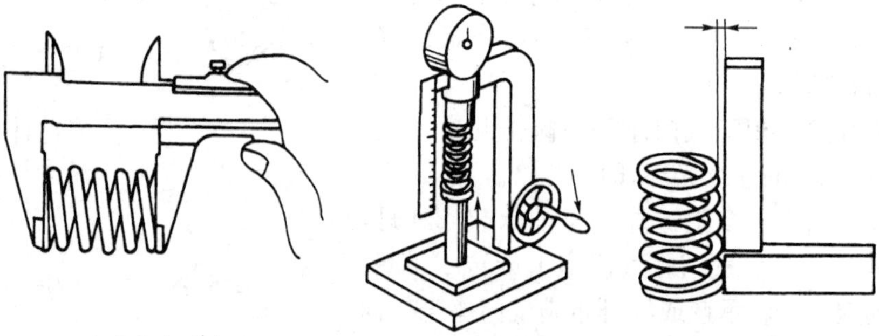

(a) 自由长度的检测　　(b) 弹射弹力的检测　　(c) 垂直度的检测

图 6.50　气门弹簧的检测

③气门弹簧弹力的检查。一般在弹簧弹力试验器上进行，如图 6.50(b) 所示。测

试时，应以弹簧被压缩到规定长度时的压力数值来度量。弹力若低于大修允许限度时，应予更换。

④气门弹簧垂直度误差的检查。将弹簧置于平板上，用 90°角尺靠向弹簧，如图 6.50(c) 所示。弹簧上端或中部与 90°角尺的间隙如果超过1.5 mm，应予更换。

(2) 气门旋转机构的检验

常见的线圈弹簧式气门旋转机构如图 6.51 所示。

气门开启时，气门弹簧的反作用力施加在片弹簧 1 的圆周上，并使螺旋弹簧 2 作圆形微动旋转，使气门每向上运动一次就转动一个角度，气门就在新的圆周位置上关闭，从而有效地防止气门密封带的擦伤，延缓气门烧蚀点的疲劳扩展，改善气门与气门座的密封性，延长其使用寿命。片弹簧和螺旋弹簧若发生变形、断裂、弹力减弱，均应更换。

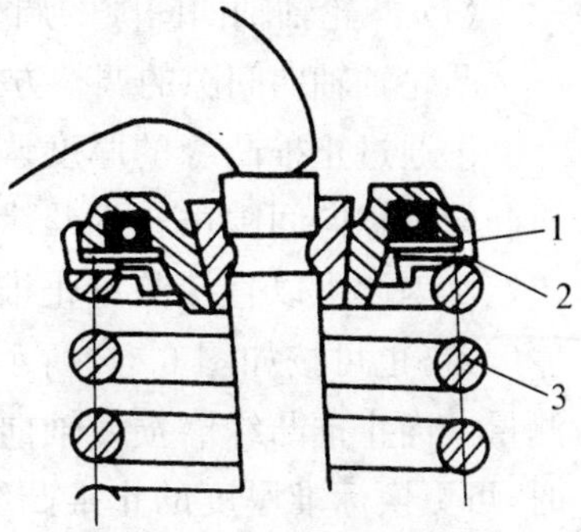

图 6.51 气门旋转机构
1—片弹簧；2—座圈；3—螺旋弹簧

6.4.2 气门驱动机构的检修

1) 凸轮轴的检修

(1) 凸轮的检修

凸轮的擦伤和疲劳剥落，一般可由目视发现。凸轮磨损使气门的最大升程减小和升程规律改变，因此凸轮最大升程的减小值是凸轮检验的主要数据。凸轮最大升程的检测，用千分尺测量凸轮顶尖最大高度值和底部的基圆直径值，两者之差即为凸轮的实际升程。检查凸轮磨损时，也可用样板或凸轮磨损检验仪进行检验。当凸轮最大升程减小值大于 0.40 mm 或凸轮表面累计磨损量超过 0.80 mm 时，应更换凸轮轴；当凸轮表面累计磨损小于 0.80 mm 时，可在凸轮轴磨床上修磨凸轮。但是，由于现代发动机凸轮均为组合线型，加工精度高，修理工艺复杂，费用高，因而目前在汽车修理中极少对凸轮修复，大多是换用新凸轮轴。

(2) 凸轮轴变形的检修

检查凸轮轴的弯曲常用 V 形铁支撑凸轮轴两端轴颈，或把凸轮轴装于车床两顶针之间，用百分表的测杆触头抵在中间轴颈上测量。径向圆跳动量应不大于 0.03 mm，如在 0.05～0.10 mm 范围内，可以结合凸轮轴轴颈磨修加以修整；若大于 0.10 mm，可用冷压法校正。

(3) 凸轮轴轴颈磨损的检修

检查凸轮轴轴颈磨损，其方法是测量轴颈的圆度和圆柱度误差，如超过规定值，应予修理，可用修理尺寸法缩小修理尺寸。如超过最后一级修理尺寸，凸轮轴轴颈磨损可采用堆焊，再磨削至标准尺寸。

凸轮轴轴颈的修磨，要在检查、修磨凸轮基圆之后进行。修磨以后的凸轮轴轴颈，各个轴颈的圆柱度误差不大于 0.015 mm，使用极限为 0.025 mm。凸轮轴轴颈与正时同步齿轮接触端面应和凸轮轴轴线垂直。用百分表沿轴颈端面边缘测量时，端面的圆跳动误差应不大于 0.03 mm。对各轴颈标准尺寸一致的凸轮轴，为便于安装和防止刮伤各轴承的合金表面，其轴颈的修理尺寸应由前向后逐道微量缩小。

(4) 凸轮轴轴向间隙的调整

凸轮轴轴向间隙的调整方式有以下两种：

①通过止推凸缘的厚度调整。有些发动机凸轮轴轴向间隙由止推凸缘与隔圈的厚度决定。因此可以直接测量止推凸缘和隔圈的厚度差，也可按如图 6.52 所示的方法用塞尺测量。当止推凸缘磨损使轴向间隙超过规定时，可更换标准厚度的止推凸缘。注意：不可任意减薄隔圈的厚度，否则将会改变凸轮的轴向位置而影响配气相位。

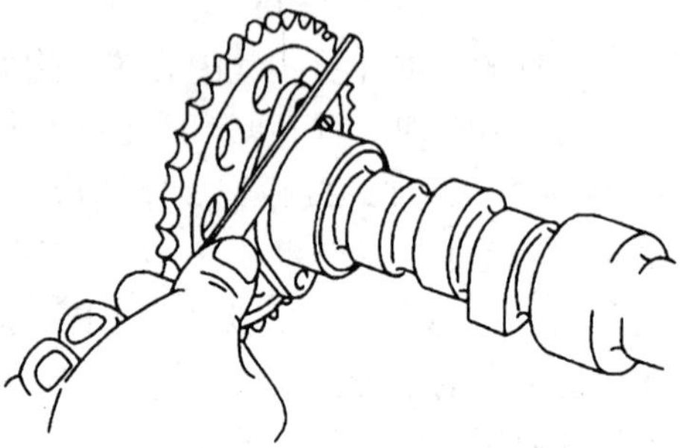

图 6.52　检测凸轮轴轴向间隙

②采用轴承定位。桑塔纳等轿车发动机采用凸轮轴轴承定位的方式来调整凸轮轴轴向间隙。检查凸轮轴轴向间隙时，首先拆去筒形挺杆，然后将凸轮轴装入轴承中，使百分表测杆触头抵在凸轮轴轴端，推拉凸轮轴，百分表上的摆差即为凸轮轴轴向间隙。

2) 正时齿轮、链条与链轮及同步齿形带与带轮的检修

目前正时传动除齿轮传动外，多采用正时链传动和正时同步齿形带传动，特别是同步齿形带有许多优点：质量轻、强度大、柔韧性好、运行中无噪声、不伸长、无需润滑、结构简单和易于维护等，所以广为轿车发动机所采用。

(1) 正时齿轮的检修

正时齿轮工作过久，轮齿会发生磨损，致使齿侧间隙变大，工作时出现噪声。齿侧间隙的极限值为 0.30～0.35 mm。齿侧间隙超过极限值时，应成对更换正时齿轮。

(2) 正时链条与链轮的检修

正时链轮与链条磨损后，链轮的直径变小链条变长，从而引起噪声和影响配气正时。因此，应检查链条的全长或规定链节数的长度以及链轮的最小直径是否超过极限值。

测量链条长度时，为使测量准确，应施加 50 N 的拉力。如图 6.53(a) 所示，将链条拉直后再用游标卡尺测量。

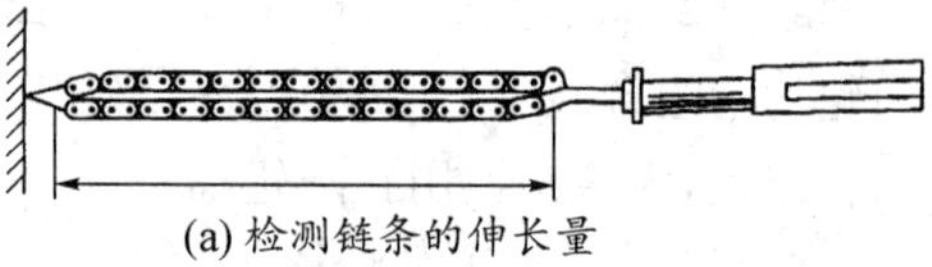

(a) 检测链条的伸长量

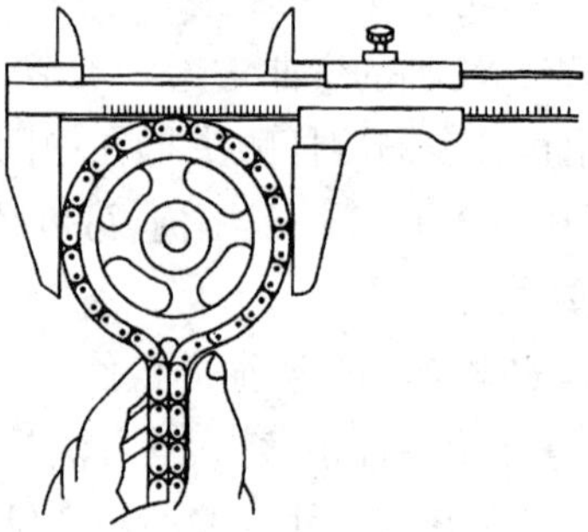

(b) 检测链轮的磨损量

图 6.53　同步链与链轮的检测

为便于测量链轮磨损后的直径，可将新的正时链条扣于链轮上，如图 6.53(b) 所示，并环绕其一周拉紧，用游标卡尺测量直径。测量后应将实测值与极限值比较，若小于极限直径应更换新件。

(3) 正时同步齿形带与带轮的检修

正时同步齿形带虽有噪声小、质量轻、无需润滑、一般无需调整等优点，但若其安装、调整、保护不当时，会造成早期磨损和损伤。同步齿形带的常见损伤有断裂、牙齿缺损、表面磨损、老化龟裂、变形和端面磨损等。当牙齿缺损超过 3 个齿时，发动机将无法起动。对于有损伤或使用里程达到规定值的同步齿形带要及时更换。

注意对同步齿形带的保护，不要将带过度扭曲或弯折，不要沾上油污或与水或蒸汽接触。

同步齿形带轮磨损后，若其直径小于极限值，应更换新件。

3) 凸轮轴轴承的修配

凸轮轴轴颈与轴承的配合间隙，轿车大于 0.15 mm、载货汽车大于 0.20 mm 或发动机大修时，应换用新轴承，以保持轴颈与轴承的正常配合。凸轮轴轴承的修配方法有镗削、铰削及手工刮削等。其中刮削后

轴承内径＝轴颈尺寸＋轴承与轴颈的配合间隙＋轴承与座孔的过盈量

(1) 刮削工艺

先冲下气缸体上的后端堵孔盖，如图 6.54 所示；然后，按图 6.55 所示用专用工具拆除旧轴承。根据凸轮轴轴颈的实际尺寸，选配同级修理尺寸的轴承。刮削前，首先检查所选轴承是否适合采用刮削法。只有刮削量很小的轴承，才能使用刮削法，如刮削量较大，则必须采用铰削法。用量缸表和游标卡尺测量凸轮轴轴承与轴承孔，以确定合适的过盈量。过盈量过大，轴承难以装入，或使气缸体胀裂，或使轴承变形；过盈量过小，则定位不牢，轴承工作易发生转动，堵住轴承润滑油道孔，破坏润滑。

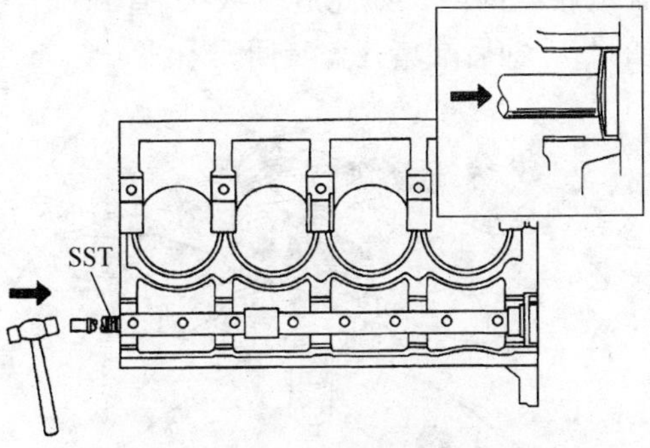

图 6.54 拆下凸轮轴后端堵孔盖

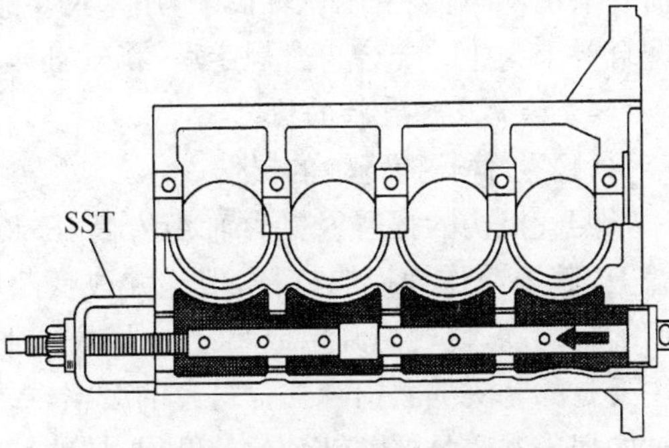

图 6.55 拆除旧凸轮轴轴承

根据凸轮轴颈尺寸刮削轴承：在凸轮轴颈上先涂一薄层红印油，把轴承套在上面转动轴承数圈后取下，用刮刀刮去一层轴承上的合金。再把轴承套在凸轮轴颈上转动，取

下后根据接触情况再次修刮，直到刮削至轴承与凸轮轴颈间插入一定厚度的塞尺且拉动塞尺稍有阻力时为止。

插入的塞尺厚度＝轴承与轴承孔的过盈量＋轴颈与轴承的配合间隙

这样，当把轴承压入轴承孔后，由于轴承内径的缩小量接近轴承与轴承孔的配合过盈量，故可得到所需的配合间隙。轴承刮削后要求接触面积达到75％以上。

如图6.56所示，用专用工具把刮削好的轴承压入轴承孔。压入时要注意将油孔对正，各道轴承直径大小不同，不得装错，轴承合金面不能打毛。然后，将凸轮轴插入轴承孔内，转动数圈，根据其松紧度和接触面的情况进行适当的修刮。注意：这时即使配合较紧，也不能再把轴承取出来，而只能在气缸体上修刮；否则，会失去轴承与轴承孔配合的过盈量。最后用经验方法检查配合的松紧度，在轴承内涂上润滑油，转动凸轮轴数圈后用手指拨动正时同步齿轮，应转动灵活无卡阻现象；上下扳动正时同步齿轮时无明显的径向间隙感觉。

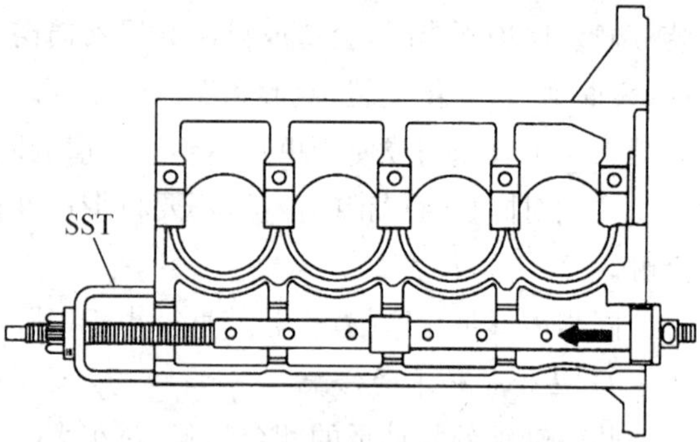

图6.56 装配新凸轮轴轴承

(2) 铰削工艺

凸轮轴轴承的铰削采用专用铰削凸轮轴轴承的长活络铰刀。铰刀杆上装有4把铰刀，可以分别调整。铰销工艺开始的两项操作与刮削工艺相同，并按要求将选配合适的轴承压入各轴承孔。接着，将铰刀穿过第一、二、三道轴承，再把各铰刀分别放入所有四道轴承，徐徐旋转，进行铰削。轴承的内径应铰至相应的修理尺寸，其内孔圆度和圆柱度误差不大于0.01 mm，表面粗糙度值小于Ra0.4。铰削完毕后，要用与进行铰削时相同的旋转方向，慢慢将铰刀旋转退出。各道轴承中心应一致。最后，用压缩空气吹尽切屑并清洗干净，装上凸轮轴试配，用塞尺检查各道相配间隙。如此进行数次，直到符合配合要求为止。配合符合规定后，将气缸体上的凸轮轴后端堵孔盖装回。

4) 摇臂及摇臂轴的检修

(1) 摇臂与摇臂轴的损伤

配气机构的摇臂及摇臂轴组安装在气缸盖上，其摇臂作为换向杠杆，传递并改变凸轮的上下运动，使气门开启或闭合。摇臂的损伤主要是摇臂头的磨损和摇臂衬套的磨损；摇臂轴的损伤主要是摇臂轴轴颈的磨损、摇臂轴的弯曲变形等。

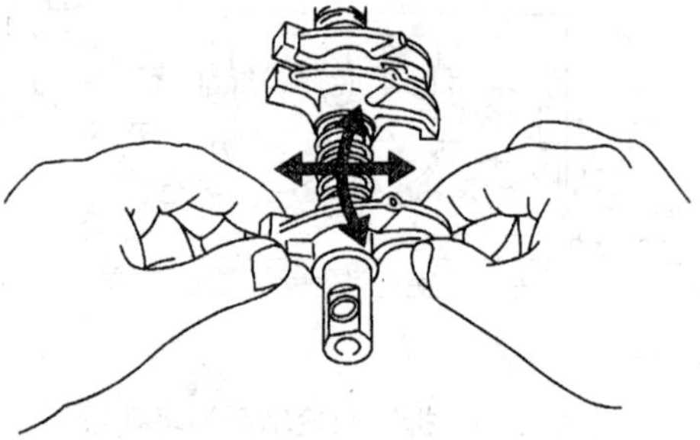
图6.57 经验法检查摇臂与轴的配合间隙

(2) 摇臂的检修

①经验方法。按照如图6.57所示摆动各摇

臂，检测摇臂与轴之间的配合间隙。如果感觉到有摆动，则表示该间隙过大，应进一步检查。

②目视检查。目视检查气门摇臂与气门杆端接触处有无磨损、台阶及刮损。轻微沟痕可用油石或磨光机修整；如磨损严重，应更换摇臂。摇臂上若调整螺钉的螺纹损坏，应予更换。

检查摇臂长端与气门杆端部接触面有无缺口、凹陷、沟槽、麻点、划痕和磨损。检查摇臂短端调整螺钉球头孔一端的损伤和磨损。检查摇臂润滑油孔是否堵塞。

③检测摇臂与摇臂轴的间隙。摇臂与摇臂轴的规定配合间隙为 0.02～0.04 mm，当该间隙超过 0.10 mm 时，应更换摇臂衬套或摇臂轴。检查时，使用游标卡尺或表盘式指示器测量摇臂内径。

(3) 摇臂轴的检修

①摇臂轴轴颈磨损的检测。测量轴颈磨损量和表面粗糙度，使用千分尺测量轴颈(摇臂安装部位)磨损量。如轴颈磨损大于 0.02 mm，或摇臂轴与摇臂承孔配合超过规定，应予修理。其修理方法可采用电镀修复或更换。摇臂轴外圆柱面圆柱度误差应不大于 0.01 mm，超过时，可采用电镀修复。

②摇臂轴弯曲变形的检测，即检查摇臂轴径向跳动量。检查时，将摇臂轴放在 V 形铁上，用百分表测量摇臂轴中央部位的径向跳动量。如果摇臂轴弯曲变形，应用台式压床冷压校正，使其直线度误差在 100 mm 长度上不大于 0.03 mm。

③装配注意事项。

ⓐ装复摇臂轴支座时，带有油槽的应与油孔对正，不能混装。

ⓑ气门摇臂长端与气门杆端头应对正，其误差不得大于 0.50 mm。

ⓒ气门推杆不允许有弯曲现象。推杆上、下端球座均应光滑，如有裂纹、磨损过甚、变形起槽等现象时，应更换。

5) *液压气门挺杆的检查*

液压气门挺杆失效，会引起发动机异响严重，应及时检查更换。由于液压气门挺杆能实现气门零间隙传动的特点，目前使用较普遍。修理时主要检查挺杆体的损伤情况、挺杆体与其承孔的配合间隙，并对挺杆总成进行模拟功能检查。

(1) 挺杆体损伤检查

检查挺杆体底面和圆柱体外表面是否出现擦伤痕迹。用刀口直尺横置于挺杆体底平面上，检查每个挺杆体底面是否出现凹形磨损和偏磨损，如果挺杆体底平面凹陷或偏磨严重，应更换挺杆。挺杆体与承孔的接触表面磨损后，它们之间的配合间隙增大，会影响配气机构的正常工作。用内径千分尺测量承孔的内径，用外径千分尺测量挺杆体的外径，其尺寸差值为两者的配合间隙。

(2) 泄沉试验

泄沉试验又称漏降试验，是模拟液压气门挺杆在受载沉降情况下，试验每个液压气门挺杆的泄沉速率是否在规定的公差范围内，以保证液压挺杆的零间隙作用。

泄沉试验应在专用试验仪上进行，图 6.58 所示为泄沉试验仪。下面以北京切诺基

2.5 L发动机液压气门挺杆为例简述其泄沉试验步骤：

①将挺杆装入油杯中。

②在油杯中充入液压气门挺杆试验油，使挺杆完全浸没在油中。

③给液压挺杆排气，反复把重臂提起再放下，使挺杆体中的柱塞上下往复运动多次，以排除挺杆体内的空气。当气泡消失后，提起重臂，将柱塞升至正常位置。

④将重臂轻轻落在挺杆上。

⑤顺时针转动试验仪底座上的手柄，使试验油杯旋转，每2 s旋转一圈。

⑥当指针指到刻度盘上“START”(开始)标记时，按下秒表，开始记录泄沉时间，当柱塞下沉至指针指示3.18 mm的标记时结束。

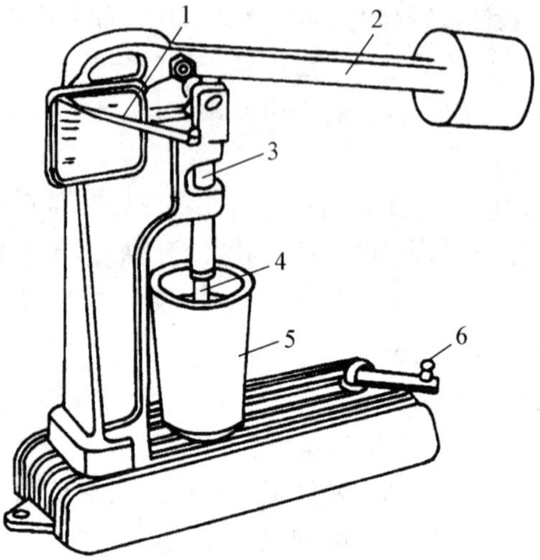

图6.58 泄沉试验仪

1—指示表指针；2—重臂；3—推杆；4—压头；5—油杯；6—手柄

功能正常的液压挺杆，其泄沉时间范围为20～110 s，超过规定时间范围的挺杆应报废。

6）气门推杆的检修

气门推杆亦称摇臂推杆，其功用是把气门挺柱所受力传至摇臂。不同的发动机有不同形式的推杆，多数是定长的，也有长度可调的；推杆有空心和实心的，分别用钢管或钢杆制成。

气门推杆沿杆身轴线易产生弯曲，因此应检测其直线度。检查时，将推杆放在平板上，在平板上滚动推杆，用塞尺测量推杆的直线度误差不得超过0.30 mm，否则，必须更换推杆或进行冷压校直修理。若推杆两端磨损严重或损伤，也应更换推杆。杆身表面应光滑、平直，不得有裂纹。推杆下端凸球面半径应符合规定，以免半径减小而加快挺杆内球面磨损。气门推杆损伤还有气门推杆凹球端面和气门推杆下端凸球磨损。气门推杆凹球端面和下端凸球磨损，可采用弹簧钢丝堆焊球面，再进行修磨。

6.5 润滑系的检修

6.5.1 机油泵的检修

1）齿轮式机油泵的检修

桑塔纳、切诺基、捷达、高尔夫、奥迪100、富康、丰田5 M轿车发动机和东风EQ1090型汽车发动机等，均采用齿轮式机油泵。齿轮式机油泵的损伤主要有泵壳破裂;齿轮磨损造成啮合间隙增大;泵盖内平面变形使齿端间隙过大;泵轴磨损与轴套配合间隙增大。

(1) 机油泵壳体的检修

泵壳体主轴孔磨损大于 0.05 mm 时,可铰孔至修理尺寸,配加大的机油泵主轴修复。在铰削主动轴上、下主轴承孔时,应保证其同轴度要求,为此在铰削时应将泵盖装在泵体上一次完成,主轴与主轴孔配合处的圆柱度误差应不大于 0.02 mm。机油泵壳主动轴孔与轴的配合间隙超过规定,或晃动泵轴有明显松旷感觉时,可将主动轴涂镀加粗,或用镶套法修复。

泵壳内腔底面磨损严重时,可将内孔底面洗平,同时应铣削掉泵盖结合面相应厚度,以保持齿轮与泵盖相应的间隙。铣削后,泵壳结合端面,内腔底面与主轴孔轴线的垂直度误差一般在 100 mm 内为 0.10 mm。

机油泵体裂纹可用焊接方法修复,壳体上螺孔损坏后应进行堆焊修复,然后钻孔和攻螺纹。

机油泵壳体修复后,主动齿轮轴承孔轴线与被动齿轮轴承孔轴线的平行度误差一般在 100 mm 内应不大于 0.14 mm,可用心棒及百分表检查。接合面平面度误差不大于 0.05 mm。

(2) 机油泵盖的检修

当泵盖平面有较轻的齿轮拉毛时,可在平板上研磨修复。研磨时应用力均匀,不要偏磨。

当泵盖磨损出现不平或凹槽超过 0.05 mm 时,应在平面磨床上磨平或在车床上车平。泵盖平面度误差可用直尺和塞尺进行测量,其值在 50 mm 内为 0.03 mm,如图 6.59 所示。如果泵盖端面平面度超过允许值应修磨端面。泵盖上装有限压阀时,还应检查弹簧的弹力和阀体,必要时应更换新品。

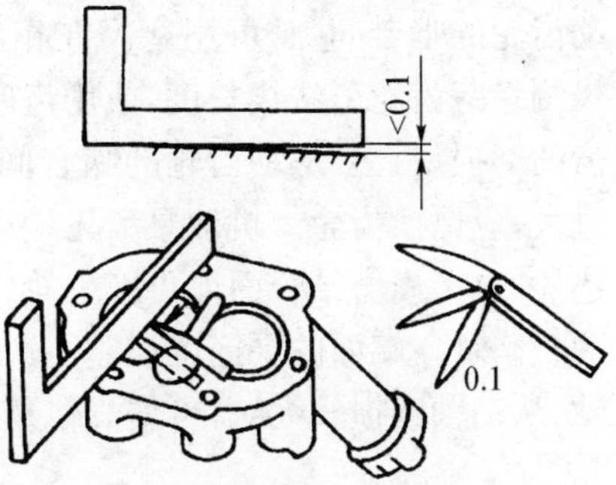

图 6.59　测量泵盖的平面度误差

(3) 机油泵轴的检修

机油泵轴的直线度误差在全长上为 0.03 mm,如果指针摆差超过 0.06 mm,应进行校正修复。主动轴与轴套孔的配合间隙一般为 0.03～0.08 mm,间隙大于 0.16 mm 应换轴或镶套。从动轴如有明显的单面磨损,可将其压出,把磨损面调整 180°再压入孔内继续使用。

(4) 机油泵主、从动齿轮的检修

齿轮式机油泵主要检测齿顶间隙、齿轮啮合间隙和端面间隙如图 6.60 所示。齿侧和端面间隙见表 6.4 和表 6.5。

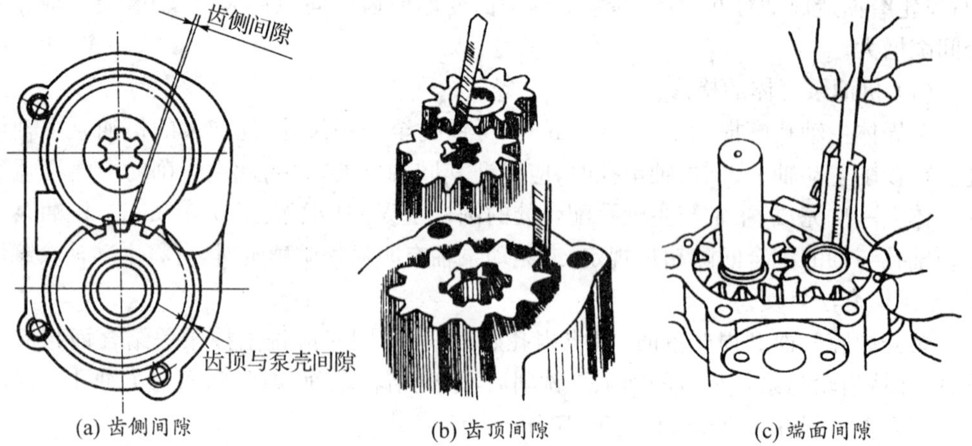

(a) 齿侧间隙　　(b) 齿顶间隙　　(c) 端面间隙

图 6.60　齿轮式机油泵的检测

齿轮轮齿工作面的小斑点面积不能大于整个齿面的 25%，否则应更换齿轮。轮齿若扭曲或断裂也应更换齿轮。齿顶间隙即为齿轮齿顶与泵壳内壁之间的间隙，一般正常值为 0.05～0.15 mm，使用限度为 0.25 mm。间隙过大应更换齿轮。机油泵主、从动齿轮的啮合间隙，可用塞尺在相互成 120°的三个位置上测量。另外，也可用游标卡尺测量跨齿轮公法线长度，或用齿厚游标卡尺测量固定齿高的齿厚等方法检查齿轮轮齿的磨损量，主、从动齿轮的啮合间隙一般为 0.05～0.25 mm。间隙过大或各点差值过大，应更换齿轮。机油泵齿轮端面与壳体接合面的端隙见表 6.5。间隙大时可减薄垫片，也可修磨结合面或更换齿轮；间隙小时，加厚垫片。若齿轮两端面有毛刺，则可用油石修复。端面的平面度误差一般为 0.05 mm，两端面平行度误差为 0.03 mm。主动轴、从动轴磨损较大时，可堆焊修复。轴套磨损超过限度，应予更换。

表 6.4　主要车型机油泵齿侧间隙值　　(单位:mm)

机型 项目	EQ1090	CA1091	BJ2020	JN1151	桑塔纳
出厂标准	0.05～0.28	—	0.15～0.25	0.05～0.20	0.05
大修标准	0.05～0.28	—	0.15～0.25	—	—
使用限度	0.35	—	—	0.35	0.20

表 6.5　主要车型机油泵的端面间隙值　　(单位:mm)

车型	EQ1090	CA1091	BJ2020	JN1150	JN1151	切诺基
数值	0.06～0.10	0.05～0.10	0.075～0.20	0.05～0.115	0.05～0.200	0.051～0.152

2）转子式机油泵的检修

转子式机油泵的检修步骤如下：

①测量机油泵轴的间隙是否符合规定。

②测量内转子端面间隙。如果超过允许值，应更换成套转子或泵体。

③测量壳体与外转子之间的间隙。如果间隙超过使用限度，应更换成套转子或泵体。

④检查主、从动转子间隙。超过许用值，应更换成套转子。

⑤检查限压阀是否有刮痕或损伤，限压阀柱塞在阀孔内的磨损及间隙是否已扩大，若松旷，则需更换。限压阀弹簧弹力不符合标准应更换。

⑥安装内外转子时，注意把有标记的一面对着机油泵的泵体（朝向上方）。

3）机油泵的装配与试验

（1）机油泵装配时的注意事项

①检查主动齿轮与从动齿轮与泵盖之间的端面间隙。常用的方法是在主动齿轮端面与泵盖之间加入一小段铝丝，装好泵盖拧紧螺钉后再拆下泵盖，测量被压缩后的铝丝厚度，即为端面间隙。

②检查与调整传动齿轮和泵壳尾端之间的间隙，即轴向间隙。

③装配好的机油泵，转动主动轴应灵活、无卡滞。传动齿轮（或联轴器）的横销应铆紧。将润滑油灌满机油泵内腔，用拇指堵住出油口，转动机油泵轴应有润滑油压出。

（2）机油泵总成性能试验

①在机油泵专用试验台上进行的试验，各项性能参数应符合技术要求。

②装上发动机后试验：发动机运转温度正常后，若不符合规定压力，应按下述方法进行检查调整。

ⓐ压力过小，可增加限压弹簧强度；压力过大，可在限压螺塞上加垫圈。

ⓑ若限压阀无故障，应考虑润滑油是否过稀，油道是否堵塞，曲轴及连杆间隙是否过大，润滑油表及感应塞是否良好。

6.5.2 曲轴箱通风装置的检修

发动机在工作中，不可避免地总有一部分可燃混合气和废气经活塞环窜入曲轴箱，窜入曲轴箱内的汽油蒸气凝结后将使润滑油变稀。废气中的水蒸气凝结后在润滑油中形成泡沫，破坏了润滑油的供给。废气中的二氧化硫与水作用生成亚硫酸，亚硫酸遇到空气中的氧可生成硫酸，在润滑油中即使是少量的硫酸也会使零件受到腐蚀。另外，由于混合气和废气进入曲轴箱，使曲轴箱内的压力增大，活塞向下运动阻力增加，曲轴箱内的润滑油将从油封、衬垫等处渗出而流失，使曲轴箱密封性遭到破坏。

为了延长润滑油的使用期限，减少零件的摩擦、磨损及腐蚀，防止曲轴箱漏油，必须使发动机的曲轴箱内保持通风，将混合气和废气从曲轴箱中抽出。

1）曲轴箱强制通风装置的结构原理

曲轴箱强制通风装置的结构型式多种多样，但其结构原理基本相同，如图 6.61 所示。封闭式曲轴箱通风装置简称 PCV 装置。发动机工作时，在化油器节气门后方真空度的作用下，新鲜空气由空气过滤器壳上的 PCV 过滤器 4 进入曲轴箱，与窜入曲轴箱内的混合气及废气混合，然后从气门室罩经计量阀 3 计量后进入进气管。

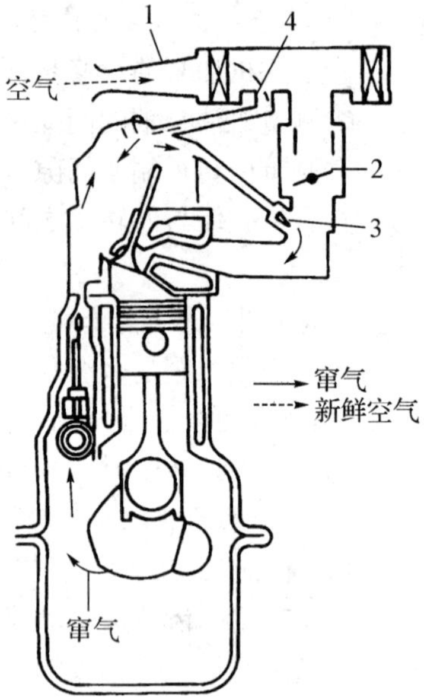

图 6.61　曲轴箱强制通风示意图

1—空气过滤器；2—化油器；3—计量阀；4—PCV 空气过滤器

当发动机在怠速或小负荷工况下运转时，曲轴箱内的窜气量较小，相应的节气门开度也小，进气管内的真空度较高，计量阀 3 受到进气管的吸力较大，处于最小流通截面位置，通风量较小；当发动机在大负荷工况下运转时，曲轴箱内的窜气量较多，相应的节气门开度也较大，进气管内的真空度较低，计量阀 3 所受进气管的吸力较小，弹簧迫使计量阀 3 向左上方移动，使流通截面增大，相应的通风量也增大。如发动机发生化油器回火现象时，进气管内的压力大大增加，计量阀 3 在进气管压力及弹簧弹力的合力作用下落座，将通风软管堵死，防止了回火火焰经通风软管进入曲轴箱，引起曲轴箱爆炸的危险。

2）曲轴箱通风装置的检修

以韩国现代 V6 发动机曲轴箱强制通风装置的检修为例进行说明（如图 6.62 所示）。

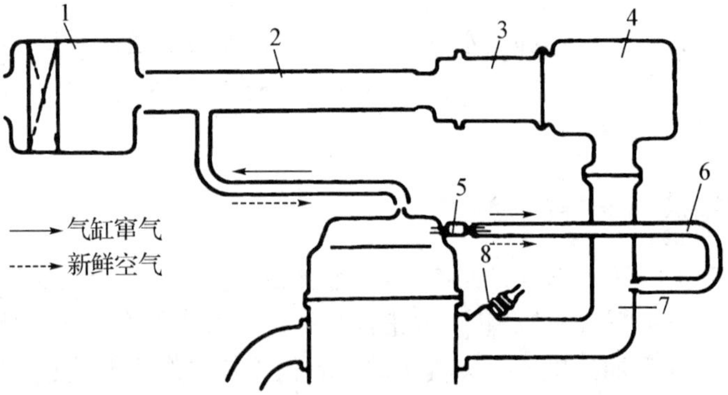

图 6.62　韩国现代轿车曲轴箱强制通风系统

1—空气过滤器；2—进气软管；3—节气门体；4—进气缓冲室；5—PCV 阀 ；6—通风软管；7—进气歧管；8—喷油器

（1）检查曲轴箱强制通风系统

①从曲轴箱通风阀（PCV 阀）上拆开通风软管，从摇臂罩盖中拆下 PCV 阀并重新

接上通风软管。

②起动发动机并维持怠速运转，将拇指放在 PCV 阀的开口端，确认能感觉到真空吸力。

③若感觉不到真空吸力，应清洗 PCV 阀和通风软管，必要时更换。

(2) 检查 PCV 阀

①从摇臂罩中拆下 PCV 阀。

②电喷发动机 PCV 阀的检查如图 6.63 所示，将一细棒从螺纹侧插入 PCV 阀，检查柱塞是否移动。若柱塞不移动，应清洗或更换 PCV 阀。

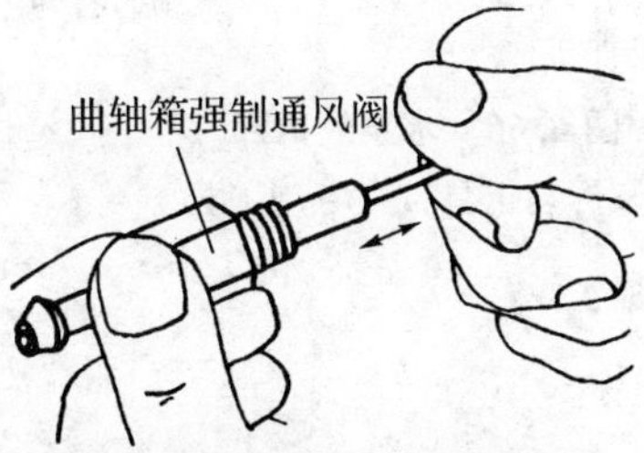

图 6.63 韩国现代轿车电喷发动机 PCV 阀的检查

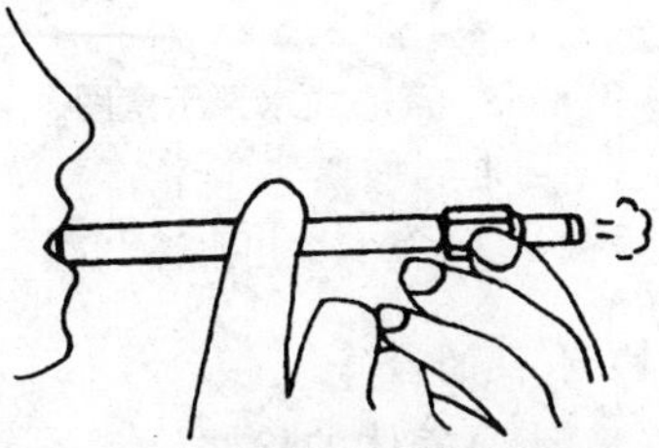

图 6.64 韩国现代轿车化油器式发动机 PCV 阀的检查

③化油器发动机 PCV 阀的检查如图 6.64 所示，借助干净的软管从气缸侧(螺纹端)吹气应畅通，从 PCV 阀的进气歧管侧吹气应不通。若上述检查不符合要求，应清洗或更换 PCV 阀。

④安装 PCV 阀，拧紧力矩为 8～12 N•m。

6.6 冷却系的检修

6.6.1 水泵的检修

目前轿车发动机，大多数使用离心式水泵(如图 6.65 所示)。它主要由固定的铸铁(或铸铝)外壳和装在轴上的旋转叶轮组成。叶轮一般是径向的或向后弯曲的，其数目一般 6～8 个。当叶轮旋转时，水泵中的水被叶轮带动一起旋转，并在本身的离心力的作用下，向叶轮的边缘甩出，然后经外壳上与叶轮成切线方向的出水管被压送到发动机水套内。与此同时，叶轮中心处压力降低，散热器的水便经进水管被吸进叶轮中心处。

水泵常见的损伤有：水泵轴的弯曲与磨损；水泵壳体的渗漏与破裂；水泵叶轮叶片的破裂或松脱；水封垫圈与胶木垫圈的磨损与损坏；螺孔螺纹损坏及轴承松旷等。

在将水泵分解前需将水泵放在热水加热容器中加热到约 80℃左右，以便于分解。

水泵的拆卸：先用专用拆装工具压出水泵叶轮，水封副和水泵轴承的组件，如图 6.66(a)所示。再用水泵轴拆卸专用工具，压出水泵轴，如图 6.66(b) 所示。

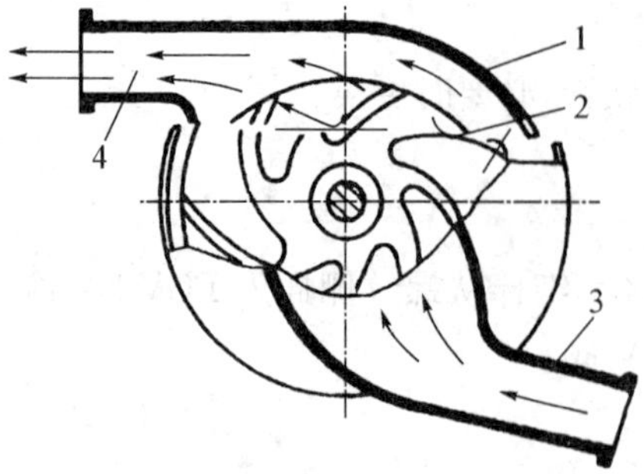

图 6.65　离心式水泵示意图

1—水泵壳体；2—叶轮；

3—进水管；4—出水管

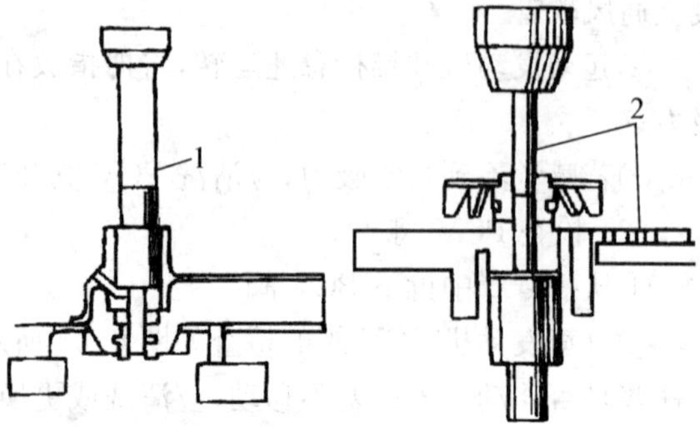

(a) 叶轮、水封副和水泵轴承组件的拆卸　　(b)水泵轴的拆卸

图 6.66　水泵的拆卸

1—拆装工具；2—专用工具

1）水泵的检修

（1）水泵壳体的检修

检查泵壳和带轮有无损伤，轻微损伤可进行修复，损伤严重则应予更换。对于泵壳上的裂纹修理，在裂纹两端各钻直径为 2.5 mm 的孔，沿裂纹开 V 形口，采用铸铁焊条乙炔焊。当水泵壳体与盖的结合面和壳体与气缸体的结合面的平面度误差超过极限值(0.10 mm)时应铣平。修理后壳体与盖结合面对水泵轴承孔的垂直度误差为 0.05 mm。当泵壳内水封结合面有沟槽、麻点时，应用铰刀铰销平整。对于磨损过大的可镶上带凸缘的套来修复。若水泵壳体上有螺孔螺纹损坏，可扩大孔径后再攻出螺纹或焊补后再钻孔攻出螺纹。

（2）水泵轴的检修

检查水泵轴有无弯曲，轴颈磨损是否超过极限值，轴端螺纹有无损伤。水泵轴弯曲大于 0.05 mm 时，用冷压校正，压弯量约 5 倍于径向圆跳动值，并停留 2 min，校正后径向圆跳动量应不大于 0.10 mm。若水泵轴颈磨损失圆，则应进行光磨和镀铬修复或镀铁修复。水泵轴与轴承内圈的配合间隙一般为－0.02～＋0.04 mm，大于 0.03 mm 时，可用电镀加大轴颈修复。

（3）轴承及座孔的检修

当轴承松旷，如轴向间隙大于 0.30 mm，径向间隙大于 0.15 mm 时应更换新轴承。轴承座孔经常由于压入、压出轴承使座孔产生磨损，当轴承座孔磨损超过 0.03 mm，可用镶套法修复，轴承与轴承孔的配合一般为－0.02～＋0.04 mm。

（4）水泵叶片的检修

检查水泵叶轮的叶片有无破损，叶轮上的轴孔是否磨损过甚。叶片破裂，通常用堆焊法进行修复或更换；轴孔磨损过甚可镶套修复。

(5) 其他零件的检修

①检查水封皮圈、胶木垫、弹簧等件的磨损及损伤程度，如有损伤或损坏应予更换。水泵大修时应更换水封组件。

②检查带轮轮毂与水泵轴的配合情况。装泵轴的孔磨损过甚，可镶套修复。

③检查水泵轴及胶带轮键槽的磨损情况，可焊补后用铣床铣出键槽或与旧键槽相隔 90°～180°角的位置在铣床上重开键槽。

④装风扇离合器的，应检查有无漏油。如有泄漏应予更换离合器总成。

2) 水泵的装复标准

水泵轴与轴承的配合，一般为－0.010～＋0.012 mm，大修允许为－0.010～＋0.030 mm。水泵轴承与泵壳承孔配合，一般为－0.02～＋0.02 mm，大修允许为－0.02～＋0.04 mm。水泵轴与叶轮承孔配合，无固定螺柱(螺母)的，一般为－0.04～－0.01 mm；有固定螺母的，一般为－0.02～＋0.05 mm。水泵叶轮装合后，一般应高出泵轴 0.1～0.5 mm。水泵装合后，叶轮与水泵盖之间一般应有 0.75～1.00 mm 的间隙，叶轮外缘与泵壳内腔之间的间隙一般为 1 mm 左右。水泵轴与风扇带轮轮毂的配合，无固定螺栓(螺母)的，一般为－0.04～－0.01 mm；有紧固螺栓(螺母)的，一般为－0.02～＋0.06 mm。各螺栓、螺母应按规定力矩拧紧，锁止应可靠。水泵体下方的泄水孔应畅通。水泵装合后，水泵轴应加注规定牌号的润滑脂。

3) 水泵装配后试验

①水泵装合后，用手转动带轮，泵轴转动应无卡滞现象；水泵叶轮与泵壳应无碰擦现象。

②将水泵装在试验台上试验。当水泵轴以 1 000 r/min 的速度运转时，每分钟的排量不应低于规定的数值。在 10 min 的试验中不应出现有金属摩擦声和漏水现象。

③在发动机上试验：试验时，不装节温器，拆下水箱回水管，起动发动机，使转速达到 2 000 r/min 左右，将水排入量筒内，检查排水量是否基本符合要求。如排水量相差过大应检查原因并加以排除。

④若无流量试验器，可堵住泵壳进水口，然后加水至水泵。转动泵轴时，泄水孔应无水漏出。

⑤手持带轮测试径向和轴向轴承间隙，径向应毫无旷动，轴向允许稍有旷动。

6.6.2 散热器与节温器的检修

1) 散热器的检修

(1) 散热器的清洗与检查

①散热器的清洗。将散热器卸下，用清水和压缩空气洗净吹干其外部尘垢，置于含有苛性钠 10%～15%(质量分数)水溶液内，加热保持在 80～90℃，使散热器在其中浸煮约半小时左右，取出放入清水池中清洗。

②检查散热器的渗漏。

ⓐ用橡胶塞堵住散热器进、出口，然后将散热器置于水槽中。从橡胶塞中的软管通入压缩空气进行检查，在 98 kPa 气压下试验 1 min，不得有漏气现象。若有气泡冒出，应做出记号，以待焊修。

ⓑ用散热器检测器装在散热器口上，如图 6.67 所示，对散热器施以 120～180 kPa 的压力，检查冷却液的渗漏情况。若有渗漏，应做出记号，以待焊修。

ⓒ散热器若作水压试验，应在 49～79.4 kPa的水压下无漏水现象。若有水渗漏，应做出记号，以待焊修。

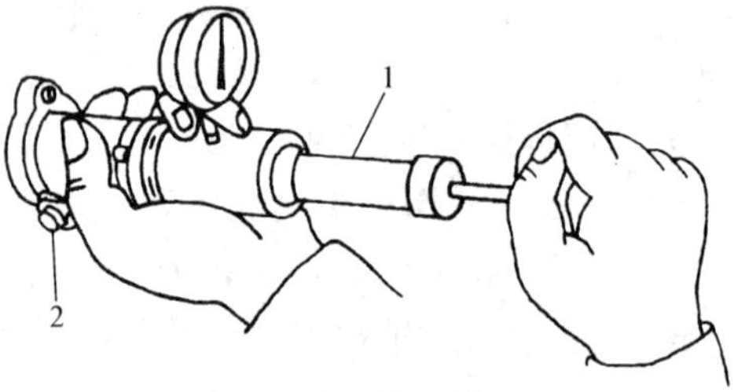

图 6.67　散热器渗漏的检查

1—散热器；2—检测器

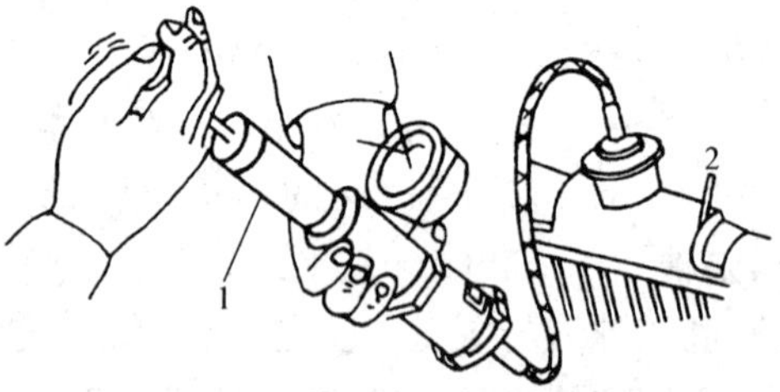

图 6.68　散热器的检查

1—检测器；2—盖

③检查散热器盖及排气阀。将散热器检测器装在散热器盖或排水口上，泵压检测器直到排气阀打开为止，如图 6.68 所示，检查其密封性和排气阀的开启压力。当标准值 75～105 kPa 时，阀门应处于开放状态。当盖上压力低于 60 kPa 极限值时，压力没有急剧下降。若不符合极限值时，则更换其盖。

当水温下降，冷却系中产生的真空度达一定值约 0.98～11.8 kPa 时，进气阀应开启。

(2) 散热器的修理

①修理散热器上、下水室。

ⓐ散热器上、下水室碰伤塌陷，可在凹陷底部焊一钩环，然后将凹陷处拉起，并用小锤修整四周。

ⓑ散热器上、下水室有腐蚀或小孔时，可在清除水垢后，在其表面涂以氯化锌铵溶液，再放入焊锡锅内镀锡。

ⓒ上、下水室有较大孔洞或裂缝时，可用 0.8 mm 厚的铜皮进行焊补修复。

ⓓ散热器的底板与冷却管焊缝脱焊，或者出现砂眼、裂缝等缺陷时，可用如下方法修理。用喷灯将焊锡熔化的同时，卸下损坏的底板。将卸下的底板浸入稀盐酸内 5～10 min，并加热到 40℃。取出后用清水冲洗干净，同时残存的污垢可用钢丝刷清除。在其表面涂以氯化锌铵溶液，不要涂到散热管上。将散热器冷却管浸入熔化的焊料内，使底板与冷却管彼此焊牢，焊锡温度为 360～400℃，管口浸入深度 10 mm 左右，时间约为 30 s。取出散热管，除掉多余的焊锡。

②修理散热器芯管。

ⓐ接管法。适用于外层少数散热器芯管并且损坏长度不大时的情况。工艺程序：用尖嘴钳拆去已损坏的散热管上的散热片，剪下已损坏的一段散热芯管。从芯管的端头插进通条、穿过剪去部分的上下口，用尖嘴钳将上下接口整理平直，如图 6.69 所示。从旧废散热器上剪截一段可以用的散热管，其长度较需镶接的部分加长 10 mm，并将两端接口部分稍为扩大，使其能够套在待修散热管的上下接口。将镶接管套接于需修散热器的接口上，同时再从芯管的端头插进通条，并将接口处理平顺。在接口处涂上一层氯化锌铵溶剂，用空气乙炔焊喷嘴加热，将接口用锡焊焊合。尽可能地将散热片予以恢复。

ⓑ换管法。内外层散热管损坏较长时，可换管修复。事先准备好电阻加热器和乙炔加热器两项专用工具。工艺程序：用一扁铜条插入需抽出调换的散热器芯管，来回抽拉几次，清除内部水垢。将电阻加热器插入芯管内，两端接通 24 V 的电流，如图 6.70 所示。电阻丝烧红后焊锡也随之熔化，同时用乙炔火焰加热器将散热管与上下底板连接处的焊锡熔化、使之脱离。切断电源，趁热用手钳将芯管连同电阻加热器一起抽出。清除芯管残渣污垢后，将表面挂有焊锡的待换芯管插入，再插入电阻加热器并通电，待芯管表面焊锡熔化，即切断电源。待温度逐渐降低焊牢后，再抽出电阻加热器。用烙铁将底板与管的连接部位焊牢。

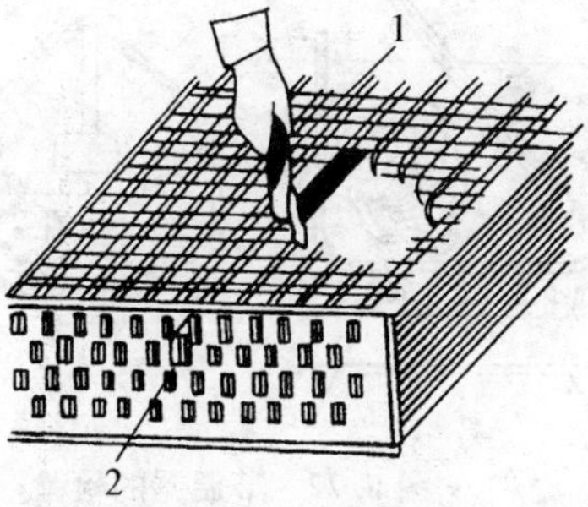

图 6.69　校正接管

1—尖嘴钳；2—芯管

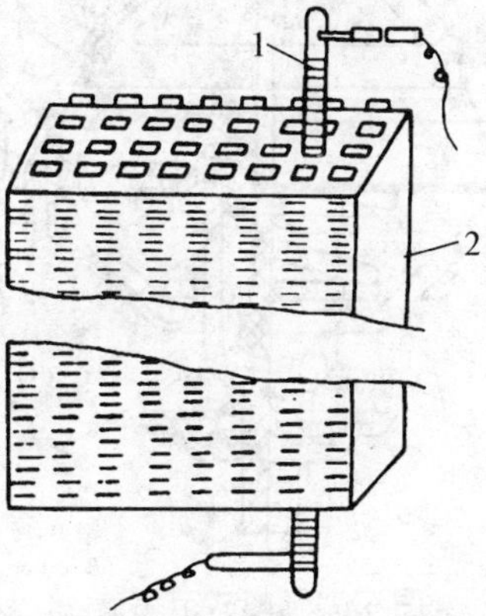

图 6.70　用电阻加热器拆换散热管

1—电阻加热器；2—散热器

ⓒ拼修法。用喷灯加热，拆卸散热器芯的上下底板。将散热器芯的损坏部分锯下。用弯尖嘴钳校正散热片。从废旧散热器上选择可用部分，按所修散热器芯损坏部分锯下同样大小的一块拼镶料，并校正其散热片。如一块不够大时，可锯取几块拼合使用。将拼镶料拼合在已损坏的散热器芯上，将底板装于散热器芯上，并将其与散热管用焊锡焊牢。

凡经接管法、换管法或拼修法修理的散热管，在修理完毕后，均应用通条彻底通洗以清除污垢，再进行渗漏检查。

ⓓ堵漏法。散热器的裂纹在 0.3 mm 左右时，可用堵漏剂就车进行修复。加入 2% 纯碱水后，发动机在 80℃左右运转 5 min，然后放掉碱水。再加注清水，当发动机温度升达 80℃时，再将清水放掉。拆除节温器，在冷却系中加入堵漏剂，堵漏剂与水的比例为 1∶20。起动发动机，将水温升到 80～85℃后保持 30 min。散热器完全冷却后，再起动发动机，温升仍为 80～85℃，并保持 10 min。此后即可停车。堵漏剂在冷却系中保留 3～4 天，不要放掉，保留时间越长，效果越好。

③修理散热片。对于有缺损的散热片，可用厚度相同的薄铜板剪截成略大于缺损尺寸的相近形状，如与散热管交叉的部位可剪截成 U 形缺口，然后涂以焊剂并焊牢。

2）节温器的检修

节温器是用来控制通过散热器冷却水的流量的。它装在冷却水循环的通路中，一般装在气缸盖出水口。目前发动机广泛采用蜡式节温器，如图 6.71 所示。这是由于蜡式节温器具有工作稳定；水流阻力小，流入散热器的流量较大；结构牢固，使用寿命长；耐热、耐冻、耐压等优点。

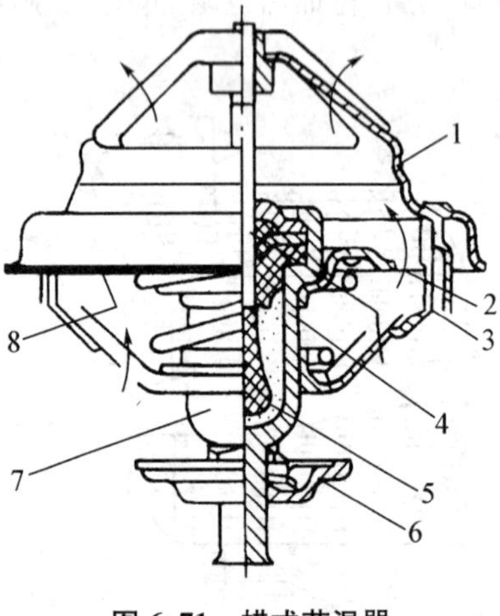

图 6.71　蜡式节温器

1—支架；2—主阀门；3—推杆；4—石蜡；
5—胶管；6—副阀；7—节温器外壳；8—弹簧

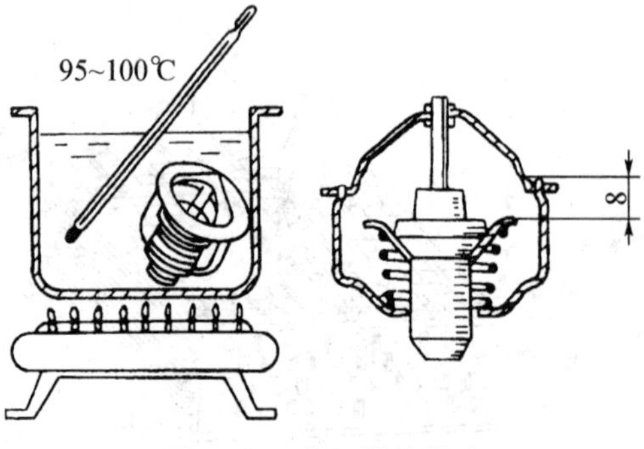

图 6.72　节温器的检验

（1）节温器的检查

如图 6.72 所示，将节温器浸入水容器中，并逐渐加热提高水温。

检查阀门的开启温度和阀门的提升情况。观察温度计，记下阀门开始开启的温度、完全开启时的温度，以及全开时的升程。若不符合规定，则应予更换或修理。

节温器有低温和高温两种类型。低温型温度在 80～84℃时，阀门开始开启，在 95℃时提升应大于 8 mm。高温型在 86～90℃时开始开启，阀门在 100℃时开度为

8 mm。如节温器在常温下开启或在冷态时关闭不严密，都应更换。

(2) 使用蜡式节温器应注意的问题

①由于蜡式节温器比折叠式节温器热容量大，因此当冷却水温度变化时，阀门的启闭反应不如折叠式节温器快。故凡装有蜡式节温器的发动机，应待发动机水温达到正常后才能起步，以免因起步后立即以高速行驶或因发动机超负荷工作而引起水温突然上升。

②蜡式节温器内蜡如果泄漏，弹簧就顶紧阀门，水道的水流只能经旁通管进行小循环，而不能流向散热器。这样，发动机若继续工作，将导致发动机过热以致造成严重事故。因此，应定期检查节温器，必要时予以更换。

6.7 燃料供给系的检修

6.7.1 汽油发动机化油器式燃料系的检修

1) 汽油箱的检修

油箱外形不应有严重的凸起和大面积的凹陷，否则应修理平整。

①汽油箱的清洗。对油箱内的沉淀物和胶质，必须拆下油箱清洗干净。从车上拆下油箱时，应先拆下蓄电池搭铁线、汽油表导线，放出油箱中的汽油并收集和保管好，以免引起火灾。拆下连接管路后从车上拆下油箱。

清洗油箱时，向油箱内倒入 3～4 L 的清洁汽油，抬起油箱往复摇动，然后猛然翻转，使脏物从加油口倒出。按此方法清洗 2～3 次，直到清洗干净为止。

②油箱的焊修。油箱破漏要及时焊修，焊修前必须从车上拆下油箱彻底清洗、晾干，把油箱盖和油表传感器浮子组拆下，以保证安全。

③油箱外形的整修。对汽油箱因撞击引起的凸起、凹陷等变形损伤的修复方法是：在凹陷底部焊一棒料作为拉手，将凹陷处拉出，然后割去棒料，修理平整。

④检查油箱放油螺塞或出油阀座是否脱落。如有脱落可用铅锡焊料，用烙铁焊修。

⑤检查汽油阀关闭的严密性。检查时，用吸管吮吸中心孔，若能吸通气，表明阀片正常。否则，应换用新件。

⑥汽油管的检修。为保证供油畅通，油管不能有较大的凹瘪。油管各接头不得松动，接头螺纹损坏多于 2 个牙，应更换接管接头，以免漏油和防止空气进入油管而造成供油中断。

2) 汽油滤清器的检修

汽油滤清器串联在汽油泵与油箱或化油器之间。目前，汽油滤清器滤芯广泛采用多孔陶瓷滤芯、尼龙布滤芯和纸质滤芯。在使用中其滤芯堵塞的现象是不可避免的，每行驶一定里程必须对滤芯进行清洗或更换。桑塔纳轿车汽油滤清器为一次性产品，不能拆修，规定每行驶 1.5 万千米更换汽油滤清器。安装时，注意滤清器壳体的箭头应朝燃油流动方向，两侧的夹箍必须与滤清器同时更换，以免两侧接头处漏气或渗油而发生失火事故。

3）汽油泵的检修

目前汽车上广泛采用机械驱动膜片式汽油泵和电动汽油泵两种。机械驱动膜片式汽油泵又可分为可拆卸式和不可拆卸式两种。大多数轿车采用不可拆卸式汽油泵，如丰田皇冠、桑塔纳、奥迪 100 型、标致 505 型等轿车的汽油泵。这种汽油泵一旦损坏只能更换。国产汽车汽油泵一般都是可拆卸的，出现故障可拆开检修。

汽油泵常见故障有供油量和供油压力不足或不供油。产生故障的主要原因是：摇臂磨损；进、出油阀关闭不严；膜片破裂漏油；膜片弹簧弹力不足；接合面不平；油路堵塞等。

（1）汽油泵的检修

①汽油泵摇臂与摇臂轴的检修。外摇臂与偏心轮接触处易于磨损，磨损量增大后会使膜片工作行程减小，泵油量下降。磨损量超过 0.20 mm 或有沟槽时应以同钢号焊条堆焊后，磨至出厂规定尺寸。最后进行液体碳氮共渗处理。摇臂轴与摇臂承孔的径向许用间隙为 0.03～0.13 mm，轴向间隙应不大于 0.80 mm。若超过规定，应更换摇臂轴，或将孔铰大，配换加大尺寸的摇臂轴。摇臂轴与壳体的配合尺寸，若超过规定，可更换摇臂轴，或铰孔后换用加大摇臂轴。

②汽油泵进、出油阀的检修。汽油泵进、出油阀门因受汽油酸性物质的腐蚀和胶质的影响，使其关闭不严而影响泵出油量和泵油压力，必须进行修复。

进、出油阀受汽油中酸性物质的腐蚀及结胶时，可用酒精或丙酮清洗干净，然后检查阀片有无点蚀或表面不平。金属阀片可翻面使用或将阀片在玻璃板上用细研磨膏或润滑油进行研磨试配，直至阀与阀座恢复密封为止。胶木阀片浸泡后洗去胶质，如清洗无效时应更换。检查进、出油阀弹簧在规定压力下的弹簧长度，若超过规定，应予更换。

③汽油泵壳体损坏的检修。壳体有裂纹时，可用相同材料焊条焊接修复或用环氧树脂粘接。当壳体与盖结合平面不平时，会引起漏气、漏油，从而影响泵油量和泵油压力。检查时，将结合面放在平板上，用塞尺插入检查，如平面度误差超过 0.10 mm 时，应用细砂布放在平板上，将接合面扣在砂布上推磨。泵体凸缘和卸体接合平面不平，应予修平，否则会使曲轴箱中的润滑油渗漏，接合面之间的垫片不能随意增减，以免改变油泵的泵油量。

④膜片与膜片弹簧的检修。膜片如果漏油将会引起燃油消耗剧增，油泵的泵油量下降和润滑油变质而润滑不良。膜片如果出现破裂、老化应当更换。如无原装配件可用其他型号膜片或耐油胶片改制。汽车行驶途中膜片漏油而抛锚时，可将膜片拆散将各层错开装复使用。

膜片弹簧经长时间使用后，弹性下降，使泵油压力降低，应予更换。检查膜片弹簧时，将弹簧加上规定载荷后，其长度不应小于规定的长度。如不符合规定，应予更换。

(2) 汽油泵的装复和试验

①汽油泵装复注意事项。

ⓐ装复膜片组件时,应确保内摇臂插入膜片拉杆下端的槽孔内。

ⓑ装复进、出油阀时,方向不要装错。

ⓒ装复油泵上、下体接合时,应按照安装方位或记号安装。泵体底部有油孔的,油孔必须保持畅通,防止泵膜漏油,汽油漏入曲轴箱冲淡润滑油。

ⓓ检查垫片是否完好,螺栓拧紧力应相等。

②汽油泵装复后可用以下几种方法进行试验。

ⓐ用手指堵住进油口,另一手撤动外摇臂,手指感到有明显吸力,并发出"咕、咕"响声,初步表明性能良好。然后将进、出油口接上塑料管,进油管浸入油桶内,撤动外摇臂,出油管喷出有力的油柱,喷油距离达 50～75 mm 时即为良好。

ⓑ将汽油泵装在发动机上试验。在汽油泵和化油器之间用三通接头装接一只量程为 100 kPa 的压力表,使发动机怠速运转,此时的供油压力应符合技术规定。也可断开化油器和汽油泵连接,利用化油器内存油工作或用自流法供油,在汽油泵出油接头处测量。

ⓒ在专用试验台上进行试验。试验时,当达到规定压力后,停止泵油 1 min,压力下降应不大于 2.66 kPa,各结合面在 3 min 内不得有渗漏现象。

4) 化油器的检修

(1) 化油器的分解

化油器的分解应由外向里、从上至下进行,必须使用专用工具进行拆卸,所有零件均用盛件盘装好,用酒精浸泡和清洗,不能用铁丝或大头针通量孔,以免损伤量孔。允许用压缩空气吹通量孔。在全部拆卸过程中不得用手锤敲击化油器,以免化油器壳体变形或损坏。对中体和下体分解可用木锤轻敲下体使其脱出。化油器中各零件较精密,所以拆卸时用力要适度,不要过分用力,以免损坏螺纹。特别要注意一些小零件的丢失和损坏。

(2) 化油器主要零部件检修

①壳体的检修。化油器上壳体、中壳体间不平,应在平板上垫好细砂布进行研磨,以免影响化油器的密封性。

节气门轴与轴孔的配合间隙因磨损而过于松旷,间隙不应大于 0.10 mm。修复时可挂锡或加铜套。关闭节气门时,其边缘与混合气室内壁应关闭严密。若关闭不严,将使怠速转速提高,油耗增加。其边缘缝隙不得大于 0.10 mm,否则可用小锤适当轻击节气门边缘,使其直径适度扩大,再用锉刀修整,使其边缘与混合室密合。

检查阻风门全开时,是否与喉管中心线平行,全闭阻风门,其边缘与混合气室内壁的间隙不得大于 0.10 mm,否则可用小锤适当轻击阻风门边缘,使其直径适度增大,再经锉刀修复.使其边缘密合。

加速泵活塞皮碗不得有松旷和上、下移动不灵活现象,也不得有严重磨损和硬化收缩,感觉松旷现象,必要时应更换新件。

化油器壳体如有裂纹,可用气焊修复。其工艺为:先清洁壳体裂纹处表面,并涂敷一层熔融白蜡,在焊区背面涂以厚层耐火水泥,采用直径为 2~5 mm 的锌锑合金焊条或用废化油器熔融浇铸呈条形体焊条,选用最小号焊嘴,使用还原火焰,火焰朝向焊件外侧,熔池深度以大体等于裂纹深度为宜,用沾有硼砂的铁丝扒去熔池中的熔渣,再使焊条熔滴进入熔池中。施焊要快,并随时拨除熔池中的氧化物。

②浮子的检修。浮子如有凹陷,可在凹陷部位,焊以铜丝,借助金属丝将凹陷部位拉平,然后去掉金属丝。检查浮子有无裂纹渗漏时,应将浮子浸入到 60~80℃的水中,观察 30 s 内是否有气泡逸出。如浮子内渗入汽油,应在漏气部位对开一小孔,排除其间的汽油,然后用烙铁焊封渗漏处及开孔处。修复后的浮子需重新试漏、称重,重量不能超过规定重量的 5%。

③其他零部件检修。加速泵进油阀失效。检查方法,以每秒一次速度推动活塞,观察加速泵浮子室进油口,如有油花喷出,则进油阀失效。再检查阀座是否锈蚀或失圆,钢球是否有刻痕或磨损,若有损坏应更换新件,阀座缺损也可研磨。

化油器进油针阀总成密封性变差,将引起浮子室油面升高、溢油、配剂过浓或呛油。针阀的密封性检验可在专门检验仪上进行检查。

(3) 化油器的装复

化油器装复按分解化油器的逆顺序进行,在阻风门轴和节气门轴处涂适量润滑油。注意装全各部垫片,各调整部位的垫片应按调整需要的厚度装入。凡损坏的垫片,均需换新。装配后,各处垫片均需压实,确保密封。

各量孔、阀体、真空省油器套筒均需装紧,全部螺钉需松紧适度。加速泵连接的安装孔位应与季节相对应,并以铜丝锁线锁制。

节气门与阻风门能够分开,转动灵活。节气门调节螺钉应从节气门全闭位置开始旋入 3 圈。怠速调节油针旋紧后,需退回一圈。

5) 空气滤清器的检修

①壳体与盖的检修。空气滤清器壳体和盖若有裂纹和变形,应及时更换或修理。

②滤芯的检修。空气滤清器的滤芯应经常保持清洁,否则会使滤清效能降低、发动机磨损加剧、进气阻力增大、发动机功率降低和油耗增加。检修时,拆下空滤器总成,取出滤芯。

ⓐ对于纸质滤芯,用手或木板轻轻拍击滤芯两端,去掉灰尘或用压缩空气由内向外吹净滤芯。使用中切忌沾水或沾上机油。如滤芯破损或已达到使用期限,应予更换。滤清器壳内的脏物,可用汽油将外壳和盖洗净并用压缩空气吹干。装复滤清器总成时,滤芯两端的密封圈应完好不漏气,盖上的蝶形螺母不要拧得过紧,以免压坏滤芯。

ⓑ对于纤维滤芯,可用各种洗洁液刷洗,再用压缩空气吹干或晾晒干后装复。装复时在滤芯内侧用刷子均匀地涂上一层清洁的发动机润滑油,并检查化油器与空气滤清器接合处和滤芯两端的密封圈是否完好。将滤清器外壳和盖清洗干净。

在一般道路上行驶时，纤维滤芯一般在4 000～5 000 km行程后清洗一次，2万千米后换用同型号新品。若在灰尘较多的地区行驶时，必须比上述周期提前对其滤芯清洁或更换。

③空气滤清器温控开关的检查。图6.73所示为桑塔纳轿车空气恒温进气装置。首先应检查温控开关A的真空软管是否安装良好。从温控开关上拔下通往转换开关(真空泵)B的软管，用吸气法检查转换开关，吸气时应能听到阀的开闭声。另外发动机温度在40℃以下时，起动发动机并使其怠速运转，此时拔下温控开关与化油器的真空软管，温控开关应在至少20 s后打开(转换)。

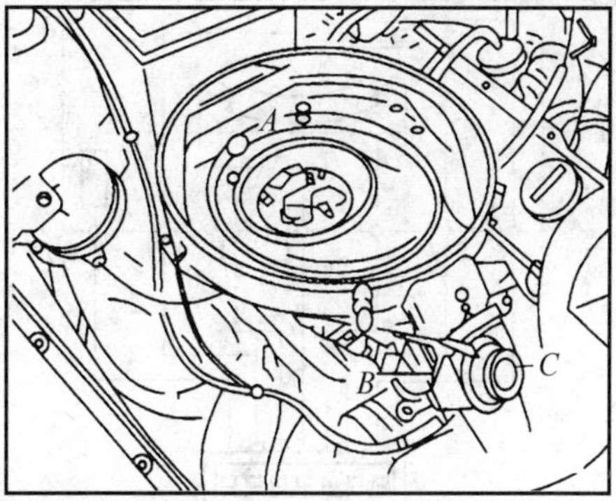

图6.73 检查桑塔纳轿车恒温进气装置
A—温控开关；B—冷热空气转换开关；C—真空泵

6.7.2 电控燃油喷射系统的检修

无论哪种类型的电控燃油喷射系统，它们均由三个子系统组成，即燃油供给系统、空气系统和电子控制系统。它的工作原理是各种传感器，将发动机的转速、负荷、空气进入量、温度与排放情况等参数送入微电脑控制中心，随后电控中心经分析比较后，发出喷油量、喷油时刻等工作指令，执行机构则执行上述指令的实现。

1) 空气系统的检修

(1) 空气流量计检修

空气流量计是空气供给系统中最重要的部件，若其出现故障会使电脑得不到正确的进气量信号，从而不能正常地进行喷油量的控制，造成混合气过浓或过稀，使发动机运转不正常。

空气流量计有多种类型，其检修方法各不相同。下面主要介绍应用最广泛的翼板式空气流量计和热线式空气流量计的检修。

①翼板式空气流量计的检修。翼板式空气流量计常见故障有：翼板摆动不灵、卡滞，电位计滑动触点磨损或接触不良，电动燃油泵开关失灵或触点烧蚀等。

翼板式空气流量计的就车检测方法为：拔下空气流量计线束插头，用万用表测量空气流量计插座内各端子之间的电阻。翼板式空气流量计的插座内通常有7个端子，分别与流量计内的电位计、进气温度传感器、电动燃油泵开关连接。流量计的内部电路有两种形式：一种是早期的采用模拟控制系统的翼板式空气流量计，其内部电路如图6.74所示；另一种是现代的采用数字控制系统的翼板式空气流量计，其内部电路如图6.75所示。将测量结果与标准值进行比较，如电阻不符合标准值，应更换空气流量计。

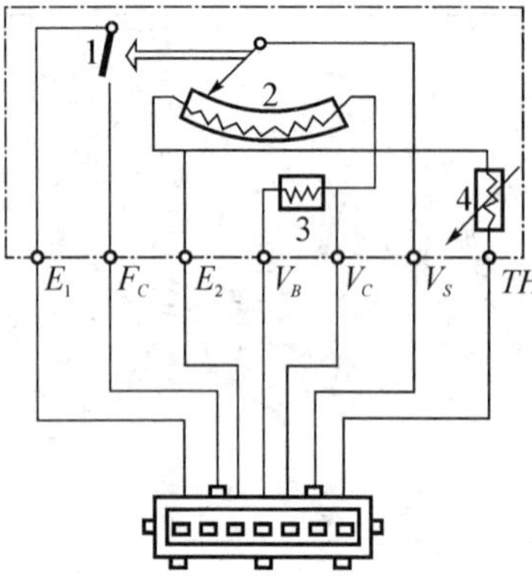

图 6.74　模拟控制系统的翼板式空气流量计电路

1—电动燃油泵开关；2—电位计；3—附加电阻；
4—进气温度传感器；V_B—电源；E_1、E_2—接地

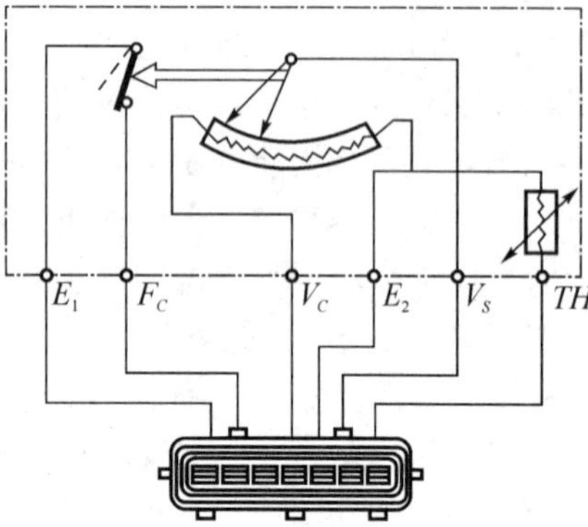

图 6.75　数字控制系统的翼板式空气流量计插座与内部电源

②热线式空气流量计的检修。热线式空气流量计可用就车检测的方法来检查热线自清洁电路。其检测方法是：先起动发动机，并加速到 2 500 r/min 以上。让发动机怠速运转，拆下空气流量计进口处的空气过滤器和进气管道。关闭点火开关，从流量计入口处观察流量计内的热线是否能在熄火 5 s 后被加热至发出红光，并持续 1 s。如达不到上述要求，可进一步检查电脑与流量计之间的线路有无断路。如线路良好，则应更换空气流量计。

(2) 进气管压力传感器检修

①进气管压力传感器电源电压的检查。先拔下进气管压力传感器的线束插头，再打开点火开关，但不要起动发动机。用电压表测量线束插头中电源端(图 6.76(a) 中 V_{CC}端)和接地端(E_2端)之间的电压。其电压值应为 4～6 V。如有异常，应检查进气管压力传感器和电脑之间的线路是否导通。如有断路，应更换或修理线束。

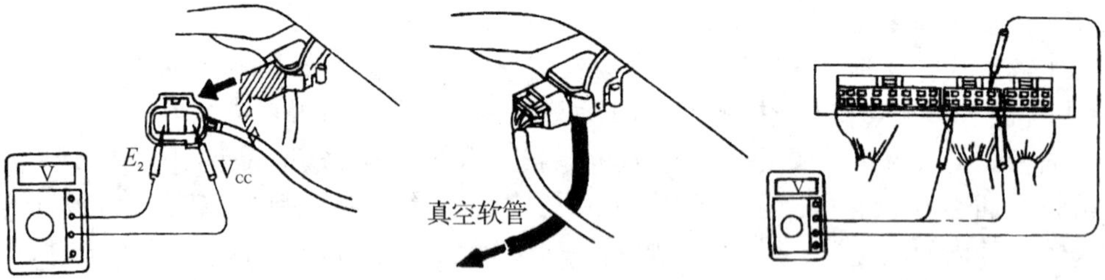

(a) 电源端与接地端间电压的测量　　(b) 真空软管的拔除　　(c) 输出电压的测量

图 6.76　进气管压力传感器的检测

②进气管压力传感器输出电压的检测。打开点火开关，但不要起动发动机。拔下连接进气管压力传感器与进气歧管的真空软管，如图 6.76(b) 所示。在电脑线束插头处测量进气管压力传感器在大气压力状态下的输出电压，如图 6.76(c) 所示，并记下电

压值。增加进气管压力传感器内的真空度，从 13.3 kPa 开始，每次递增 13.3 kPa，直至增加到 66.7 kPa 为止。测量在不同的真空度下进气管压力传感器的输出电压。该电压应能随真空度的增大而不断下降。将不同真空度下的输出电压下降量与标准值相比较，如不相符，应更换进气管压力传感器。

(3) 节气门位置传感器检修

节气门位置传感器有开关型、线性可变电阻型和既有开关又有线性可变电阻的综合型三种。检修中应根据具体的形式，采用不同的检测方法。

节气门位置传感器的就车检查方法为：拔去节气门位置传感器的线束插头。对于节气门开关，可用万用表在节气门位置传感器接线插座上测量怠速开关和全负荷开关的导通情况。当节气门全闭时，怠速开关应导通；当节气门全开或接近全开时，全负荷开关应导通；在其他开度下，两开关应不导通。否则，应调整或更换节气门开关。对于线性可变电阻型节气门位置传感器，应测量线性电位计的电阻(图 6.77 中 E 和 VT 之间的电阻)。该电阻应能随节气门开度增大而呈线性增大。

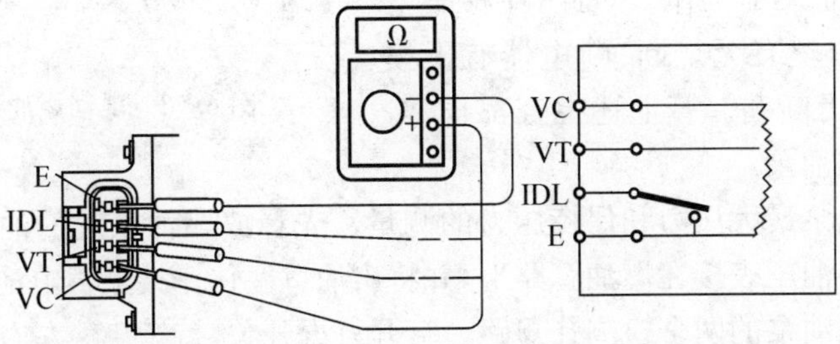

图 6.77　线性可变电阻型节气门位置传感器的检测

(4) 附加空气阀检修

起动发动机，并以怠速运转。如有怠速控制阀，拔去怠速控制阀线束插头。在发动机冷车运转中，用钳子垫上软布，夹住附加空气阀的进气管。此时发动机转速应有明显下降；否则，说明附加空气阀堵塞。发动机暖机后，再用钳子垫上软布，夹住附加空气阀的进气管。此时发动机转速下降超过 100 r/min；否则说明附加空气阀关闭不严。如发动机转速下降超过 100 r/min，应进一步检查线束插头处有无电源。如无电源，说明控制线路有故障；如有电源，说明附加空气阀有故障，应更换。

(5) 怠速控制阀检修

起动发动机，并以怠速运转。对于脉冲电磁阀式怠速控制阀，可在发动机运转中拔下怠速控制阀的线束插头。此时发动机转速如有变化，则说明怠速控制阀工作正常。对于步进电机式怠速控制阀，可检查发动机熄火后的一瞬间怠速控制阀有无发出“嗡嗡”声，如有说明怠速控制阀良好。也可拔下怠速控制阀的线束插头，待发动机起动后再插上，如果此时发动机转速有变化，说明怠速控制阀工作正常。以上检查如有异常，则说明怠速控制阀或控制电路有故障。用电压表测量怠速控制阀线束插头内有无脉冲电信号。若无信号或信号太弱，则说明控制电路或电脑有故障。

2）燃油供给系统的检修

燃油供给系统是燃油喷射式发动机最易产生故障的系统。特别是电动燃油泵和喷油器，常因燃油中所含杂质和水分的影响而损坏，导致不供油或油压过低、喷油器堵塞等故障，经常需要进行检修。

（1）电动燃油泵检修

①电动燃油泵工作状况的检查。先用一根导线将故障检测插座内电动燃油泵的两个检测插孔短接。打开点火开关（不要起动发动机）。打开油箱盖，仔细听有无电动燃油泵运转的声音。若听不清运转声，也可用手检查进油软管有无压力，如图 6.78 所示。若听不见电动燃油泵的声音，也感觉不到进油管的压力，说明电动燃油泵不工作。对此，应检查电动燃油泵电源熔丝有无烧断、断电器有无损坏、控制线路有无断路。若上述检查都正常，则应拆检电动燃油泵。

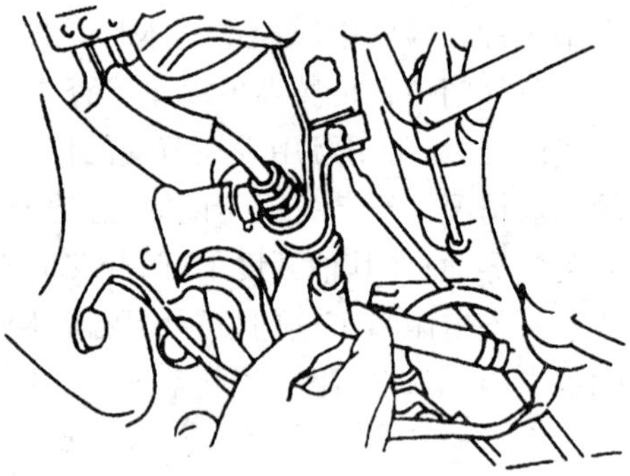

图 6.78 电动燃油泵的检查

②电动燃油泵最大压力和保持压力的测量。先释放燃油系统的油压，并拆下蓄电池负极电缆。将油压表接在燃油管路上，并将出油口塞住。接上蓄电池负极电缆，用一根导线将电动燃油泵的两个检测孔短路。打开点火开关，持续 10s 左右（不要起动发动机），使电动燃油泵工作，同时读出油压表的压力，该压力称为电动燃油泵的最大压力。它应比发动机运转时的燃油压力高 200～300 kPa，通常可达 490～640 kPa。如不符合标准值，应更换电动燃油泵。关闭点火开关，5 min 后再观察油压表压力，此时的压力称为电动燃油泵的保持压力，其值应大于 340 kPa。如不符合标准值，应更换电动燃油泵。

（2）油压调节器检修

①油压调节器工作状况的检查。先测量发动机运转时的燃油压力，怠速运转时的燃油压力应为 250 kPa 左右。拔下油压调节器真空软管，并检查燃油压力。此时的燃油压力应比怠速运转时的燃油压力高 50 kPa 左右。如压力变化不符合要求，即说明油压调节器工作不良，应更换。

②油压调节器保持压力的测量。当燃油系统保持压力不符合标准值（低于 147 kPa）时，应作此项检查。其检查方法是先将油压表接入燃油管路，用一根短导线将电动燃油泵的两个检测插孔短接。打开点火开关（旋至 ON 位置），并保持 10 s，让电动燃油泵运转。关闭点火开关，拔去检测孔上的短接导线。用包上软布的钳子将油压调节器的回油管子夹紧。5 min 后观察燃油压力，该压力称为油压调节器保持压力。如果该压力仍然低于燃油系统保持压力的标准，说明燃油系统保持压力过低的故障不

在油压调节器；相反，若此时压力大于 147 kPa，则说明油压调节器有泄漏，应更换。

(3) 喷油器检修

喷油器的主要故障是堵塞。由于发动机运转时高温的影响，以及燃油中所含的树脂等物质会逐渐附着在喷油器末端细小的喷孔上，造成喷油器堵塞。这样影响燃油的正常通过和雾化，使发动机动力下降，加速迟缓，怠速不稳且容易使喷油器针阀锈蚀，导致卡滞，造成喷油器漏油或不喷油。因此，喷油器的检修是燃油喷射式发动机定期维护中最重要的一项工作。

①喷油器工作声音的测听。发动机热车后使其怠速运转，用螺钉旋具或听诊器测听各缸喷油器工作的声音。在发动机运转时，应能听到喷油器有节奏的"嗒嗒"声。这是喷油器在电脉冲作用下的喷油工作声。若各缸喷油器工作声音清脆均匀，则说明各喷油器工作正常。若某缸喷油器的工作声音很小，则说明该喷油器工作不正常，可能是针阀卡滞，应作进一步的检查。若听不到某缸喷油器的工作声音，说明该喷油器不工作。对此，应检查喷油器控制线路或测量喷油器电磁线圈电阻。若控制线路及电磁线圈正常，则说明喷油器针阀完全卡死，应更换喷油器。

②断缸检查。发动机热车后使其怠速运转，依次拔下各缸喷油器的线束插头，使喷油器停止喷油，进行断缸检查。若拔下某缸喷油器线束插头后，发动机转速有明显下降，则说明该喷油器工作正常；否则说明该喷油器不工作或工作不良，应作进一步的检查。

③喷油器电磁线圈电阻的测量。先拔下喷油器线束插头，用万用表测量喷油器两接线柱，如正常，应能导通，其电阻应为 12～16 Ω 左右(高阻抗型)或 3～5 Ω(低阻抗型)。

(4) 冷起动喷油器检修

拔下冷起动喷油器线束插头，用万用表测量冷起动喷油器电磁线圈的电阻，其电阻值应为 3～5 Ω。如果电阻不符合标准，应更换冷起动喷油器。

3) 电控系统的检修

目前，电子控制汽油喷射发动机的形式繁多，而且随着技术水平的不断提高，各种发动机的控制系统也在不断地改进。此外只能以常见车型为例，介绍检修控制系统的几种典型的方法。对于其他车型，只要掌握了该车型控制系统的有关技术资料，即可应用这些方法进行检修。

(1) 电动燃油泵控制系统检修

电动燃油泵控制系统由控制电路、继电器、电脑内的油泵控制部分组成。当燃油泵运转不正常或不运转时，首先应检查其控制系统。

对由电脑控制的电动燃油泵控制系统的检查，首先应区分是电脑内部故障还是电脑外部的控制电路故障。先打开油箱盖，并打开点火开关(不要起动发动机)，在油箱口处仔细听有无电动燃油泵运转的声音。如在打开点火开关后，能听到电动燃油泵运转 3～5 s 后又停止，说明控制系统各部分工作正常。若打开点火开关后，听不到燃油泵运转的声音，可用一根短导线将故障检测插座内两个检测电动燃油泵的插孔短接。此时，打开点火开关，若能听到电动燃油泵运转的声音，说明电脑外部的电动燃油泵控制电路工作正常，故障在电脑内部，应更换电脑；若仍听不到电动燃油泵运转的声音，则为电脑外部的控制电路故障，应检查熔丝、继电器有无损坏，各电路有无断路或接触不良。

对不受电脑控制的电动燃油泵控制系统的检查，如波许 L 型燃油喷射系统，应按下述方法检查。先卸除燃油管路内的油压，拆下分配油管上的进油管接头，将油管插入容器内。再将点火开关转至起动挡，在起动发动机的同时应有燃油从进油管内喷出。若无油喷出，说明电路有故障，应进一步检查熔丝、继电器及空气流量计内的油泵开关、点火开关、线路等。用一根导线将故障检测插座内两个检测电动燃油泵的插孔短接，然后打开点火开关(不要运转发动机)，打开油箱盖，并仔细听有无燃油泵运转的声音。若燃油泵运转，说明控制电路工作正常；若燃油泵不运转，说明控制电路有故障，应检查电路中的熔丝、继电器有无损坏，线路有无接触不良或折断。

若上述检查中电动燃油泵控制电路正常，但起动发动机时燃油泵不工作，则应检查翼板式空气流量计内的燃油泵开关。拆下空气滤清器，打开点火开关，用手指或螺钉旋具推动翼板式空气流量计的翼板。此时在油箱口处应能听到燃油泵运转的声音；若听不到燃油泵运转的声音，说明空气流量计内的燃油泵开关损坏，应更换空气流量计。

(2) 燃油喷射控制系统检修

燃油喷射控制系统的故障主要有：与喷油控制有关的传感器失效；控制线路短路或断路；电脑工作不正常。这些故障都会导致喷油量异常，使混合气过浓或过稀，并伴随出现怠速运转不稳，排气管冒黑烟或放炮，进气管回火，发动机起动困难，甚至无法起动等现象。

对于一般车型来说，传感器损坏以及传感器与电脑之间的线路短路或断路的故障，通常都能被电脑内的故障自诊断电路检测出并储存起来，同时使仪表盘上的发动机故障警告灯发亮，提醒驾驶员注意。维修人员可以通过读取故障代码找到出现故障的传感器。但是，有时传感器没有短路或断路，但输出的信号与标准有很大的误差，影响了喷油量，这样的故障不能被故障自诊断电路检测出来。此外，电脑本身的故障和执行器控制线路的故障也不能被故障自诊断电路检测出来。出现这些故障时，必须按特定的方法，对各个传感器或有关线路进行检测，才能找出原因。

有关空气流量计和节气门位置传感器的检测方法已在“空气系统的检修”中叙述。下面介绍其余各传感器及有关控制电路的检测方法。

①进气温度传感器的检测。进气温度传感器的检测方法是：先拔下进气温度传感器线束插头，拆下进气温度传感器。再用电热吹风器、红外线灯或热水加热进气温度传感器，并测量在不同温度下传感器两接线端的电阻，如图 6.79 所示。将测得的电阻与标准数值进行比较。如果与标准不符，应更换进气温度传感器。

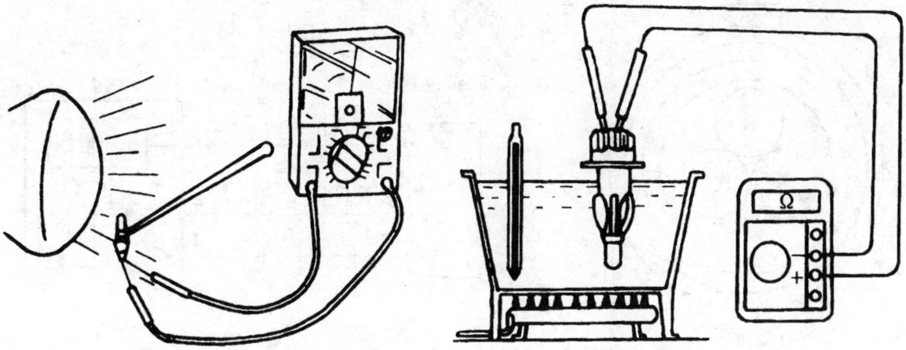

(a) 红外线灯加热进气温度传感器　　(b) 热水加热进气温度传感器

图 6.79　进气温度传感器的检测

②水温传感器的检测。水温传感器的精度对喷油量有很大的影响。当混合气过浓或过稀时,应拆检水温传感器,其方法是:先拔下水温传感器线束插头,拆下水温传感器。再将水温传感器置于烧杯的水中,加热烧杯中的水,同时测量在不同温度下水温传感器两接线端的电阻,如图 6.80 所示。将测得的电阻值与标准相比较。如果不符合标准,应更换水温传感器。

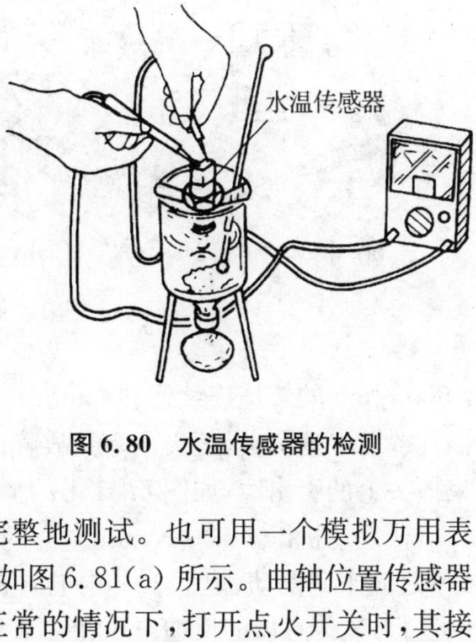

图 6.80　水温传感器的检测

③曲轴位置传感器的检测。曲轴位置传感器是用来表示曲轴位置和发动机转速的信号。下面以北京切诺基为例介绍其检测方法。

曲轴位置传感器可采用 DRBⅡ测试仪进行完整地测试。也可用一个模拟万用表的电压挡对传感器的 *ABC* 三个接线柱进行测量,如图 6.81(a) 所示。曲轴位置传感器的控制电路如图 6.81(b) 所示。在传感器工作正常的情况下,打开点火开关时,其接头 *AC* 间的电压值约为 8 V 左右;在发动机转动时,其接头 *BC* 间的电压值在 0.3～5 V 之间变化,电压表的指针来回摆动。在 *BC* 接线柱上连接一个示波器,在传感器工作正常的情况下,转动发动机,其示波器应显示脉冲波形,否则应进一步查明传感器导线的连接情况,如导线连接正常,应更换传感器。用欧姆表跨接传感器接线柱 *A* 和 *B*,此时欧姆表的读数应是无电阻。如欧姆表上指示有电阻,则应更换传感器。

④氧传感器的检测。

ⓐ氧传感器加热电阻的测量。拔下氧传感器线束插头,测量氧传感器接线端中加热器接线柱与搭铁接线柱之间的电阻,如图 6.82(a) 所示,其阻值应为 4～40 Ω。如不符合标准,应更换氧传感器。

ⓑ氧传感器反馈电压的测量。将发动机热车至正常工作温度(或起动后以

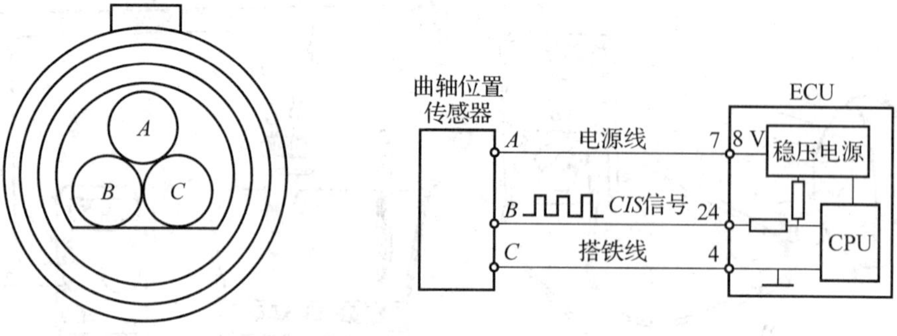

(a) 线束插头 (b) 连接线路

图 6.81 切诺基曲轴位置传感器连接线路

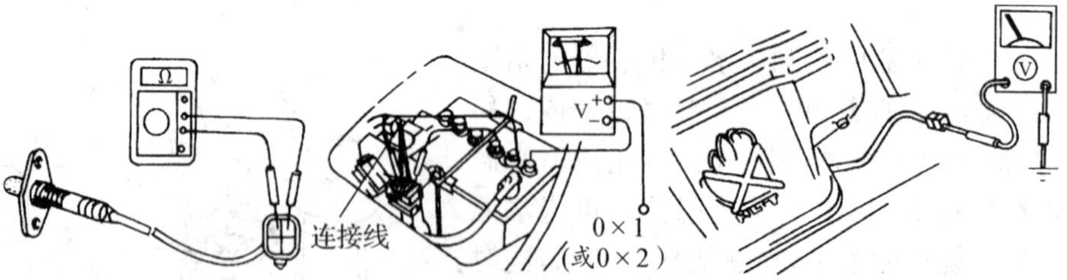

(a) 测量氧传感器加热电阻 (b) 测量反馈电压 (c) 拔掉线束插头后测量反馈电压

图 6.82 氧传感器的检测

2 500 r/min的转速连续运转 2 min)。再把电压表的负极测笔接故障检测插座内的 E1 插孔或蓄电池负极,正极测笔接故障检测插座内的 $OX1$ 或 $OX2$ 插孔,或接氧传感器线束插头上的引出线,如图 6.82(b) 所示。

让发动机以 2 500 r/min 左右的转速保持运转,同时检查电压表指针能否在 0～1 V之间来回摆动,记下 10 s 内电压表指针摆动的次数。在正常情况下,随着反馈控制的进行,氧传感器的反馈电压将在 0.45 V 上下不断变化,10 s 内反馈电压的变化次数应不少于 8 次。若电压表指针在 10 s 内的摆动次数少于 8 次,说明氧传感器或反馈控制系统工作不正常,其原因可能是氧传感器表面有积炭而使灵敏度降低。对此,应让发动机以 2 500 r/min 的转速运转约 2 min,以清除氧传感器表面的积炭,然后再检查反馈电压。若电压表指针变化依旧缓慢,则说明氧传感器损坏或电脑反馈控制电路有故障。

拔下氧传感器的线束插头,使反馈控制系统进入开环控制状态。将电压表的正极测笔直接与氧传感器反馈电压输出端连接,在发动机运转中测量反馈电压,如图 6.82(c) 所示。先脱开接在进气管上的曲轴箱强制通风管或其他真空软管,人为地形成稀混合气,同时观看电压表,其指针读数应下降。接上脱开的曲轴箱强制通风管或真空软管,然后再拔下水温传感器接头,用一个 4～8kΩ 的电阻代替水温传感器,人为地形成浓混合气,同时观看电压表,其指针读数应上升。如果氧传感器的反馈电压无上述变化，表明氧传感器已损坏。

⑤冷起动喷油控制系统的检修。

ⓐ冷起动温度开关的检测。以丰田CROWN3.0轿车2JZ－GE发动机为例，说明其检测方法。先拔掉冷起动温度开关线束插头，拆下冷起动温度开关。将冷起动温度开关浸入装水的烧杯中，并逐渐将水加热。在不同的水温下测量冷起动温度开关两接线柱之间及两接线柱与外壳之间的电阻，如图6.83所示。将测得的电阻值与标准值比较，如不符合标准，应更换冷起动温度开关。

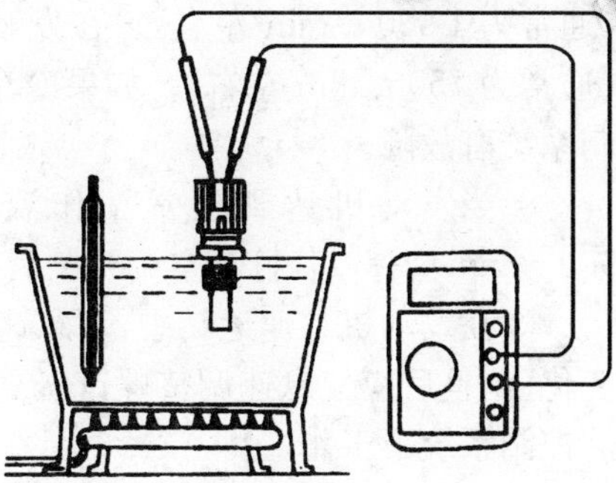

图6.83 冷起动温度开关的检测

ⓑ电脑控制的冷起动控制系统的检测。将发动机热车后熄火，拔下水温传感器线束插头，用一个50～100 kΩ的可变电阻代替水温传感器。拔下冷起动喷油器线束插头，将电压表的两支测笔接在线束插头上。将可变电阻设定为不同的阻值，起动发动机，通过观察电压表指针的摆动来判断冷起动喷油器喷油持续时间。若冷起动控制系统工作正常，则在不同的设定电阻下（即不同的水温下），冷起动喷油器喷油的持续时间不同。电阻越大（即水温低），喷油持续时间越长；反之，电阻越小（即水温高），冷起动喷油器喷油的持续时间越短。若冷起动喷油器喷油不呈现上述变化规律，则说明电脑有故障，应更换电脑。

⑥断油控制系统的检测。断油控制系统有急减速断油、超速断油和溢油消除三种功能。其中超速断油功能的检测要让发动机超速运转，容易造成损坏。因此，通常只检测急减速断油和溢油消除两种功能。

ⓐ急减速断油功能的检测。先起动并预热发动机。再拔下节气门位置传感器线束插头，用一根导线将插头内与节气门位置传感器的怠速开关相接的两个插孔短接。慢慢踩下油门踏板，逐渐提高发动机转速，检查发动机转速是否在升高到1 700 r/min后突然自行下降至1 200 r/min，此后若踩住油门踏板不动，发动机转速将在1 700～1 200 r/min之间来回变化，即出现游车状态，说明急减速断油控制系统工作正常；否则，说明急减速断油功能不正常，应检查怠速开关、发动机转速传感器及其线路。

ⓑ溢油消除功能的检测。拔下喷油器线束插头，将万用表两测笔接在喷油器线束插头两插孔内。再将油门踏板踩到底，同时起动发动机，检查电压表指针，指针应无摆动，否则说明溢油消除功能失效，应检查节气门位置传感器及控制线路。

(3) 怠速自动控制系统检修

怠速自动控制系统的故障会使发动机怠速失常，出现怠速不稳、怠速过高或过低、无冷车快怠速、无空调快怠速等。其原因主要是电脑、控制线路及怠速控制阀出现故障。这些故障通常不能被电脑故障自诊断电路检测出来，只能通过人工检测的方法找出故障部位。下面介绍电脑及控制线路的检测方法。

①在冷车状态下起动发动机，暖机过程中发动机怠速应能达到规定的快怠速转速

(通常为 1 500 r/min 左右)。在发动机达到正常工作温度后,怠速转速应能恢复正常(通常为 750 r/min 左右)。如果冷车起动后怠速不能按上述规律变化,则说明怠速控制系统有故障。

②当发动机达到正常工作温度后,打开空调开关,发动机怠速应能上升至 900 r/min左右。若打开空调开关后发动机转速下降,则说明怠速控制系统有故障。

③在发动机怠速运转中,对怠速调整螺钉作少量调整,发动机怠速转速应不会发生变化(调整后应使怠速调整螺钉恢复原来位置)。若在调整中怠速转速有变化,说明怠速控制系统不工作。

④拔下怠速控制阀线束插头,用电压表测量。如果在发动机运转中,怠速控制阀线束插头有脉冲电压输出,说明怠速控制系统工作正常。若无脉冲电压输出,可打开空调开关后再测试,若仍无脉冲电压输出,说明怠速控制系统不工作。对此,应检查电脑与怠速控制阀之间的线路是否接触不良,有无断路。如线路正常,则说明电脑有故障,应更换电脑。

(4) 排放控制系统检修

排放控制系统包括燃油蒸发控制系统和废气再循环控制系统。这两个系统的故障一般不能被电脑故障自诊断电路检测出,只能通过对各个零部件的检测来查找故障。

①燃油蒸发控制系统的检查。将发动机热车至正常工作温度,并使之怠速运转。拔下蒸气回收罐上的真空软管,检查软管内有无真空吸力。若系统工作正常,在发动机怠速运转中电磁阀应不通,软管内应无真空吸力,如图 6.84(a) 所示。如果此时软管内有吸力,应检查电磁阀线束插头内电源电压是否正常。若有电压,说明电脑有故障;若无电压,说明电磁阀有故障。踩下油门踏板,使发动机转速大于 2 000 r/min,同时检查上述软管内有无真空吸力。若有吸力,说明正常;若无吸力,应检查电磁阀线束插头内电源电压。若电压正常,说明电磁阀有故障;若电压异常或无电压,说明电脑或控制线路有故障。若要单独检查电磁阀,可拔下电磁阀线束插头,向电磁阀吹气,电磁阀应不通气;再将电源接在电磁阀两接线柱上,如图 6.84(b) 所示,同时向电磁阀内吹气,电磁阀应可以通气。如果有异常,则说明电磁阀有故障,应更换。

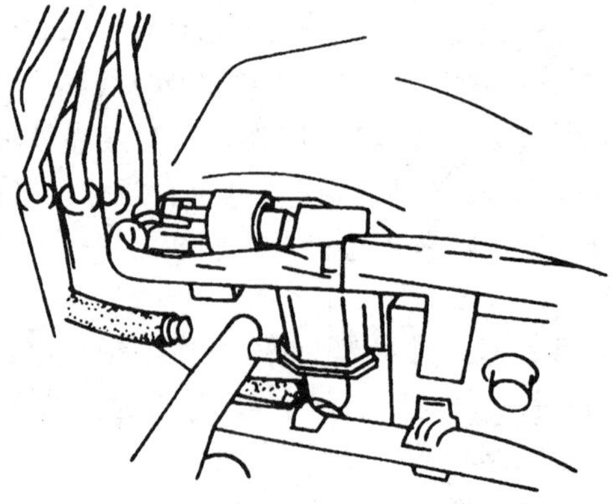
(a) 真空软管内吸力检查

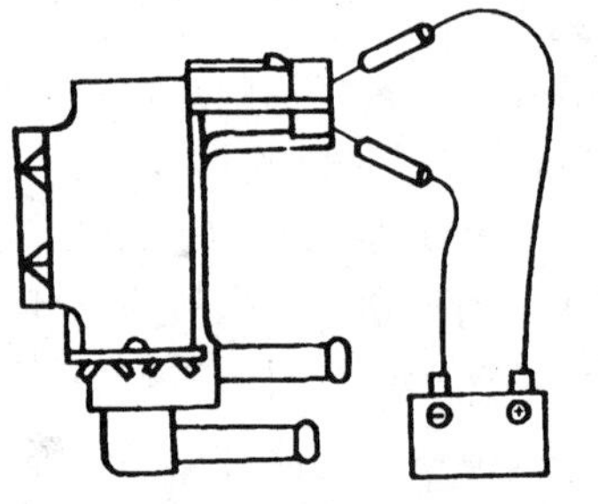
(b) 电磁阀通气情况检查

图 6.84 燃油蒸发控制电磁阀的检测

②废气再循环控制系统的检修。

ⓐ废气再循环系统工作的检查。起动发动机以怠速运转。将手指伸入废气再循环阀中,按在膜片上,检查废气再循环阀有无动作。在冷车状态下踩下加速踏板,使发动机转速上升至 2 000 r/min 左右,此时废气再循环阀应不开启,手指上应感觉不到膜片的动作。在发动机热车后(水温高于 50℃),踩下加速踏板,使发动机转速上升至 2 000 r/min左右,此时废气再循环阀应开启,手指应可感觉到膜片的动作。若废气再循环阀不能按上述规律动作,则说明该系统工作不正常,应检查该系统各零部件。

ⓑ三通电磁阀的检查。拔下三通电磁阀的线束插头及真空软管,拆下三通电磁阀,如图 6.85 所示。当电磁阀线圈不接电源时,A 和 B、A 和 C 之间应不通气,B 和 C 之间应通气;否则,说明三通电磁阀损坏,应更换。接上电源,A 和 B 之间应通气,A 和 C、B 和 C 之间应不通气。否则,说明三通电磁阀损坏,应更换。

ⓒ废气再循环阀的检查。让发动机以怠速运转。拔下连接废气再循环阀与废气调整阀的真空软管。用手动抽真空器对废气再循环阀膜片室施加约 19.95 kPa 的真空度。若此时发动机怠速运转性能变坏甚至熄火,说明废气再循环工作正常;若发动机运转性能无变化,说明废气再循环阀损坏,应更换。

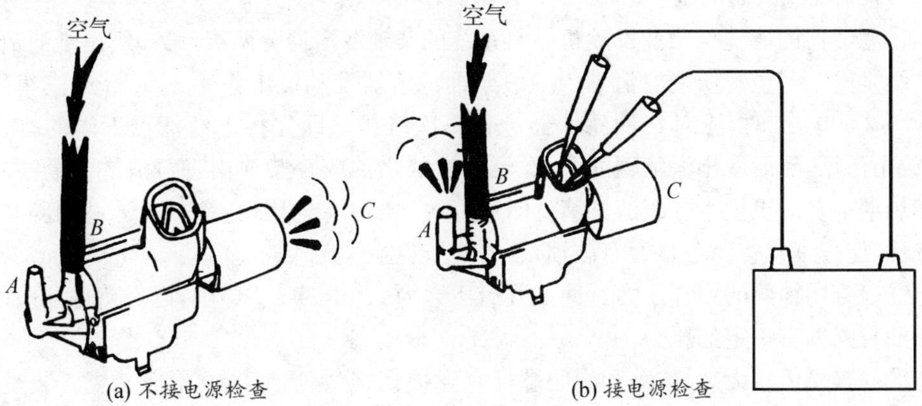

(a) 不接电源检查　　(b) 接电源检查

图 6.85　三通电磁阀的检查

ⓓ废气调整阀的检查。起动发动机,并预热至正常工作温度。拔下连接废气调整阀与废气再循环阀的真空软管,用手指按住真空管接口,如图 6.86(a) 所示。当发动机怠速运转时接口内应无真空吸力;踩下油门踏板,使发动机转速上升至 2 000 r/min,此时接口内应有真空吸力。如不符合要求,说明废气调整阀工作不正常,应拆卸检查。拆下废气调整阀,在连接节气门体真空管的接口处接上手动抽真空器,用手指堵住连接废气再循环阀的真空接口,如图 6.86(b) 所示。向连接排气管的进气口内施加气压,同时扳动手动抽真空器,施加一定真空,在连接废气再循环阀的接口处应能感到有真空吸力;停止抽真空后,真空吸力应能保持住,无明显下降;放掉排气管进气口的压力,真空吸力也应随之消失。如有异常,应更换废气调整阀。

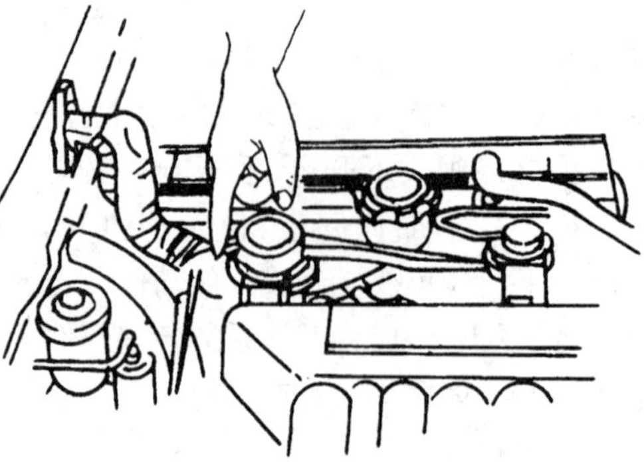
(a) 真空软管内吸力检查

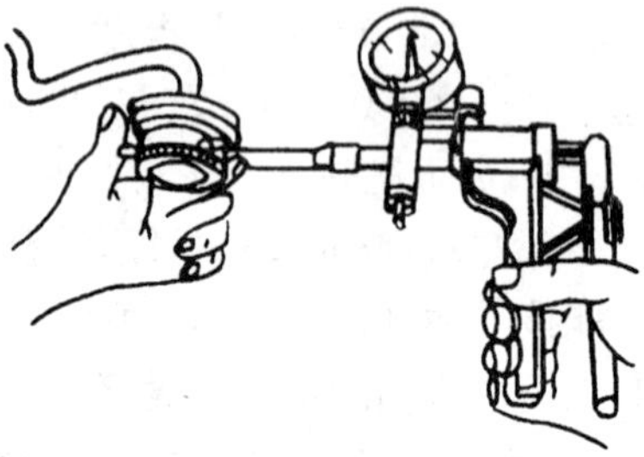
(b) 利用手动抽真空器检查

图 6.86　废气调整阀的检查

6.7.3　柴油发动机燃料系统的检修

1）柴油发动机燃料系统的维护

(1) 柴油滤清器的维护

①滤清器的清洗。柴油发动机燃料系统的柴油滤清器分两级，第一级是纸滤清器，第二级是航空毛毡及纺绸滤清器。一般柴油滤清器发动机工作 40～50 h 或汽车行驶 1 500～2 500 km 时，应对柴油滤清器进行一次维护。即先拧下滤清器下端的排污螺塞，放出污垢，然后取出滤清器滤芯，在已过滤的煤油或轻柴油内进行清洗。纸滤芯应按使用期限及时更换。二级滤芯清洗时可冲洗外部后，再用压缩空气从滤芯内腔吹射。清洗后，应仔细检查滤芯是否有破损，若有应予更换。

②检查回油阀的回油压力。回油开启压力为 0.10～0.15 MPa，以保持输油泵以后的燃油管路内有一定的压力。

③检查壳体有无裂缝，盖和中心螺杆有无损伤，修整后应清洗干净装复。装复时，注意滤芯密封垫不得歪斜，否则，柴油会从滤清器漏出。

④检查和装合妥当后，拧开螺塞，抽动输油泵手泵，使滤清器内充满柴油，以消除滤清器内的空气。

(2) 空气滤清器的维护

空气滤清器有湿式和干式两种形式。对于湿式滤清器，维护滤芯时，用汽油或者柴油清洗干净，并用压缩空气由里向外吹干，不可用棍棒敲振，以免铁丝网变形而失效。装入滤芯后，在空气滤清器内加入少量的机油；安装时，应注意空气滤清器上的密封橡胶圈不要漏装或者装歪，否则，空气滤清器会失去滤清效果，使活塞环及缸套磨损加快。干式空气滤清器的滤芯为双层纸心。在 8 000 km 维护时，除清洁端盖外，还要取出滤芯，在平板上轻拍滤芯端面，并用压缩空气由滤芯里面向外吹，以清除滤芯上的灰尘，切不可用汽油或水洗刷。清洁滤芯时，应检查密封圈是否完好的粘在滤芯端面上，若密封圈欲脱胶或密封不好，应重新粘结或更换滤芯。

若发现滤芯因使用过久而堵塞或滤芯表面破损时，必须换用新品。

(3) 柴油油路空气的排除

柴油油路中的机件经过拆卸、更换机件或管道螺栓松动后，空气会进入油路中形成“气阻”，使供油失常或停止供油，造成发动机起动困难，运转不稳，功率下降。因此，当机件装复后，应及时排除低压油路和高压油路中的空气。

低压油路中空气的排除：排除低压油管、输油泵、燃油滤清器中的空气时，先拧松喷油泵上的放气螺塞或固定进油管接头上的放气螺钉，开动电动油泵或用手动泵油装置泵油，直到放气螺钉处流出的柴油不含气泡时，再将放气螺塞拧紧。

高压油路中空气的排除：先拧松第一缸喷油器的进油接头螺母，再起动发动机，使喷油泵运转，直到接头处流出的全是柴油时，拧紧接头螺母。然后再拧松与第二缸至第六缸喷油器连接的高压油管接头螺母，按此方法逐一放气，直至发动机运转平衡为止。放气时，注意防止燃油溅在高温排气管上引起失火；每次起动发动机不得超过 30 s，两次起动需间隔 2 min。

如果油路中由于密封不严而渗入空气时，不仅要排除油路中的空气，而且要检查漏油部位并加以密封。排除管路中空气之后，再按下电动油泵或手动泵油装置泵油，同时查看管路中漏油部位，凡是有柴油渗漏的地方，则有空气渗入，应发现一处紧定一处。

2) 喷油泵的检修

喷油泵是柴油发动机最精密的部件，它的柱塞与柱塞套、出油阀及阀座、凸轮、挺柱等机件磨损后，会使供油量、供油均匀度和供油时间发生变化，造成发动机的功率下降，燃料消耗量增大，工作可靠性降低。

(1) 喷油泵主要零部件的检修

①喷油泵凸轮轴及轴承的检修。凸轮轴轴承支承座孔磨损致使轴承松旷，可对座孔进行镶套修复；供油齿杆与其衬套的配合间隙应不大于 0.10 mm，否则应换用衬套；泵体不得有裂纹，若有应予焊补修复或换用新件。

凸轮轴出现裂纹应予更换，凸轮轴的直线度误差超过 0.05 mm 应进行冷压校正。支承轴颈磨损与轴承配合松旷、油封轴颈圆度误差大于 0.10 mm，应进行电镀、堆焊修复或换用新件。

凸轮表面应无剥落、磨损和凹痕现象，必要时换用新件。

滚球轴承外径与轴承盖和调速器轴承座孔的配合过盈为－0.021～－0.050 mm。如松动，可采取轴承外圈镀铬磨配的方法修复。

②柱塞与柱塞套的检修。检查柱塞与柱塞套的滑动性能。如图 6.87(a) 所示，将柱塞和柱塞套保持与水平成 60°左右角度的位置，在几个方向拉出柱塞，它能自动慢慢地滑下，即表明密封良好。

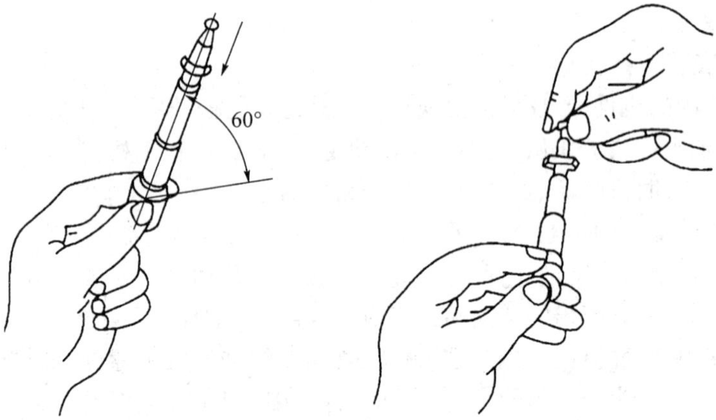

(a) 检查滑动性能　　(b) 检查密封性能

图 6.87　柱塞与柱塞套的检验

检查柱塞与柱塞套的密封性能。如图 6.87(b) 所示，一手握住柱塞套，用两个手指堵住柱塞顶上和侧面的进油孔，另一手拉出柱塞，应感到有显著的吸力；放松柱塞时，它能立即缩回原位，即表明密封良好。

检查柱塞控制套缺口 B 与柱塞下凸块宽度 A 的配合间隙，若超过 0.10 mm 时，必须进行修整或更换，如图 6.88 所示。

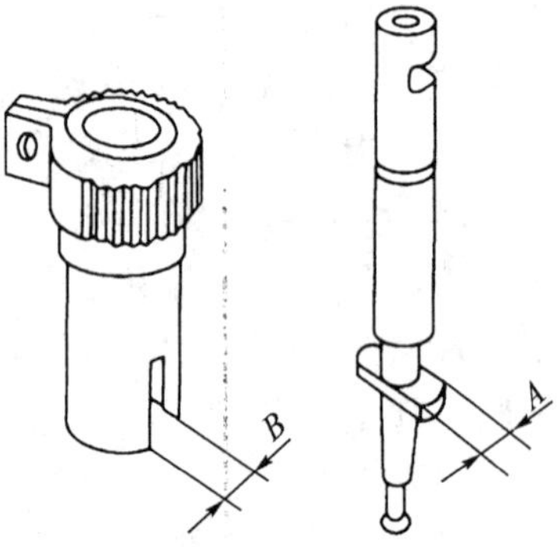

(a) 柱塞控制套缺口B　　(b) 柱塞下凸块宽度A

图 6.88　缺口的配合间隙

检查柱塞套与泵体接触面有无变形、擦伤和凸凹不平。必要时可用手铣削工具修整。检查柱塞与柱塞套摩擦面的磨损或刮伤情况。不符合要求，应成套更换。柱塞的端面、斜槽、柱塞套的油孔边缘等应是尖锐的，若有凸起、凹陷、剥落及毛刺，应更换。

③挺柱的检修。检查挺柱与泵体座孔的配合(间隙 0.020～0.062 mm)，其间隙超过规定极限(0.25 mm)时，挺柱可采用镀铬磨光法修理。泵体座孔可采用镗削法修复。加工时必须使用专用夹具，以防止座孔中心线前后左右偏移，其表面粗糙度值(Ra)应小于 1.6 μm。座孔镗削尺寸需根据磨光后的挺柱尺寸配镗，使其配合间隙恢复至规定标准。

检查挺柱销与内衬套之间和内衬套与滚轮之间的配合间隙，应为 0.011～0.100 mm。若超过 0.15 mm，允许选配内衬套恢复至标准。

挺柱销与挺柱孔的间隙不应超过 0.05 mm，超过则应换用新挺柱销。检查挺柱调节螺栓顶部的磨损，若超过 0.20 mm 时，应换用新件。

检查挺柱与滚轮的磨损和损伤以及它们之间的间隙，如图 6.89 所示。使调整螺钉上下移动，测量其外径，百分表读数即为间隙总量值，若超过 0.30 mm，应换新件。

④出油阀及阀座的检修。以手指堵住出油阀下面的孔，用另一手指将出油阀轻轻地由上向下压。当手指离开出油阀上端时，它能自行弹回，即为良好。若出油阀及阀座磨损过甚或有伤痕，应成套更换。

出油阀弹簧如有扭曲和弹性减弱现象，应换用新件，其弹性应符合原标准规定。

精密配套零件磨损的痕迹可用研磨的方法予以消除。柱形工作表面磨损后，若配合间隙在 0.008～0.010 mm范围内，允许用镀铬法修复。

弹簧镀层脱落和表面磨蚀、裂纹等，应予更换。弹簧上、下座应平整，柱塞下端凸缘的顶面与弹簧下端的下表面之间应有一定的间隙，若无间隙，应更换。

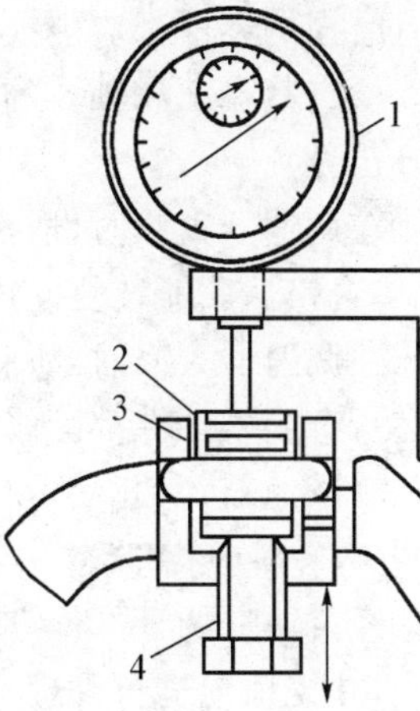

图 6.89　检查挺柱与滚轮间隙

1—百分表；2—滚轮；

3—滚轮衬套；4—调整螺钉

⑤调节齿条与扇形齿轮的检修。检查油量调节齿条与扇形齿轮的配合间隙，及其与衬套工作面的磨损，若越过限值，应更换。

检查油量调节齿条的弯曲度，如超过 0.05 mm，应冷压校正。

检查油量调节齿条轴颈与装在泵体中衬套的配合间隙，超过规定时应换用新套。镶在泵体两端衬套的内孔的同轴度误差，在泵体全长范围内不得大于 0.02 mm。

(2) 喷油泵的安装与喷油正时的校正

检修后的喷油泵经过调试重新安装时，必须检查和校准喷油提前角。

为了便于调整喷油提前角，通常在柴油发动机和喷油泵上有三处正时标记：一是喷油泵与发动机传动齿轮的啮合标记；二是喷油泵的第一分泵开始供油标记；三是发动机的飞轮壳与飞轮上的喷油提前角标记。

喷油正时的校正方法：将调试好的喷油泵往发动机上安装时，为了使发动机的喷油泵提前角符合规定，应按下列方法进行安装。顺时针方向摇转曲轴，使第一缸活塞处于压缩行程上止点前规定的发动机喷油开始的位置，即飞轮上或带轮上的喷油正时记号应对正。转动喷油泵凸轮轴，使凸轮轴接盘上的标记与泵体上的标记对正，此时第一分泵供油开始。向前推喷油泵，使从动凸缘盘的凸块插入联轴器并与其接合，在固定主动凸缘和中间凸缘盘的两个螺钉时，使二凸缘盘的"0"标记对正（或校正后重新做出划线标记），即可保证发动机的供油提前角符合要求。发动机试车后如果发现喷油提前角不对，待发动机停机后可用松开的两个螺钉按需要进行调整。调整合适后也可另做标记，以便下次安装。

3) 调速器的检修

①仔细检查调速器飞块的铰接处，例如调速器飞块轴及轴套、滚轮轴及轴孔等的磨损，若磨损严重则应更换。若滚轮的工作表面磨损过大，也应更换。

②检查所有杆件的铰接处磨损情况，例如磨损、飞边以及凹坑斑点等。在大修时，所有有磨损的零件都应更换或检修。若杆件变形，应校正或更换。

③检查其端面和轴孔的磨损情况。如果磨损严重到影响调速器工作的灵敏性和调整性，应更换。

④在调速器大修时，通常要更换调速器弹簧，并且在装复前对其在弹簧试验器上进行测试，合格后才能装复使用。

⑤在调速器大修时，所有的轴承与衬套都应换用新件。

在所有的零部件都已修理合格或更换之后，应根据制造厂的使用说明书重新装配和调整好调速器，并起动运转柴油发动机，检查空车高转速和慢怠速是否正确。

4）喷油器的检修

①经过清洗的零部件，应进行仔细的检查，对于精密加工的表面，可利用放大镜加以检查，并视情况进行修理。

②经过清洗后的针阀偶件可以进行简单的滑动性试验，以检查偶件是否能应用。检查的方法是将沾有清洁柴油的针阀放入针阀体内，然后将针阀倾斜 45°，将针阀拉出全长的 1/3，放手后针阀应靠其自身的重量，缓慢而又顺利的全部滑下，不能有任何阻障、卡滞等现象。

③对于喷油嘴偶件如发现有严重缺陷时应调换新品，对于缺陷不严重的可用研磨方法进行修复。一般针阀、针阀体和喷油器体之间遇有下列情况，则可进行研磨修复。

ⓐ针阀与针阀体配合不够光滑，滑动试验不符合要求时，可在针阀上抹上清洁的凡士林或柴油，将针阀柄部夹在纯铜钳口的台虎钳上，套上针阀体，用手进行左右转动研磨。研磨时不要拍击，时间不要太长，以免过度磨损。研磨几分钟后应将偶件清洗，并作滑动性试验，直至符合要求。

ⓑ针阀与针阀体锥形密封面有轻微损伤（用放大镜观察针阀的锥形密封面可发现），可用手工研磨密封锥面，如图 6.90 所示。研磨时，在密封锥面上涂些氧化铬膏。注意不要涂到喷针和导向部分，以免造成部分磨损过大，甚至报废。

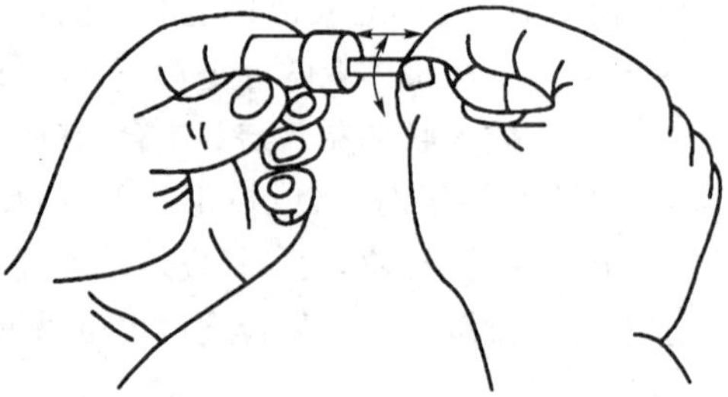

图 6.90　手工研磨密封锥面

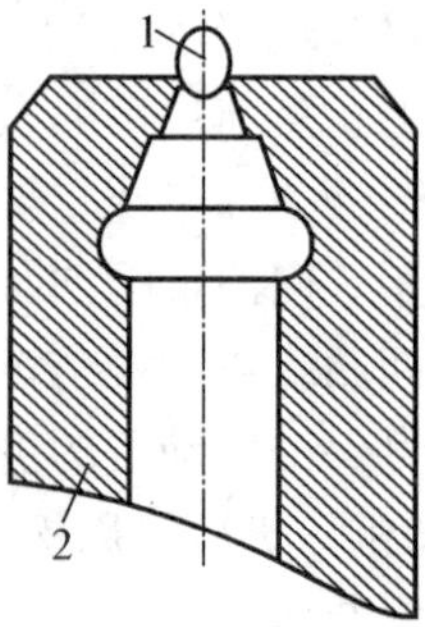

图 6.91　缩孔

1—滚珠　2—针阀体

ⓒ调试油嘴时，如果雾化尚好，断油也干脆，但慢压油时有漏油现象，这表明喷孔部

分有磨损，需进行缩孔。缩孔的目的是缩小因磨损而扩大了的喷孔，提高喷油质量及射程，减少废气侵入。缩孔后还要进行研磨，恢复缩孔后被损坏了的喷油部分的配合间隙，加强密封性。缩孔的方法如图 6.91 所示，在针阀体中央放一个滚珠(喷孔直径为 1 mm，放直径 3 mm 的滚珠；喷孔直径为 1.50 mm，用直径 4 mm 的滚珠；喷孔直径为 2 mm，用直径 6 mm 的滚珠)，用小锤轻轻地将滚珠敲击一下，进行缩孔。要特别注意，因为喷孔是可以多次缩孔修复的，所以第一、第二次敲击时，用力应轻勿重。如缩孔后不能恢复指标，或用力较大损坏了喷孔部分的配合间隙和封闭部分的严密性，则必须进行研磨。

5）输油泵的检修

目前柴油发动机主要使用活塞式输油泵，其结构如图 6.92 所示。输油泵的损伤形式有：输油泵摩擦副配合间隙逐渐增大，密封性下降，出现漏油、漏气、输油量减小等现象，弹簧弹力减弱使活塞工作行程减小，进、出油止回阀关闭不严密，使输油压力下降，发动机工作不正常。

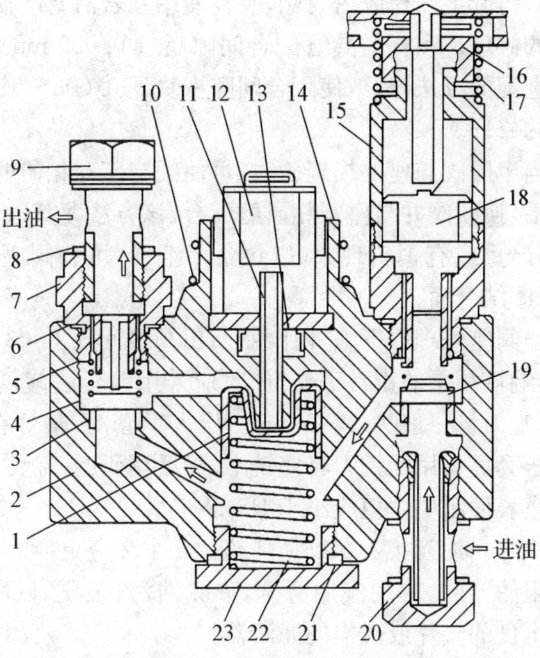

图 6.92　活塞式输油泵

1—输油泵活塞；2—输油泵体；3—压套；4—出油止回阀；5—止回阀弹簧；6—密封垫片；7—出油管接头；8—垫片；9—空心螺栓；10—O 形密封圈；11—顶杆；12—滚轮部件；13—橡胶密封环；14—卡环；15—手油泵体；16—手柄；17—弹簧；18—手油泵活塞；19—进油止回阀；20—空心螺栓；21—密封垫片；22—弹簧；23—螺塞

①活塞与泵套的修理。活塞与泵套的配合间隙超过 0.05 mm 时，允许采用加大活塞直径与泵套研磨选配的方法修复，使配合间隙恢复到 0.002～0.015 mm，以防止漏油和供油量的不足。其方法是先将泵套磨痕消除，然后用 F600 以下研磨膏进行研磨，再根据研磨后的泵套内径，配制相应尺寸的活塞。

若活塞磨损过甚，应予以更换。如因油污而卡滞，可用汽油清洗后装复使用。

②检查输油泵活塞弹簧、滚轮弹簧以及单向阀弹簧的弹性，其数值应符合原厂规定，否则，应换用新件。如因油污而卡滞，可用汽油清洗后装复使用。

③检查活塞滚轮架和滚轮，当活塞滚轮架和滚轮及滚轮销有不正常磨损时，应及时修复或更换。对修复的滚轮销和滚轮装合后，应检查其配合间隙，当用手感到有明显的松旷时，应更换。滚轮及滚轮销的标准间隙为 0.02～0.08 mm，极限值为 0.15 mm。

④手油泵活塞的橡胶密封圈磨损过甚或损坏，会引起漏气、漏油或停止供油。用手油泵泵油时，若感到松旷，没有吸力，应更换新橡胶密封圈。若密封圈仅磨损，没有损坏，在材料缺乏的条件下，可根据活塞上的槽沟宽度，用约 0.10 mm 厚的铜片，剪成一圈，围在活塞槽沟内，再套上旧橡胶密封圈，装复使用。若活塞磨损过甚，应予以更换。

⑤顶杆与导管的修理。顶杆与导管配合间隙超过 0.010 mm 时，允许采用加大顶杆直径与导管研磨选配的方法修复，使配合间隙恢复到 0.002～0.010 mm，以防漏油。

⑥单向阀与座的修理。

ⓐ研磨修复。当单向阀与座磨损轻微时，可使阀与座互相研磨修复。磨损严重时，可用面铣刀将座铣平，换新阀并与座互相研磨配合，该方法尤其适合于修复塑料制的单向阀，其工作面磨损严重或有歪斜现象，以致泵不上油，可和阀座研磨恢复其密封性。当换新件时，也应研磨结合面。

ⓑ镶套修复。如阀座修理后下陷，使阀座凸出高度小于 0.03 mm 时，会使 T 形阀弹簧的弹力减弱，影响输油泵的正常工作，此时应采用镶套法修复。镶套时，用面铣刀先铣削单向阀座孔，吃刀量一般为 1～2 mm。压入钢套时，最好在配合表面涂以环氧树脂胶粘剂紧固。压套后仍用面铣刀将座铣平，最后用研磨棒涂以研磨膏，对阀座进行研磨。研磨后的阀座表面粗糙度值应小于 Ra0.8。

⑦油管接头的检修。油管接头螺纹损坏超过 2 个牙应更换。

⑧输油泵上有粗滤器的，应用汽油清洗，去除油污、杂质，以恢复过滤性能。如漏油，应检查，并更换不良的垫片或破损的滤清器。

修复后的输油泵必须进行试验，以检查判断其工作性能及修复质量。检查可在喷油泵试验台上进行，也可以直接在柴油发动机上进行。

6.8 发动机的装配磨合与试验

经维修完好的发动机各零部件，要按一定的工艺顺序和技术要求装配成完整的发动机总成。为改善摩擦副的技术状况，扩大实际接触面积，发动机在总装后要求进行磨合、调试后才能装车。

6.8.1 发动机的装配

1) 装配注意事项

①装配的零件必须符合技术标准,并彻底清洗干净。尤其是曲柄连杆机构的油道必须在清洗干净后用压缩空气吹干。

②装配主要零件时,必须按照规定的顺序、标记和方向进行。

③装配动配合零件时,相配工作面应施加一定数量机油;组装过盈配合件时,应涂以少许机油,以减小装配阻力。气缸衬垫和进、排气支管的衬垫应涂以石墨润滑脂;螺栓应涂以红丹油。

④装复配合件需要在零件工作面施加压力或锤击时,必须加垫软金属块或使用铜铳。

⑤各螺栓、螺母应按规定的顺序和力矩分多次对称地拧紧。

⑥凡规定用开口销、金属锁丝、弹簧垫圈等锁紧件者,均应装妥。

⑦装配中应注意检查各机件的装配质量,以确保发动机装复后符合技术要求。

⑧正确安装密封件。先根据工作压力大小和温度高低选用不同材质的新密封件,保证零件的密封表面应光洁平整,并使接触压力大小均匀一致。例如,O形密封圈安装时变形过大,密封效果减弱,其预紧变形度应在8%~30%;湿式缸筒水套的密封圈挤压变形过大时,将会导致密封失效而漏水。

在装用金属或非金属衬垫时,应涂上密封胶,以提高防漏效果。

2) 发动机装配的要点

(1) 活塞连杆组的装配

对于全浮式活塞销的活塞连杆组,应预热活塞(约50~70℃),注意活塞顶上的向前标记与连杆杆身的向前标记;各道活塞环不应错位或装反,有数码或标记的一面应朝上,相邻活塞环的开口应相应错开。

对于半浮式活塞销,应按厂家规定进行热装(连杆加热到240℃)或在常温下进行压装。压装时应采用专用承压和导向工具,以免活塞裂损或活塞销偏位。

(2) 曲轴的安装

轴瓦装入缸体时,对于“组瓦”,因各道轴瓦可互换,注意上、下轴瓦不可装反,轴瓦上的油孔(或油槽)与缸体上的油道口对正。对于“对瓦”,因各道不可互换,不仅上下不能装反,每对瓦的前后位置也不能装错。安装推力轴承时,应将有抗磨合金层并有油槽的一面朝向曲柄一侧。各道轴承盖应对号入座,按规定转矩和顺序拧紧其螺栓。曲轴轴向间隙,应符合要求。

(3) 活塞连杆组的安装

装入气缸前要确认活塞与气缸序号一致,把各道活塞开口方位调整好。连杆轴承盖装配好后,应检查连杆大头的轴向间隙是否符合要求。

对于轻型柴油发动机，活塞连杆组装入气缸后，应检查活塞顶凸出或凹入气缸体上平面的距离是否符合要求。不符合标准值时，应选用不同厚度的气缸垫调整。

(4) 凸轮轴及配气机构的安装

对下置凸轮轴发动机，安装曲轴后应接着安装凸轮轴，注意各道轴承装入座孔时，其油孔应与座孔上油道对正，轴颈与轴承配合间隙及凸轮轴轴向间隙符合要求。

顶置凸轮轴的安装，应在气缸盖安装后进行。对于双凸轮轴的，注意区分进气凸轮轴与排气凸轮轴。

摇臂轴安装时，应识别进、排气摇臂和摇臂轴，两者不可互换。

正时链条、同步齿形带和齿轮安装时，应注意配气正时记号要对正，如图 6.93 所示。

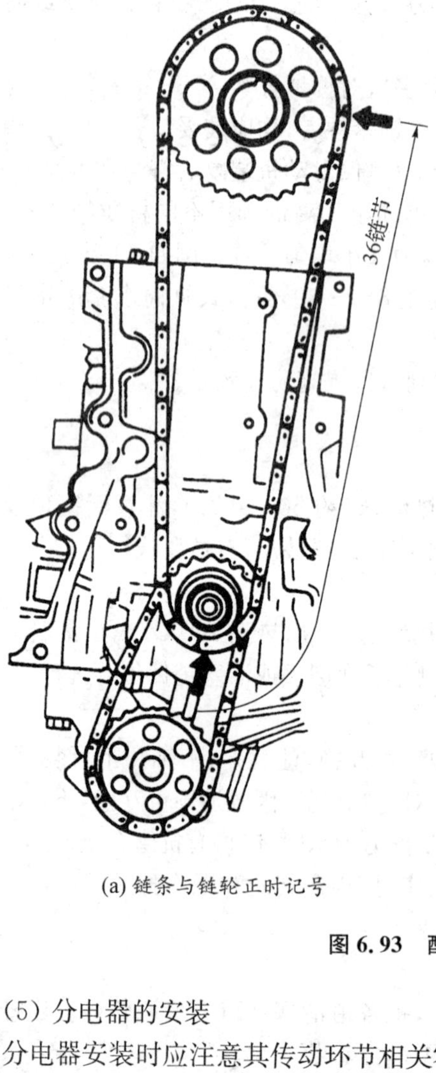

(a) 链条与链轮正时记号

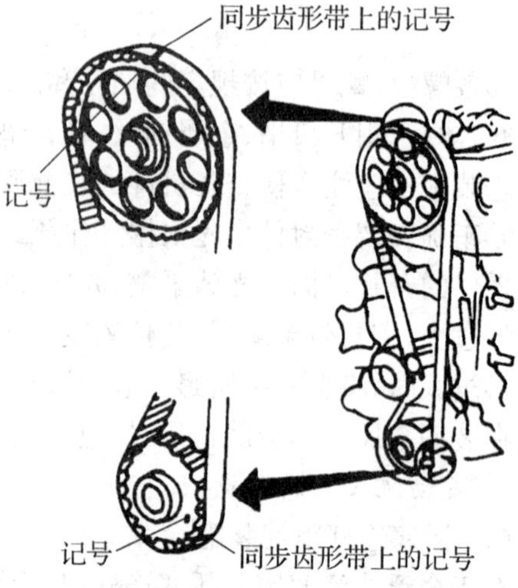

(b) 同步齿形带与带轮正时记号

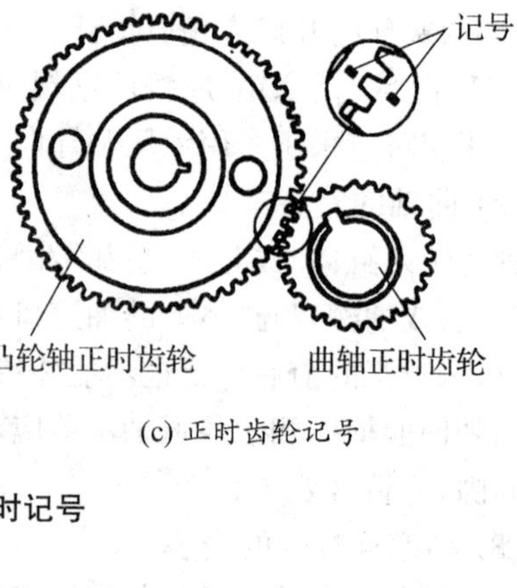

(c) 正时齿轮记号

图 6.93 配气正时记号

(5) 分电器的安装

分电器安装时应注意其传动环节相关零件的方位，以保证点火正时准确无误。

①曲轴定位。摇转曲轴，使第一缸活塞处于压缩行程上止点前、制造厂家所规定的点火提前位置。

②机油泵驱动轴定位。部分车型的机油泵由分电器轴驱动，分电器传动轴端的偏置双切面刃部与机油泵轴端的偏置槽口相配合。由于分电器插入气缸体座孔后，其轴上齿轮与凸轮轴上的螺旋齿轮啮合过程中，要相对转过一个角度，因此为了保证分电器安装后位置正确，机油泵轴槽口的方位要预先设定，可与缸体平行或倾斜一定角度，见图 6.94。

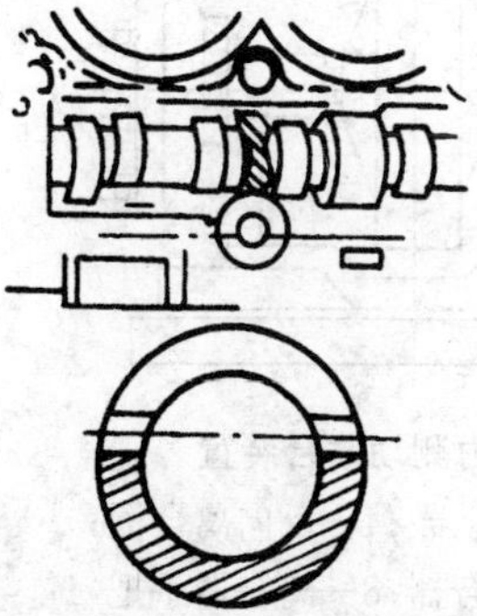

(a) 槽口平行

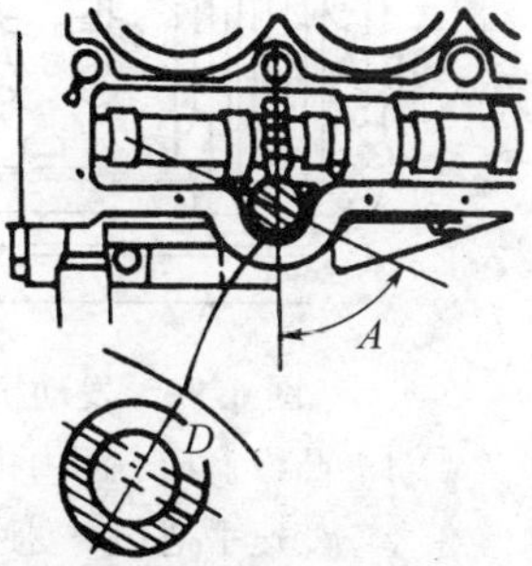

(b) 槽口倾斜

图 6.94　机油泵轴定位

③分电器与分火头定位。安装分电器前，应使其壳体上的记号与其传动齿轮轴上的记号对齐，如图 6.95 所示。然后将分电器插到位，并将其固定，确认分火头指向与分电器盖上“1”缸高压线插孔方位一致，则表明分电器安装正确。

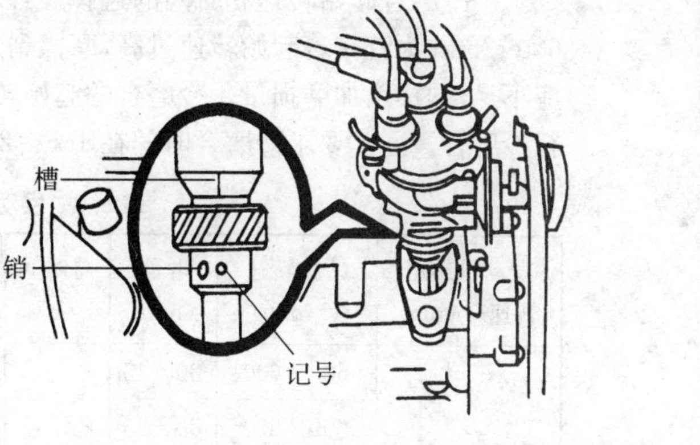

图 6.95　分电器定位

值得提出的是，当换用维修用发动机(中缸)时，上述三项不必进行。

6.8.2　发动机的磨合与试验

发动机总成经大修装配后，应按一定的规范和要求进行磨合与试验。磨合是修理工艺过程的一个重要工序，其目的是测定发动机总成的工作性能，检查其维修、装配质量，及时发现和消除隐患，扩大相互摩擦零件的接触面积，以减小各摩擦表面的表面粗糙度，降低零件初期阶段的磨损量，延长总成的使用寿命。

发动机的磨合分冷磨合和热磨合两种。冷磨合是用其他动力带动发动机运转进行磨合的过程。热磨合是以发动机本身产生的动力进行磨合的过程。

1) 冷磨合

发动机冷磨合时，顶置式汽油发动机不装火花塞，柴油发动机不装喷油器。装上冷却系统、润滑系统部分附件后，将其装在发动机磨合架上，用可以改变转速的动力装置拖动，如图 6.96 所示。

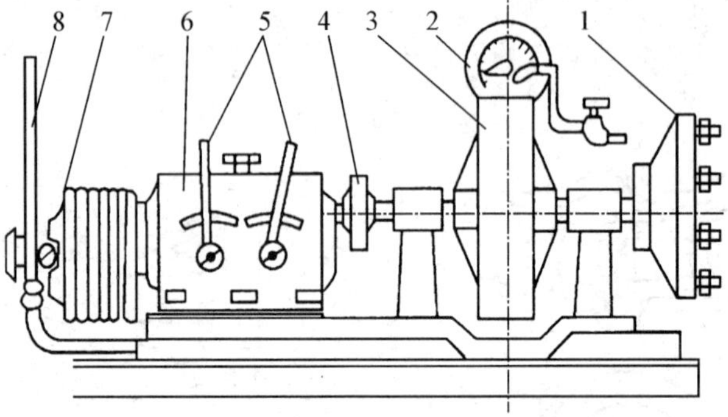

图 6.96　发动机磨合、试验、水力测功联合装置

1—凸缘盘；2—测力机构；3—水力制动鼓；4—反向离合器；
5—变速手把；6—变速箱；7—摩擦离合器；8—离合器手把

冷磨合是对气缸与活塞环、曲轴轴承和凸轮轴轴承等主要配合件表面的磨合。

(1) 冷磨合工艺

①冷磨合起始转速和时间的选择。经验证明，发动机冷磨合的起始转速以 500～600 r/min 为宜。若起始转速过高，摩擦副发热，磨损加剧；若起始转速过低，润滑油供应不足，同样增加磨损量。冷磨合的起始转速确定之后，一般可按表 6.6 的磨合规范进行冷磨合。通常要求冷磨合时间在 1.5～2.0 h 范围内。

表 6.6　发动机冷磨合规范

发动机额定转速(r/min)	磨合转速(r/min)	时间(min)	总时间(h)	发动机额定转速(r/min)	磨合转速(r/min)	时间(min)	总时间(h)
≤3 200	500—600	30—45	≥2	>3 200	700	60	≤4
	600—800	30—45			900	60	
	800—1 000	30—45			1 100	60	
	1 000—1 200	30—45			1 300	60	

②润滑油的选用。在发动机磨合过程中应使用粘度较小的润滑油，以使摩擦副之间有足够的润滑油，冲刷其间的异物及磨屑，防止零件表面烧蚀、擦伤或急剧磨损。磨合时，通常使用 L－AN32 全损耗系统用油，若无此润滑油，可在车用润滑油中加入 15％的煤油作为润滑油，以降低其粘度。

发动机冷磨合后应放出全部润滑油，加入清洗油(90％的柴油和 10％的车用润滑油)，再运转 5 min 左右，然后放出清洗油，将各主要零件拆下进行清洗和检查，最后清洗各部油道和油底壳。

(2) 发动机冷磨合注意事项

①注意观察机油表压力及各运动机工作是否正常，发现异常现象时立即停止，排除故障后继续磨合。

②发动机温度达 90℃时，及时用风扇冷却。

③冷磨合结束后，将发动机分解检查，注意气缸是否有刮伤，检查滑动轴承的工作面及配合情况，若发现故障应及时排除。将全部零件清洗检查后，按技术要求重新装复。

2) 热磨合

发动机冷磨合后装上全部附件，即可将发动机装到台架上进行热磨合。发动机热磨合是使发动机起动后在无负荷热磨合和有负荷热磨合两种状态下进行的试验性运转，其目的是全面检验各部件的技术状况，发现和排除修理中存在的缺陷，使发动机各主要机件得到进一步的磨合。热磨合工艺如下：

①发动机无负荷热磨合。无负荷热磨合的目的除进一步磨合外，还要检查发动机机油、电路工作是否良好，必要时应进行调整和排除故障。

发动机热磨合起动前，应检查发动机外部各部件连接是否可靠；附件工作状态是否良好；冷却液和润滑油是否加足，有无渗漏现象；检查调整正时同步带和 V 带传动带的松紧度；发动机的支撑是否牢靠等。上述各项均符合要求后方可起动。

无负荷热磨合规范：其转速应控制在 600～1 000 r/min 范围内；时间不少于 1 h；发动机冷却液正常温度为 75～95℃，机油压力应正常。若发现发动机本身阻力较大等异常情况，应及时停机检查，排除故障。

发动机在热磨合过程中，应认真检查和调整如下内容：

ⓐ检查各部衬垫、油封、水封及油管接头处有无漏油、漏水、漏气现象。若有，应查明原因予以排除。

ⓑ检查仪表(电流表、机油压力表、水温表)工作是否正常。

ⓒ检查调整点火提前角。

ⓓ检查调整化油器浮子室油平面高度、主量孔调整针和怠速等。调整怠速应在发动机温度正常时进行，使怠速稳定在 480～500 r/min 范围内。

ⓔ查听发动机各部有无异响，对于不符合技术要求的异响应予排除。

ⓕ检查气缸压缩压力：通过对气缸压力的检查，可以判断发动机的技术状况，并且根据试验出现的异常症状，判断是气缸、活塞组漏气，还是气门与气门座密封不良，确切地查明各个气缸的磨损和漏气情况。

ⓖ检查怠速排放物的 CO、HC 的含量：CO 含量不得超过 5%，HC 含量不得超过 2.5‰。若达不到标准，可调整化油器的怠速调整螺钉和分电器点火提前角。

②发动机的有负荷热磨合。发动机经过冷磨合和无负荷热磨合后，还必须进行有负荷热磨合，即通过加载装置，使发动机输出功率负载运转，以进一步改善摩擦副工作

表面的微观不平度，检验新修发动机的功率恢复情况。有负荷热磨合分一般磨合和完全磨合两种。一般磨合的时间较短，经磨合的发动机只能进行个别点的测试(如最大功率点、最大转矩点及最低耗油率点的转速测量)；完全磨合的发动机可进行整个外特性曲线的试验。对大修的发动机，进行一般磨合就可以了。一般有负荷热磨合的时间不少于 3 h，如配合较紧时，可适当延长磨合时间。

3）发动机试验

发动机进行大修后，能否达到原有的动力性与经济性技术指标，需要通过性能试验进行鉴定。

(1) 试验前准备工作

按规定加冷却液和润滑油；调整火花塞和充电器、断电器的间隙；接入试验台机油散热系统；接入测燃油消耗量的量油装置；按规定选用燃料；预热发动机，使水温达到 80℃。

(2) 试验方法

起动发动机，并逐步将气门全开，同时调整测功机负荷，使发动机处在最低稳定转速下运转。此时测功机磅秤上指示的数值达最大值，其最大扭矩可用下式计算：

$$M_e = 0.716\,2P(\text{kgf}\cdot\text{m})$$

用转速表测出此时的转速，即为发动机最大扭矩时的对应转速；再将发动机的负荷逐渐减少，使发动机的转速渐渐提高，当发动机的转速达到制造厂规定的额定转速 n 时，同时记下测功器磅秤上所指示的刻度尺值 P，按下式计算出发动机的有效功率

$$P_e = 0.735\,5\times10^{-3}P\cdot n(\text{kW})$$

在发动机的最低稳定转速(节气门全开)和最大功率转速之间，先取包括最大扭矩转速和最大功率转速在内的 6～8 个被测转速点，测出每个转速点的耗油率，从而确定出最低耗油点的对应转速。

4）发动机总成大修验收的技术要求

发动机验收应在热状态下进行，验收时应符合下列技术要求：

①发动机起动时，用原车规定的蓄电池能连续起动，每次在 3～5 s 内应能使发动机起动。

②发动机在正常温度下，以急速、中速、高速(原机最高转速的 75%)稳定运转，发动机加速性能良好，不得有回火和冒黑烟现象，但允许冒淡色烟。

③气缸压力、机油压力和排放限值应符合规定。

④发动机不允许有漏油、漏水、漏气、漏电及温度过高等现象。

⑤发动机运转中应无异响，但允许有轻微、均匀的正时齿轮、气门声响。

⑥发动机不允许有窜机油现象。急速运转 5 min 后，拆开火花塞检查，电极与瓷芯处不应有油迹，但允许有黑色积炭。

⑦发动机功率不低于原标准的 90%，最大转矩不低于原标准的 95%。

7 汽车底盘维修工艺

7.1 离合器的维修

7.1.1 离合器的检验

离合器安装在发动机与变速器之间,用来分离或接合前后两者之间动力联系。其功用为:使汽车平稳起步;中断给传动系的动力,配合换挡;防止传动系过载,因此离合器主要的失效也表现在不能完全满足以上三种基本功能。目前,汽车离合器多采用干式摩擦片式,以下除特殊说明外都以这种型式的离合器为例。由于离合器工作频繁,有时会出现超载等情况,因此离合器摩擦片和压盘会出现摩损、破裂、变形等耗损,造成离合器技术状况变坏。结果出现离合器打滑、分离不彻底、抖动和发响等故障,为此应认真地检验和修理。

离合器的拆卸和分解:

(1) 拆卸和分解离合器应注意的事项

①检查离合器盖与飞轮间的装配标记,如无标记,应予补作。以保证再装配后保持原平衡不被破坏。

②离合器盖应与压盘之间作好装配标记,如有平衡块应标明其装配位置,然后再进行拆卸。

③离合器盖与压盘在分解时,为防止变形和零件弹出,应用专用工具压紧后拆卸。

④为防止零件散乱,应将原有零件按装配关系套好。

⑤清洗时,摩擦片和分离轴承不能用油清洗。

7.1 常见离合器的拆解

1—定位锁;2—压盘固定螺钉;3—压盘

(2) 常见离合器的拆解

如图 7.1 所示,拆去变速器,然后将定位销 1

插入离合器从动盘毂，拧下压盘固定螺钉 2，卸去压盘 3，再将从动盘连同定位销一起取出。

7.1.2 离合器的维修、装配和调整

1）离合器零部件的检查与维修

①从动盘的维修。摩擦片的磨损是比较慢的。若离合器调整、使用不当（如长期打滑），摩擦片的磨损将会加剧，甚至烧焦、开裂。其主要损伤形式有：摩擦片因磨损而变薄或铆钉松动；摩擦片烧焦或开裂；摩擦片有油污；从动盘钢片挠曲；减振弹簧损坏；从动盘毂花键磨损等。

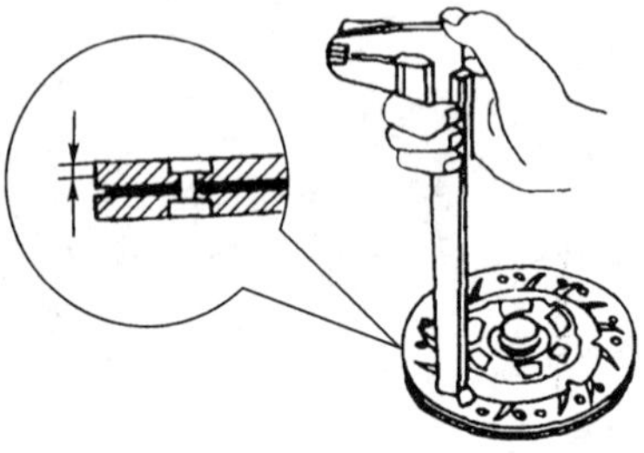

图 7.2 从动盘摩擦片磨损量的检查

摩擦片磨损程度的检查如图 7.2 所示。用游标卡尺测量铆钉头深度，其深度的最小极限值一般为 0.25～0.3 mm，不符合此要求时应更换从动盘总成。

从动盘的跳动偏差的检查如图 7.3 所示，将从动盘 1 夹紧在车床卡盘上，用磁性表座固定好百分表 2，然后慢慢转动车床，检查从动盘的跳动量。如跳动量超过允许值，可用叉形扳手 1 进行校正，如图 7.4 所示。

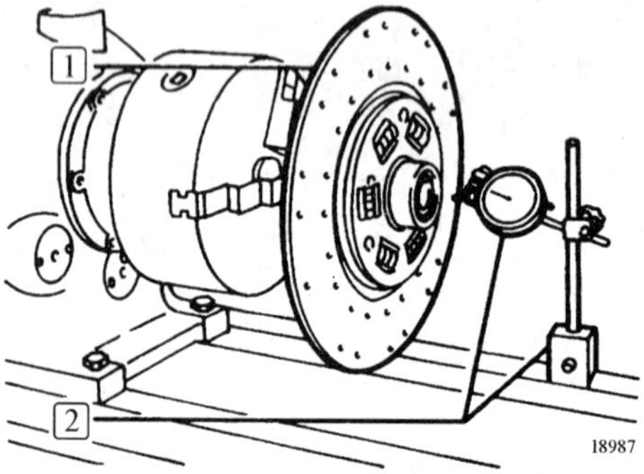

图 7.3 从动盘跳动偏差的检查

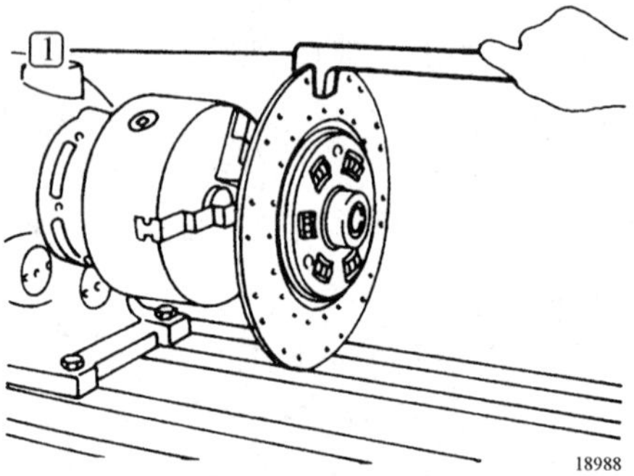

图 7.4 从动盘跳动偏差的校正图

②压盘的维修。对于压盘轻度的刮痕，不平或烧蚀可先进行光磨。但磨光后的厚度不应小于极限尺寸；对于较重的刮痕，甚至出观裂纹，引起离合器抖动时，则必须予以更换。压盘平面的平面度一般不应大于 0.2 mm，其具体的测量方法如图 7.5 所示。

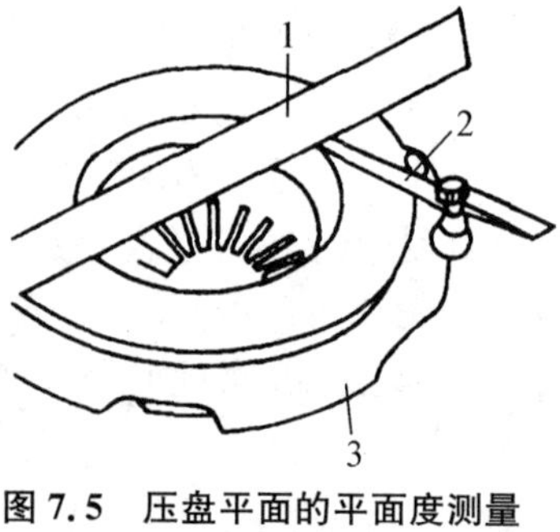

图 7.5 压盘平面的平面度测量

1—钢直尺；2—塞尺；3—压盘

压盘的更换方法如下：用钻床先钻掉传动片与离合器盖的连接铆钉头，然后铣出铆钉爆盖和压盘分离。组装新压盘时，须在离合器盖和压盘的接触面上涂上一层润滑脂，用专用螺栓把离合器盖和压盘组装起来。

③膜片弹簧的维修。膜片弹簧因经受长时间负荷的作用而疲劳，易造成弯曲、折断或弹力减弱，影响对动力的传递。如弯曲必须进行校正，折断应予以更换。如图7.6所示，用游标卡尺测量膜片弹簧内端(与分离轴承接触面)磨损的深度和宽度，典型值为深度不超过0.6 mm，宽度不超过0.5 mm，否则应予更换。如图7.7所示，用专用工具和塞尺测量膜片的弯曲变形。弹簧内端应在同一平面，弹簧的内端和专用工具之间的间隙一般不超过0.5 mm，否则应予调整。如图7.8所示，用专用工具把弹簧弯曲到正确的对准位置，直到符合要求为止。烧伤、破裂时应予以更换。飞轮与定位销配合应紧密。螺栓每次拆卸后应更换。用螺栓将飞轮固定在曲轴上，装配时应按对角线逐渐拧紧。

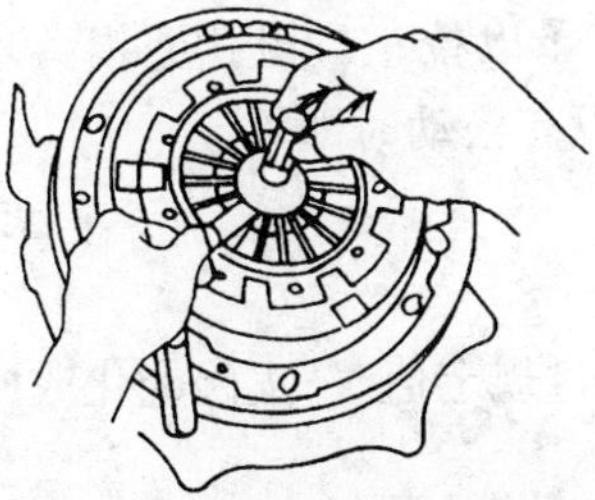

图7.6 膜片弹簧内端磨损的测量图

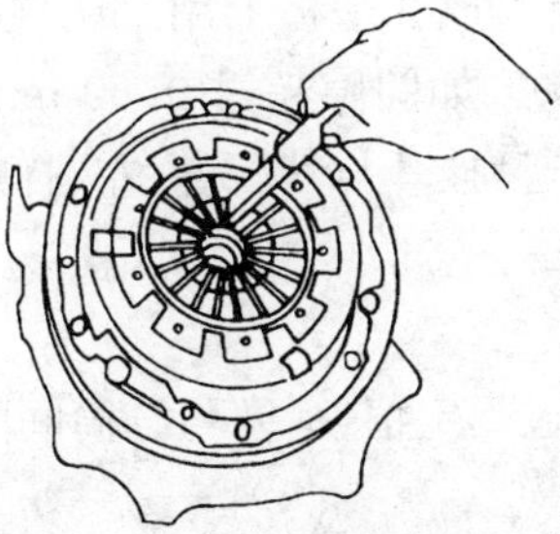

图7.7 膜片弹簧弯曲变形的测量图

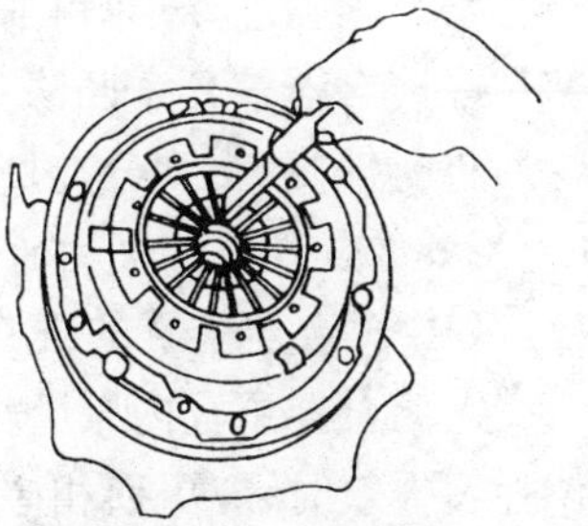

图7.8 膜片弹簧的调整

④飞轮的维修。飞轮与从动盘摩擦片相接触的工作面不应有润滑油或润滑脂，当出现磨损、沟槽、飞轮摆差时，维修如图7.9所示。用百分表测量头接触飞轮的工作面，检查飞轮的圆跳动(摆差)量。最大极限值为0.20 mm，超过时应更换飞轮。

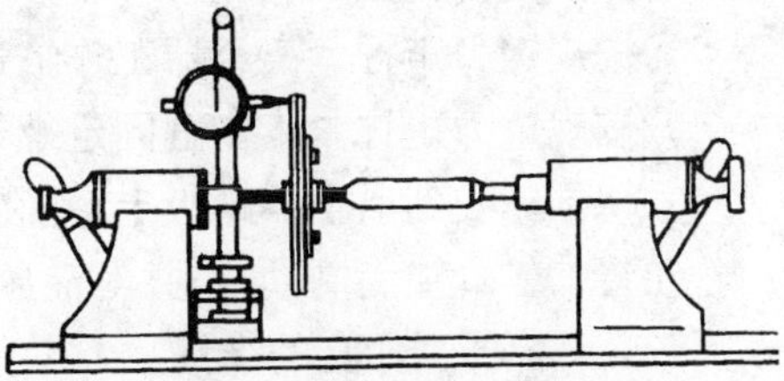

图7.9 飞轮摆差的维修

⑤分离轴承的维修。分离轴承因保养不当缺油而发响，或受自然磨损而松旷，甚至损坏。分离轴承应转动灵活，将轴承用手压紧轴承内套转动，若有阻滞，则为轴承座或滚珠磨损，应予更换。若转动灵活，但稍有“沙沙”的响声，则为缺油现象。

ⓐ分离轴承座轴颈如磨损松旷可堆焊修复。

ⓑ分离轴承内孔磨损量一般超过0.03 mm或轴向间隙超过0.60 mm时，均不得继续使用。

ⓒ加油软管如破裂应予更换，管内堵塞应予疏通。

ⓓ分离叉支柱板损坏应更换。球形支柱磨损应焊修或更换。

ⓔ分离叉护罩损坏应更换。

ⓕ离合器拉杆弯曲应校直，螺纹损坏应予更换。

ⓖ拉簧折断或拉力减弱，不能保持原位应更换。

ⓗ离合器踏板轴与衬套磨损、松旷超过 0.50 mm 时，应更换衬套，如轴磨损可焊修。

ⓘ分离轴承的加油：分离轴承缺油时，加油的方法有两种。第一种方法：用润滑油和润滑脂各 50%混合加温溶解后，将轴承放入油内浸煮（温度不可过高，以免变质），待冷却后，将轴承取出，清除外部油脂；第二种方法：用注油管将轴承接在注油软管上，用黄油枪加注润滑脂。

⑥离合器盖的维修。离合器盖因压盘弹簧强弱不均匀或固定螺栓松动的影响，会发生变形或出现裂痕。安装分离杆的窗孔磨损，使窗孔与分离杆或压盘挂耳的配合间隙增大，从而使离合器工作时发响。

离合器盖的变形，可通过将其放在平板上用手按住检查，如有摇动即为变形；或用塞尺在离合器盖几个凸缘处测量，如间隙超过 0.50 mm，应予以校正。窗孔磨损可堆焊后进行锉修，直到分离杆或压盘挂耳与其配合，左右侧面没有松动时即可。

2）离合器操纵机构的维修

（1）离合器主缸的维修

①离合器主缸内壁磨损超过规定值，活塞与缸筒间隙超过规定值时；皮碗老化或回位弹簧失效时，应更换相应零件。

②工作缸筒装配前应清洗干净，活塞、密封圈、皮碗及缸套等零件应涂抹锂基润滑脂。

③安装离合器主缸。

ⓐ按规定力矩拧紧离合器工作缸连接管固定螺母；

ⓑ按规定力矩拧紧工作缸固定螺母；

ⓒ把推杆装到离合器踏板上，并装好锁销、夹片及回位弹簧；

ⓓ将工作缸注满制动液，并对液压系统放气，检查有无渗漏之处。

（2）离合器工作缸的维修

①检查离合器工作缸各零件的磨损情况，磨损严重的零件应维修或更换；

②装配离合器工作缸活塞时，应在活塞上涂抹锂基润滑脂；

③按规定力矩拧紧离合器工作缸固定螺栓；

④按规定力矩拧紧软管接头；

⑤将离合器工作缸注满制动液，放气并检查有无渗漏现象。

（3）液压系统中空气的排出

离合器液压操纵机构维修之后，管路内可能进入空气。另外，加注液体时也可能使空气进入液压系统。

空气的排除方法如下：

①支起轿车，将离合器主缸储液罐内的制动液加至规定的高度；

②将一段软管一端接在离合器工作缸的通气阀上，另一端接在盛有制动液的容器内；

③人在驾驶室内慢慢地踩下离合器踏板数次，直至感到有阻力时，踩住离合器踏板不动。另一人拧松离合器工作缸上的通气阀直至制动液流出，之后拧紧通气阀；

④按上述方法连续操作几次，直至制动液中无气泡为止；

⑤将空气排除后，应重新检查调整离合器踏板的自由行程。

7.2 变速器的维修

7.2.1 手动变速器的检验与维修

汽车运行中，变速器担负着变速增扭的功能。变速器经常在高转速、高负荷下工作；同时，由于行驶道路条件的变化，换挡十分频繁，使得变速器内各齿轮之间，齿轮与轴之间，轴承与轴之间受力不断变化；又由于装修质量、调整及驾驶不当等原因，均会造成变速器各机件加剧磨损，甚至损坏。以上都会影响变速器的正常工作，如出现跳挡、异响、漏油等故障。因此，必须对变速器故障进行及时的、正确地判断和排除。同时又要保证变速器零件的检修质量、总成装配质量与调整合格。

1）变速器主要零件的检测

（1）变速器壳体座孔精度的检测

①第一、二轴与中间轴两座孔轴线平行度误差的检测。将清洗后的壳体扣放在平板上，如图 7.10 所示，用塞尺检查壳体与盖结合面是否变形、翘曲。当间隙超过 0.20 mm 时可采用刮削或磨削进行修复。在加工时要注意正确选择定位基准，用内径百分表或游标卡尺，测量各轴承座孔的孔径磨损及圆度误差，找出最大磨损量及其方向。

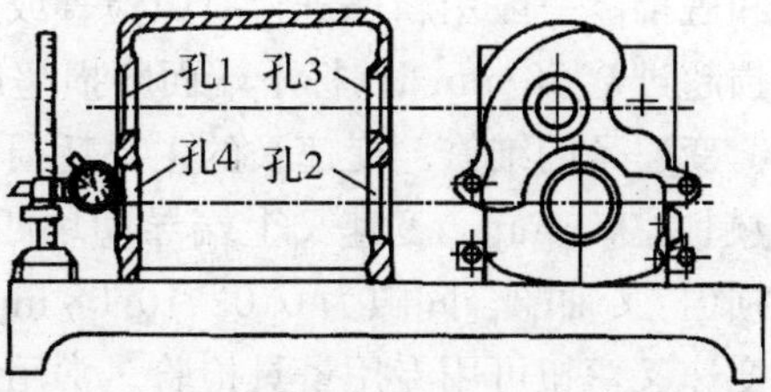

图 7.10 变速器壳体两轴线平等度误差的检测

用带有杠杆的百分表装夹在游标卡尺上，对各轴承座孔进行测量。将高度游标卡尺游标固定在适当的整数高度位置，再加上百分表的读数，分别测出各座孔下缘的高度值，分别加上垂直方向测出的孔的半径，即得到孔中心线距平板的实际高度值。通过计算可以得出两轴线之间的平行度误差，一般应小于 0.1 mm。

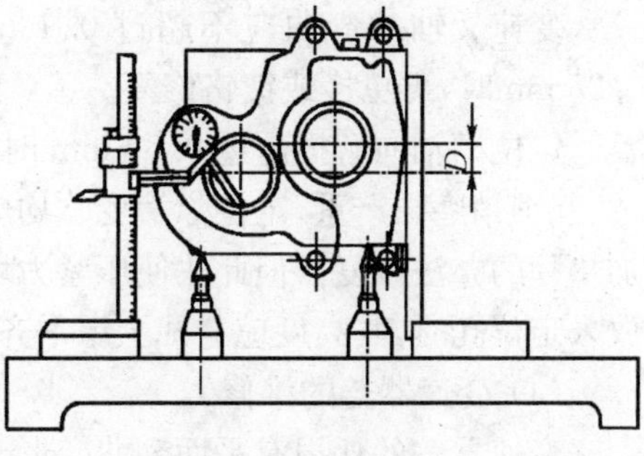

图 7.11 变速器壳体两轴座孔中心线倾斜度的检测

②第一、二轴与中间轴两轴座孔中心线倾斜度检测。如图 7.11 所示，用小千斤顶将壳体受放在平台上，调整千斤顶，使壳体顶面及前面与平台垂直。利用上述方法分别测量变速器壳体两端孔的高度差即为倾斜度。

（2）齿轮的检查

①齿轮轮齿啮合面不允许有明显的磨损，不规则的磨损、表面疲劳点蚀部分不超过 25%。

②常啮合齿轮的啮合齿隙一般为 0.15～0.20 mm，接合齿轮的啮合齿隙为 0.10～0.15 mm。

③各齿啮合印痕在齿轮啮合面中部不小于啮合面的 60%。

④滑动接合齿轮其内花键齿宽磨损量为 0.10 mm，若键侧间隙超过 0.15 mm，应更换齿轮。

⑤齿轮不允许有任何裂纹，否则应更换。

（3）变速器操纵机构的检查

操纵机构零件的维修主要是变速杆、变速叉、变速叉轴及变速器盖等零件的维修。由工作条件和零件的结构所决定，共主要耗损是磨损和弯曲变形。

①变速杆的维修。变速杆主要是上球节、定位槽、下端球头易磨损，严重时可造成乱挡和脱挡。一般用新件进行对照检查或用互相配合的方法检查。当球节直径或定位槽磨损超过 0.50 mm 时、杆下端面磨损超过 0.40 mm 时，均应进行焊修。

②变速叉的维修。变速叉的主要耗损是：变速叉的弯曲和扭曲，变速叉下端面磨损（不应超过 0.4 mm），变速叉上端导动块凹槽磨损（不应超过 0.6 mm），变速叉叉轴孔径磨损（与叉轴配合间隙为 0.02～0.08 mm，不得超过 0.12 mm）。

变速叉弯扭可用专用量具检验。常用维修方法有敲击法或冷压校正。其他磨损超过以上数值者，应进行焊补后修整或更换新件。

③变速叉轴的维修。变速叉轴的主要耗损是：叉轴弯曲，磨损，定位凹槽和互锁销凹槽磨损及定位球、互锁销磨损，定位弹簧变软或折断。变速叉轴以上的耗损会使变速器“跳挡”、“乱挡”的可能性增大。

变速叉轴的弯曲应不超过 0.1 mm，磨损应不超过 0.15 mm；当配合间隙大于 0.25 mm时，可更换或镀铬修复。

定位槽轴向磨损超过 0.50 mm 时，深度超过 0.70 mm 时，可在堆焊后修磨。定位球、互锁销磨损严重，定位弹簧变软均应更换。如暂无新件，可用加粗弹簧或在弹簧下加垫片的办法修复。但此法使压紧力增大，易造成磨损增加，只能临时救急之用。弹簧放入定位孔时，其高度应与孔上缘平齐为合适。

（4）变速器盖的维修

变速器盖的耗损有平面翘曲变形、变速杆球节座及变速叉轴孔的磨损。球节的磨损一般是把球节装入原孔后配合检验。当磨损超过规定尺寸时，可堆焊后重新进行加工修复。变速叉轴孔磨损轻微可采用刷镀，严重时镶套或更换变速器盖。

（5）同步器的维修

①锁环式同步器的结构如图 7.12 所示。

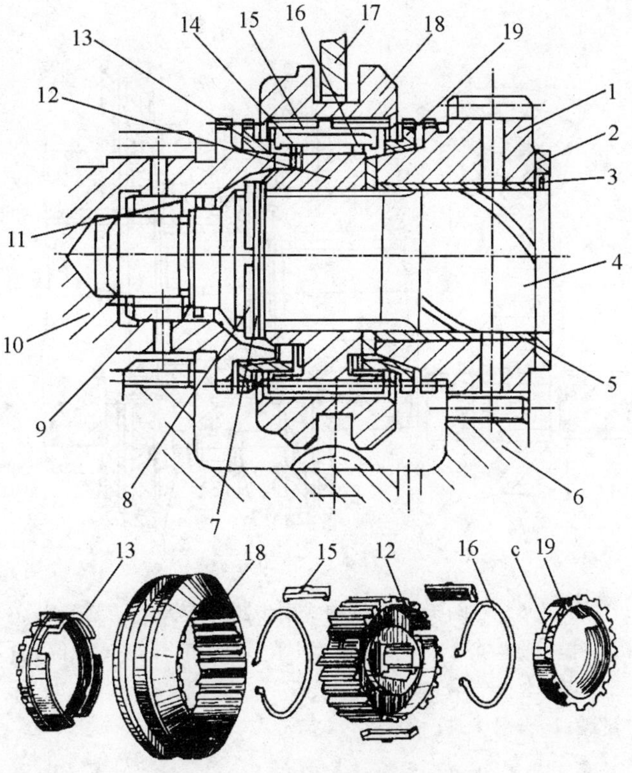

图 7.12　锁环式惯性同步器

1—第二轴二挡齿轮；2—止推垫圈；3—止推垫圈圆周定位锁钉；4—第二轴；5—衬套；6—中间轴二挡齿轮；7—垫圈；8、11—卡簧；9—滚针轴承；10—第一轴及传动齿轮；12—花键毂；13、19—锁环(同步环)；14、16—弹簧圈；15—滑块；17—拨叉；18—接合套

②锁环式同步器的维修。

ⓐ锁环内锥面螺旋槽磨损的检查方法：将两锁环分别套在第一轴传动齿轮及第二轴二挡齿轮的锥面上并压紧，测量锁环与齿轮端面之间的间隙 A，如图 7.13 所示。当 A 值小于 0.8 mm 时应更换新的零件。

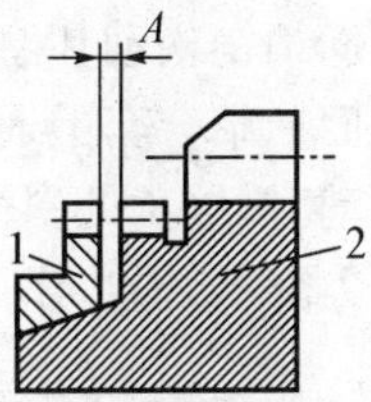

图 7.13　锁环与齿轮端面间隙

1—锁环；2—齿轮

ⓑ锁环外花键齿磨损后锁环花键齿沿轴线方向磨薄、齿端劈尖形状磨圆。如不符合标准时更换。

ⓒ锁环后端三个轴向槽与滑块磨损后，配合间隙增大，同步作用降低或消失，应更换新件。

2）锁销式同步器的维修

①锁销式同步器结构如图 7.14 所示。

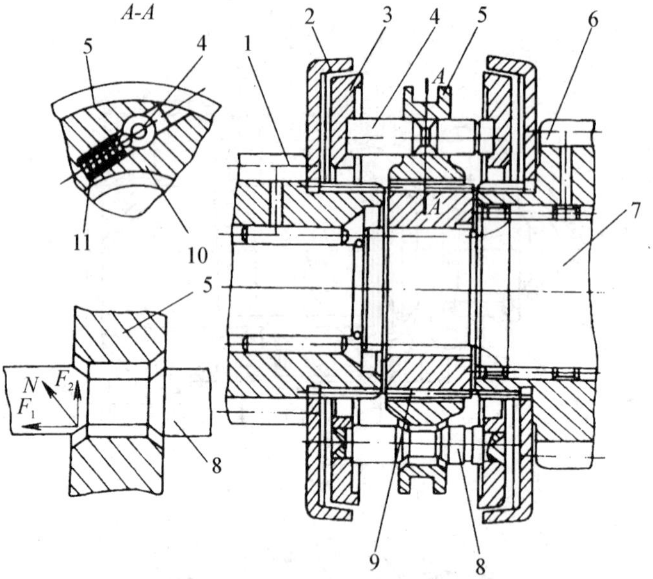

图 7.14 锁销式同步器的结构

1—第一轴齿轮；2—摩擦锥盘；3—摩擦锥环；4—定位销；5—结合套；6—第二轴四挡齿轮；7—第二轴；8—锁销；9—花键毂；10—钢球；11—弹簧

②锁销式同步器常见的损伤。

ⓐ锥环与锥面(如图 7.14 中 2 与 3) 的沟槽磨损后，其磨损虽然没有超过标准，但锥盘与锥环端面间隙消失而发生接触时，就会使同步器失去作用。因此应更换新件。

ⓑ定位销失效。结合套与定位销为滑动配合，长期使用会因磨损而松旷，弹簧弹力减弱，定位钢珠磨损，这一切都会造成定位失效，应更换新件。

ⓒ锁销松动和磨损。锁销是铆接在锥环上的，不允许松动，铆接端部不得突出于锥环平面。结合套上通过锁销的孔两端有倒角，销中部直径处也有倒角，同步器结合套轴向移动时，倒角处斜面间相抵触，以使锥环与锥盘压紧。长期使用后，倒角处发生磨损，使压力降低，同步作用减弱，严重时更换。

7.2.2 手动变速器的装配与试验

1) 手动变速器的装配与调整

变速器的零件维修后，如不注意装配和调整，维修质量仍无保证，因此应当重视这项工作。

(1) 变速器在装配时应注意的问题

①所有零件应彻底清洗，并用压缩空气吹净和擦干；

②各部轴承及键槽，应涂以齿轮油或机油；

③壳体上的螺纹孔和轴承孔，在安装螺栓和轴承时，应涂以密封膏以防漏油；

④不要用金属榔头在零件表面上直接敲打，以防打毛或断裂。

(2) 变速器的装配

现以某三轴式变速器(见图 7.15) 的装配与调整为例介绍如下。

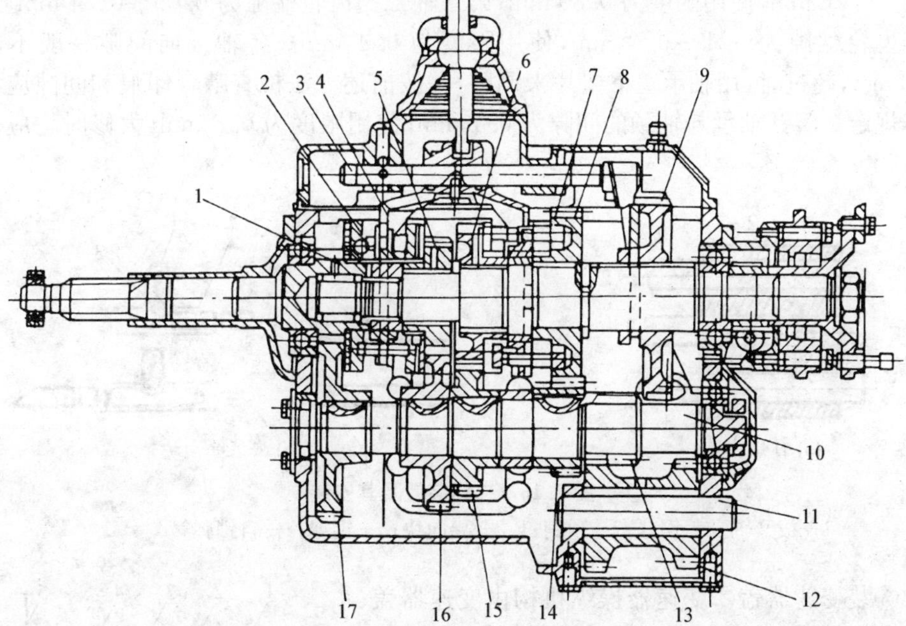

图 7.15　三轴式机械变速器

1—第一轴；2—主动常啮齿轮；3—四、五挡同步器；4—变速叉轴；5—四、五挡变速叉；6—四挡从动齿轮；7—三挡从动齿轮；8—二，三挡同步器；9—二挡从动齿轮；10—一挡从动齿轮；11—第二轴；12—倒挡轴；13—倒挡齿轮；14—中间轴一挡齿轮；15—二挡主动齿轮；16—三挡主动齿轮；17—四挡主动齿轮；18—常啮从动齿轮

①装中间轴。先将常啮、四挡、三挡、二挡齿轮装于中间轴上，三挡、二挡之间装有隔环。装配时注意各齿轮长毂的方向，常啮和三挡齿轮长毂向后；四挡、二挡齿轮长毂向前。四挡齿轮前装有弹性挡圈。

先用铜棒将前端中间轴承打入外壳内，轴承外圈不得高出外壳。把装好的中间轴承放入壳内，前端放入前轴承孔内，再把后轴承装上弹性挡圈后套在后轴颈上，用手锤及空心轴套将轴承打入壳体内，直至轴承抵住中间轴相应轴颈端面，弹性挡圈抵住外壳后端面为止，装上锁片和锁紧螺母，最后装上轴承盖。

②装倒挡轴。将倒挡齿轮及其内部两滚针轴承和隔套从倒挡轴检查孔处放入，再从外壳轴承孔处将倒挡轴装入，上好锁片，拧紧螺丝。

③装第一轴。将第一轴及轴承装入变速器壳内(相应的孔中)。

④装第二轴。在第二轴上依次装上一倒挡齿轮、二挡齿轮、二、三挡同步器总成，三挡齿轮、四挡齿轮四、五挡固定齿座，上好止推环和锁环。将第二轴总成放入壳内，再装上四、五挡同步器总成，使第二轴前端连同滚针放入第一轴内孔中。再将第二轴后轴承

装上弹性挡圈后套在第 2 轴后轴颈上，如同中间轴方法一样将轴承装入壳体。用手锤和铜棒将里程表驱动齿轮轻轻打入，使端面与轴承抵住，装好轴承盖。

变速器装配后应检查轴向间隙和齿轮的端隙并加以调整。各齿轮的啮合间隙应为 0.15～0.26 mm，使用限度为 0.80 mm；第二轴二挡齿轮端隙为 0.05～0.34 mm，二轴四挡齿轮端隙为 0.1～0.3 mm，使用限度为 0.4 mm。各轴轴向间隙一般不超过 0.30 mm，超过时，用轴承盖下垫片来调整，并按前述方法检查啮合印痕和间隙应符合大修规定。滚针轴承与轴颈的间隙为 0.1 mm，使用限度为 0.8 mm，大修时均应更换新件。

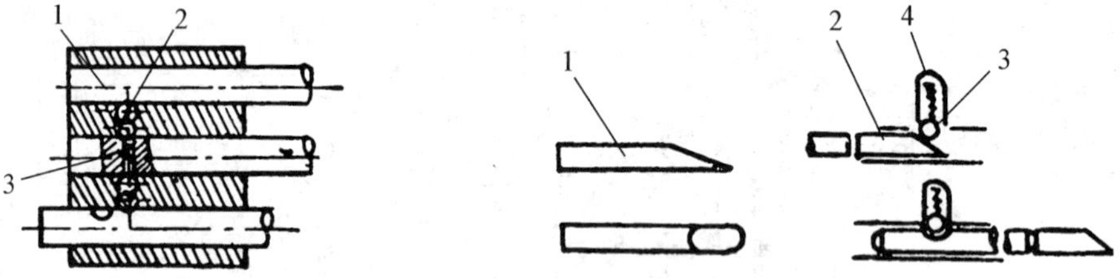

(a) 自锁装置　　(b) 安装导向块

图 7.16　自锁装置及其安装

1—拨叉轴；2—钢球；3—顶销；1、2—导向块；3—钢球；4—自锁弹簧

⑤装变速器盖。变速器操纵机构由变速器盖、三个叉轴、导块、拨叉、变速杆及锁止机构组成。它们以变速器盖为基础件进行安装，然后与变速器扣合。安装叉轴自锁装置时，可采用导向轴压下自锁钢球，同时注意互锁装置钢球及锁销不要漏装（见图7.16）。

将变速叉上的导块安装好并用螺钉紧固，然后用钢丝线锁牢。在叉轴上装好拨叉并固紧锁牢。装配倒挡锁销时，应转动调整螺母，使锁销顶端与倒挡导块的缺口平齐为合适，如图 7.17，所示。

当变速器盖与变速器扣合时，必须使各挡拨叉在空挡位置，齿轮也在空挡位置，拨叉应能卡入齿轮拨叉槽为合适。

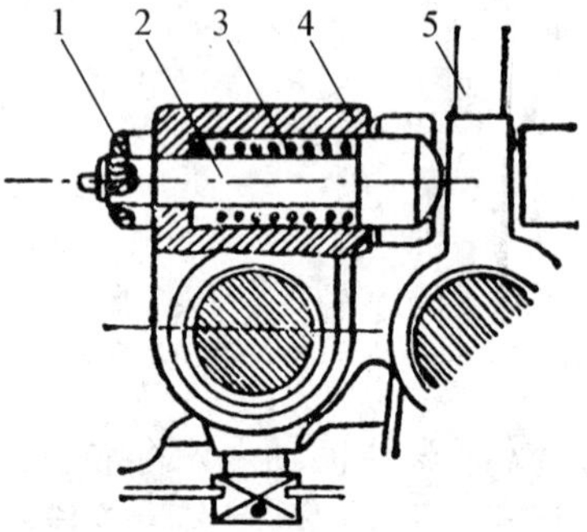

图 7.17　倒挡锁销的调整

1—调整螺母；2—锁销；3—弹簧；4—倒挡拨块；5—变速杆

7.3　万向传动装置的维修

7.3.1　万向传动装置零件的检验与维修

在汽车行驶中，万向传动装置经常随着很大的扭矩和冲击载荷，本身又作高速旋

转，灰尘较大、润滑条件也不够好，工作条件恶劣。在长期的使用过程中，由于零件的磨损、变形等耗损将影响万向传动装置的正常工作。

1）轴管的弯曲检验与维修

当用百分表在两端支承的传动轴的中部进行测量时，径向跳动不得超过1.00 mm；传动轴两端万向节叉平面应对称，最大误差不得超过 0.30 mm。如弯曲超限，应进行校正。弯曲在 5 mm 以内时，可采用冷压校正；压头的形状应与管的外径相吻合，切忌用点或捧状压头，以免压扁薄壁传动轴管。弯曲在 5 mm 以上时，最好采用火焰校正。

2）传动轴管壁凹陷的修复

传动轴管上，允许有深度不超过 2 mm；面积不大于 4 cm^2 的凹陷两处。但凹陷边缘在轴线上的相互距离应不小于 100 mm。深度大于 2 mm，面积不大于 6 cm^2 的凹陷只允许有一处，超过上述标准的，应进行修整，修整方法和弯曲热校法类同。

3）传动轴花键与滑动叉键齿的修复

当键齿的配合间隙超过标准时，可采用堆焊法或更换新件法修复。

更换新件时，先切下旧轴，装入新轴后，再用电焊焊牢，如图 7.18 所示。

图 7.18　传动轴花键轴的焊接

1—焊缝；2—花键轴；3—传动轴管

更换时注意事项如下：

①新轴与轴管过盈量为 0.25～0.5 mm；

②应测量传动轴长度，使之符合规定；

③焊接时，传动轴应放在专用架上，检验校正后，先在周围点焊数点，待冷却后再次校验和校正，再用对称焊法全部焊牢；

④传动轴两端万向节叉应能保持在同一平面内，以保证万向节等速传动；

⑤焊完冷却后，检查花键轴与传动轴中心线的跳动量应符合规定。

4）万向节叉的维修

万向节叉的主要耗损为节叉平面、螺纹孔、轴承座孔、花键槽及装黄油嘴孔的磨损。节叉平面（装轴承盖的平面）损坏，用锉修法修整。各螺纹孔和黄油嘴孔损坏，一般要更换新件。

5）十字轴的检验与维修

十字轴的主要耗损为轴颈、十字轴轴承和油封磨损及黄油嘴螺纹孔损坏。以上耗损，一般采用更换新件法。如确有条件者，也可以采取修复。

有些车型万向节和十字轴连接不是整体式，其扭紧力矩应符合规定，扭矩过大会使轴承变形，滚针滚动受阻；过小，则轴承松动，装配时应注意。

6）中间支承的维修

中间支承主要耗损表现为橡胶垫环老化，磨损；轴承磨损松旷和发响；与轴承油封配合的轴颈磨损等。橡胶垫、轴承、油封磨损严重，一般应予更换新件。轴承和轴颈一般为过渡配合，如磨损间隙超限，最好刷镀修复，也可用堆焊或镀铬法修复。

7.3.2 万向传动装置的装配

传动轴在装配时，应注意保证其等速性和动平衡性。以防由于装配不当而造成零件的早期磨损和损坏。

1) 为保证传动轴的等速性和动平衡性，装配时应注意的内容

(1) 保证变速器第二轴与减速器主动轴的等速传动

现在的汽车一般采用不等速双万向节传动轴，以保证所联系的二轴能等速传动。为了等速传动，还必须满足以下两个条件：

①传动轴两端的万向节叉在同一平面内；

②输入轴与输出轴与传动轴的夹角相等（$\alpha_1=\alpha_2$），如图 7.19 所示。

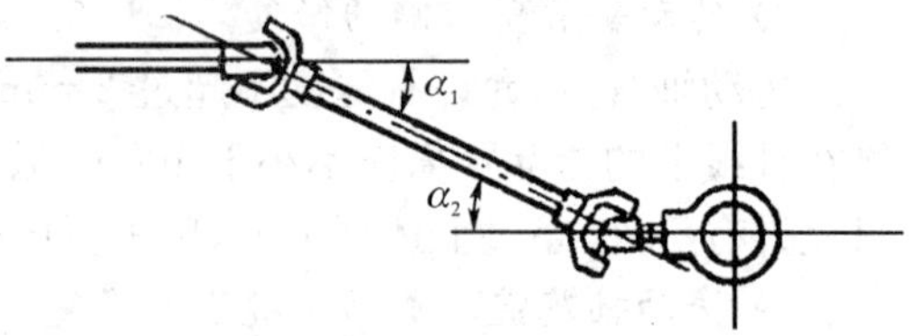

图 7.19 采用不等速万向节传动轴布置简图

为此，在安装传动轴滑动叉时，应使两端万向节叉位于同一平面内，如有记号应对正。

为了使 $\alpha_1=\alpha_2$，在汽车装配时，应保证驱动桥钢板弹簧原规格和发动机原垫块厚度不变。因为 $\alpha_1=\alpha_2$，大都是通过驱动桥钢板弹簧和发动机安装的角度予以保证的。

(2) 保证传动轴的平衡性

为了保证传动轴的平衡性，装配时应注意以下几点：

①传动轴管两端焊有的平衡片，不得任意变动；

②有些车十字轴轴承盖板下装有平衡片，拆卸时不得丢掉，安装时按原位装回；

③防尘套上有两只卡箍锁扣，安装时应保证径向相对（相差 180 度）的位置。

2) 中间支承的紧固

传动轴装配时还应注意的一个问题是中间支承的正确位置和松紧度。为此有以下要求：

中间支承前后轴承盖三个拧紧螺栓应按次均匀拧紧，但先不拧死，待跑合一段时间后，让其自动找正中心，再按规定力矩拧紧。螺栓扭紧时，过紧会加剧轴承磨损，过松除了松旷发响外，也会加剧轴承磨损。中间支承支架的安装，应正直固定在车架上，固定后应运转自如，不别劲犯卡（方法同上）。

安装十字轴时各加油嘴一面朝向传动轴，并使其位于同一平面内，以便注油。

7.3.3 万向传动装置的维修与装配

1) 维修

①检查传动轴。

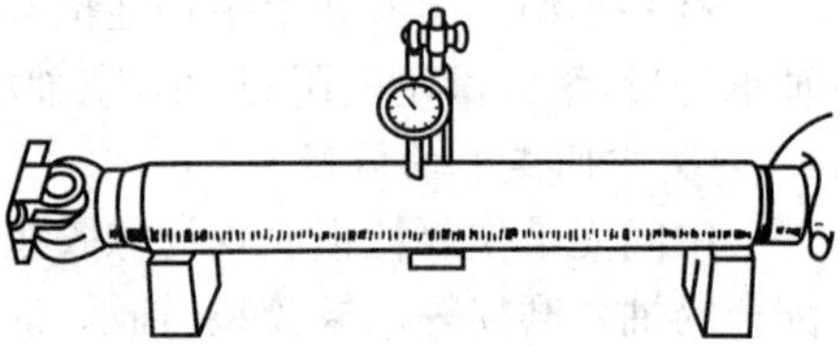

图 7.20 传动轴弯曲程度的检查

ⓐ传动轴弯曲程度的检查方法如图 7.20所示。用 V 形块架起传动轴，使其水平放置，而后转动传动轴，并用百分表在轴的

中间部位测量。径向圆跳动量不应超过 0.8 mm,否则应更换。有条件时,应进行动平衡检验。

ⓑ传动轴上不允许有明显的凹陷,否则应更换。

②检查万向节。

ⓐ检查十字轴轴承是否磨损或损坏,按图 7.21 所示的方法检查十字轴轴承的松旷程度和轴向间隙。如果间隙超过 0.05 mm 时,更换轴承。

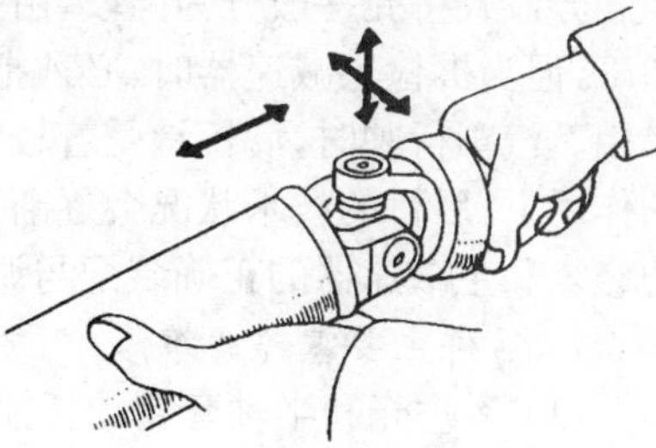

图 7.21 十字轴轴承的检查

ⓑ万向节叉孔和轴承套筒外径的配合为过渡配合,否则应更换轴承。

③检查中间支承。油封和橡胶衬垫是否损伤,支承轴承转动是否灵活,若不符合要求则应更换。中间轴承的轴向间隙一般应小于 0.5 mm,径向间隙应小于 0.05 mm。

2) 十字轴轴承的装配

①先在十字轴与轴承上涂多用途润滑脂;

②万向节叉与传动轴对准记号装配;

③把新轴承安装到十字轴上,调整两个轴承使卡环凹槽的宽度达到最大,且两边凹槽等宽度,如图 7.22 所示;

④将相同厚度的新卡环(旧卡环不许再用)装入凹槽中,卡环的厚度见表 7.1。安装后,允许轴向间隙为 0.5 mm(实心式传动轴)或 0(空心式传动轴);

⑤用锤子敲打万向节叉直至轴承套筒和卡环之间的间隙达到零为止。按同样程度安装另一侧十字轴轴承。

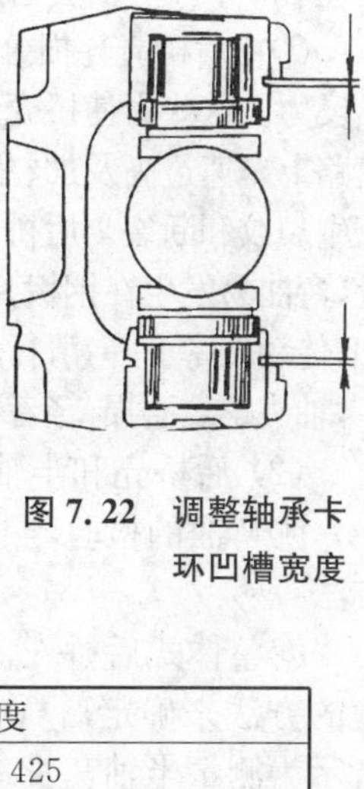

图 7.22 调整轴承卡环凹槽宽度

表 7.1 卡环厚度 (单位:mm)

颜色	卡环厚度
无色	2.375~2.425
棕色	2.425~2.475
蓝色	2.475~2.525
无色	2.525~2.575

7.4 驱动桥的维修

7.4.1 驱动桥壳、半轴套管及半轴的检验与维修

驱动桥壳一般由主减速器壳和半轴套管组成。其内部用来安装主减速器、差速器和半轴等;其外部通过悬架与车架相连,两端安装制动底板并连接车轮,承受悬架和车轮传来的各种作用力和力矩。驱动桥壳可分为整体式桥壳和分段式桥壳两类。整体式

桥壳因强度和刚度性能好，便于主减速器的安装、调整和维修，而得到广泛应用。整体式桥壳因制造方法不同，可分为整体铸造式、中段铸造压入钢管式和钢板冲压焊接式等。分段式桥壳一般分为两段，由螺栓将两段连成一体。分段式桥壳比较易于铸造和加工，但当拆检主减速器时，必须把整个驱动桥从汽车上拆卸下来，很不方便，目前较少采用。汽车行驶时，后桥承受着较大的动载荷，零件上受到较大而复杂的力。在这些力的作用下，后桥的技术状况会逐渐变坏，影响汽车的正常使用，维修时，要着重注意壳体的修复和主减速器的正确装配与调整以恢复其工作能力。

1）后桥主要零件的维修

（1）后桥壳和半轴套管的耗损及分析

后桥壳是后桥总成的基础零件，按其结构形式可以分为整体式和分开式两种形式。

后桥壳一般由可锻铸铁、球墨铸铁、铸钢或钢板冲压制成，并在两边压入用长钢管（碳钢或合金钢）制成的半轴套管。

①后桥壳的主要耗损有：后桥壳弯曲变形或断裂；后桥壳裂纹；镶半轴套管的后桥壳座孔磨损；半轴套管轴颈磨损和前端螺纹损坏；螺纹孔及定位销孔损坏或磨损。

②在后桥壳耗损分析中知，后桥壳在工作时，承受着车轮的牵引力、制动力、侧向力和地面反力。这些力使桥壳及半轴套管产生较大的弯曲、扭转、剪切等应力。当超载或在不良的道路上车速过高及加、减速过猛及使用紧急制动时，受力过大，易引起弯曲变形，严重时甚至产生裂纹和断裂。后桥壳的断裂易发生在钢板弹簧座附近，半轴套管则在桥壳与套管接合处，弯曲易发生在钢板弹簧外侧一段桥壳及半轴套管处。后桥壳弯曲后，造成轮胎磨损增加，传动效率下降，滑行性差；严重时会影响制动效能，且半轴易折断。轴颈磨损造成轴承松旷，轴头螺纹磨损，轻者车辆摇摆，严重时可使后轮甩出，造成事故。

（2）后桥壳和半轴套管的检验与维修

①弯曲的检验与校正。后桥壳弯曲的检验，由于桥壳形式不同可分为以下几种方法：

ⓐ整体式后桥壳，当半轴套管已从桥壳拉出时，可利用检验壳上半轴套管座孔同轴度的方法来确定后桥壳的弯曲变形。座孔的同轴度大修允许值为 0.12 mm。图7.23所示为测量半轴套管座孔同轴度的仪器及测量示意图。

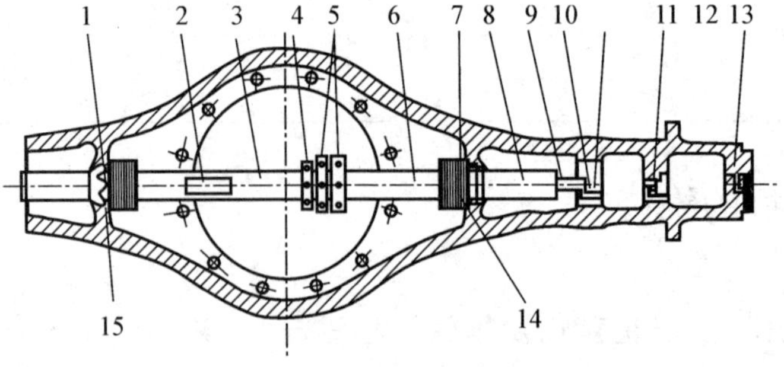

图 7.23　检验半轴套管座孔同轴度示意图

1、7—定位夹头；2—操作孔；3—外管；4—推母；5—锁母；
6—内管；8—检验杆；9—接杆；10—百分表；
11、12、13、14、15—半轴套管座孔

测量仪器由定位及测量两部分组成，其中定位部分包括定位夹头1和7(有花瓣套)，外管8，内管6，推母4及锁母5；测量部分包括检验杆8，接杆9，百分表10。

检验时，先将仪器放入后桥壳内，把内管6拉出，使定位头1及7的花瓣套位于桥壳两侧靠内端的半轴套管座孔14、15内。再锁紧锁母5，此时锁母内五只橡皮圈被压缩变形，将内管6抱住，锁母5便与内管6连成一体。然后用跨径扳手旋转推母4，推母4的内圆及外圆上均有螺纹并分别与锁母5及外管3连接，螺纹一端为正扣，一端为反扣。当转动推母4时，内管6和外管3便可向两端伸长，使两端定位头1和7的锥面压入花瓣套内，把花瓣套张开，而在半轴套管座孔14及15内胀紧，两花瓣套的轴心线与14、15轴心线重合，作为基准。

从操作孔推动检验杆8使接杆9及百分表10移至其余需要检查的各座孔内，转动检验杆8及接杆9，百分表上最大读数与最小读数之差的一半，即为同轴度的值。

检查后桥壳的弯曲，还可以用比桥壳长50 mm，比半轴套管内径细2 mm的钢管或直木棒插入后桥壳及半轴套管内，作为量规，用实效边界法测量，此法虽不精确，但简便易行。

如弯曲值超过规定时，应予校正和修整。

ⓑ对于分开式后桥壳，可采用如图7.24的方法，测量从装制动底板突缘到两半壳接合面的距离。要求在各处测量值之差不超过2 mm。对制动底板突缘以外，用样板贴合进行检验。

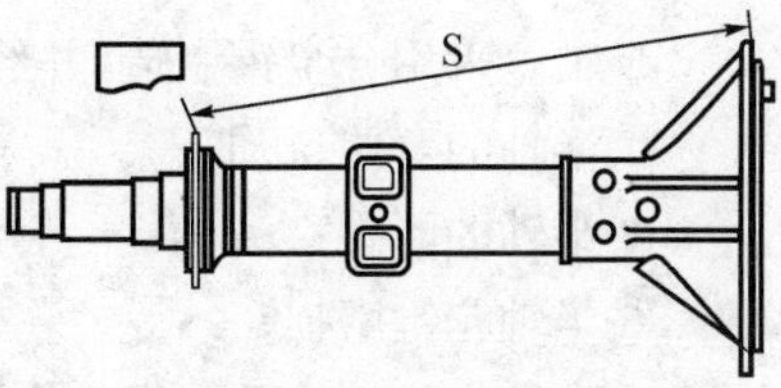

图7.24　分开式后桥壳直线度检验

后桥壳的弯曲校正，一般在压床上冷校。如弯曲较大或桥壳刚度大时，可用热校，但温度应在700℃以下，以免使可锻铸铁性质改变而使其强度下降。

②其他耗损的维修。后桥壳的裂纹，应根据不同情况采用不同的方法修复。如裂纹不大，且不在承受应力大的部位，可用低温焊条(如黄铜钎焊)焊补，但应防止可锻铸铁回火形成白口。东风汽车为球墨铸铁后桥壳，应采用专用焊条或高钒焊条。如裂纹在钢板弹簧座附近，应先将裂纹填焊后，再焊接相适应的加强板。施焊时，可用普通焊条小电流分段进行焊接。

对后桥壳上钢板弹簧中心定位孔磨损，应先进行补焊，补焊后重新钻孔。但应保证孔的位置正确。后桥壳半轴套管座孔磨损或同轴度差超过规定，可搪至维修尺寸，更换相应尺寸的半轴套管。半轴套管断裂或磨损严重时，应拉出旧套管，按规定过盈压入新套管。拆下的旧套管如无裂纹，可用堆焊或电镀等方法修复后再用。

对不可拆式结构，如发现半轴套管有裂纹和损坏，可沿半轴套管根部切断，在桥壳内将座孔搪大，再压入新的半轴套管使用。压入时，应选择合适的过盈，把桥壳加热后压入，冷却后在根部电焊一圈，焊牢后再加工至标准尺寸。

2）半轴套管

①半轴套管的主要耗损有：

ⓐ壳体的变形和裂纹；

ⓑ轴承座孔的磨损；

ⓒ各螺纹孔的损坏。

半轴套管由于承受主传动齿轮通过轴承所施加的力和加工、锻造、热处理时残留的应力的作用，这些都会使它产生变形和裂纹。特别是牵引力所引起的反作用扭矩影响更大，使半轴套管和后桥壳接合面处最容易产生变形和裂纹。另外锥齿轮所产生的轴向力会使壳体侧壁变形，使齿轮的正确啮合位置发生变化，噪音增大，磨损增加，传动效率下降。

②半轴套管的检验与维修。半轴套管的位置公差，如各轴线和平面的平行度和垂直度，可采用平行度、垂直度检验仪直接测量，也可用定心轴、百分表、平台进行间接测量，经计算后确定。当变形超过技术要求或轴承座磨损逾限时，均可通过对轴承座进行镶套或铜焊修复后，再进行机械加工修复。

3）半轴的维修

半轴多采用合金钢制造，并经淬火处理。半轴常见耗损有：

①半轴的弯曲、扭曲；

②半轴的断裂；

③半轴花键磨损；

④半轴突缘螺栓孔和螺纹孔磨损。

半轴的弯曲，可将半轴放在平台V型块上或夹在车床上用百分表在油封轴颈处测量（经过加工的表面），当径向跳动大于0.5 mm时，应进行冷压校正，但施压点为中部（未加工表面）。

半轴突缘平面，应与半轴的中心线垂直，半轴突缘端面圆跳动大于0.15 mm时（测量应在半轴校弯后进行），可车削修正。

半轴内端键齿磨损，当配合间隙超过0.6～0.8 mm或半轴键齿扭斜为1.00 mm时，应予更换，也可将前端堆焊后修复。

油封轴颈磨损超过0.30 mm，或有明显沟槽时，可用堆焊或镀铬、镀铁法修复。

半轴裂纹，应予更换。

7.4.2 主减速器和差速器的检验与维修

主减速器是在传动系中起降低转速，增大转矩作用的主要部件，当发动机纵置时还具有改变转矩旋转方向的作用。它是依靠齿数少的齿轮带动齿数多的齿轮来实现减速的，采用圆锥齿轮传动则可以改变转矩旋转方向。将主减速器布置在动力向驱动轮分流之前的位置，有利于减小其前面的传动部件（如离合器、变速器、传动轴等）所传递的转矩,从而减小这些部件的尺寸和质量。

1) 失效形式及故障分析

发动机发出的动力,经离合器、变速器(分动器) 传动装置而传至主减速器(即主传动器)。主减速器不仅承受很大的径向力和轴向力,还要经过它把转矩增大,传递给差速器和半轴而至驱动轮。

主减速器的主要失效形式有:主动锥齿轮端头的螺纹损伤,前、后轴承座颈因磨耗而受到的损伤,花键因长期使用而产生的花键沿宽度的磨损,以及锥形主动齿和从动齿的齿面的自然磨损或斑蚀、剥落,或由于驾驶技术的关系使两齿受到严重碰击而发生断裂等情况。

汽车差速器是一个差速传动机构,用来保证各驱动轮在各种运动条件下的动力传递,避免轮胎与地面间打滑。差速器是当汽车转变方向时,保证两主动车轮能够在不相等的速度情况下工作。由于左、右两主动轮产生滚动而不是滑动,因此降低了轮胎的磨损和减少转向的困难。

差速器主要的失效形式有行星齿轮的自然磨损、齿轮的损坏和十字轴的磨损等。

汽车在行驶中,由于半轴齿轮和行星齿轮承推垫片磨损变薄而引起差速器齿轮啮合间隙增大,及半轴齿轮键槽磨损而产生不正常的声响。这种声响只在汽车转向时发生,因此称为差速器发响。

此外,在行驶中常见的故障有发响、过热等。

①发响。发响是因齿轮在啮合中产生撞击或啮合间隙不当而造成的不正常声响。车辆在急剧改变车速或上坡时,听到后桥发响,一般为啮合间隙过大或啮合不良造成。在加速或放松加速踏板减速后,听到后桥发响,一般为啮合间隙过小或啮合不良引起。

主减速器发响的根本原因是齿轮、轴承发生了较严重的磨损或损坏,在工作中破坏了它们之间的正常啮合,因而在工作中产生了撞击声响。

此外,由于差速器和主、从动锥齿轮轴承磨损,或主、从动锥齿轮的磨损而使啮合间隙增大、轴承损坏或齿轮个别齿打坏、从动齿轮的铆钉或螺栓松动等,都有可能引发响声。

②过热。过热的现象是指汽车行驶一定里程后,主减速器壳体烫手,且有不能忍受的感觉。

ⓐ触摸接近轴承处,手放上时能够忍受但又不能长久停留,即认为合适,这是因为轴承有预紧度,温度高一点是可以的。但如果手放上后不能忍受,说明轴承装配过紧,应进行检查调整。

ⓑ如果是普通发热,则说明缺少润滑油或啮合间隙过小,此时应加足润滑油;齿轮啮合间隙过小时应适当调整放大。

2) 主减速器和差速器的拆装与维修

从车上拆卸主减速器和差速器。现以现代小型轿车上较通用的一种主减速器和差速器维修全过程为例介绍,其他普通型的维修可参照进行。

①拆下卸油塞,放尽其内的润滑油。拆下伴扼凸缘与传动轴凸缘的联接螺栓、螺母,将传动轴分离卸下。

②用千斤顶将主减速器和差速器壳体支撑稳妥,拆下左、右两侧传动半轴的联接螺栓、螺母,取下传动半轴;拆下后弹簧支承座螺母。

③拆下后弹簧支承座 4 个固定螺栓。

④拆卸主减速器和差速器壳体 6 个螺栓(左右各 3 个)。

⑤将千斤顶缓缓放松,壳体慢慢放低,然后取下。

⑥拆卸上盖上的 8 个固定螺栓,取下上盖和垫圈;拆卸侧齿轮轴,用专用工具将侧齿轮轴自壳体上拆下(见图 7.25)。

⑦用专用工具拆卸侧齿轮轴油封(见图 7.26)。

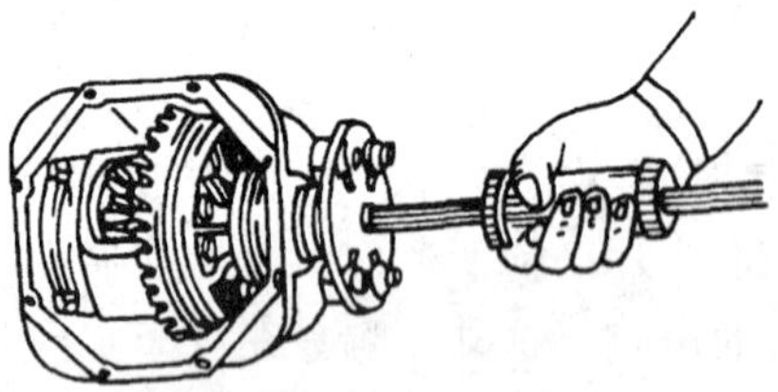

图 7.25　拆卸侧齿轮轴

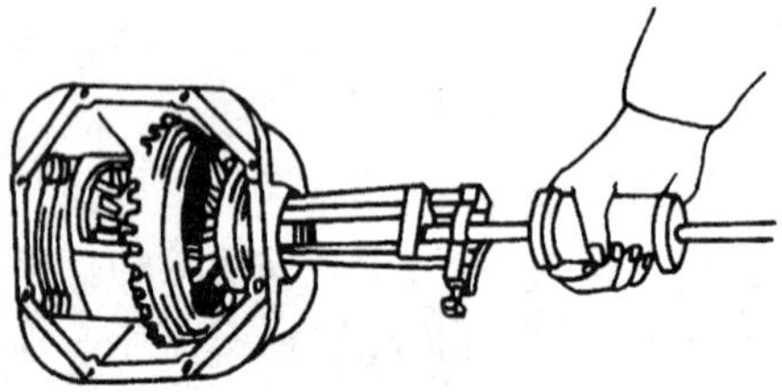

图 7.26　拆卸侧齿轮轴油封

⑧拆卸伴扼凸缘。用锤子和凿子将螺母锁紧圈撬开,用专用工具将凸缘固定,再用套筒扳手拆卸固定螺母(见图 7.27),用专用工具拆下伴扼凸缘(见图 7.28)。

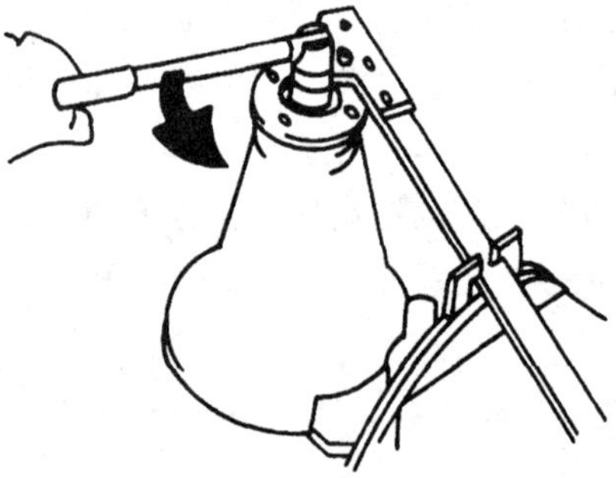

图 7.27　拆卸固定螺母

图 7.28　拆卸伴扼凸缘

⑨拆卸油封和油环(见图 7.29),用专用工具拆下油封,再拆下油环。

⑩拆卸前轴承和轴承隔圈(见图 7.30),用专用工具拆下前轴承,再拆下轴承隔圈。如轴承或隔圈磨损严重或损坏,应予更换。

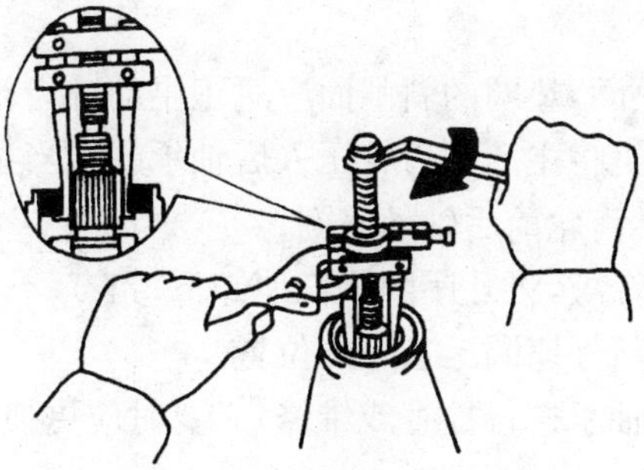

图 7.29　拆卸油封和油环

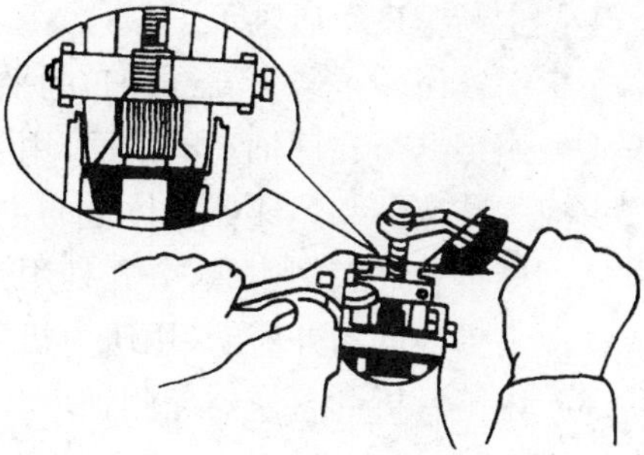

图 7.30　拆卸前轴承和轴承隔圈

⑪拆卸差速器壳和从动锥齿轮(见图 7.31)。在轴承盖和差速器外壳上做出装配记号,拆下左右两个轴承盖。

⑫用专用工具拆下两侧轴承预载荷的调整平板垫圈(见图 7.32)。

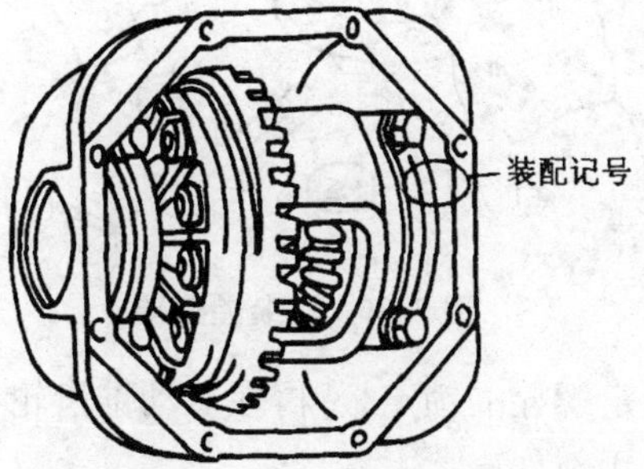

图 7.31　拆卸差速器壳

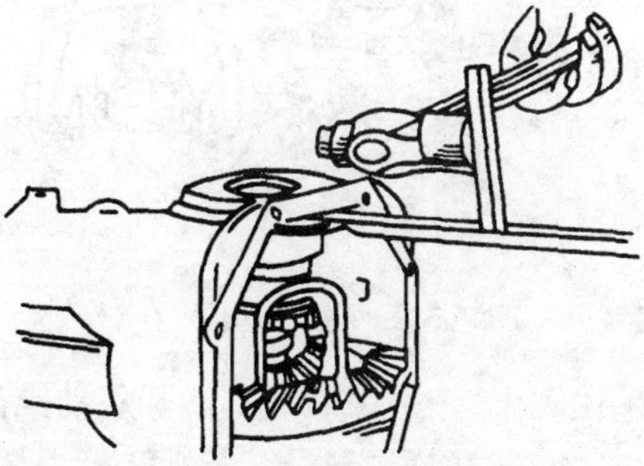

图 7.32　拆卸平板垫圈

⑬拆下差速器壳左(LR)右(RH)两侧轴承外座圈,挂妥标签,以做装配时的位置记号(见图 7.33);取出差速器壳体、自主减速器和差速器壳体内拆下从动锥齿轮。

3) 主减速器和差速器的解体、检查和维修

①用专用工具夹住主动锥齿轮后轴承,由压力机将主动锥齿轮与后轴承分离,取出平板垫圈(见图 7.34)。检查主动锥齿轮和从动锥齿轮的磨损和损坏情况,必要时予以更换。

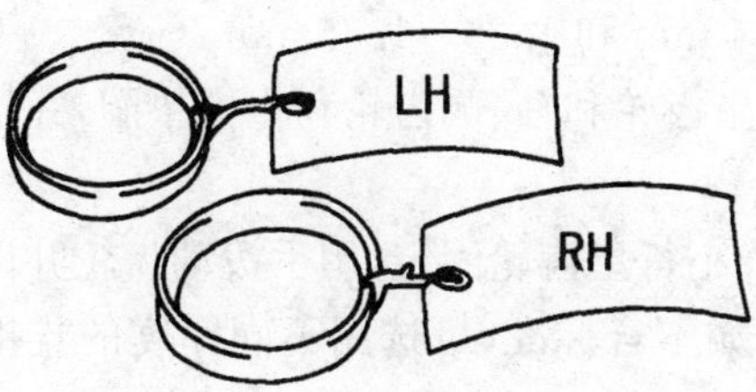

图 7.33　轴承外座圈挂标签

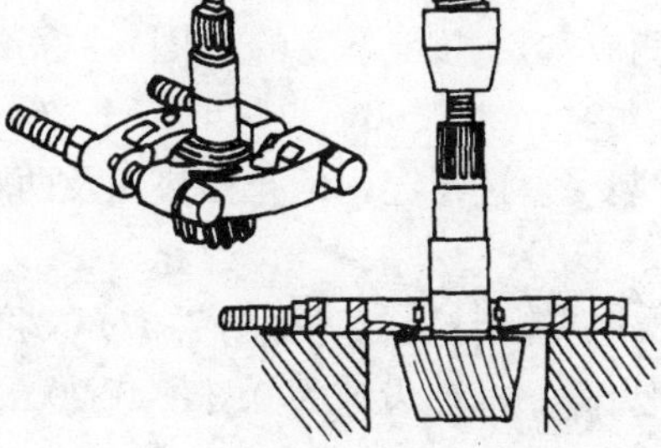

图 7.34　拆卸主动锥齿轮后轴承

②更换主动锥齿轮后轴承。

ⓐ在主动锥齿轮上装上新(或旧)的平板垫圈,垫圈的斜削面应对正主动锥齿轮;

ⓑ将专用工具垫在后轴承的下面,用压力机将主动锥齿轮压入后轴承的适当位置。

③更换主减速器和差速器壳体上的主动锥齿轮前后轴外座圈。

ⓐ用铜棒抵着外底圈边缘,分几处用锤子轻敲,将外座圈平稳地卸下;

ⓑ安放妥更换的新外座圈,用压力机压进新外座圈至适当的位置。

④用专用工具拆卸差速器壳侧轴承,对侧轴承进行检查或维修,必要时应更换新件(见图 7.35)。

⑤拆卸从动锥齿轮。

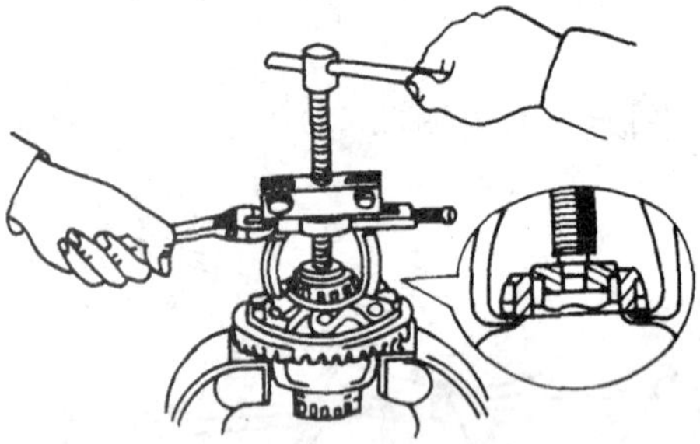

图 7.35　更换外座圈

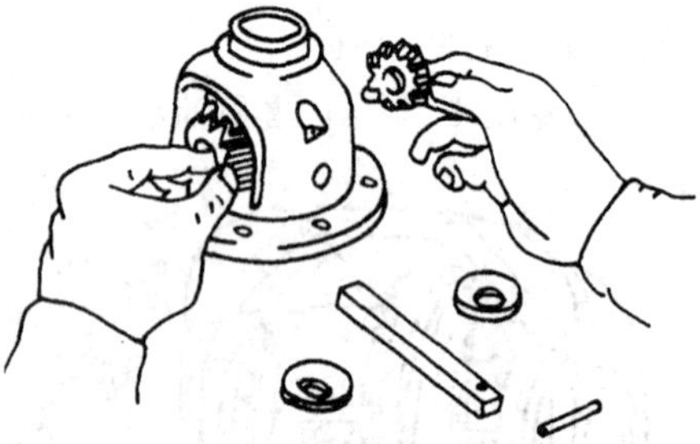

图 7.36　组装差速器

ⓐ用锤子、一字螺纹旋具撬开从动锥齿轮固定螺栓的锁定板,再在从动锥齿轮与差速器壳之间做好装复记号。若锁定板损坏,应换用新件。

ⓑ用塑胶锤子或铜锤子轻敲从动锥齿轮,使之与差速器壳分开。

⑥拆卸差速器壳并维修各零件。

ⓐ用锤子敲冲头,使壳分解。卸下小齿轮(行星齿轮)轴、两个行星小齿轮、两个侧齿轮(半轴齿轮)和 4 个止推垫圈。

ⓑ检查各零件磨损及损坏情况,必要时应予以修整或更换。

⑦差速器壳体的装复。

ⓐ差速器壳经拆维修整,即予装复。选用适当厚度的止推垫圈,确保达到额定的齿隙(两侧应选用相同厚度的垫圈)。标准齿隙为 0.05～0.20 mm。止推垫圈厚度为 0.96～1.04 mm、1.60～1.14 mm、1.26～1.24 mm 和 1.26～1.34 mm。

ⓑ装妥差速器壳内的止推垫圈及两小行星齿轮和轴、侧齿轮和止推垫圈,并检测齿隙(见图 7.36)。

ⓒ检查侧齿轮齿隙(见图 7.37)。将一个小行星齿轮固定,用手拨动齿轮并以百分表检测齿隙。标准齿隙为 0.05～0.20 mm。如不合标准,可选用不同厚度的止推垫圈予以调整。

ⓓ装插销。用锤子敲击冲头,将插销插入差速器和小行星齿轮轴上的小孔,继续轻敲插销和差速器壳,以便紧固。

⑧装妥新的侧轴承。如图 7.38 所示,用专用工具衬着新的侧轴承,用压力机将其压入差速器壳孔内。

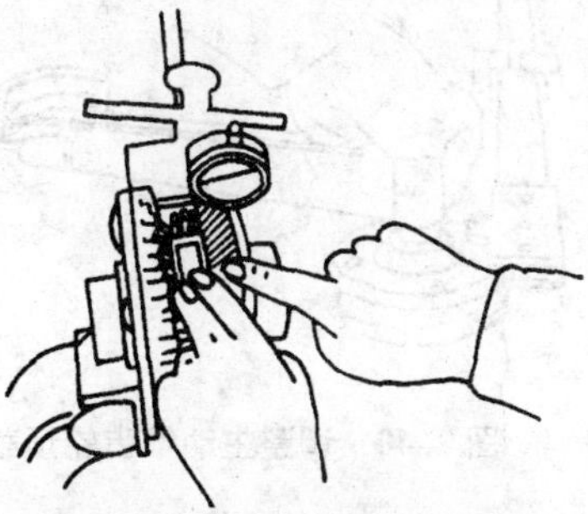
图 7.37　检查侧齿轮齿隙

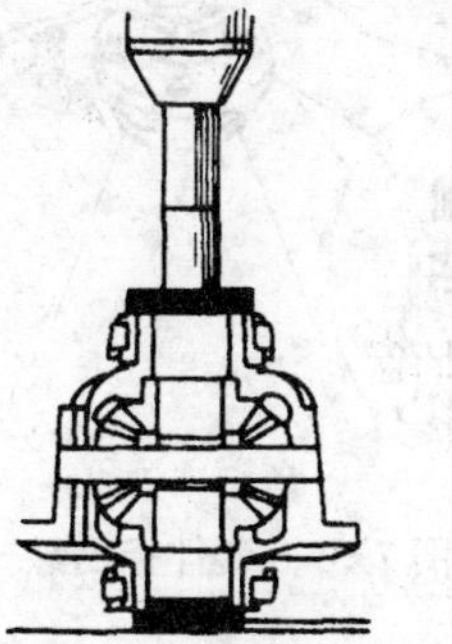
图 7.38　装妥侧轴承

⑨装妥从动锥齿轮。

ⓐ将差速器壳接合表面清洗干净;

ⓑ将从动锥齿轮放在油浴容器中,加热到 100℃左右(不能超过 110℃)。取出后趁热迅速用洁净的溶剂将从动锥齿轮接触表面揩干净,对正已做好的装配记号,迅速装妥。

⑩装妥锁定板和螺栓。装好锁定板,将从动锥齿轮固定螺栓涂以润滑油,装入锁定板孔及螺孔中,对称而均匀地分次拧紧,然后再按规定力矩拧紧。拧紧力矩为 98.5 N · m。

⑪装锁止螺栓。用锤子和冲头将锁定板边部敲起并与螺栓头部包住,防止螺栓移动。

⑫检查从动锥齿轮的圆跳动量。

ⓐ将差速器壳装上主减速器后,拧紧调整螺母到轴承不存在间隙时为止;

ⓑ用百分表检测从动锥齿轮的圆跳动量,最大圆跳动量为 0.07 mm。

4) 主减速器和差速器的装配和调整

①主动锥齿轮的装配和调整。

ⓐ将装妥后轴承的主动锥齿轮装入主减速器和差速器壳内;

ⓑ装妥前轴承;

ⓒ检查和调整好齿轮接触面之后,将隔离圈、抛油环和油封装妥。

②装伴扼凸缘。如图 7.39 所示,用专用工具将伴扼凸缘装好。将螺母螺纹涂以润滑油,用梅花扳手和活动扳手拧紧螺母。

③调整主动锥齿轮预载荷(见图 7.40)。

ⓐ用专用工具将伴扼凸缘固定住;

ⓑ调整主动锥齿轮预载荷(预紧力)时,拧动伴扼凸缘中央螺母即可;

ⓒ因未装隔离圈,故每次只能拧紧螺母稍许,不要拧得过紧。

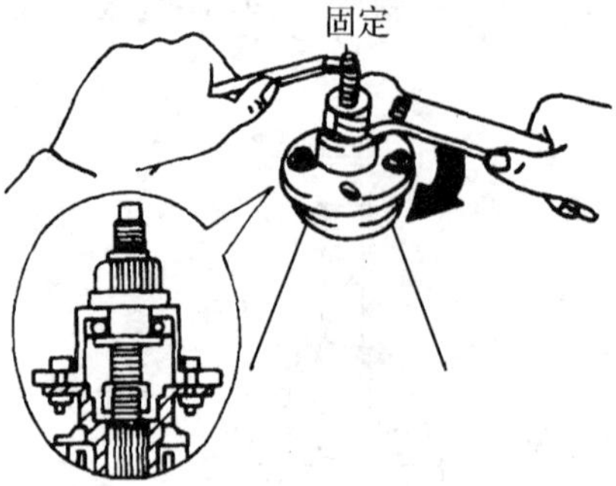

图 7.39　装伴扼凸缘

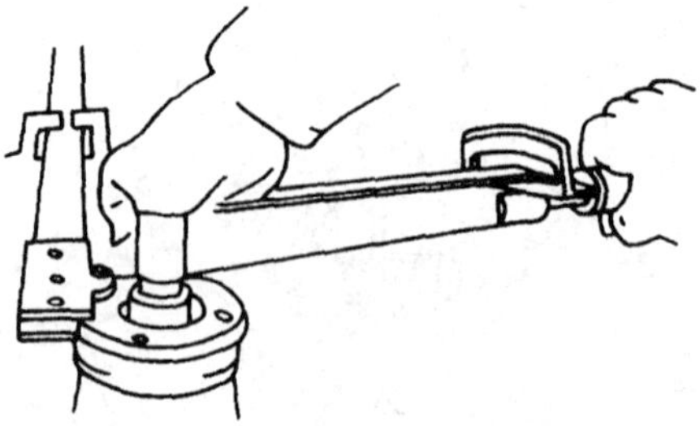

图 7.40　调整主动锥齿轮预载荷

④用扭力扳手测量主动锥齿轮与从动锥齿轮之间齿隙的预载荷(见图 7.41)，新轴承为 1.2～1.9 N·m,旧轴承为 0.6～1.0 N·m。

⑤装差速器壳。

ⓐ将轴承外座圈按拆卸时所做标记装入原来的位置,不要将左右方向搞错;

ⓑ将差速器壳装于主减速器和差速器壳体内。

⑥调整从动锥齿轮与壳体的间隙。如图 7.42 所示,只要在从动锥齿轮的背侧垫以平板垫圈调整,即可确保应有的间隙。

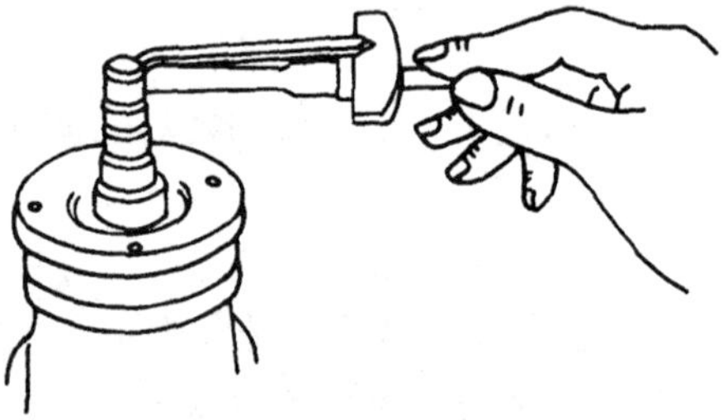

图 7.41　测量预载荷

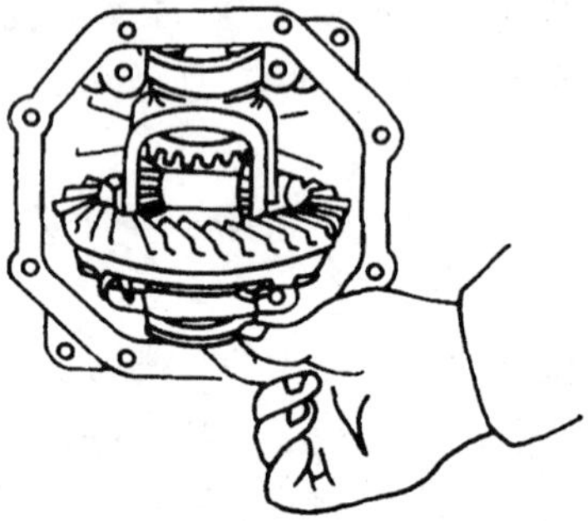

图 7.42　调整从动锥齿轮与壳体的间隙

⑦用木锤子敲从动锥齿轮的边缘,垫圈和轴承即可自由上紧。

⑧将从动齿轮齿面与侧轴承毂固定定位,然后测量其齿隙(见图 7.43)。齿隙参考值为 0.10 mm,按齿隙的大小选用不同厚度的从动锥齿轮侧垫圈,分置于差速器壳两侧。

⑨将装好侧垫圈的差速器壳连同外座圈一同装入主减速器差速器外壳,用木锤子敲入。如图 7.44 所示,用百分表检测从动锥齿轮齿隙。齿隙为 0.13～0.18 mm,如不合规格应进行调整。

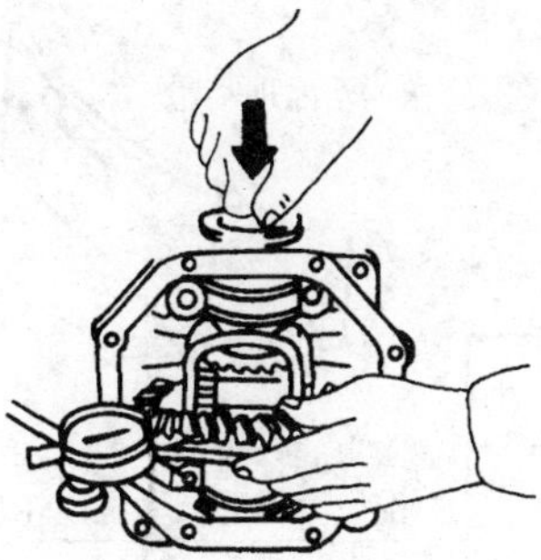

图 7.43　测量齿隙

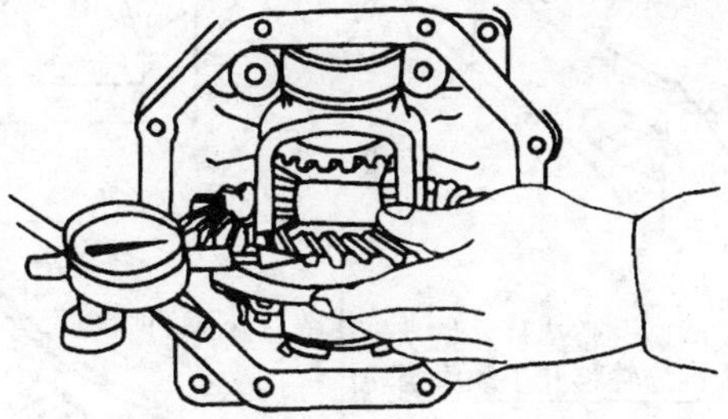

图 7.44　检测从动锥齿轮齿隙

⑩调整侧轴承预载荷(见图 7.45)。拆卸从动锥齿轮侧垫圈,用千分尺测量其厚度。

⑪以所测齿隙作为参考值,装上比拆下的从动锥齿轮侧垫圈厚度 0.06～0.09 mm 的新垫圈。

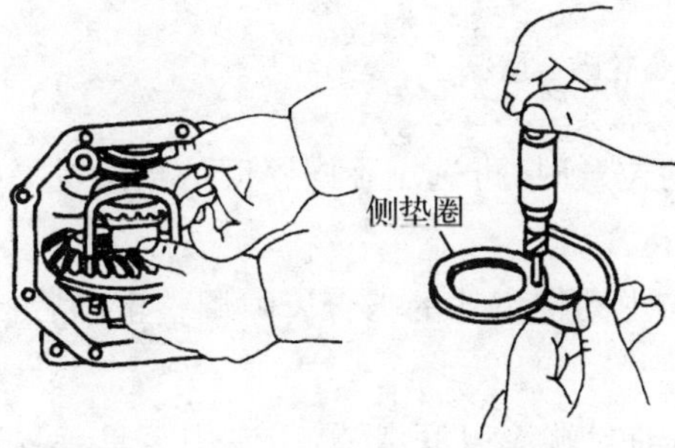

图 7.45　调整侧轴承预载荷

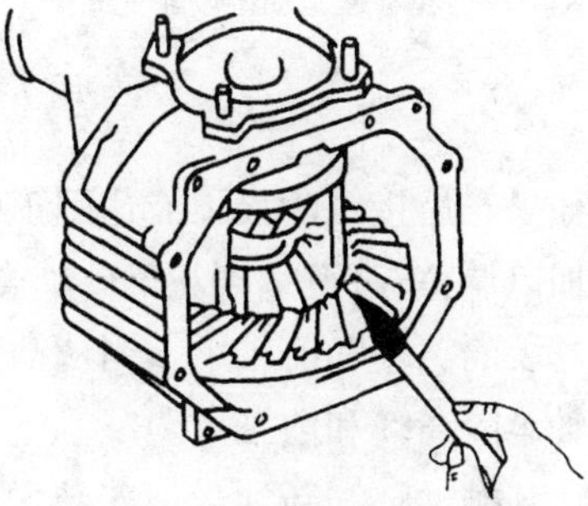

图 7.46　检查轮齿接触情况

选用的新垫圈,应可先用手指压入承孔内 2/3 的位置为合适,然后用木锤子轻敲侧垫圈于安放位置,再检查从动锥齿轮齿隙。

⑫用百分表检测从动锥齿轮齿隙。齿隙为 0.13～0.18 mm,如不合规格则可平均增加或减少两侧之间等量的垫圈,直调整到规定的齿隙。更换侧垫圈后,齿隙可能在 0.02～0.03 mm 之间变动。

平板垫圈与差速器之间应无间隙,但应有与从动锥齿轮的间隙。

⑬装侧轴承盖。装两侧轴承盖时,应对准拆卸时与外壳所做的装复记号,用扭力扳手按规定力矩拧紧 4 个固定螺栓。拧紧力矩为 80 N·m。

⑭用转矩计测量总预载荷。总预载荷(除主动锥齿轮预载荷外)为 4～6 N/m。

⑮如图 7.46 所示,检查调整从动锥齿轮与主动锥齿轮之间的轮齿接触情况。

ⓐ在从动锥齿轮上 3 个或 4 个不同位置的轮齿上涂以红丹颜料;

ⓑ以手握住伴扼凸缘,并朝两个不同方向旋转,检视轮齿的啮合印痕情况。

⑯如图 7.47 所示,根据检视的轮齿印痕情况选用调整垫片,以达到正确接触的位置。

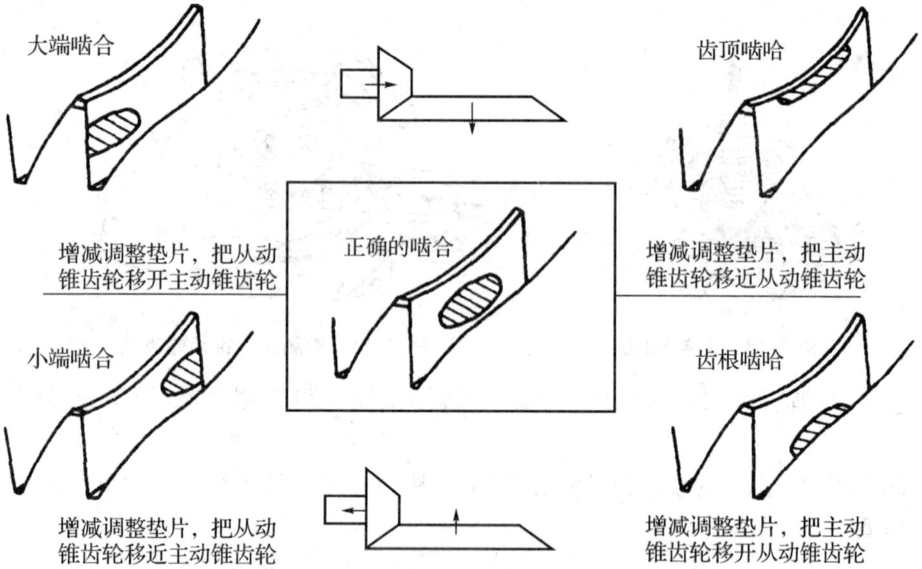

图 7.47　检查齿轮啮合情况

如果轮齿接触印痕不能达到正确接触的位置时，可选用不同厚度的垫圈重复以上步骤加以调整，直至达到正确的啮合印痕为止。

⑰装隔离环和前轴承。当从动锥齿轮与主动锥齿轮的啮合齿隙调整正确后，装上新的轴承隔离环和前轴承。

⑱装抛油环和新油封。安装抛油环，在油封端涂以润滑油，用专用工具装妥新油封，油封深度为 1.5 mm。

⑲装妥伴扼凸缘。用扭力扳手按规定力矩拧紧凸缘螺母，拧紧力矩为110 N·m。

⑳检查前轴承的预载荷。

ⓐ如预载荷大于额定值，应更换轴承隔离环。

ⓑ如预载荷小于额定值，则以 13 N/m 的力矩再拧紧，直至达到额定预载荷为止。

ⓒ应重复测量预载荷程序。

㉑检查伴扼凸缘的斜度(见图 7.48)。用百分表检测伴扼凸缘的纵向和横向斜度。最大纵向斜度为 0.10 mm，最大横向斜度为 0.10 mm。如斜度大于最大值，则应检查轴承。不能将主动锥齿轮螺母拧紧以减小预载荷。

㉒用锤子和凿子敲紧主动锥齿轮螺母，锁紧垫圈。

㉓装侧齿轮轴油封。将油封端涂以多用润滑油，用工具将油封装妥，直到与主减速器和差速器外端端面平齐为止。

㉔装侧齿轮轴。装齿轮轴之前，应更换好卡环。用木锤子将齿轮轴敲入，直到与主动锥齿轮轴相接触为止。

㉕测量齿轮轴的偏移量(见图 7.49)。最大偏移量为 0.20 mm,如偏移量大于最大值,则应更换侧齿轮轴。装上主减速器、差速器外壳盖以便装上车架。

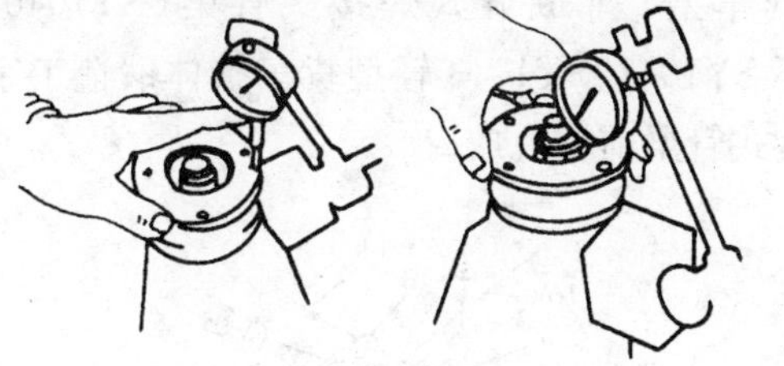

图 7.48 检查伴扼凸缘的斜度

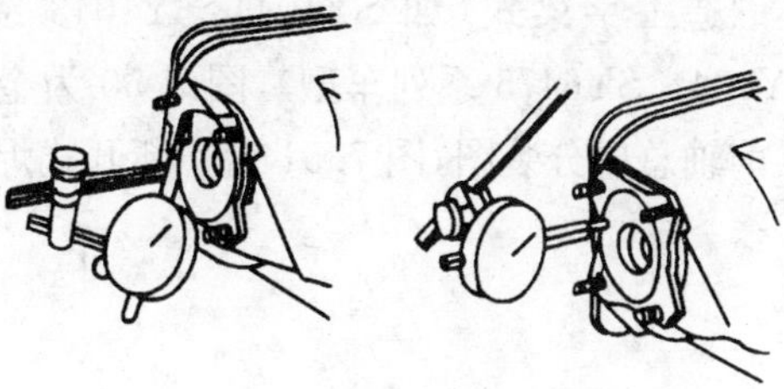

图 7.49 测量齿轮轴的偏移量

5) 主减速器和差速器的安装

①安装主减速器和差速器。将主减速器和差速器用举升器或千斤顶顶住,然后装上外壳螺栓并按规定力矩(97 N·m)拧紧。

②装妥后弹簧支架座。用扭力扳手按规定力矩(19.5 N·m)拧紧后弹簧支承座 4 个固定螺栓。

③装妥后弹簧座支承螺母。用扭力扳手按规定力矩(75 N·m)拧紧后弹簧座支承螺母。

④各部连接和加注齿轮油。

ⓐ将传动轴凸缘与伴扼凸缘连接。

ⓑ连接后传动半轴,按规定力矩(70 N·m)拧紧 4 个联接螺栓。

ⓒ装妥泄油塞,将主减速器和差速器壳内注满齿轮油,装妥注油塞。

7.5 转向系维修

汽车转向系的性能直接关系到汽车行驶的稳定性和安全性。汽车在长期的运行中,前桥和转向系各零件会发生各种耗损,如磨损、变形、裂纹和车轮定位角改变。这些都会破坏正常运行,使汽车在行驶中,发生不同程度的转向沉重、方向不稳、行驶跑偏、前轮摇摆等故障。这将增加驾驶员的劳动强度,甚至影响到安全行驶,所以一定要重视转向系的维修和调整。

7.5.1 前桥和转向系结构与检验调整

本节以典型的金杯车型客货车 SY1040 系列与 SY6474 系列为例,介绍不同型的转向轿及转向系的结构与维修。

1) 转向桥的结构与调整

(1) 转向桥的结构

金杯汽车根据悬架形式不同,可以分别使用整体式和断开式两种转向桥。金杯

SY1040、SY1041、SY1043 系列轻型货车以及 SY6474、SY6475 系列轻型客车的前悬架均为钢板弹簧非独立悬架，其转向桥为整体式转向桥。金杯汽车整体式转向桥具有整体锻造工字梁式（如 SY1041、SY1043 系列车型）非断开式焊接式管梁（SY1040、SY1041、SY6475 系列车型），图 7.50 为金杯 SY1041、SY1043 轻型货车整体锻造工字梁前轴总成分装图，图 7.51 为非断开式焊接式管梁前轴总成。

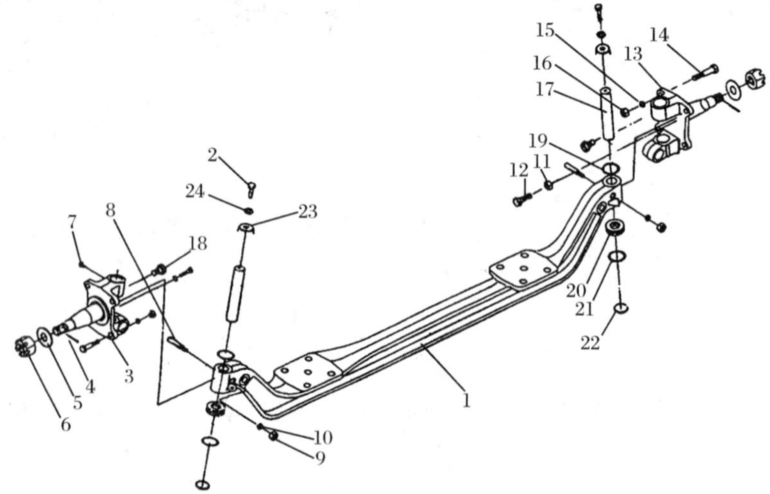

图 7.50 SY1041、SY1043 轻型货车转向桥

1—转向桥；2、14—螺栓；3、13—转向节总成；15、4—开口销；5—锁片；6、9、11、16—螺母；7—黄油嘴；8—锁销；10—垫圈；12—转角限位螺钉；24—垫圈；17—主销；18—螺塞；19、21—调整垫片；20—止推轴承；22—转向节主销下盖；23—防尘罩

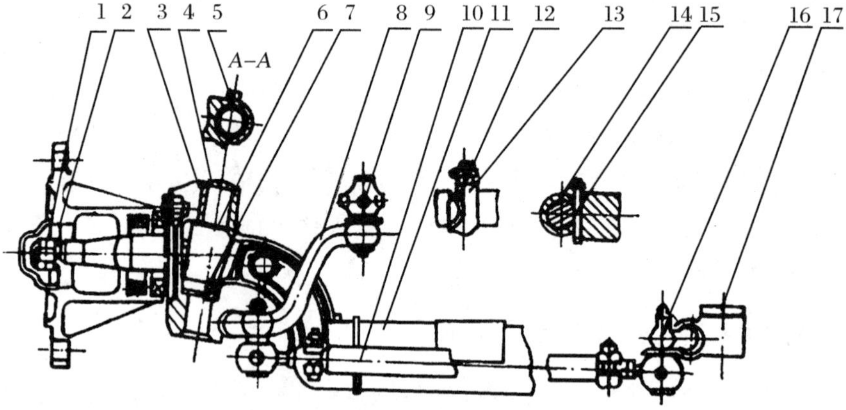

图 7.51 非断开式

1—锁紧螺母；2—锁紧垫片；3—左转向节；4—主销盖；5—油嘴；6—调整垫圈；7—止推轴承；8—左转向节臂；9—直拉杆；10—横拉杆；11—前轴；12—半圆键；13—螺母；14—主销；15—锁栓；16—右转向节臂；17—右转向节

对于此种整体式的转向桥，转向横拉杆总成由横拉杆和横拉杆球头构成，横拉杆的两端分别加工有左、右旋螺纹，并装有左、右旋螺纹的横拉杆接头。转动横拉杆改变其长度可以调整车轮前束。

转向节 3(见图 7.50)可绕其主销轴 17 转动，以保证前轮转向的灵活性。前轮靠两个轴承支承在转向节轴颈上，可以通过锁紧螺母来调整两轴承的预紧度。车轮的最大转角可以通过限位螺钉 12(见图 7.50)来调整。

金杯 SY6480 轻型客车的前悬架为独立悬架，使转向桥与悬架合为一体，其结构的分装图如图 7.52 所示。

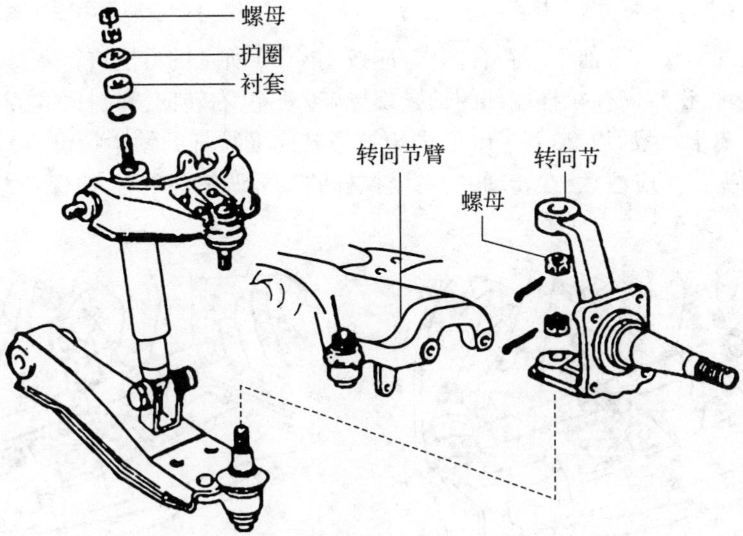

图 7.52 SY6480 轻型客车前桥装配连接关系

(2) 前轮定位参数及其调整

转向系统是与悬架系统组合成一体的，它必须保证操纵容易、转向稳定，且方向盘在转动后的回复性能要良好，为此，前轮定位必须准确。

前轮定位参数就是指前轮、悬架系统及转向系统元件，在安装到车身(或底盘)上后的几何角度与尺寸，它们必须符合一定的要求，如车轮外倾角、主销后倾角、主销内倾角、车轮前束等。

下面以金杯 SY6480 轻型客车为例，介绍前轮定位参数的调整方法。

①车轮外倾角的调整。若车轮外倾角不符合要求，可按图 7.53 所示转动调节凸轮进行调整，凸轮的每个标度可使外倾角改变 18°左右。

②主销后倾角的改变。若后倾角不符合要求，可转动支承杆(斜推杆)的螺母进行调整，如图 7.54 所示，螺母每拧动一圈，主销后倾角改变约 30′。拧松螺母时应注意：拧松支承杆垫块上的两个螺母的一个，要以同样的程度拧紧相反侧的另一个螺母以改变支承长度。

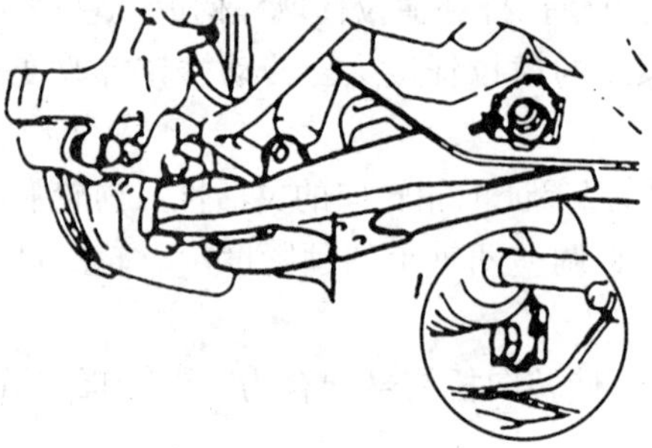

图 7.53　调整车轮外倾角

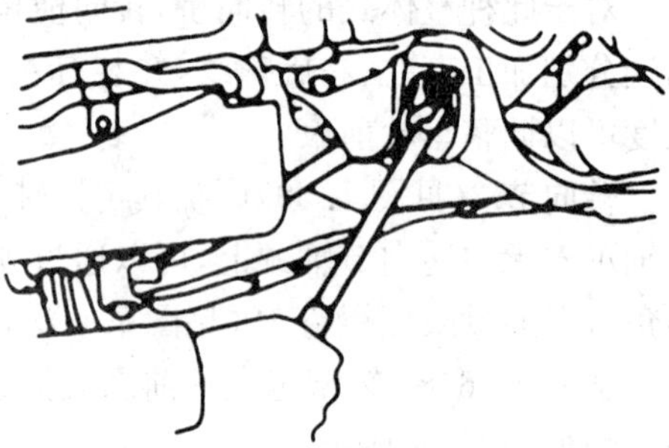

图 7.54　调整主销后倾角

③前束的调整。若前束不符合要求，应按图 7.55 所示的方法进行调整。首先拆下保护罩卡夹，拧松转向横拉杆端部的锁紧螺母，转动左、右转向横拉杆的端部，调整前束值到规定的要求，最后以 90 N·m 的力矩拧紧转向横拉杆的锁紧螺母，将保护罩装到座上并把它夹住。应注意：在转动左、右横拉杆的端部调整前束时，应保证左、右转动的量要相等。

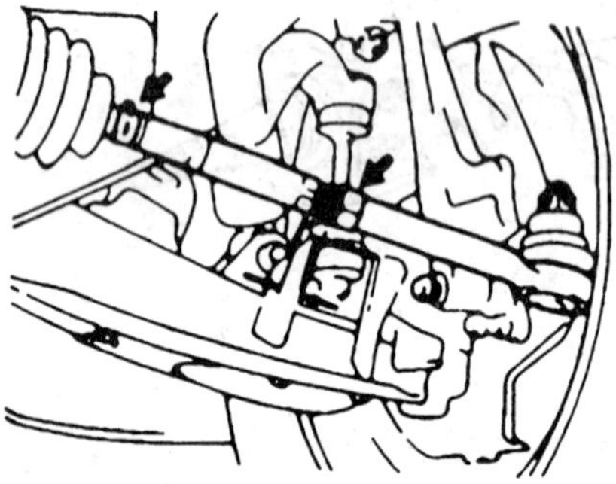

图 7.55　调整前束

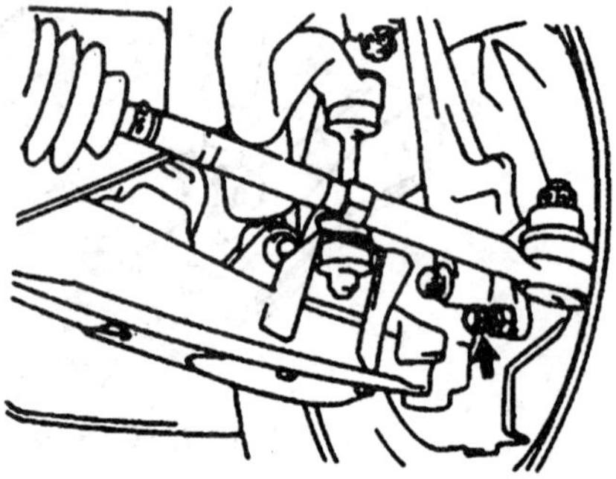

图 7.56　调整前轮转角

④调整前轮转角。见图 7.56，首先拆下转向节限位螺栓帽，并拧松锁紧螺母，然后将转向限位螺栓拧到底。如果左右车轮的转角不同，则应调整转向横拉杆的长度，以消除前轮转角差。充分地转动方向盘，并拧松转向节限位螺栓直到它接触到下臂为止，符合标准值后拧紧锁紧螺母，拧紧力矩为 44 N·m。最后装上转向节限位螺栓帽，并检查前束。通过上述调整后，若前轮转角仍不能调整到极限值以内，则应检查转向系零件。

(3) 转向桥的装配与调整

下面以金杯 SY1041、SY1043 轻型货车和 SY6474、SY6475 轻型客车为例，介绍整体锻造工字梁式转向桥和非断开式管式转向桥的装配与调整。

①SY1041、SY1043 整体锻造工字梁转向桥的装配与调整，参见图 7.50，其装配过程如下：

ⓐ转向节衬套的更换。首先用冲头将旧衬套击出，再用专用冲头将新衬套压入。在压入新衬套前，应注意将油孔和转向节油孔对齐。

ⓑ选转向节的调整垫片。将转向节总成 13 和止推轴承 20 与前轴组装在一起，用塞尺测量转向节和前轴之间的间隙，其值应小于 0.1 mm，若过大，应选择不同厚度的调整垫片 21 进行调整。调整垫片的厚度共分 7 种：(0.5±0.02)，(0.5±0.025)，(0.6±0.03)，(0.65±0.03)，(0.7±0.03)，(0.8±0.03)，(0.9±0.04) mm。

ⓒ转向节总成的装配。将转向节 O 形圈 30 mm×2.4 mm 涂少许锂基 2 号润滑脂，装入转向节小头主销衬套内端面上。将止推轴承 20 装入转向节内侧，然后装在前轴上，将选好的调整垫片 21 装入转向节与前轴之间。将主销 17 击入转向节内。用手转动转向节，应能转动自如。将锁销 8 装入前轴，然后再装上弹簧垫圈 10 和拧紧螺母 9，装主销防尘罩及转向节主销下盖。最后用手压油枪向转向节油嘴注油，直到注满溢出为止。

ⓓ装转向横拉杆总成。将横拉杆球头销装入转向臂，将其螺母用(186±19.6) N·m 的力矩拧紧，装上开口销(4 mm×28 mm)，用钳子将开口销劈开。

ⓔ前束及前轮最大转角的调整。前束的调整：将横拉杆两端锁紧螺母松开，用扳手转动横拉杆，将前束调整到规定值，然后拧紧横拉杆锁紧螺母。前轮最大转角的调整：旋入或旋出限位螺钉 12，使前轮的最大转角为：内轮37°±30′，外轮 28°±30′。

②SY6474、SY6475 客车非断开式管式转向桥的检查与调整。该系列车型的转向桥由前轴管、前轴端、钢板弹簧架焊接而成。转向节通过转向节销与前轴连在一起，转向节销与前轴是用转向节销锁栓固定在一起的，如图 7.57，转向节转动应灵活。转向节与前轴轴端面应有 0.02～0.12 mm 的间隙，此间隙是用调整垫片 4 来调整的。此调整垫片应装在前轴端的上部，下部是转向节推力轴承 10。此轴承内孔径上下不等，上部应装内孔径小的，下部应装内孔径大的，为减少转向节与转向节销之间的磨损，转向节销孔内压入转向节衬套 7。转向节轴套和制动器阻油盘、前制动器总成是用固定制动底板螺栓固定在转向节上，转向节轴套上装配轮毂带制动鼓总成。

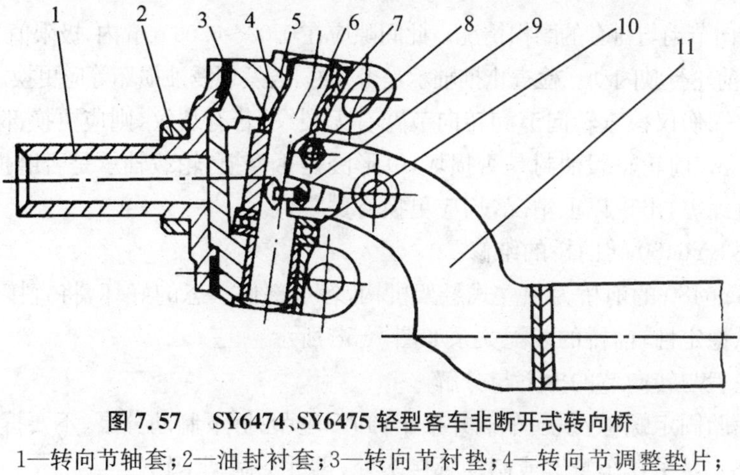

图 7.57 SY6474、SY6475 轻型客车非断开式转向桥

1—转向节轴套；2—油封衬套；3—转向节衬垫；4—转向节调整垫片；5—转向节；6—转向节销；7—转向衬套；8—转向节销锁栓；9—转向节止动螺栓；10—转向节轴承总成；11—前轴

前轴总成应该定期检查和调整转向节与前轴端的间隙，转向节与转向节销应无径向间隙，如果有了径向间隙且又给转向操纵带来不便，应立即更换转向节主销或转向节衬套。转向节内最好每周加注润滑脂一次，以便加强润滑，减少磨损，保持转向灵活可靠。

(4) 转向桥的维修

①金杯 SY1040、SY1041、SY1043 轻型货车及 SY6474、SY6475 轻型客车非断开式转向桥的维修。

ⓐ前轴的维修。

前轴弯曲的维修：前轴弯曲有垂直方向和水平方向两种。垂直方向的弯曲是由于前轴受到过大的垂直负荷所致，水平方向的弯曲是由于汽车起步过猛、紧急制动所致，扭转变形主要是由于汽车左右车轮受力不一致所致。前轴的弯曲、扭转对汽车的使用性能影响极大，一旦发现，应及时予以维修或更换。前轴的弯曲、扭转变形不能大于 0.5°，否则，将会引起方向盘的抖动，前轴有弯曲或扭转变形时，可以采用热校的方法进行校正。

前轴断裂的维修：前轴的裂纹和磨损可用目视与敲击法检查出来。当前轴在两钢板弹簧座的中心定位孔之间出现两条以上的裂纹，而深度超过横断面深度的 1/4 时，或者裂纹出现在弯颈上时，都应报废。当前轴主销孔的磨损超过一级维修尺寸时，应用镶套法进行修复。

ⓑ转向节和转向节臂的维修。

检查转向节与前轴端面间的间隙。此间隙过大，会增大转向节销与衬套的磨损，降低转向节的寿命，并伴有噪声。若过小，则转向沉重，此间隙在 0.02～0.12 mm 之间正常。

检查转向节销与衬套的磨损情况。此间隙应在 0.02～0.06 mm 内，极限值为 0.20，超过此值会引起前轮行驶闪动。检查止推轴承是否完好，若发现锈蚀损坏等应更换。

用磁力探伤仪检查转向节和转向节臂有无裂纹，若有裂纹，则应更换部件。

另外，检查前轮轮毂油封是否损坏，O 形圈是否磨损，轮毂轴承是否磨损过甚、脱落以及压痕过深等，出现以上情况，均应更换有关零件。

②金杯 SY6480 转向桥的维修。

金杯 SY6480 的前桥为独立式悬架机构，各个部件状态的好坏，将直接影响前轮的定位和操纵稳定性，前桥的装配关系如图 7.58 所示。

ⓐ前轮毂与转向节的拆下与分解。

松开轮胎固定螺母，顶起车辆并架牢，卸下轮胎；拆下制动分泵（不要拆制动软管），用钢丝绳把它悬吊在车身上或制动管接头处，再拆下制动卡钳。

拆下轮毂盖帽、开口销，拧出锁紧螺母及调整螺母。把制动盘、轮毂以及外轴承和止推垫圈拉出，注意防止外轴承掉地。再从轮毂内拆下油封及内轴承，刮掉旧润滑脂。

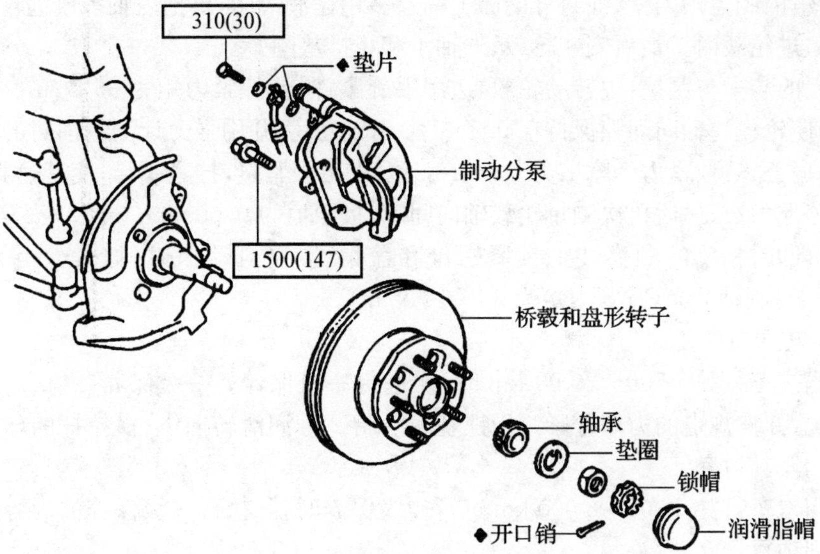

图 7.58　SY6480 前桥分装图

拆下防尘盖、转向节销，用千斤顶支撑下臂，拆下上下球头节的开口销及螺母，再把转向节从上下球头节上拆开，方法如图 7.59 所示。再拆下千斤顶，推下下臂和斜推杆(支承杆)，取下转向节，最后清洗各零件。

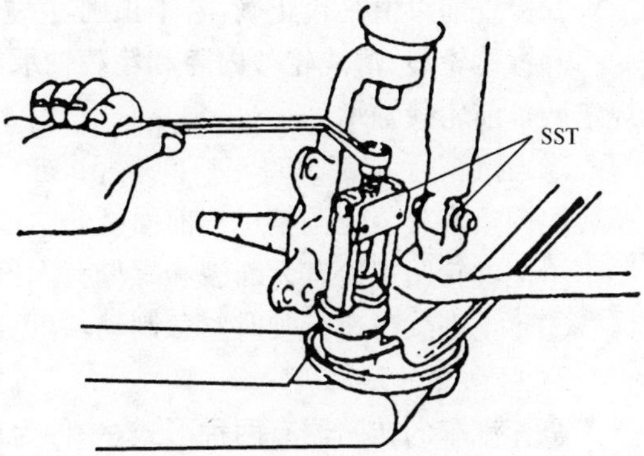

图 7.59　拆下转向节上、下球头

ⓑ前轮毂和转向节的维修。

前轮毂的维修：检查内外轴承和轴承外圈有无破裂及磨损，否则必须修复更换。查看轴承是否转动灵活，若不灵活，应更换轴承。最后检查油封，如果油唇翘曲或损坏，予以更换。

转向节的维修：转向节的主要损坏形式是断裂及球头节磨损。转向节断裂多发生在装内轴承的轴颈根部，且多在上、下方，可用电磁探伤仪或敲击法检查，如有裂纹，应予更换或修复，目前多用热镀法进行局部更换。

ⓒ转向节和前轮毂的装复与调整。

把转向节装在上部球头节上，并装上螺母，推下下臂和斜推杆(支承杆)，再把转向节装在下部球头节上并装上螺母；用千斤顶支撑下臂，用扳手扳紧上下部球头节螺母，拧紧力矩为 145 N·m，安装开口销。

安装转向节臂和防尘罩，螺栓拧紧力矩为 89 N·m，将前轮毂轴承内、外涂上润滑脂，在轮毂内腔盖帽内壁、油封外圈涂上一层多用途润滑脂，再把内轴承放进轮毂内，并将油封敲进轮毂内。最后安装轮毂、外轴承和止推垫圈。

轮毂的装配与调整：边转动轮毂，边用手旋紧螺母，拧紧力矩为 35 N/m，将螺母松回少许，使轮毂的轴向间隙保持在 0.5～1.0 mm 之间，并用强力计测量油封的摩擦力。最后，根据公式：预紧力＝摩擦力＋6～18(N)，求出预紧量，拧紧螺母，使其达到预载荷所需的公斤力数，最后再次测量轮毂轴向间隙，极限值为 0.05 mm。

按拆卸时相反的顺序装上锁紧螺母和盖帽，装复自动卡钳(拧紧力矩为 100～120 N/m)，制动分泵(拧紧力矩为 35～45 N/m)。

(5) 转向桥的使用与保养

①当汽车行驶 1 500～2 000 km 时，要进行一级保养。一级保养要检查各螺母的紧固情况，并按规定的力矩拧紧。用锂基润滑脂 2 号润滑转向纵、横拉杆的球头销，转向节主销及其衬套。

②当汽车行驶 6 000～8 000 km 进行二级保养时，除执行一级保养的内容外，还要进行下列项目：

ⓐ检查转向节和左右转向节臂有无损伤和裂纹；检查转向节主销与衬套的配合情况；检查转向纵、横拉杆接头是否松旷。若出现此类情况，应及时维修或紧固。

ⓑ检查前束值是否正确，若不正确，应调整。

ⓒ拆检轮毂、清洗轮毂内腔和轮毂轴承，加入新的锂基润滑脂 2 号，然后装配，并按规定调整前轮毂轴承。

③当汽车行驶 35 000～45 000 km 进行三级保养时，将前轴解体清洗、检查，并重新装配调整。其装配调整过程前面已介绍过。

④检查轮胎螺栓有无断裂和螺母有无松动，若有此现象，应及时维修或紧固。

⑤防止满载高速行驶时紧急制动，以免造成前轴变形或钢板弹簧折断。

2) 转向器的结构

金杯汽车的转向器有两种形式，一种为机械循环球式转向器，主要用于前悬架为钢板弹簧式非独立悬架的车型，如金杯 SY1040、SY1041、SY1043 系列轻型货车，以及 SY6474、SY6475 系列轻型客车。另一种为机械式齿轮齿条式转向器，主要用于前悬架为独立悬架如 SY6480 轻型客车的车型。

(1) 循环球式转向器

图 7.60 为金杯 SY1041、SY1043 轻型货车转向系总成图，其中零件 2 为循环球齿条齿扇式转向器，其分装图见图 7.61。它主要由螺杆螺母总成 19、转向摇臂轴 8、调整螺钉 9、转向机壳 1 和转向摇臂轴总成 5 等组成。

转向摇臂轴 8 安装在转向器壳 1 内，其扇形部位与螺杆螺母总成 19 的齿面啮合，当转向机构带动螺杆转动时，球螺母沿着螺杆游动，从而使转向摇臂轴 8 转动，带动转向摇臂总成 5 运动。对于这种循环球式转向器，因为借助于钢球的滚动，螺杆和球螺母之间的摩擦阻力小，因而方向盘转动轻便。

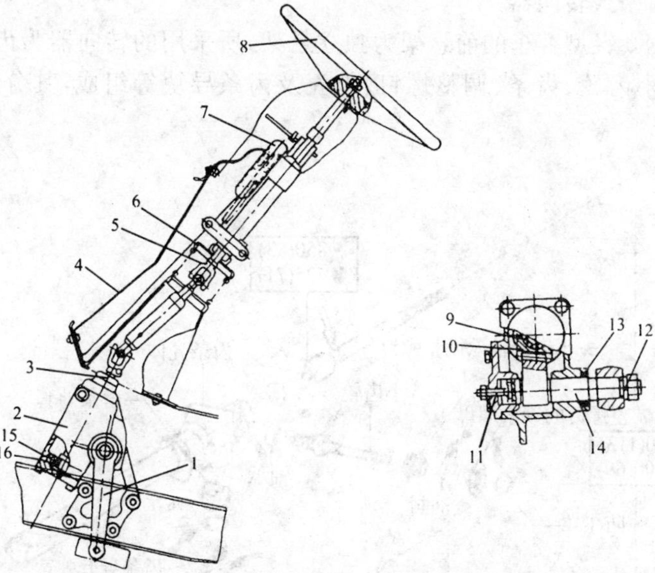

图 7.60 SY1041,1043 转向系结构图

1—转向垂臂;2—转向器总成;3—转向螺杆;4—转向支柱支架;5—转向轴及万向节;6—橡胶防尘套;7—手柄;8—转向盘;9—循环球;10—转向螺母;11—间隙调整螺钉;12—转向轴螺母;13—油封;14—转向摇臂轴;15—轴承;16—垫片

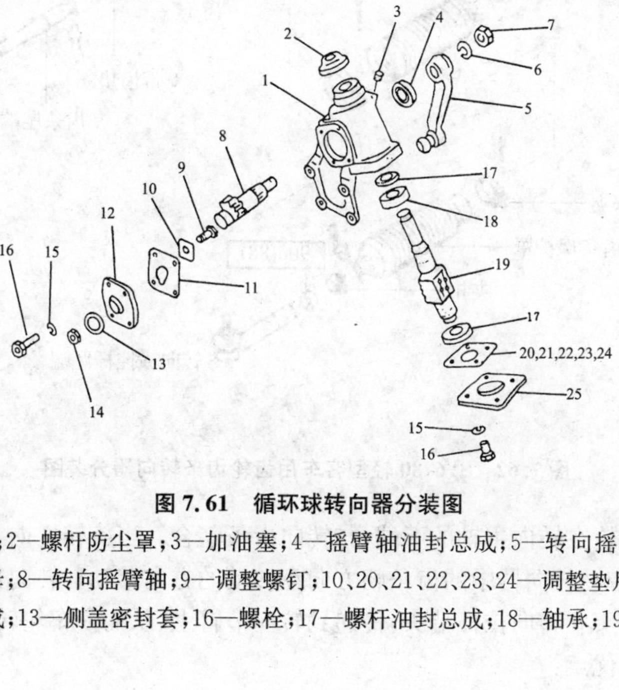

图 7.61 循环球转向器分装图

1—壳体总成;2—螺杆防尘罩;3—加油塞;4—摇臂轴油封总成;5—转向摇臂总成;6、15—垫圈;7、4—螺母;8—转向摇臂轴;9—调整螺钉;10、20、21、22、23、24—调整垫片;11—侧盖垫片;12—侧盖总成;13—侧盖密封套;16—螺栓;17—螺杆油封总成;18—轴承;19—螺杆螺线总成

(2) 齿轮齿条式转向器

金杯 SY6480 轻型客车的前悬架为独立悬架，所采用的转向器为齿轮齿条式转向器。它主要由小齿轮、齿条、调整螺钉、外壳及齿条导块等组成，其分装图如图 7.62 所示。

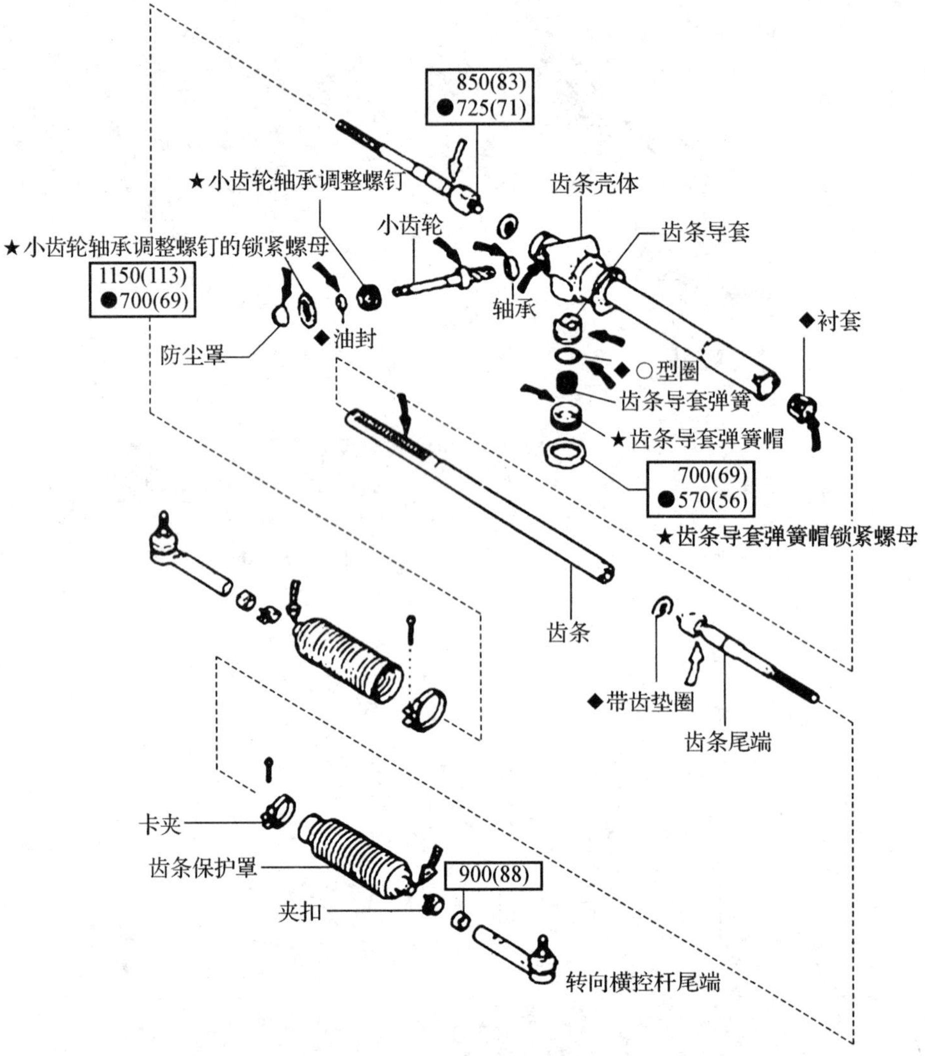

图 7.62 SY6480 轻型客车用齿轮齿条转向器分装图

转向器小齿轮在转向主轴的下端，与转向齿条啮合。当旋转方向盘时，转向器中的小齿轮便转动，带动转向器中的齿条朝方向盘转动的方向移动。转向器齿条的动作，通过转向器齿条端头和转向拉杆端头，传递到转向节臂上，从而使车轮转动。齿轮齿条式转向器具有下列优点：

①构造简单，结构轻巧。由于齿轮箱小，齿条本身具有传动杆系的作用，因此，它不需要循环球式转向器上所使用的拉杆。

②因齿轮和齿条直接啮合，操纵灵敏性非常高。

③滑动和转动阻力小，转矩传递性能较好，因此，转向力非常轻。

④转向机构总成完全封闭，可免于保养。

3）转向器及其转向传动机构的装配与调整

转向系使用的好与坏，很大程度上取决于转向器，而转向器装配的好与坏，对其性能又有直接影响，因此，必须正确地装配和调整转向器。转向传动装置的装配与调整主要是转向横直拉杆的装配与调整。

(1) 循环球式转向器的装配与调整

其装配步骤及技术要点如下：

①螺杆螺母总成的装配。

ⓐ将转向螺母套在转向螺杆上，螺母放在螺杆滚道的一端，并使螺母滚道孔对准滚道。

ⓑ将钢球放入螺母滚道孔中，边转动螺杆，边放入钢球(两滚道可同时进行)。

ⓒ以转向螺母的齿条定位，转向螺杆的轴向间隙在 0.02 mm 内为正常。

ⓓ当转向螺母处于螺杆中间位置时，在螺杆两轴承轴颈处测量其全跳动公差应不大于 0.05 mm。

ⓔ向两个导管内装满钢球，并将其管端涂少许润滑脂分别插入螺母的导管孔中，然后用橡胶锤轻轻打入导管，使其落底到位，最后用螺钉加以固定。

ⓕ螺杆螺母总成装配以后，须检查其相对运动的灵活性，即螺杆、螺母与钢球之间不应出现松旷、卡滞及钢球不转等现象。

②轴承的装配。将符合要求的螺杆螺母总成压装上轴承，并检查其轴承与螺杆之间的配合端面，不得有间隙或其他夹杂物。

③转向摇臂轴的装配。选一调整垫片 10 套在齿扇与齿条啮合间隙的调整螺钉 9 上，然后把调整螺钉与垫片一起放在摇臂轴梯形槽中，并将调整螺钉卡住。最后检查调整螺钉在摇臂轴梯形槽中的轴向窜动量，其值不得大于 0.05 mm，如超差，可更换垫片增减间隙，直到合适为止。

④侧盖与摇臂轴总成的装配。将侧盖 12 旋在调整螺钉 9 上(注：此时调整螺钉已装在转向摇臂轴 8 上)，然后将密封胶圈 13 和垫片 11 套在调整螺钉 9 上。

⑤将螺杆螺母总成装入转向器壳体。将轴承 18 的外环用专用工具分别压入下盖 25 内和转向器壳体的下端。取轴承 18 的内环两个，分别压入螺杆螺母总成 19 的上、下两端。然后取轴承 18 的砂架两个，一个放入壳体轴承的外环上，再将螺母小总成滚道涂少量的机油润滑，放入壳体中；另一个砂架放入壳体上端，在两砂架上加润滑脂。最后，装上垫片 20、21、22、23、24，将下盖用四个螺栓 16 将其固定在转向器壳体内，其拧紧力矩为 35～45 N·m。调整垫片 20 至 24 的选取，主要是保持螺杆螺母总成 19 在

壳中的轴向窜动量不得大于 0.05 mm。最后将油封 17 和螺杆防尘罩 2 装上。

⑥将摇臂轴总成装入壳体。将带衬垫的摇臂轴插入壳体中，使齿扇与螺母中的齿相啮合。其啮合间隙是由调整螺钉 9 来调整的。当齿条与齿扇处于中间位置时，其啮合间隙为 0(理论值)，处于两端位置时，其啮合间隙反映在转向盘上的自由转角不大于 10°。将侧盖 12 用四个螺栓 16 固定在转向器壳体上，拧紧力矩为 35～45 N·m。最后将摇臂轴油封 4 打入油封孔中，注意不要将油封皮打坏。

(2) 齿轮齿条式转向器的装配

①在有关零件上涂上润滑脂。

②将齿条装入齿条壳体中，如图 7.63所示。应注意从小齿轮侧将齿条装入齿条壳体，装配时，不要转动齿条，不要损伤转向齿条的齿面。装好后，调整好齿条的槽口侧，以使小齿轮能正确地处于其内侧。

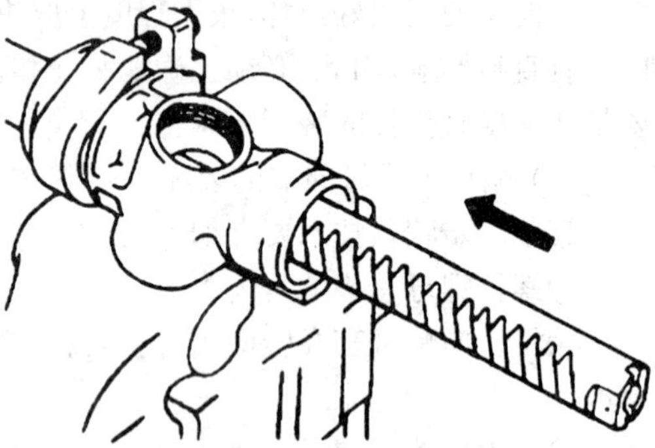

图 7.63 齿条装入齿条壳体

③将小齿轮装入齿条壳体，如图 7.64所示，装配时，要保证小齿轮尾端固定在下轴承内。

④装上并调整小齿轮轴承的调整螺钉以及锁紧螺母。

⑤安装齿条导套、齿条导套弹簧和齿条导套弹簧帽，如图 7.65 所示。

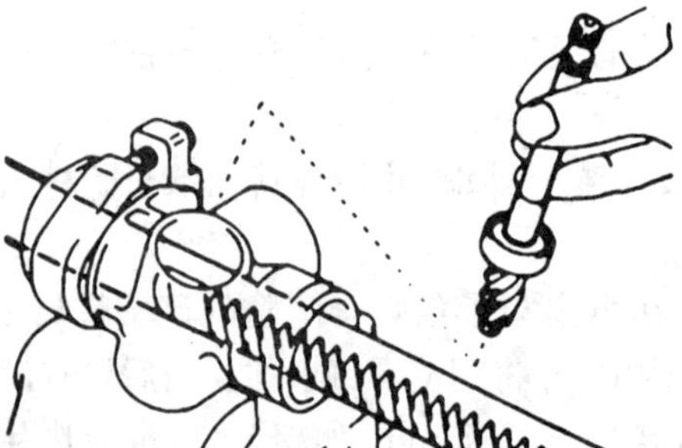

图 7.64 小齿轮装入齿条壳体

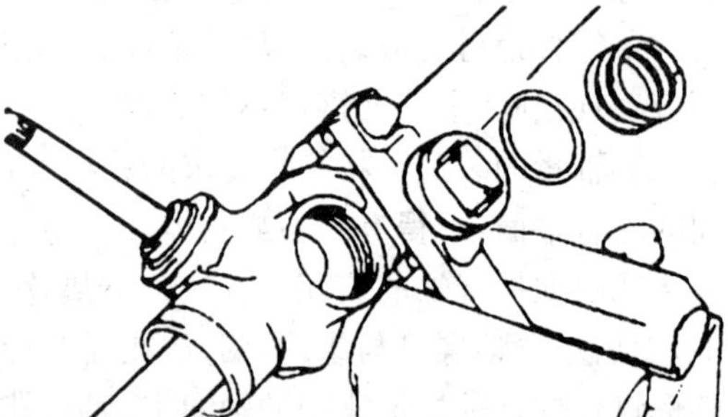

图 7.65 装齿条导套及其弹簧与弹簧帽

⑥调整总预紧力矩。使用专用工具计数小齿轮总的转动圈数，然后将小齿轮退回一半圈数，用六角套筒拧紧齿条导套弹簧帽，拧紧力矩为 25 N·m。再将齿条导套弹簧帽倒退 25°。最后用扭力计测量从空挡位置开始一圈之内的总预紧力矩，应保持在 7～17 N·m的范围内。

⑦安装齿条导套弹簧帽的锁紧螺母，以及齿条尾端和带齿垫圈。

⑧安装齿条保护罩，应在保护罩的唇部涂上润滑脂，注意不要损伤和扭曲保护罩。

⑨安装转向横拉杆，如图 7.66 所示。其过程为：拧锁紧螺母，使转向横拉杆连接到

齿条尾端并使配合记号对准；调整好转向横拉杆后，拧紧锁紧螺母，其拧紧力矩为90 N·m。

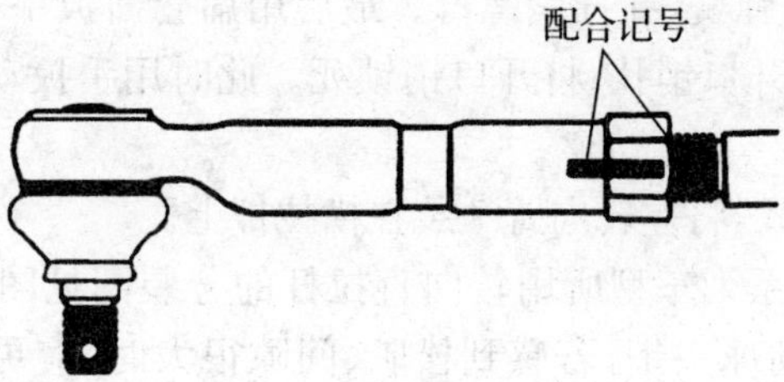

图 7.66 装转向横拉杆尾端

⑩最后安装防尘罩。应在防尘罩上涂以二硫化钼钾基润滑脂。

(3) 转向横、直拉杆的装配

下面以金杯 SY1041、SY1043 轻型货车的转向传动系为例，介绍转向横拉杆和转向直拉杆的装配。

①转向横拉轩的装配。该系列车型所用转向横拉杆的分装图如图 7.67 所示，其装配过程为：

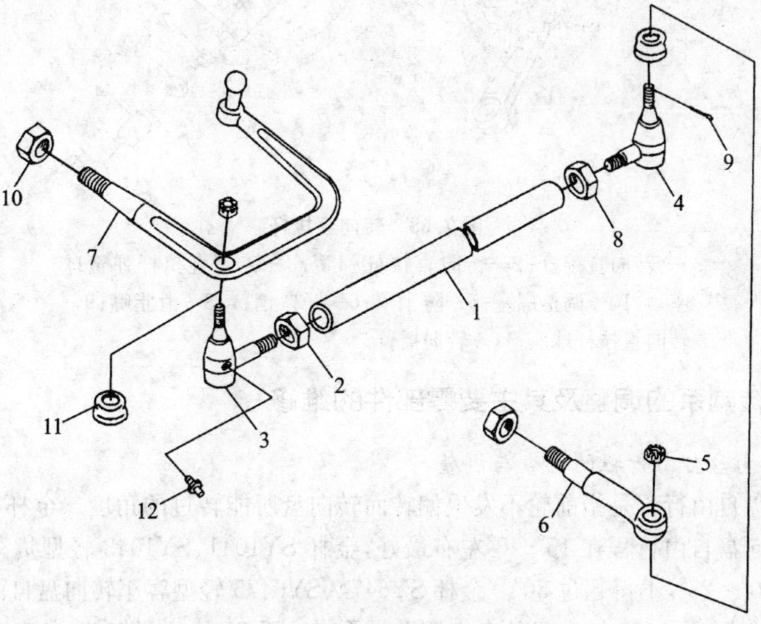

图 7.67 转向横拉杆

1—横拉杆；2,5,8,10—螺母；3,4—横拉杆左右接头总成；6—右转向臂总成；7—左转向臂总成；9—开口销；11—防尘罩；12—滑脂嘴

ⓐ将左右接头总成 3 和 4 的球头座装入横拉杆内，套上防尘罩 11。

ⓑ将右转向摇臂从横拉杆侧面的大孔中装入，然后从横拉杆端依次放入涂过锂基 2 号润滑脂的弹簧球座、弹簧，并拧紧螺母。最后用扁套筒扳手完全拧紧调整螺塞，再退回 1/5～1/2 圈，对正开口销孔，将开口销锁死。此时用手扳动摇臂头，应无间隙，并稍有阻力即为合适。

ⓒ与(2) 同样的步骤，将左转向臂 7 装在横拉杆上。

②转向直拉杆。该系列车型所用转向直拉杆的分装图见图 7.68。当从车上拆下转向直拉杆时，用手扳动球头销，若感到松旷、间隙很大时，应更换球头销总成。装复时，球头销固定螺母的拧紧力矩为 170～210 N·m，拧紧后穿上开口销，并用钳子劈开开口销。

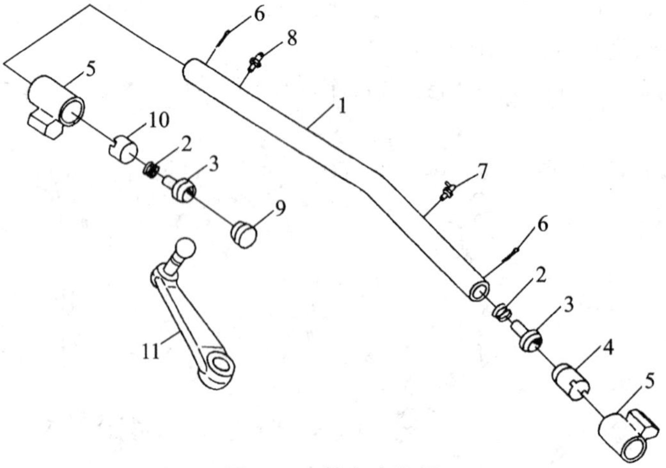

图 7.68　转向直拉杆

1—转向直接杆；2—转向直拉杆弹簧；3—转向直拉杆弹簧球座；4、10—调整螺塞；5—防尘罩；6—开口销；7，8—滑脂嘴；9—转向直拉杆球座；11—转向摇臂

7.5.2　转向系的调整及其主要零部件的维修

1) 转向盘自由行程的检查与调整

转向盘自由行程是指前轮不发生偏转而转向盘所能转过的角度。金杯 SY1040 轻型货车转向盘自由行程在 15°～5°左右最好，金杯 SY1041、SY1043 轻型货车转向盘自由行程在 0°～25°，不得超过 50°。金杯 SY6474、SY6475 轻型客车转向盘自由行程应不大于 20°，金杯 SY6480 转向盘的自由摆动量不得大于 25 mm。转向盘的自由行程或自由摆动量不能过大，否则，转向盘虽然转了很多，但前轮并不偏转，或转向盘不转而前轮会自动偏转，这样直接影响行驶安全。转向盘自由行程过大，应检查并调整如下项目：

①轮毂轴承和转向节主销的间隙是否过大，出现此种情况，应调整。

②检查转向节臂以及横、直拉杆的接头是否松动，若松动，应紧固。

③钢球与滚道的磨损超过标准,应更换螺杆螺母总成。

④转向螺母的齿条与转向摇臂轴齿扇的啮合间隙过大,这个间隙反映到转向盘上就是其自由行程,若此间隙太大,应调整转向器的间隙调整螺钉,直到转向盘自由行程合适为止。

⑤转向螺杆上下轴承间隙过大,应更换调整垫片。

⑥对齿轮齿条式转向器,检查转向小齿轮与齿条的磨损是否过大。

2) 转向器壳、盖及轴承的维修

①转向器壳及盖有裂纹、缺口及螺孔损坏时应更换;

②检查螺杆轴承和油封是否磨损或损坏,如磨损严重或损坏,应更换轴承、轴承座圈和油封。

3) 螺杆与转向摇臂轴的维修

①检查螺杆螺母总成,用手提着螺杆的上端,让螺母靠其自身重量沿螺杆平稳转下,在将要达到底部时,用手按住,不要让螺母碰撞螺杆轴的端部。如果在下降过程中出现卡滞或过于松旷,则必须维修或更换螺杆和螺母。

②检查转向摇臂轴如图 7.69 所示。用厚薄规测量轴的轴向间隙,最大间隙为 0.25 mm,超过此间隙应更换新的调整垫片,以调整转向摇臂轴与调整螺钉之间的间隙。

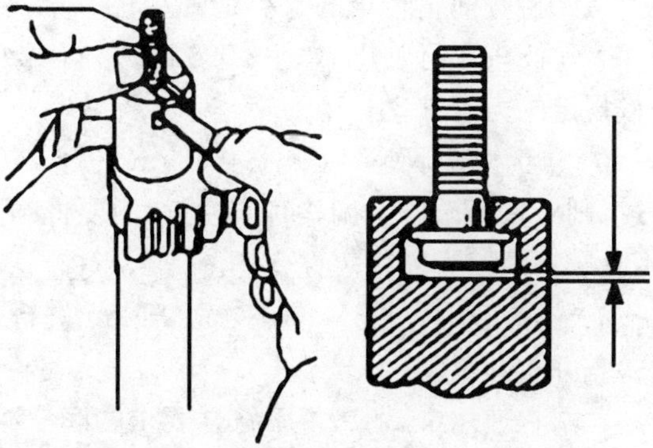

图 7.69 测量扇形齿轮轴轴向间隙

4) 齿轮齿条转向器部件的检查与更换

①齿条的检查。如图 7.70 所示,其最大摆差不得超过 0.15 mm,若齿条有磨损或损坏或齿条的背面磨损、损坏等均予以更换。

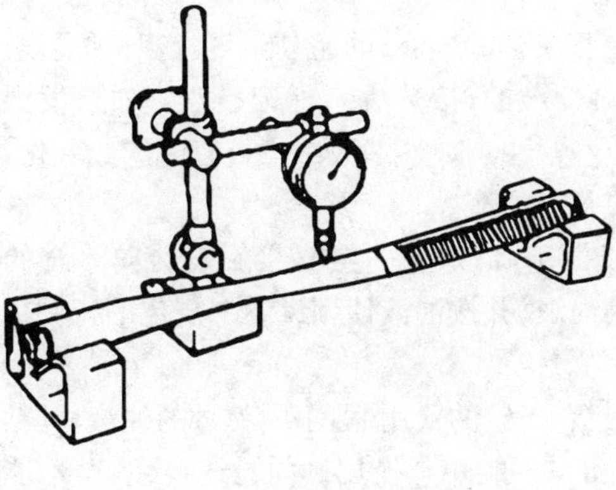

图 7.70 检查齿条摆差

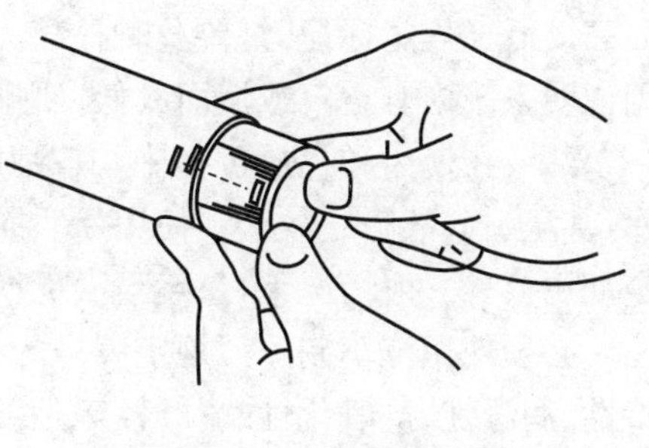

图 7.71 更换齿条衬套

②齿条衬套的更换。用专用工具拆下齿条衬套，并在新的衬套内侧涂上润滑脂，后将衬套装入齿条壳体，并对准内侧的三个孔如图 7.71 所示。

③轴承的更换。首先将齿条壳体加热到 80℃以上，后用塑料锤子敲打齿条壳体以助反冲力拆下轴承，然后迅速装上新的轴承。

5）转向器的维护与保养

由于齿轮齿条转向器的总成完全封闭，可免于保养，因此本节只介绍循环球转向器的维护与保养。

①每行驶 3 000 km，应检查转向器油面，油面应不低于加油口下缘 20 mm。在春秋两季开始时应拆洗转向器，并进行季节性换油和调整。

②经常检查转向器是否漏油和紧固螺钉是否松动。

③检查前轮转角的大小是否左右一样，若左右不一样应予以调整。

④当汽车行驶 1 500～2 000 km 进行一级保养时，应检查转向机构的紧固情况，并按规定的力矩拧紧。

⑤当汽车行驶 6 000～8 000 km 进行二级保养时，应检查转向盘的自由行程，若超过，则应重新调整。调整时应注意，不要将间隙调整得过小，否则会使自动回位性能减弱，车辆高速行驶稳定性变坏。

⑥当汽车行驶 35 000～45 000 km 进行三级保养时，应将转向器解体，进行清洗、检查并重新装配。

⑦在使用中，切忌将不符合要求的润滑油加入转向器，切忌原地打死舵。

7.5.3 助力转向机构检验与维修

大多数中级以上的现代轿车，为同时满足转向省力和转向灵敏度的要求，普遍采用液压式动力转向系统。

按时和正确的维护是转向系统能正常工作、减少故障和延长使用寿命的主要手段，是保证行车安全的重要措施之一。

1）油液的及时补充和更换

①经常检查贮液罐内的液面高度是否在油位标记的范围。检查时要注意热(HOT)和冷(COLD)标记，如罐内的油是热(冷)的，按热(冷)标记检查。如果发现油面高度低于规定标记时，要及时补充。还应经常注意观察油液中是否有泡沫或乳化，有则说明系统内有空气或液面太低，要排气或补充油液。

油液在使用和存放过程中，其品质会不断下降，严重时会直接影响转向系统的工作，甚至引起故障。故必须使用保质期内的油液，并按油液使用说明书规定的行驶里程定期更换。一般情况下，每年至少更换一次。

必须使用汽车制造厂规定牌号的油液或者指定的代用品，不同牌号的油液，其粘温特性、润滑性、抗氧化性、耐磨性等是不一样的，不能随意换用。同时还要注意：不能将两种不同牌号的油液混合使用，如果更换的油液与原用的油液牌号不同，将原来的油液放出后，用新油液清洗系统，排放干净，然后再加注新油。因为不同的油品中所含的添加剂可能会冲突而引起油液性能恶化。

②油液的排放和加注。把车水平停放，顶起前桥，支撑好汽车，使方向盘处于中间位置，打开贮液罐的盖，拆开贮液罐的回油软管，排出罐内油液；拔开高压线接头，间歇起动发动机几次，同时将方向盘转至左右极限位置数次，转向器内的油液就会从回油管中被排出；接好回油软管，加入油液，至标记范围，然后进行排气作业。

③系统排气的方法。如发现系统内有空气、或者更换油液和维修液压回路时，应对系统进行排气。方法是如下：把车水平停放，顶起前桥，支撑好汽车。将油液补充到标记范围，拆开高压线接头，一边间歇转动发动机，一边将方向盘转至左右极限位置数次，观察液面位置，如发现下降，应及时补充足。重新接上高压线，起动发动机并使之怠速运转，将方向盘来回转至左右极限位置数次，在这过程中，注意观察液面位置，确认以下五点：

ⓐ贮液罐内的油面无气泡逸出；

ⓑ油液无泡沫和乳化、油位不下降；

ⓒ左、右转动方向盘时，油位基本没有变化；

ⓓ转向系统转动时无特别的噪音发出；

ⓔ发动机停止和运转时的液位差应在 5 mm 内。

以上只要有一点不能确认，都说明系统中还有空气，必须继续排气直到满足要求。

2) 动力转向系统的检查

(1) 方向盘的检查

①检查自由间隙。在发动机熄火、方向盘处于中间位置时，用拉力计沿方向盘的切线方向施加 5N 的拉力，检查方向盘的自由间隙，标准值为 25～50 mm。如不符合，检查转向器齿轮的啮合间隙和传动机构球头的间隙。

②检查回正性能。此项检查需在宽阔的场地路试，实验前应确保轮胎气压正常。首先慢行，分别向左、向右轻轻地小角度转向，检查左右转向力有无明显的不同及方向盘的回正情况，不正常则维修；如果正常，以 35 km/h 的速度行驶，将方向盘顺(逆)时针转过 90°，1～2 s 后放开方向盘，如果回正角度超过 70°，说明其回正性能良好。

③检查原地转向力。将汽车停于硬质的平地上，确保轮胎气压符合要求，使方向盘处于中间位置。起动发动机，并使之怠速运转。用拉力计顺时针和逆时针分别拉动方向盘 115 度，切向力应小于 37 N。如果拉力过大，则检查油泵的皮带是否过松、损坏、油液是否不足；系统内有无空气；软管是否扭曲等。

(2) 系统油压的测试

油压测试的目的是检查液压系统及主要元件的性能。在测试之前，应确保油泵的驱动装置是正常的。

检测时，在油泵出口与转向器进口之间连接专用测试工具，连接顺序为油泵出油口—压力表—关闭阀—转向器进油口。起动发动机，对系统进行排气(测试工具管路内有空气)，并把油液补充到标记范围，原地左、右转动方向盘几次，使油温升高到 50～60℃(在贮液罐加油口用温度计测量油温)，然后让发动机怠速运转，依次做下列五项检查：

①检查油泵的输出压力。关闭阀门(注意不能超过 10 s)，此时表上的压力即为油泵的输出压力，标准值不小于 8 MPa。如果过低，说明油泵内部泄漏严重，应大修或更换油泵。

②检查不同转速下系统的压力差。完全开通阀门，提高发动机转速，分别记录发动机转速为 1 000 r/min 和 3 000 r/min 时的压力值，两者之差应小于 0.15 MPa，如不符合，则应维修或更换流量控制阀。

③检查无负荷时的压力。完全开通阀门，此时系统处于无负荷状态，压力值标准为 0.8～1 MPa。油压如果过大，说明液压系统内部有堵塞。

④检查方向盘极限位置的压力。完全开通阀门，原地分别向左和右转动方向盘到极限位置(停留不超过 10 s)，此时表上的压力值不应小于 8 MPa。如果压力过小，说明转向器内漏严重，需大修或更换。

⑤转向压力开关的检测。油泵上安装有一电路开关，其作用是，当汽车在发动机怠速或低速转弯时接通，提高发动机的怠速转速。使发动机熄火，拔开压力开关的接头，在油泵的插座上连接欧姆表，再重新起动发动机。逐渐关闭阀门，使油压升高，然后观察开关接通时的压力值是否为 115～210 MPa；逐渐打开阀门，使油压降低，然后观察开关接通时的压力值是否为107～112 MPa。

如果有一项不符合，更换开关。压力检查完后，拆下专用测试工具，接好油管后，要注意重新给系统排气，补足油液。

7.6 制动系维修

汽车在运行中，制动系各部分零件的磨损、变形、断裂及装配调整不当等，将导致制动失灵、跑偏或咬死，从而影响行车安全，严重的还会造成生命和财产的损失。因此制动系的保修和调整检查是很重要的。

7.6.1 鼓式制动器的检验与维修

1) 鼓式制动器的检验

制动鼓一般由灰铸铁或可锻铸铁铸造，合金铸铁用的较少。

制动鼓的耗损主要有：

①制动鼓与摩擦片的磨损和失圆；

②制动鼓的沟槽和拉伤；

③制动鼓的变形和裂纹。

制动鼓的内径可采用弓形内径规测量。

测量时一端弓架固定，装有百分表的一侧沿圆周摆动，找出最大读数为其直径。再沿鼓的内径轴线摆动，找出最小值为其不偏斜的直径值。其圆度误差一般不大于 0.025 mm，圆柱度误差不大于 0.05 mm(见图 7.72)。

制动鼓摩擦表面与轮毂轴线同轴度测量如图 7.73 所示。

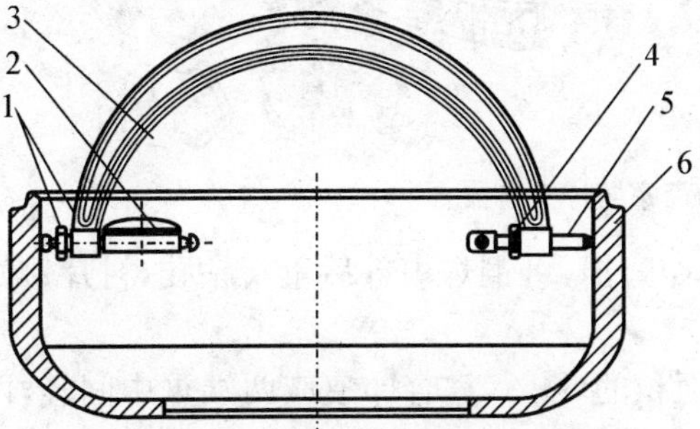

图 7.72　弓形内径规测量制动鼓

1—锁紧装置；2—百分表；3—弓形规；4—锁紧螺母；5—测量调整杆；6—制动鼓

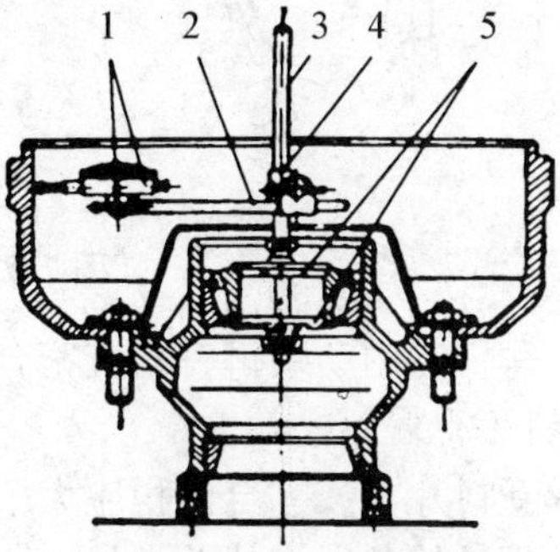

图 7.73　测量制动鼓同轴度

1—百分表及锁紧装置；2—支架；3—中心杆；4—连接装置；5—轴承卡板表

在使用中，如制动鼓圆度误差超过 0.125 mm，工作面有较深沟槽、或同轴度误差超过 0.50 mm 时应进行搪削。

最好用专门机床搪制动鼓，也可用车床加工(见图 7.74)。在搪削时，应以轮毂轴承中心线为旋转中心，并以两轴承外座圈定位。

同轴两制动鼓，搪后其直径一般差应不大于 1 mm。

2) 制动蹄的检验与维修

(1) 新片的铆合工艺

制动蹄摩擦片的铆合基本与铆离合器片方法相同。当摩擦片磨损至铆钉头深低于 0.50 mm 时，应拆下旧片重铆新片。一般车型如剩余厚度小于 6 mm(或钉头距表面不大于 1 mm)，或衬片表面开裂掉片时，应换新片。

(2) 铆合时应注意的事项

①为避免在使用中衬片折断和保持散热性能良好，铆合时蹄片先应贴紧。一般采用夹持器夹紧后进行铆合(见图7.75)。衬片与蹄贴合面之间不允许有大于 0.12 mm 的间隙。

②为避免制动时衬片两端与制动鼓犯卡，两端头要锉成坡形。

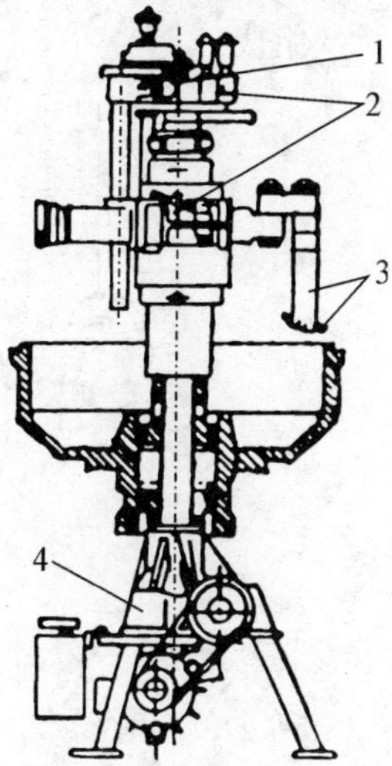

图 7.74　搪制动鼓机

1—摇柄孔；2—走刀机构；3—刀架；4—底座及动力

③同一车桥上的两车轮，衬片材料和厚度应相同，以保证摩擦系数和制动效能相同。

④制动蹄衬片应保持清洁平整，不应毛糙，因为毛糙突出部分会剥落成粉末，降低制动效能。

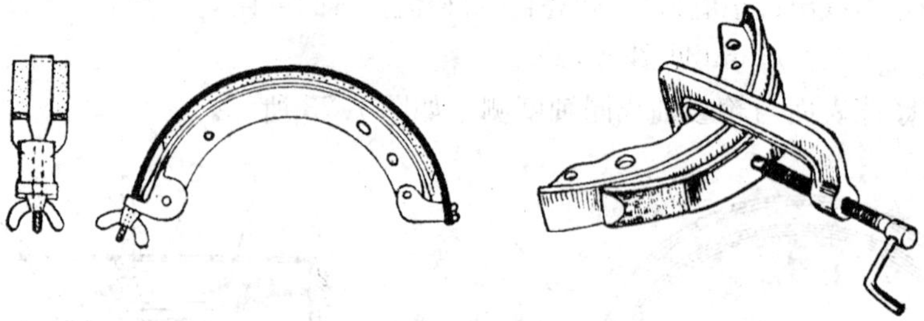

图 7.75　铆制动蹄摩擦片夹持器

⑤铆钉与制动蹄铆钉孔应密合，铆钉孔如磨损，可铜焊填补后重新钻孔，衬片铆好后，铆钉不得偏斜松动。

⑥新衬片与鼓靠合面积应大于衬片总面积的 50%，靠合印痕应两端重中间轻，两端靠合面长约各占衬片总长的 1/3。

3）鼓式制动器的结构与维修

现以捷达高尔夫后轮鼓式制动器为例来介绍鼓式制动器的结构与维修。

（1）鼓式制动器的结构

分解后的鼓式制动器见图 7.76，主要由制动鼓 5、制动底板和制动蹄 2 及制动鼓轴承 6 组成。

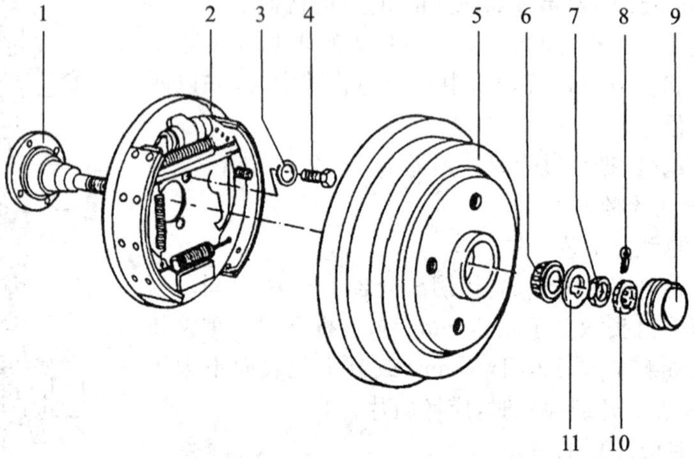

图 7.76　鼓式制动器

1—短轴；2—制动底板和制动器；3—碟形垫圈；4—六角螺栓；5—制动鼓；6—制动鼓轴承；7—六角螺母；8—开口销；9—润滑脂盖；10—锁止环；11—止推垫圈

（2）制动底板和制动蹄的结构

分解后的制动蹄见图 7.77。

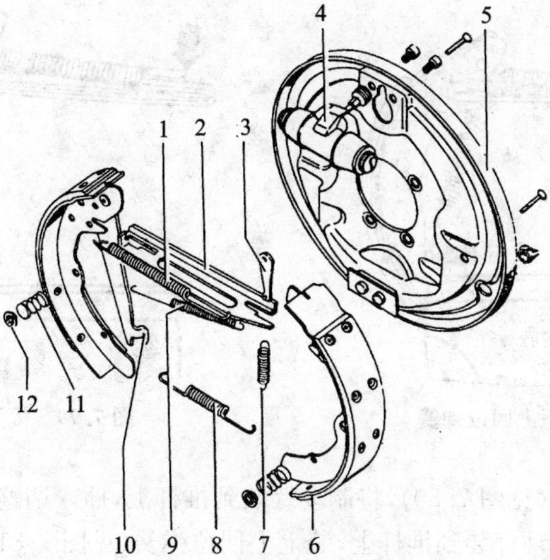

图 7.77　鼓式制动器的制动蹄

1—制动蹄定位弹簧；2—推杆；3—调整楔；4—制动轮缸（分泵）；5—制动底板；6—制动蹄摩擦衬片；7—调整楔拉簧；8—加倍弹簧（下）；9—回位弹簧（上）；10—制动杆；11—限位弹簧；12—弹簧座

(3) 制动鼓的维修

制动鼓的直径为∅180 mm，当磨损量达到极限值∅180 mm 时，应更换制动鼓。要仔细清洁和检查制动鼓及车轮螺栓的磨损、损坏及尺寸公差情况，以及制动鼓内表面是否处于良好状态，若发现问题，应更换新件。制动鼓维修后，用多用途润滑脂注入轮毂。

(4) 制动蹄的拆装

汽车行驶一定里程后，应检查制动蹄上摩擦衬片的厚度，发现需要更换摩擦衬片时，应拆装制动蹄。

①拆下制动鼓。拆卸制动鼓前，应先使制动蹄回位，用螺丝刀插入制动鼓上的小孔，向上压模形块，使制动蹄回位。

②拆下弹簧座，摘下上、下回位弹簧。

③取下制动蹄，摘下手制动拉索，把制动蹄夹在虎钳上。

④拆下调整模的拉簧(见图 7.78)，摘下上回位弹簧。

⑤摘下制动蹄定位弹簧(见图 7.79)。

制动蹄摩擦衬片用铆接方法与制动蹄固定在一起。更换时，可以只换摩擦衬片本身，也可更换带新摩擦衬片的整个制动蹄。若只更换摩擦衬片，可先去掉旧铆钉及孔中毛刺，重新铆接新的摩擦衬片。之后，可安装制动蹄。

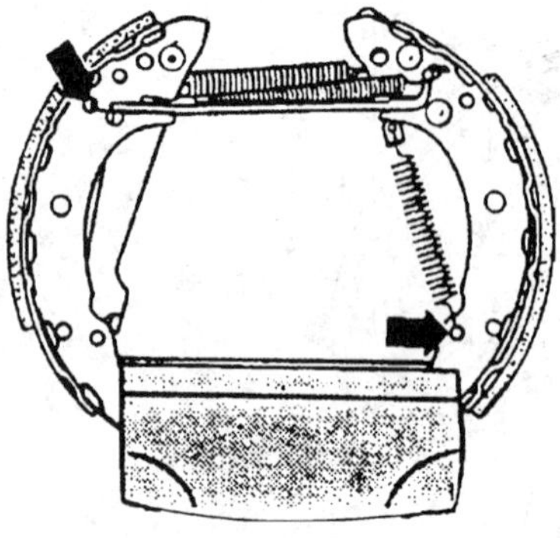

图 7.78　摘下上回位弹簧

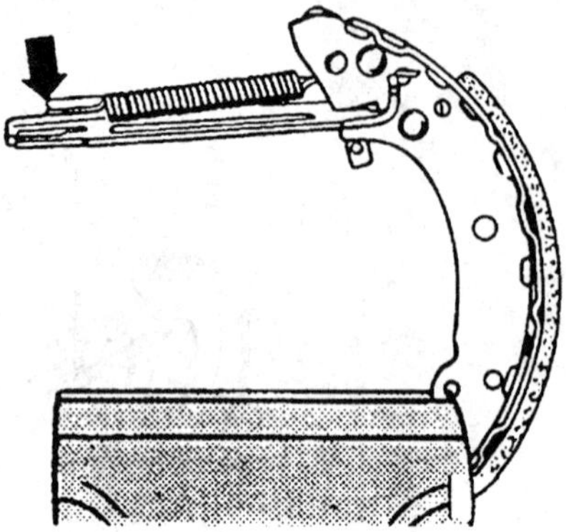

图 7.79　摘下定位弹簧

⑥挂上定位弹簧(见图 7.80),将制动蹄装到推杆上,插入调整楔。

⑦将制动蹄和制动杆装到推杆上,装上上回位弹簧(见图 7.81)。

⑧把手制动拉索连接到制动杆上。

⑨把制动蹄放在轮缸活塞上。

⑩装好下回位弹簧,并把制动蹄升到下支承上。

⑪联接调整横拉簧。

⑫装上带有弹簧座的限位弹簧。

⑬装上制动鼓,调整车轮轴承间隙。

⑭用力踩一次制动踏板,使后制动蹄正确就位。

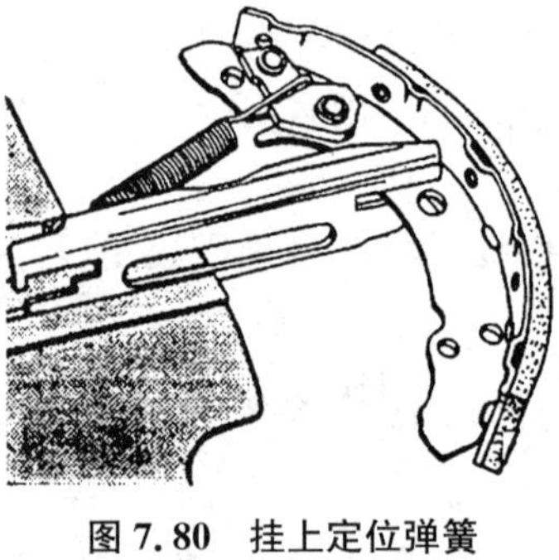

图 7.80　挂上定位弹簧

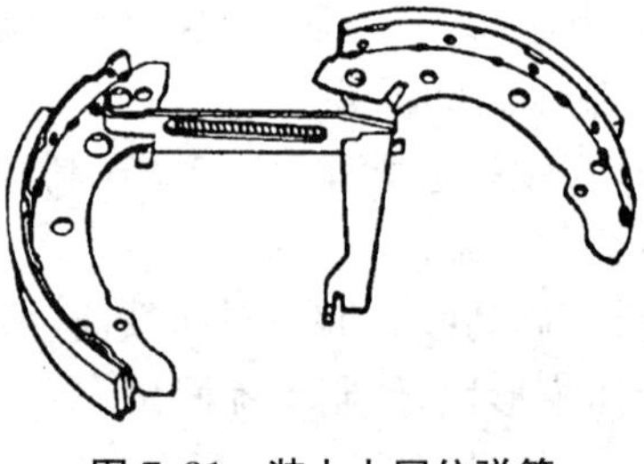

图 7.81　装上上回位弹簧

7.6.2　盘式制动器的检验与维修

盘式制动器按其固定元件来分类,大体上可分为两类。一类是工作面积不大的摩擦块与其金属背板组成的制动块,每个制动器中有 2～4 个。这些制动块及其促动装置都装在横跨制动盘两侧的夹钳形支架中,总称为制动钳。这种由制动盘和制动钳组成的制动器称为钳盘式制动器。另一类固定元件的金属背板和摩擦片也呈圆盘形,制动盘的全部工作面可同时与摩擦片接触,这种制动器称为全盘式制动器。本节以捷达、高尔夫为例介绍前轮盘式制动器的结构与维修。

1）盘式制动器的分解

分解后的前轮盘式制动器见图 7.82，主要由制动盘 2 和制动钳 7 及制动钳摩擦衬片组成。

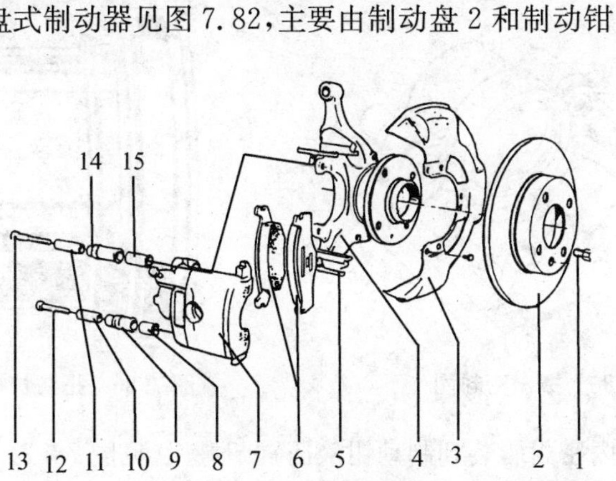

图 7.82　盘式制动器

1—车轮螺栓；2—制动盘；3—护板；4—车轮轴承壳体；5—摩擦衬片弹簧卡箍；6—触动钳摩擦衬片；7—制动钳；8—套筒（下）；9—衬套（下）；10—隔离衬套（下）；11—隔离衬套（上）；12—紧固螺栓（下）；13—紧固螺栓（上）；14—衬套（上）；15—套筒（上）

2）盘式制动器的维修

①说明。

ⓐ必须用专用的制动液抽取罐从制动液贮液罐内抽取制动液。

ⓑ制动液为有毒物质，不允许用软管吸制动液。

ⓒ更换制动钳摩擦衬片后，汽车应停在原地用力踏制动踏板数次，使摩擦衬片进入正常的工作位置。

②制动钳的拆装及摩擦衬片的更换。更换制动钳摩擦衬片时，需要拆装制动钳。具体操作如下：

ⓐ松开固定螺栓后，从下向上摆动制动钳，并将其拆下（见图 7.83）。

ⓑ用压缩空气从制动钳壳体里压出活塞（见图 7.84）。压出时，在活塞凹入处放一木块，以免损坏活塞。

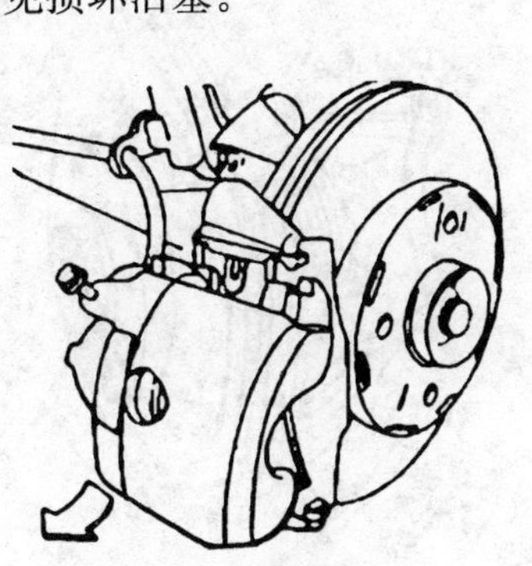

图 7.83　拆下制动钳

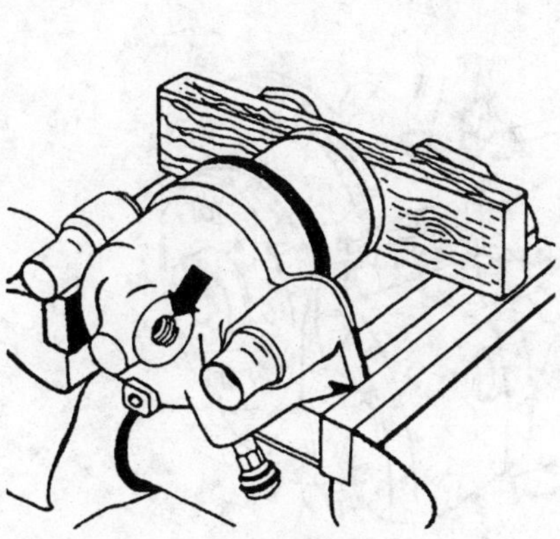

图 7.84　压出制动钳壳体里活塞

ⓒ用螺丝刀(见图 7.85) 小心撬出密封圈。

ⓓ把装有上密封唇的防护帽装到活塞上(见图 7.86) 。

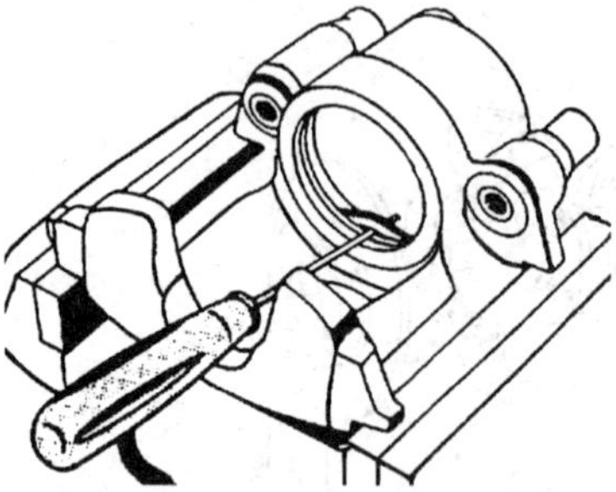

图 7.85 撬出密封圈

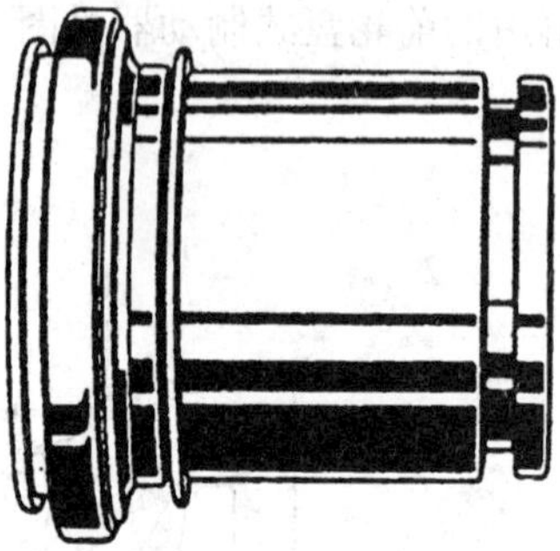

图 7.86 把防护帽装到活塞上

ⓔ用螺丝刀把内密封唇装到制动钳液压缸凹槽里(见图 7.87) 。操作时,使活塞置于制动钳壳体前方。

ⓕ用活塞装配工具把制动钳活塞压进制动钳壳体里(见图 7.88)。防护帽的外密封唇应弹入活塞的凹槽里。

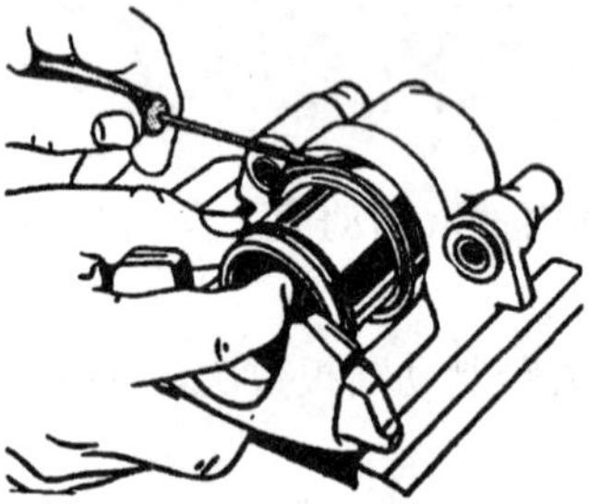

图 7.87 装内密封唇

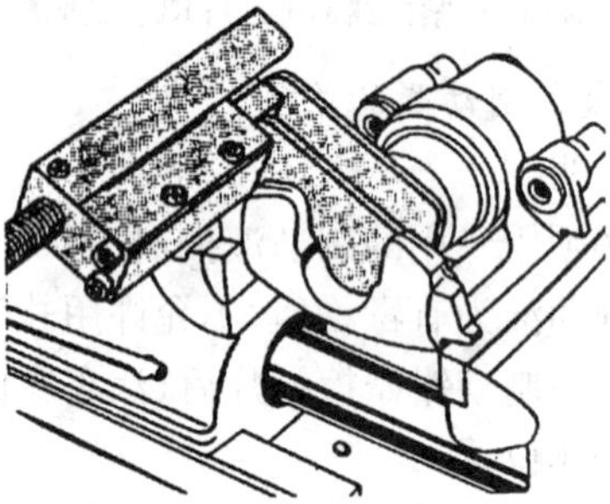

图 7.88 装制动钳活塞

ⓖ按图 7.89 所示,安装制动钳。压入制动钳,使之恰好能安装固定螺栓。

ⓗ把制动内摩擦衬片和弹簧卡箍装到车轮轴承壳体里(见图 7.90),然后装上外摩擦衬片。

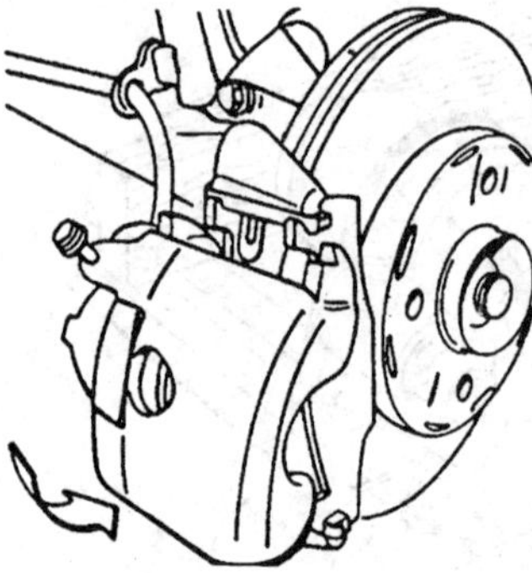

图 7.89 安装制动钳

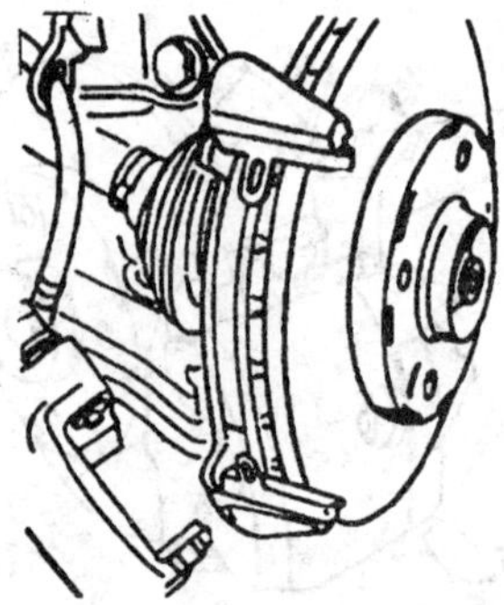

图 7.90 装摩擦衬片和弹簧卡箍

ⓘ检查摩擦衬片厚度。新的摩擦衬片厚度为 14 mm(不包括衬板);磨损极限厚度为 7 mm(包括衬板)。外摩擦衬片厚度可通过轮幅上的孔检查其厚度(图 7.91 中的(a)为摩擦衬片的厚度);内摩擦衬片的厚度可用手电筒和反光镜来检查。

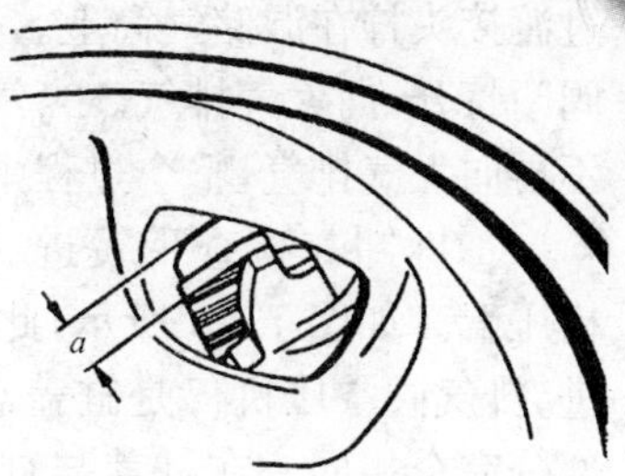

图 7.91　检查外摩擦片厚度

③制动盘的维修。

ⓐ新制动盘的厚度为12 mm;磨损极限为10 mm。

ⓑ制动盘磨损超过极限值时,原则上应同时更换同一车桥上的两个制动盘;行驶里程很低时,若某一制动盘损坏,允许更换单个制动盘。

ⓒ维修时,应均匀地打磨制动盘两侧面,并保证有足够的磨损余量。

ⓓ不允许将制动盘硬性地从轮毂上拆下。拆卸时,应使用防锈剂,否则会损坏制动盘。

7.6.3　气压制动系检验与维修

以发动机的动力驱动空气压缩机作为制动器制动的惟一能源,而驾驶员的体力仅作为控制能源的制动系统称之为气压制动系统。一般装载质量在 8 000 kg 以上的载货汽车和大客车都使用这种制动装置。本节以解放 CA1092 型汽车为例介绍气压制动系的检验与维修。解放 CA1092 型汽车制动系统是有两套独立的车轮制动系统,分别作用于前、后车轮的双管路行车制动系统。整个制动系统的组成和布置如图 7.92 所示。

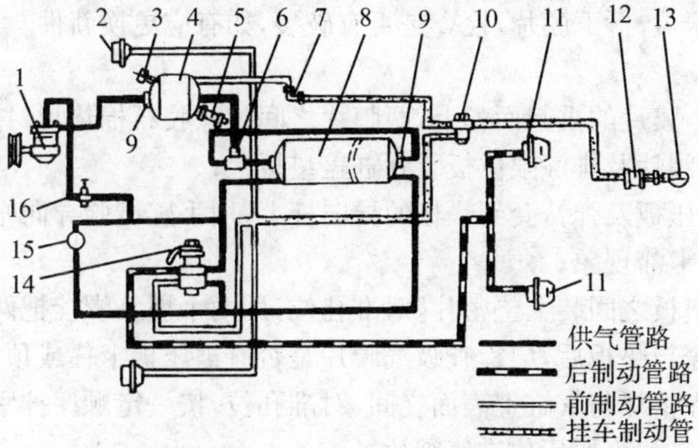

图 7.92　双管路制动示意图

1—空气压缩机;2—前制动室;3—放气阀;4—湿储气筒;5—安全阀;6—三通管;7—管接头;8—储气筒;9—单向阀;10—挂车制动阀;11—后制动室;12—分离开关;13—连接头;14—制动阀;15—气压表;16—气压调节器

1) 空气压缩机的结构与维修

不带松压装置的空气压缩机,其气压调节器由原先装在驾驶室前围板上改为用一过渡接头拧在湿储气筒上。当储气筒中的气压升高到 784～833 kPa 时，气压调节器的阀门打开，向大气排气。当气压降低至 637～686 kPa 时，气压调节器的阀门自行关闭，不再向大气排气，整个过程中，空气压缩机一直在泵气。

①拆卸与检查舌簧进、排气阀和进气松压置。如图 7.93 所示，此种结构与板状进、排气阀空压机仅是缸盖总成不同，其他部分完全相同。在缸盖与缸体之间有一铸铁的缸盖垫板 11，其上表面用螺栓紧固一长形厚 0.3 mm 的弹性排气膜片 9(两缸共用一个)，缸盖垫板的下表面用铆钉紧固一厚为 0.3 mm 的弹性吸气膜片 7(每缸一个)。在缸盖的进气腔设有松压装置，主要包括膜片 5、导向帽 4、压板 2、弹簧 3、吸排气膜片 7 和 9。

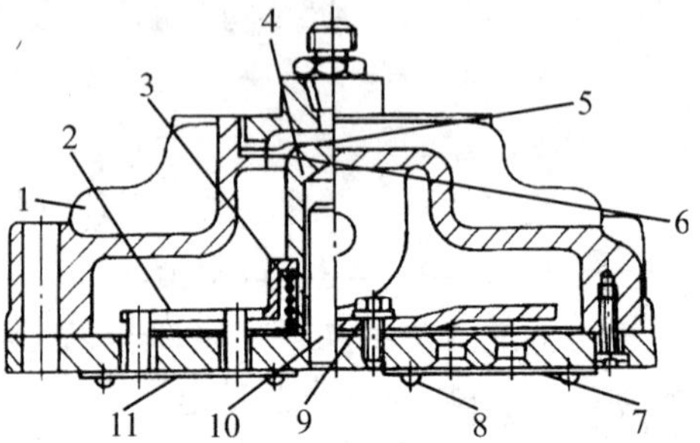

图 7.93　空气压缩机缸盖结构图

1—缸盖壳体；2—压板；3—弹簧；4—导向帽；5—膜片；6—垫圈；7—吸气膜片；8—进气膜片螺钉；9—排气膜片；10—导向杆；11—垫板

ⓐ将缸盖与垫板一起拆下，检查吸气膜片有无破裂；

ⓑ垫板上的导向杆一般不拆卸；

ⓒ检查缸盖垫板上表面的排气阀片，清除结焦，检查是否有裂纹。检查排气膜片上部的限位板是否有裂纹，如有时应更换新件；

ⓓ拆卸松压装置的压板、导向帽及弹簧；

ⓔ拆下膜片压盖，拆下膜片，检查是否有破裂，如有应更换新件。

②装配缸盖。

ⓐ安装膜片。膜片的拱起面朝上，两膜片之间装橡胶石棉垫片，拧紧膜片压盖；

ⓑ将进、排气阀片及排气限位板装到缸盖垫板上；

ⓒ将导向帽、压板及弹簧套到垫板的导向杆上，用手感试验导向帽在导向杆上应活动自如，不允许有卡滞现象；

ⓓ在缸盖与垫板之间装上垫密片，对准孔位，用两个埋头螺栓把两者紧固到一起；

ⓔ装配好缸盖与垫板后，应检查吸气膜片是否有被压板卡住或顶开的现象；

ⓕ将缸垫装在垫板与气缸上表面之间，对准孔位，按一定顺序拧紧固定螺栓。应注意缸盖不要装反，垫片不要压住进气阀片。

③故障与排除。

ⓐ泵气慢。原因与排除：吸气、排气膜片密封不良，清除结焦或更换；活塞环或活塞磨损严重，应更换新件；缸盖与缸体联接处漏气，更换新垫片。

ⓑ不泵气或泵气极慢。原因与排除：吸气膜片被压板爪顶碎，更换新件；缸盖与缸体之间垫片装反或错位，将吸气膜片压住，应重新装配。管路堵塞，清除管路中的结焦；传动带打滑，张紧传动带、更换新件。不带有松压装置的空气压缩机可参照上述空气压缩机缸盖的拆卸、检查进行。

2）安全阀的维修

安全阀的结构如图 7.94 所示。当有漏气现象时，应拧下阀座取出钢球（或橡胶阀门）及弹簧等，用煤油清洗，检查阀座工作面及钢球（或橡胶阀门）不应有划伤，必要时换新件。

汽车在行驶中，若安全阀经常放气，可能是调压器失效或空气压缩机松压装置失效，也可能为安全阀排气压力过低。若是排气压力过低时，可拧进安全阀的调整螺钉，使其气压提高。若前两者故障应维修或更换新件。

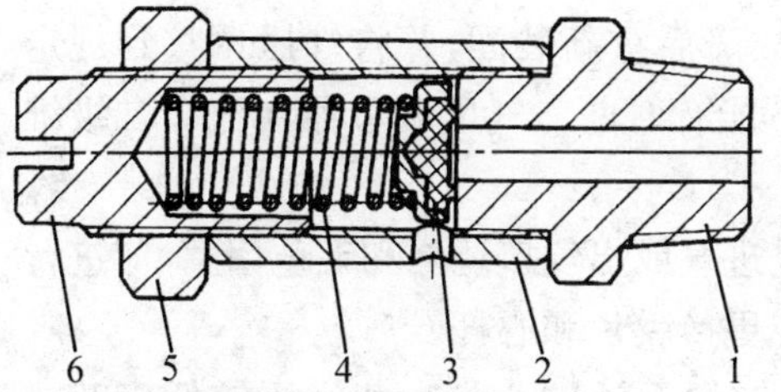

图 7.94　安全阀

1—阀座；2—外壳；3—橡胶阀门；4—弹簧；5—锁紧螺母；6—调整螺钉

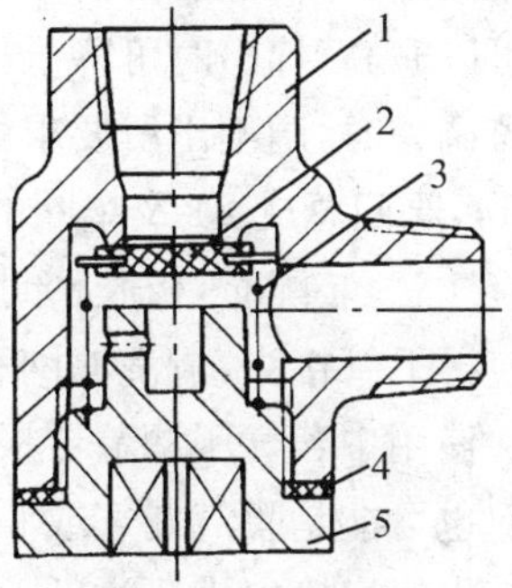

图 7.95　单向阀

1—阀体；2—阀门；3—弹簧；4—垫片；5—阀盖

3）单向阀的维修

单向阀的结构如图 7.95 所示。汽车二级维护时，应检查阀门的密封性。装配时，有关部位应涂密封胶。

4）气压调节器的检查调整

图 7.96 为气压调节器结构。

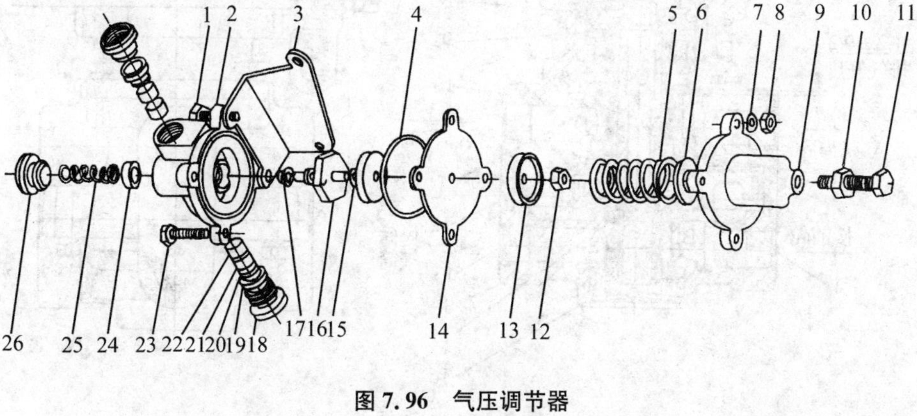

图 7.96　气压调节器

1、23—六角螺栓；2—本体；3—支架；4—密封环；5—调压弹簧；6—弹簧座；7—弹簧垫圈；8、10、12—六角螺母；9—上壳体；11—调整螺钉；13—膜片座；14—膜片；15—垫密片；16—心杆；17—皮碗；18、26—螺母；19—垫圈；20—滤芯；21—滤芯上罩；21—滤芯下罩；24—阀门总成；25—阀门弹簧

从 1988 年 9 月开始，空气压缩机改为不带松压装置的过渡方案空压机，将原先装在驾驶室前围发动机挡板上的气压调节器，利用一个过渡接头装到湿储气筒上方。当湿储气筒中气压升高到 784～833 kPa 时，气压调节器的阀门打开，储气筒中的压缩空气即向大气排气，此时空压机一直在泵气。当储气筒气压降至 637～686 kPa 时，气压调节器阀门即关闭，不再向大气排气。气压调节器出厂时已调整好，不要随意进行调整。当发现气压不能保持在规定值时可以利用调整螺钉 11 进行调整，拧入调整螺钉时气压可以升高，拧出时可降低气压。调整好后拧紧六角螺母 10，锁住螺钉 1。

若调整时，调不出所要求的气压，而且相差较大，或发现漏气时，应拆开检查，检查膜片 14，阀门总成 24 及垫圈的密封状况，排除故障后重新装配，并将气压调整到规定值。应注意，装配时，橡胶密封环 4 及膜片 14 不能有弯曲。气压调节器在汽车二级维护时应拆下管接头，清洗滤网和毛毡。

在使用中若气压调节器根本不出气，可能是进气或出气口滤网和毛毡堵塞，应进行清洗。也可能是膜气漏气或心杆卡滞造成的，应更换膜片和心杆。

若出气口输出气压过低，可能是心杆发卡，应拆开清洗心杆。若气压较低（637～686 kPa）以下，出气口仍出气，可能是阀门密封不良，心杆卡滞或心杆皮碗不密封，应拆开清洗或更换新件。

5）制动阀的检查与调整

图 7.97 为解放 CA1092 型汽车制动阀，该结构为串联双腔活塞式。

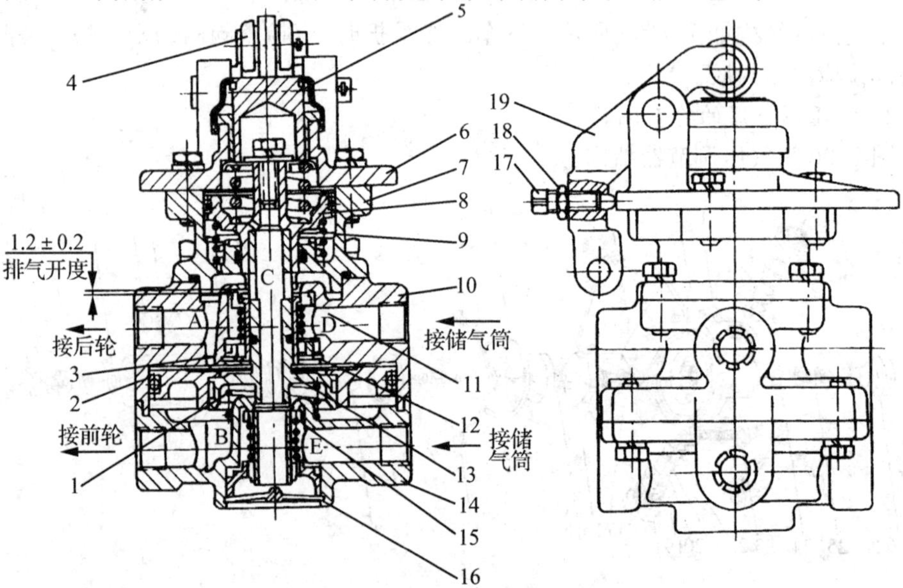

图 7.97　制动阀

1—小活塞回动弹簧；2—小活塞；3—通气孔；4—滚轮；5—挺杆；6—上盖；7—上壳体；8—上活塞总成；9—上活塞回动弹簧；10—中壳体；11—上阀门；12—卡环；13—下活塞总成；14—下壳体；15—下阀门；16—排气阀；17—调整螺钉；18—锁紧螺母；19—拉臂

①检查制动阀。

ⓐ检查拉臂和滚轮是否运转自如，若有锈蚀时应清除；

ⓑ检查挺杆与防尘罩，清除挺杆的污垢，若防尘罩有破损时应更换；

ⓒ检查上活塞上的橡胶密封圈是否有严重磨损，若有时应更换新件。检查活塞的阀门是否有损伤，若有时应修整或更换；

ⓓ检查上壳体槽中的橡胶密封圈是否磨损严重；

ⓔ检查中壳体中的活塞上的橡胶密封圈是否严重磨损，若有严重磨损时应更换。检查下活塞的阀口是否损伤，若有时应修整或更换；

ⓕ检查橡胶密封圈及上阀门的橡胶表面是否有严重磨损或压痕，若有时应更换。检查中壳体的阀口有无损伤，若有时应修整；

ⓖ检查下壳体的排气阀有无破损，检查橡胶密封圈有无损坏，检查阀门橡胶表面及下壳体阀口是否有损伤，根据情况进行修整或更换。

②装配与调整制动阀。按分解相反顺序进行装配，装配前应将零件清洗干净，安装橡胶圈的槽中涂以锂基润滑脂，相对滑动的零件表面涂以少量锂基润滑脂。

ⓐ首先将上活塞及平衡弹簧总成装入上盖及上壳体之间，然后合装上壳体及中壳体，并将拉臂总成及挺杆装好，此时要进行上阀门排气开度的调整。调整是由调整螺钉进行，调好后拧紧锁紧螺母。

ⓑ装配上、中、下壳体 9 注意螺栓应按对角线方向依次均匀拧紧，以免壳体断裂和密封不良。

ⓒ制动阀装入汽车。将脚制动操纵拉杆联接到制动阀拉臂上，并加以调节，注意制动踏板的最大行程是由制动阀内部上活塞及上壳体相接触来限制的。当踩下踏板到极限位置时，踏板及拉杆等传动件不许与其他任何相邻的部件相碰。

6）踏板操纵机构与制动管路的维修

由踏板通过可调整长度的拉杆，拉动制动阀的拉臂进行制动。

后制动软管两端皆带有联管螺母。空气管路从气源开始，前、后轮制动器各有自己独立的一套管路，当一套失效时，另一套管路仍能正常工作。应检查当汽车前轮最大转角时，前制动软管不应与前轮相碰，软管应定期强制性更换。

①检查与调整制动气室。制动气室结构如图 7.98 所示。制动气室为卡箍紧固的膜片式结构。由冲压而成的外壳 3、盖 2 和橡胶膜片 1 紧固到一起。不制动时，膜片与盖紧贴，膜片的另一面与推杆 5 的圆盘相接触，推杆的另一端有一连接叉 6，用以联接制动调整臂。

②检查与调整。

ⓐ拆卸后重新装配时，卡箍、外壳、盖及卡箍紧固螺栓的安装方向必须保持原有的位置；

ⓑ制动气室膜片一般为汽车行驶 60 000 km 时或汽车行驶一年时更换；

ⓒ卡箍紧固螺栓的拧紧力矩为内螺母为 8～15 N·m，外螺母为 22～26 N·m；

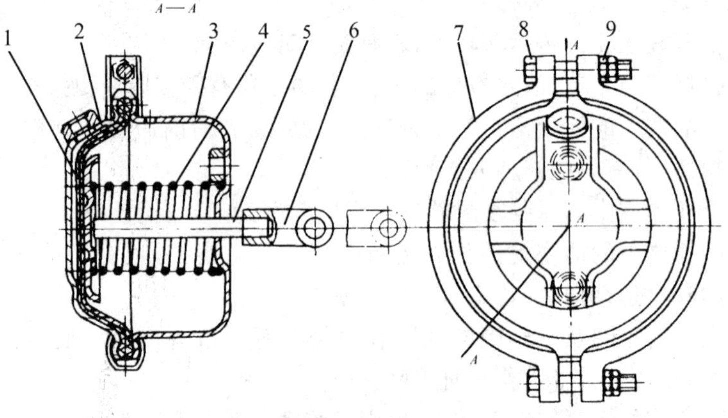

图 7.98　制动室

1—橡胶膜片；2—盖；3—外壳；4—弹簧；5—推杆；6—连接叉；7—卡箍；8—螺栓；9—螺母

ⓓ在 882 kPa 气压作用下，不能有漏气现象，否则应更换。

7）车轮制动器的检查与调整

车轮制动器由固定支点、凸轮驱动、鼓式制动器组成。制动蹄下端支承在偏心销上，上端靠在制动凸轮上，由回位弹簧拉紧。制动凸轮轴支承在支架内，制动凸轮有花键的一端与制动调整臂装配在一起，调整臂外壳上部与制动气室连接杆叉连接在一起。

前、后轮制动鼓直径均为 420 mm，但前制动蹄宽为 80 mm，后制动蹄宽为125 mm。前、后制动鼓与轮毂铆接在一起。制动调整臂为蜗杆蜗轮结构，采用锁止套结构，如图 7.99 所示。在调整蹄片与制动鼓有间隙时，可转动蜗杆轴的六角头进行调整此间隙，当扳手离开六角头时，锁止套在弹簧 1 的作用下复位，从而起到锁止作用，保证蹄片与鼓间隙不会由于磨损以外的原因而改变。前调整长为 106 mm，后调整臂长为 125 mm。

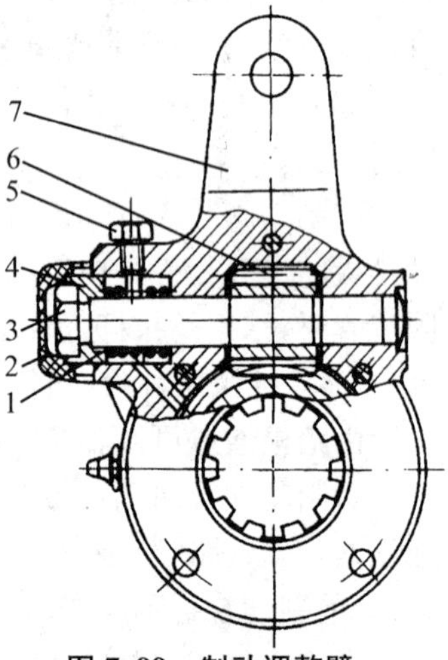

图 7.99　制动调整臂

1—弹簧；2—防尘罩；3—蜗杆轴；4—锁止套；5—锁紧螺栓；6—蜗杆；7—外壳

①维修前轮制动器。

ⓐ分解前轮制动器。

ⓑ检查制动摩擦片的磨损状况，当摩擦片工作表面距铆钉头小于 0.5 mm 时应更换摩擦片；若更换摩擦片时，同一车桥左、右车轮应同时更换。

ⓒ检查蹄片支承偏心轴 9 的磨损情况，若磨损严重时应更换。

ⓓ检查支架 20 承孔磨损情况，若磨损严重时应更换衬套。

ⓔ制动调整臂总成不能分解，若橡胶防尘罩破损、应更换新件。

②维修后轮制动器，可参照前轮制动器的维修。

③装配与调整前、后车轮制动器。

ⓐ装配时应注意的事项:两蹄片偏心支承轴涂以锂基润滑油并使标记相对装入制动底板;选配一套凸轮调整垫片,装入后保证轴向间隙不大于1 mm,凸轮能转动自如。

ⓑ局部调整:取下调整臂的防尘罩;推进调整臂锁止套,用扳手转动蜗杆轴,使制动鼓与蹄片的间隙保持在靠近凸轮端为0.4～0.7 mm,靠近偏心支承轴端为0.2～0.5 mm;锁止蜗杆轴,装上防尘罩。

局部调整时应注意:不要拧松制动蹄支承偏心轴的紧固螺母和改变偏心支承轴的安装情况,以防止破坏制动蹄片与鼓的贴合;一旦蹄片支承偏心轴位置改变,就必须进行全面调整;为使同一车桥左、右车轮具有相同的制动效果,应尽量做到左、右制动气室推杆行程误差最小,一般不大于5 mm;调整好的制动气室推杆行程:前制动气室不大于35 mm,后制动气室不大于40 mm。较理想的制动气室推杆行程前制动气室为20～25 mm,后制动气室为25～30 mm;禁止用转动连接叉改变推杆长度的方法来调整制动器。

ⓒ全面调整:松开紧固支承偏心轴的螺母;松开凸轮支承座紧固螺栓的螺母;转动偏心支承轴,使其标记相对着;取下调整臂的防尘罩,将锁止套推进使蜗杆轴的六角头露出,用扳手转动蜗杆轴,使制动蹄片压向制动鼓,从制动鼓的检查孔中用塞尺检查每蹄片两端与制动鼓是否贴紧。若发现蹄片支承偏心轴一端的间隙过大对,可转动支承偏心轴,使蹄与鼓间隙达到规定值。当制动蹄片上、下两端与鼓的间隙调整好后,拧紧偏心轴和凸轮支承座的紧固螺母。蹄与鼓的规定间隙同于局部调整。

7.6.4 液压制动系的维修

液压制动系统的相关部件在前面已做过介绍,不再重复,这里仅就液压系统的检查与维修做介绍。

1) 液压制动装置的正确使用与维护

液压制动装置在使用中可能发生制动无力、制动失灵、制动跑偏或制动发卡等故障。因此,对制动装置要做到正确使用,经常检查,及时保修,使之保持良好的技术状态。

(1) 定期检查制动装置的技术状况

例如富康轿车,在新车行驶1 000 km(或1个月)和以后每行驶10 000 km(或6个月)时,应对制动总泵内的制动液量进行检查,若不足时,应随时加注。每行驶40 000 km(或2年)时,应彻底更换制动液。

在新车行驶1 000 km(或1个月)和以后每行驶10 000 km(或6个月)时,应对驻车制动踏板、驻车制动杆和钢丝绳的技术状况进行检查,如不符合技术要求时,应予以调整或维修。

在汽车每行驶10 000 km(或6个月)时,应检查制动蹄摩擦片和制动鼓的磨损情况,检查制动器的间隙,检查制动管路的连接是否良好和有无漏油现象,若状况不良时,应予调整、维修,必要时对损坏的部件进行更换。

(2) 制动装置的正确使用

制动装置是在减速或停车、遇有紧急情况或下坡时使用的,除需紧急制动外,一般踩制动踏板时不要过猛、过急。这样不仅可以减少制动器的磨损和避免制动装置机件的损坏，同时还有利于延长轮胎的使用寿命，防止悬架装置的机件因受到剧烈的冲击而损坏。为此，在准备停车前，应提前减速行驶，先踏下离合器踏板，将变速杆换入空挡，再踩下制动踏板，使汽车平稳停下，拉手驻车制动器，熄灭发动机，把变速杆推入一挡或倒挡，以防止汽车自行滑溜。

在炎热季节，当汽车下长坡时，若长时间使用制动，会造成制动器发热，加剧制动摩擦片的磨损，并使制动液受热产生气阻，制动作用降低。此时应充分利用发动机制动，如有排气缓速装置应充分使用；也可在有条件时，中途停车降温，待制动器温度下降后，再继续行驶。

(3) 发现故障及时处理

使用中如制动装置发现故障，必须进行检查和维修，切不可带故障开车。因为制动装置的故障对行车安全影响极大，一旦发生事故，可能造成车毁人亡。

如发现制动管路有渗漏，应找出原因予以排除；踩制动踏板有弹性感时，应对制动系统进行放气；若制动无力，应检查制动器间隙是否适当，制动液是否足够，需要时给予调整或补充；制动装置的螺栓、螺母如有松动，要及时紧固。

2) 正确选用制动液

汽车使用中，应定期检查总泵贮液罐中液面高度，必要时予以添加。不可加注或混用其他牌号的制动液，以免导致制动系出现故障。

①必须选用原车规定牌号的制动液，例如国产合成制动液：1 号、4603 号、4603—1 号、4604 及 719 号。合成制动液对橡胶、金属无腐蚀性，在高温下使用时，在制动系统内不会产生气阻；在低温下使用时，能保证制动系统工作可靠。

②对于日、美、韩及德国大众系列的汽车，可按美国运输部(DOT)的制动液标准选用制动液。制动液标准(DOT)见表 7.2 。

表 7.2 DOT 制动液标准

制动液规格	沸点(℃)	吸湿沸点(℃)	运动粘度(cst)
DOT3	205 以上	140 以上	1 500 以下
DOT4	230 以上	155 以上	1 800 以下
DOT5	260 以上	180 以上	900 以下

一般推荐用 DOT3，或与之相当的制动液 DOT4，不推荐在 ABS 中使用硅酮型制动液 DOT5。

3) 制动管路密封性和技术状况的检查

为预防制动系统突然失效，确保行车安全，应定期检查制动管路，保持良好技术状况，消除事故隐患。

①金属管不应有裂纹、凹陷，并不允许安装在容易碰刮的地方。

②制动管路必须牢固可靠，固定松弛会引起管子的振动，而导致管子折断。

③管子接头处不允许有制动液泄漏现象。

④软管不应与矿物油脂接触。检查时，用力踩制动踏板，在软管上不应有凸起胀大现象。一旦出现老化、有裂纹，必须更换新件。

4）检查制动贮液罐液面高度变化情况

正确的制动液面高度，对制动系统良好工作是极为重要的。液面高度必须处在最高与最低标志之间。

由于制动摩擦片磨损后，制动器间隙自动调整，液面略有下降，这是正常现象。随着行驶里程增多，液面将逐渐降低，液面降低程度，也就是制动蹄片磨损状况的反映。如果短时间内，液面显著下降，那么制动系统有可能发生泄漏，出现这种情况时，应立即进行维修。

7.6.5 驻车制动器的维修

驻车制动装置的功用是，使停驶的汽车驻留在原地保持不动；行车制动装置的功用是，使行驶中的汽车减速或在最短的距离内停车。汽车在行驶中，有时在紧急情况下，为尽快停车，行车制动和驻车制动同时使用，可提高汽车的制动效果。

1）驻车制动器的结构与维修要点

(1)驻车制动器的结构

驻车制动器为双蹄内张、自动助力鼓式中央制动器，其结构如图 7.100 所示。

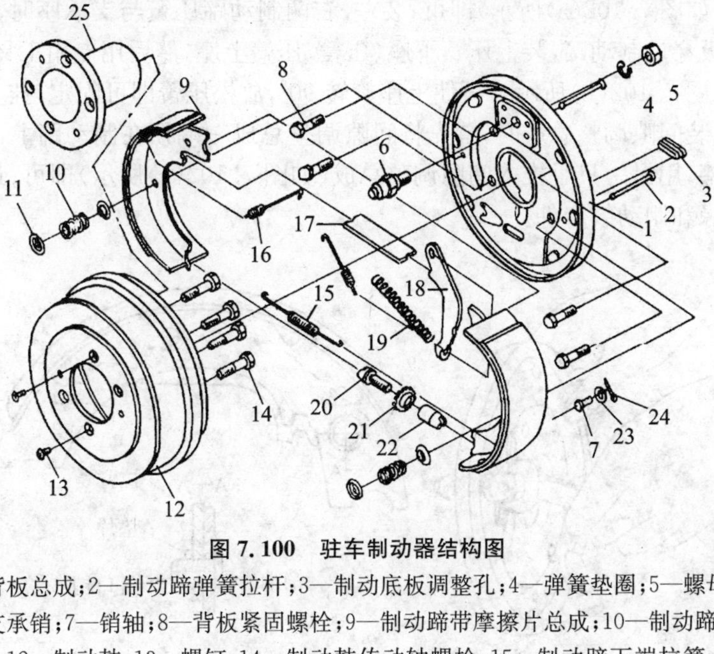

图 7.100 驻车制动器结构图

1—驻制动背板总成；2—制动蹄弹簧拉杆；3—制动底板调整孔；4—弹簧垫圈；5—螺母；6—制动蹄支承销；7—销轴；8—背板紧固螺栓；9—制动蹄带摩擦片总成；10—制动蹄压簧；11—压簧座；12—制动鼓；13—螺钉；14—制动鼓传动轴螺栓；15—制动蹄下端拉簧；16—制动蹄拉紧弹簧；17—制动蹄推板；18—制动蹄拉臂；19—驻车制动拉线回位弹簧；20—间隙调整螺栓；21—间隙调整螺母(调整轮)；22—支承销；23—垫片；24—锁销；25—法兰

(2)驻车制动器的维修要点

①驻车制动器的拆卸与检查。

ⓐ驻车制动器的拆卸:旋下传动轴总成与驻车制动鼓连接螺母,拔出传动轴总成,旋下驻车制动鼓上的两个定位螺钉,取下驻车制动鼓;拆下拉簧、制动蹄、间隙调整螺栓、螺母等。

ⓑ驻车制动器零件的检查:检查摩擦片是否磨损过甚(摩擦片厚度小于 1.5 mm 时),严重裂纹以及因过热而造成变质,必要时应更换;检查制动鼓有无伤痕、磨损出台阶、裂纹或其他损伤。制动鼓如有严重伤痕及磨损出台阶,可进行机械加工,予以修整或更换新件。检查制动鼓的失圆,应不大于0.05 mm;检查制动蹄有无变形、磨损不均匀及裂纹,必要时应更换;检查制动器各弹簧有无弹力衰退、腐蚀以及弹簧弹力不等的情况,必要时应更换。

②驻车制动器的装复与调整。

ⓐ驻车制动器的装复:将制动蹄支撑销压装在制动背板上,并保证销的垂直度,垫上弹簧垫圈,用螺母加以紧固(如图 7.101(a)所示);将销轴装在制动蹄带摩擦片总成的销孔中(如图 7.101(b)所示),再装制动蹄拉臂、垫圈、开口销,并将开口销撑开。装配后的拉臂应能自由活动;后钢丝绳总成装入背板总成的拉线管内,使制动蹄拉臂总成与后钢丝绳总成在背板上连接;挂上端两个拉簧时,首先将两拉簧一端分别挂在左、右制动蹄上,另一端挂在支撑销上。然后向外拉两制动蹄使拉簧伸展后,将制动蹄上端靠在支撑销上(如图 7.102(a)所示)即可;装左、右两制动蹄压簧与支承座时,首先将压簧拉杆通过背板穿过制动蹄,装上压簧下座、压簧、压簧上座,然后用专用工具或钳子向下压紧压簧(如图 7.102(b)所示),再使上座旋转 90°,放松压簧即可固定;挂上左、右制动器下端拉簧;装间隙调整总成时,首先将间隙调整总成一端顶在制动蹄上,一只手拉开另一个制动蹄,用另一只手推入间隙调整总成(如图 7.102(c)所示)即可;最后,装复变速器两轴突缘和制动鼓合件。

(a) 将支撑销安装在制动背板上

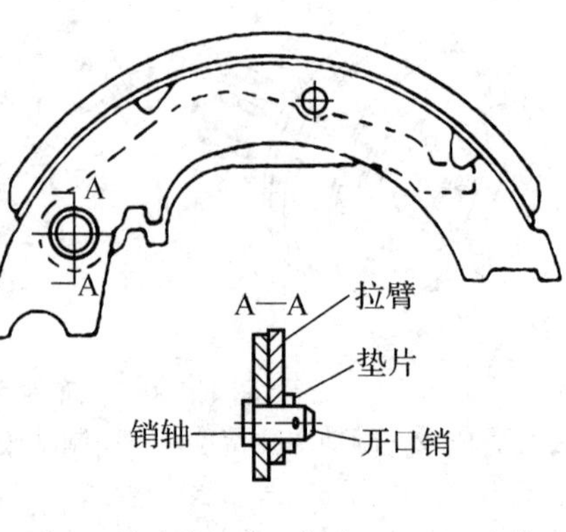

(b) 制动蹄拉臂、垫片、开口销安装位置

图 7.101 紧固制动蹄销螺母

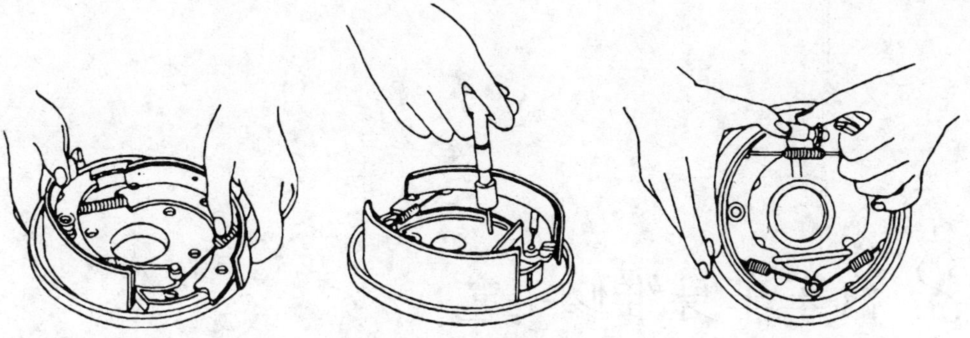

(a) 安装拉簧　　(b) 安装制动蹄压簧与座　　(c) 安装间隙调整总成

图 7.102　挂上端两个拉簧

ⓑ驻车制动器的间隙调整：支起一个后轮，直到离开地面；将变速器操纵杆置于空挡位置；将驻车制动操纵手柄放松；拆下背板（制动底板）上的调整孔胶堵，用一字形小螺丝起手向下拨动螺母（调整轮），使制动鼓用手力不能转动为止；再向相反方向拨转螺母（调整轮），倒转 3～5 个齿，这时制动鼓在手力作用下应能转动，并且制动鼓与制动蹄摩擦片之间无摩擦声；经上述调整后，驻车制动操纵手柄行程仍很大时，应对驻车制动操纵机构进行校正。

CA1020F 系列车型驻车制动器的调整方法是：把驻车操纵杆推向下方，将软轴放入支撑梁开口处，用前、后移动软轴总成的方法，来调整驻车操纵杆的合适行程。调好后，再将两个锁止螺母拧紧。

SY1020DBF 系列车型驻车制动器的调整方法是：把驻车制动操纵机构置于放松位置，将摇臂上钢丝绳接头锁紧螺母松开，旋紧钢丝绳螺母，调整到用力拉紧操纵杆所拉出的长度为齿上 5～8 个牙齿时，旋紧锁紧螺母。

8 汽车车身维修工艺

汽车车身既是驾驶员的工作场所，也是容纳乘客和货物的场所。汽车车身是汽车的重要组成部分，也是汽车维修工作中的重要内容。车身修理工作跟其他总成的维修有很大的不同，车身修理必须考虑到车身的造型、内部装饰、取暖通风、防振隔音等多方面的问题。车身的修理工艺也涉及到冷冲压、钣金、焊接、涂装等多方面的知识。本章着重从车身测量与校正修复、车身钣金作业、车身表面涂层三方面简单介绍车身维修的基础知识。

8.1 汽车车身修复

轿车或客车在长期使用中或遭遇碰撞事故时，其车身覆盖件或构件会发生局部变形，严重时车架或整体式车身都会发生变形，这不仅影响美观，而且会影响到车身和汽车上其他总成的安装，使车辆不能正常行驶，因此必须对其进行校正。对于板件或构件的局部损伤可采用手工校正法修复；对车架或整体式车身的变形损伤则必须利用专用的液压校正设备，针对不同的损伤形式，科学地予以校正。

8.1.1 汽车车身常见损伤形式

轿车车身是轿车的基础，其形状和位置精度直接影响轿车的操纵性和运行性能，而且轿车车身占整车整备质量和价格的 40%～60%，因此，轿车车身修理在轿车修理中占有特殊的地位。

1）轿车车身的损伤类型

轿车车身的损伤类型，按损伤机理主要可分为四种：磨损、机械损伤、锈蚀、结构设计和制造工艺上的缺陷（详见表 8.1）。

对于非承载式轿车车身，除车身外还有车架，车架的损伤形式除车架构件撕裂、脱焊、焊点开裂外，主要的损伤是变形，包括弯曲、扭曲、菱形、折叠、下垂等。

表 8.1 车身的损伤类型(主要损伤类型)

磨损	构件的机构损伤	氧化锈蚀	结构和工艺缺陷
(1) 由于汽车的振动 (2) 由于摩擦造成的	(1) 凹陷或凸起 (2) 弯曲和歪扭变形 (3) 裂纹 (4) 焊缝和焊点开裂 (5) 事故性损坏(皱缩变形等)	(1) 漆膜老化、龟裂 (2) 塑料构件老化 (3) 金属构件锈蚀	(1) 部件结构不合理 (2) 部件结构强度不够 (3) 部件连接不可靠 (4) 车身修理质量不佳 (5) 加工质量不佳 (6) 装配质量不佳

2) 轿车车身的主要损伤部位

图 8.1 所示为承载式轿车车身的典型损伤部位。通常磨损、腐蚀或裂纹的损伤部位为:左右护板的上下板 1;左右前挡泥板 2;车顶板立柱 5;前后纵梁 6;车身底板区段 7;底板的左右车门门坎 8 和左右后挡泥板 9。易产生变形的部位为:前挡风玻璃安装口 3;前门门框 4;前后纵梁 6 和油箱安装口 10。漆膜易损伤的部位通常在车顶、发动机罩、行李箱罩和前后翼板处的表面。

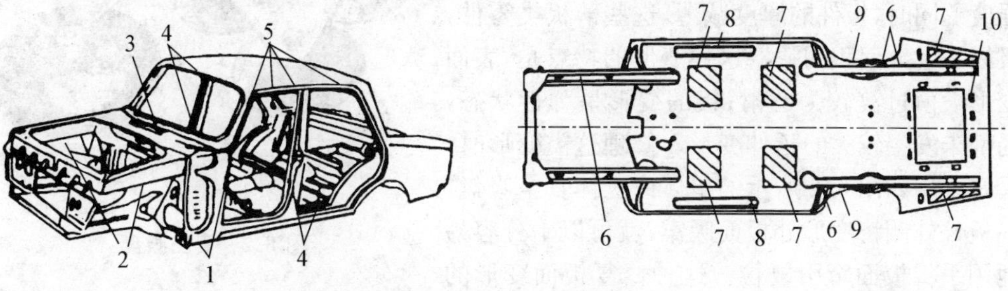

图 8.1 轿车承载式车身的典型损伤部位

1—左右护板的上下板;2—左右前挡泥板;3—前门挡风玻璃安装口;4—车门门框;5—车顶板立柱;6—前后纵梁;7—车身底板区段;8—底板的左右车门门坎;9—左右后挡泥板;10—油箱安装口

汽车遭遇到交通事故发生碰撞时,由于碰撞部位不同,受力方向不同,其损伤部位也不同,对于承载式车身在遭到碰撞事故时,校正后不仅要检查车身的外形尺寸和相对位置,而且还要注意与悬架、转向系统的联系,统筹考虑才能得到满意的修理结果。

8.1.2 车身构件局部变形的校正方法

车身构件局部变形,是指因过载或受到冲击、挤压而导致的永久变形,而且这种变形往往还伴随着板件内部构件的其他损伤。其主要特征是:变形主要发生在局部,而且并未导致车身发生整体变形。由于这种局部损伤绝大多数都会伴随着构件的变形,修理时应先对变形进行校正,使之基本复位后再进行其他方面的作业,如焊接、挖补、修整、换件及进行敲平收缩等。车身板件变形的校正方法归纳起来主要有以下几种:锤击法、吸引法、惯性锤法、牵引法和支撑法。

1）锤击法

锤击校正法是最常见的一种方法。对于车身覆盖件的变形、凹坑和隆起板件的弯曲等，均可以灵活的利用木块、木锤、撬板、手锤、托模等工具直接敲击变形部位使其恢复原形。

用锤击法来校正，其关键在于敲击部位的正确选择。一般应遵循“先大后小”、“先强后弱”的原则，从变形较大处开始，顺序敲打。要注意分析构件的结构强度，对变形影响较大的强度支承点先修复。

用锤击法校正变形，常常还要借助于撬板的帮助，因为有些变形，不用撬板就很难恢复。此外，对较薄的蒙皮板类构件，一定要用木垫块或选用木锤、橡胶锤等，这样可以有效的避免车身板件发生第二次损伤(因修理不当造成的损伤)。

运用锤击法校正变形，比较直观而且也有较大的灵活性，但要求操作者具有较熟练的技术和经验。

2）吸引法

随着汽车轻量化的发展，车身用板件在提高强度的同时，板件的厚度减薄，这些薄板类零件，极易发生大面积凹瘪。这种变形的特点是，表面变形大但过渡较为圆滑；板的变形呈弹性状态，局部未发生较大的延伸变形。修理这类变形时，最好采用如图 8.2 所示的单体或三体真空吸盘。在板件外侧将变形处板面吸牢，就可以十分容易地用手将板面牵引复位。这种修复板面变形的方法，免去了拆装内围板、车身装饰及车门摇窗机构的麻烦，而且能可靠的保护表面涂层。吸引法校正的缺点是，只能用来修复弹性变形的大面积凹陷损伤，十分局限。除真空吸盘外，还可使用电磁吸盘，但其结构较复杂，而且造价较高。

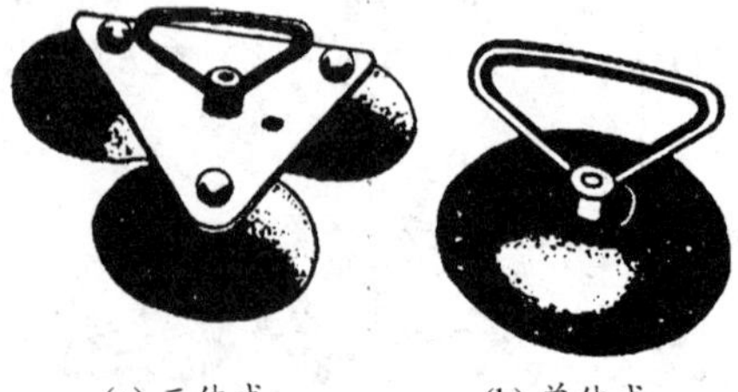

(a) 三体式　　(b) 单体式

图 8.2　真空吸盘

3）惯性锤校正法

惯件锤校正法是利用如图 8.3 所示的成套惯性锤组件，将惯性锤拉杆的一端用定位装置与变形部位的板面相连，用手抓住惯性滑块迅速地向与变形方向相反的方向滑动，利用滑块沿杆身滑动时的惯性力，冲击杆端并带动定位装置使变形部位得以修复。由此可见，牵引力的大小取决于滑块滑动速度的高低。

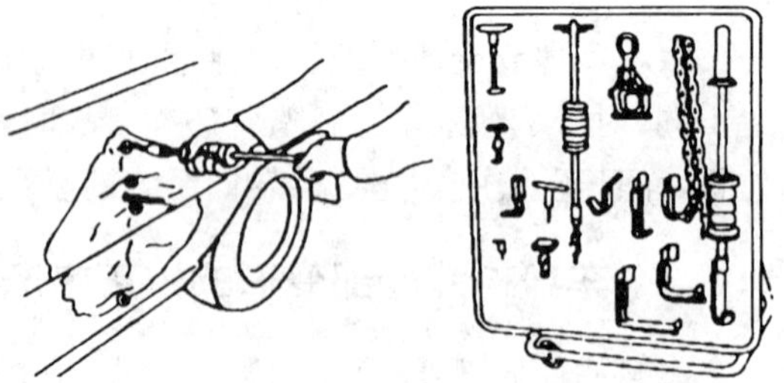

(a) 应用实例6　　(b) 惯性锤组件

图 8.3　用惯性锤校正车身构件的局部变形

4）牵引法

惯性锤牵引法所需的校正力完全依赖于手动，故仅适用于较小的变形和强度、刚度不高的构件。对于像箱式断面的梁式构件和较为严重的变形，惯性锤法就显得无能为力了。牵引法可借助外力的牵引作用，来实现对骨架、纵横梁、翼子板、门槛等变形的校正。图 8.4 所示为选用合适的装卡定位装置与车门或车身的变形部位固定后，就可以借助外力轻而易举的将变形校正过来。有些场合不宜安装装卡定位装置时，也同样可采用焊接挂环的方式实现与牵引的连接。有时车身构件并非是向车内方向的挤压变形，而表现为向外弯曲的膨胀形式。对此也需要运用牵引法加以校正，只不过是作反向牵引而已。有效的校正方法是，利用具有向内收缩功能的工具和设备，使外胀式变形得以向相反的方向收缩。当车身的变形发生在一侧时，向内牵引收缩的固定方法亦应有所变化，需要另选强度高的部位作为收缩牵引的基础，以防止车身另一侧发生不应有的变形。

牵引法与前述惯性锤法的主要区别，除了可以视需要获得足够的校正力外，惯性锤法所施加的校正力往往是冲击性的，而牵引法所施加的校正力，则可以从零开始逐渐加大到所需值，并可从不同角度同时增大牵引力，这对校正复杂变形更为有利。

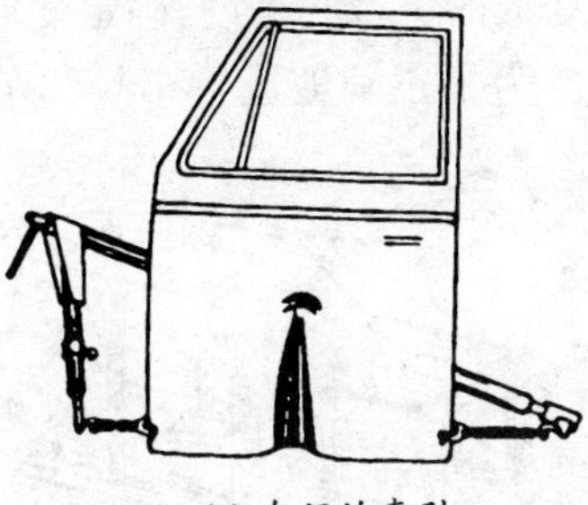

(a) 车门的牵引

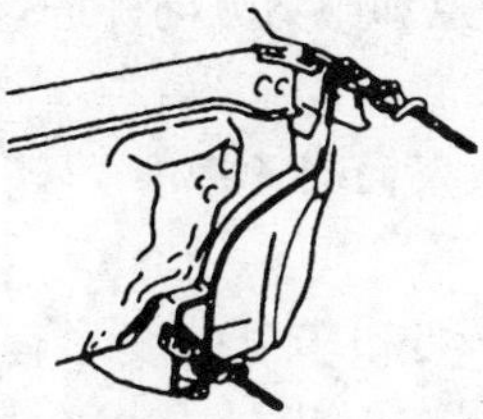

(b) 车身的牵引

图 8.4　牵引法校正车身变形

5）支撑法

车身构件的变形方向比较复杂。但是由于受牵引力方向的限制，牵引法比较适用于水平方向的校正。对于开口类框架式结构，如门框、窗框、发动机室、行李箱等的挤压变形，用支撑法校正则效果较好。支撑法利用可以伸长的支撑杆的支撑力，将框架式构件的变形顶压至理想位置（如图 8.5 所示）。支撑法也适用于校正车身底部与垂直方向上的变形，对于车身底梁水平方向的变形可用牵引法校正，但对垂直方向的变形用牵引法就难以进行。如车架和承载式车身底纵梁产生的拱曲，可以用支撑法校正，只要变化一下支撑位置即可。

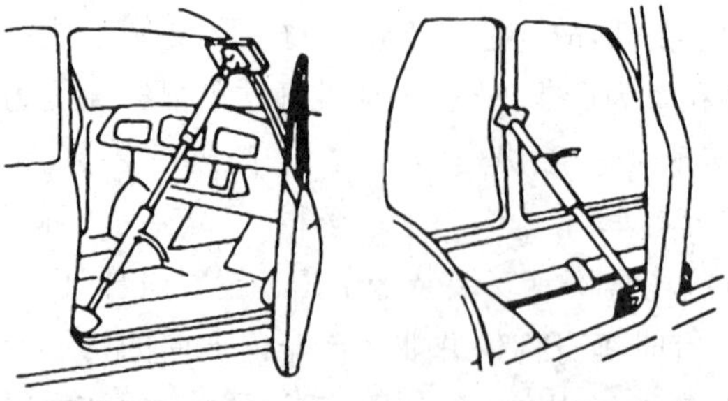

(a) 前窗柱的校正　　(b) 侧窗柱的校正

图 8.5　支撑法校正车身变形

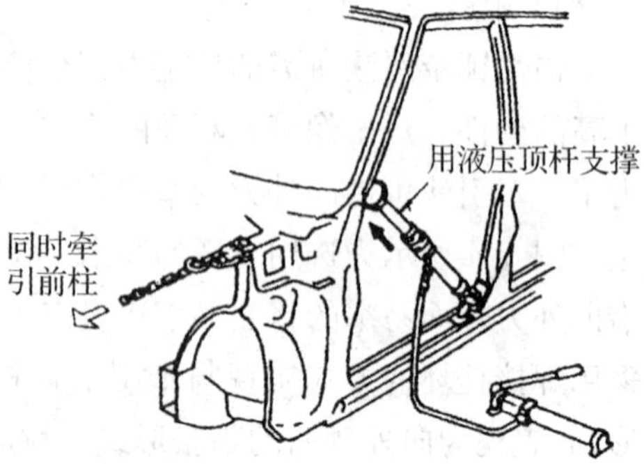

图 8.6　牵引法与支撑法配合校正

对于较复杂的综合性变形，需要综合运用牵引法和支撑法，如图 8.6 所示。翼子板的严重变形也波及到窗柱和窗框，必须采用牵引法。而校正前部的变形，又必须采用支撑法，两种方法配合使用，则可获得事半功倍的效果。

8.1.3　车架和车身变形的测量

进行车身和车架校正的第一步是查明变形的类型和程度，确定变形方向和大小，然后才能确定施力点和施力方向并进行校正。为了正确地进行车身和车架的测量，必须首先确定测量基准。

1）车身和车架的测量基准

（1）控制点

为了测量车架和车身的变形程度，在汽车设计和制造时设计有多个控制点，测量时就是按这些控制点之间的尺寸与标准尺寸比较来确定变形程度的。图 8.7 所示为承载式轿车车身的控制点示意图，一般有四个控制点：第一个控制点通常设置在汽车前横梁上；第二个控制点设在发动机舱罩部位；第三个控制点设在后门部位；第四个控制点设置在后横梁上。

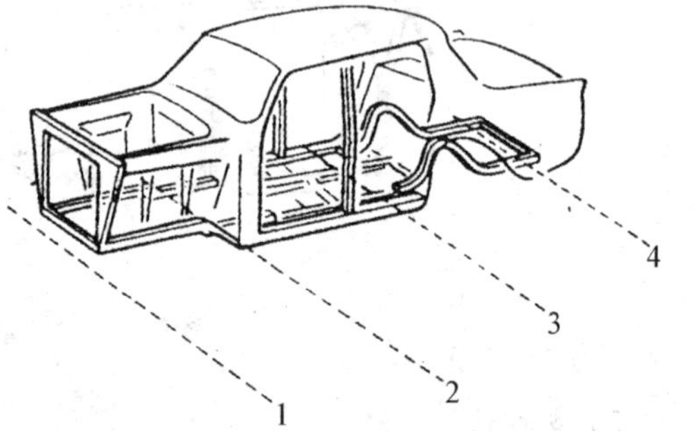

图 8.7　承载式车身的控制点

1—前横梁；2—发动机舱罩；3—后门；4—后横梁

为了便于确定损伤部位，常将汽车车身划分为三部分：前部、中部和后部。每一横梁的边缘或控制点，都可作为校正时的基准，图 8.8 所示为车身的校正基准。

首先，在汽车中部找一个水平面，若车身的四个控制点均未受损伤，它将指示出未损伤部位的长度、宽度和高度尺寸。如果四个未损伤的控制点不易被测量，可向前或向后选择替代的控制点，并测量这四个控制点间的尺寸是否符合规定。

对非承载式车身，其车身是由支架支承的，同此在校正时其下半部分必须用夹紧装置刚性的可靠固定。而对承载式车身,其上部车身构件为箱形结构,而且用焊接代替螺栓连接。这类车身在校正时其下部只需轻微地固定。

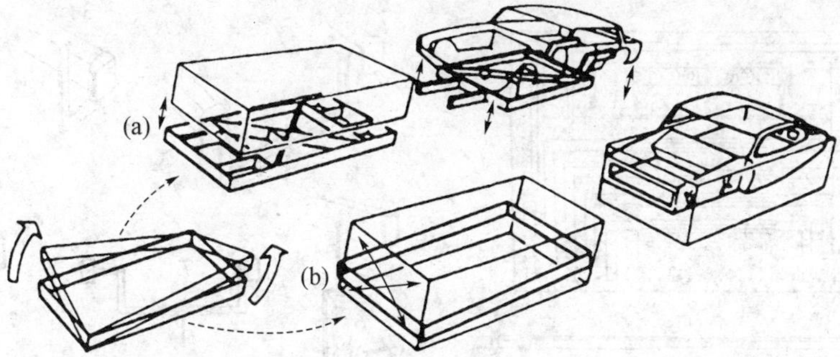

(a) 非承载式车身校正基准　(b) 承载式车身校正基准

图 8.8　车身校正基准

(2) 基准面或基准线

汽车在设计时往往有一根参考的基准线,利用该基准线来确定测量尺寸,这个参考线就称为基准面或基准线。基准面是一个平面,该平面平行于车身上部分,车身各部分所显示的尺寸,即为该平面到车身上部分的距离。制造厂利用基准面作为测量高度的基准。修理时则利用汽车的基准面去测量汽车损伤部位的变形程度,当不便测量时允许将基准面平行上移或下移。

(3) 中心面或中心线

中心面是一个假想的平面或其中心线,它将汽车沿车长方向划分为对称的两部分,所有车身宽度尺寸的测量都是以此中心面或中心线为基准的。由于汽车车身通常左右都是对称的,所以如果车身未变形,所有宽度测量尺寸左右应相等。

(4) 零平面

当进行车身损伤分析时,必须记住车身基本上是一个矩形结构,如前所述,为便于分析常将前后划成三个独立部分:即前、中、后三部分。也可用平面将汽车按左右划分为对称的两部分,我们将划分的界面称为零平面。

2) 测量装置

常用的测量装置有:中心测量表、支柱测量表、指针式测量规及激光测量系统等,下面就以中心测量表为代表介绍测量装置。

中心测量表是一个自动定心的装置,如图 8.9(a)所示。它有一个滑动键销在每个支柱(腿)的顶部,可提供一种简便的安装方法,无论是安装在车身内部或外部,或在槽形边梁上,如图 8.9(b)所示。也可使用磁性表座将其安装在边梁上,见图 8.9(b)中的 8。对于某些孔或突缘不易被接近时,则需将其延伸,以提供间隙并易于对其进行观察。常将中心测量表安装在前横梁、发动机舱、后门和后横梁四个部位。短腿的中心测量表,应安置在发动机舱和后门部位。安装中心测量表时,必须保证将表安装在两根边梁相对应的孔和部位上，而且要使表针与边梁相接触，此时瞄准销与中心测量表自身的中心是对准的。

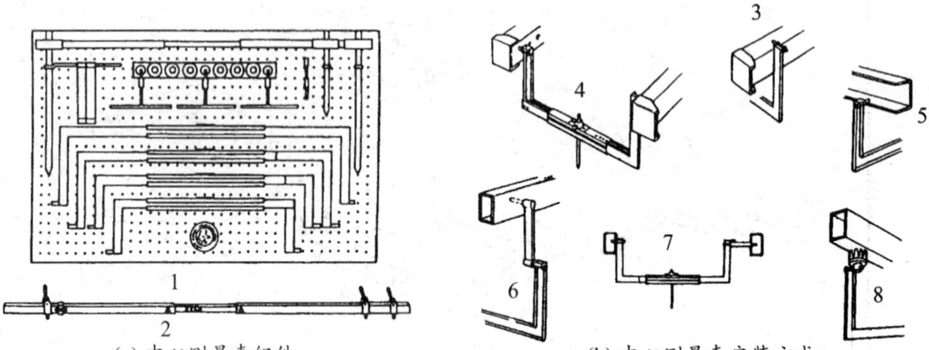

图 8.9 中心测量表

1—中心测量表组件；2—车轮定位测量表；3—外边安装（悬挂于顶部）；4—内边安装（孔）；5—安装在车架槽形边梁上；6—表的延伸；7—偏心安置时的连接；8—下部安装（带磁性座）

3）测量和诊断

当汽车遭碰撞时，车身和车架可能产生扭曲、菱形、折叠、下垂、侧向偏移等损伤形式。修理时首先应通过测量，确定损伤的形式，才能正确地进行校正工作。

在通常情况下检查变形大多采用对角线测量法，损伤部位的对角线可直观地采用常规方法进行检查。也可通过检查车身全部的轮廓、车身板件之间相互配合情况（缝隙是否均匀），车辆在所有四个角的安置高度和冲撞角等。然后再进行直接损伤的检查，例如板件的折皱、油漆层和保护层的破裂，以及伸展和焊点撕裂等。间接损伤包括：玻璃破碎、车身部件延伸或压皱、车门下陷、行李箱盖和发动机盖四周间隙不匀或装配不良等，均应予以检查。

在车身内部应检查转向柱和转向机构的工作情况，挡泥板和车身裙部之间出现的老化、剥裂及车门门板和车身底板的变形，以及焊点拉开等损伤，均应一一进行检查。

为了确定车身下部产生的全部损伤，必须检查汽车的基准线、中心线和所有其他的基准线。在完成所有上述的损伤诊断和检查工作后，则损伤车辆的基本技术状况已清楚，据此可分析确定碰撞时的碰撞角和碰撞力是如何经车身传递的。所有这些检查的结论性资料，均应记入诊断工作图表，作为修理时的依据。

20 世纪 90 年代生产的新型轿车，在设计上更趋向于在车上设置更多的控制点，这些控制点有许多是包含在车身自身的覆盖件内的。控制点的含义如前所述，是每个车架边梁上的参考点，通常为安装支架的孔，它是用于修理时作为测量定位用的点，因此，要求其表面应符合设计规范的要求。所有的参考点都必须符合规范的要求，参考点之间的测量尺寸应在公差允许的范围内，包括偏离车辆中心线、基准线的公差，也应控制在公差范围内，而且参考点之间彼此应呈线性。

8.1.4 车身和车架的校正

1）承载式整体轿车车身校正时的注意事项

根据所使用的校正设备不同,校正时挂钩的连接方式也不相同。所以修理技工在进行车身或车架校正时必须仔细查阅校正设备使用说明书的有关内容,掌握正确地校正车架或车身的方法。

对车辆前端遭受碰撞形成下列损伤的实例(如图8.10所示)进行校正时,其校正程序,包括菱形、折叠、下垂、扭曲、横向偏移变形等,该程序也适用于大部分承载式整体车身的校正工作,。在修理承载式轿车车身时必须注意以下几点:

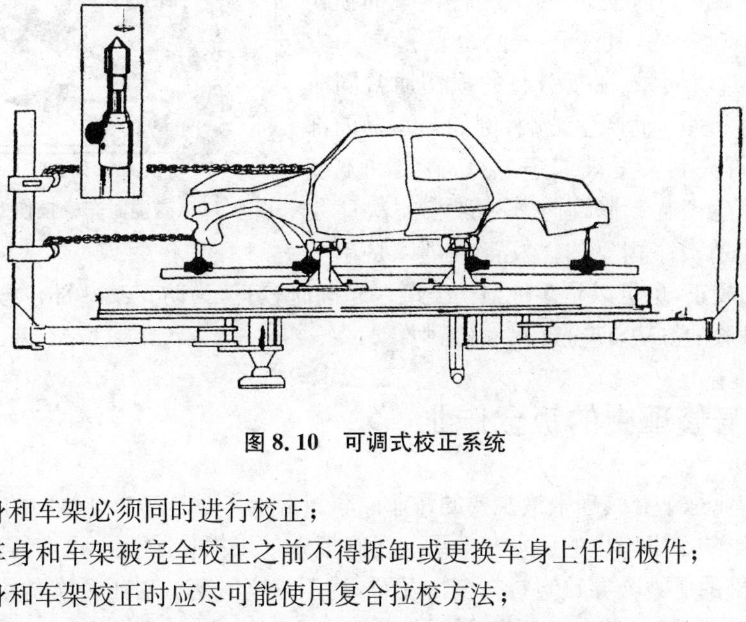

图8.10 可调式校正系统

①车身和车架必须同时进行校正;

②在车身和车架被完全校正之前不得拆卸或更换车身上任何板件;

③车身和车架校正时应尽可能使用复合拉校方法;

④对承载式整体结构车身而言,其所需拉校力较传统非承载式车身要大得多;

⑤承载式整体结构车身在校正时,只有在绝对需要时,才允许拆除保险杠和覆盖件。当校正车身加强构件时,如有可能应增加支承数量;

⑥汽车的传动系统和悬挂系统,无论是常规汽车或新型高强度合金钢材料的汽车,在校正时如有需要可予拆除;

⑦校正前应用钢丝刷清洁变形和裂纹部位;

⑧校正前所有车架或车身构件上的开裂处均应被焊接,以防在校正时被进一步撕裂;

⑨所有经焊接的部位,在焊接完成后,焊接部位必须涂敷镀锌底漆。

2）承载式整体车身的校正

车身、车架的损伤校正,通常是在与碰撞方向相反的方向上施加拉力或推力,以消除其变形。在大多数情况下,校正时通常使用拉力来替代推力。校正时应尽量避免采用热校，大多数的校正工作是在冷态下完成的。校正应在校正台架或如图 8.10 所示的可调式校正系统上进行。校正系统应具有较大的校正动力，操作时必须十分谨慎地进行，以防因过度校正而拉裂车身板件或构件。在校正过程中为了松弛其内应力，可使用手锤轻击变形部分，直至在变形的中心部位出现银色条纹为止。然后再进行加热，加热时可采用大型乙炔焊嘴，用中性火焰或轻微还原焰加热。要控制加热温度，加热温度应与施加到车身部件上的力的大小相对应。校正时要适当考虑弹性后效产生的回复变形量，但对整体结构式车身而言，一般不需考虑回复变形量。校正时校正装置拉链的拉钩应首先安装在车身最大损伤部位的一边，采用拉校方法可消除除扭曲变形外的所有其他变形。

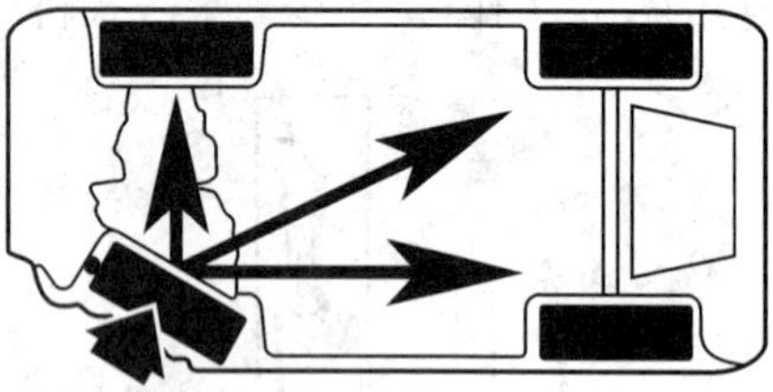
图 8.11　碰撞时车辆损伤的传递方向

当车辆遭到碰撞损伤时，其构件出现的损伤类型很少是单一的，其变形方向也不是单一方向，如图 8.11 所示。碰撞引起的损伤通常同时在几个方向上对车辆产生影响，例如当车辆前部遭碰撞时，首先其长度被缩短，然后高度和宽度尺寸均会发生变化。修理时其一般校正次序是与变形的传递次序相反的。校正时可以是单一损伤类型的校正，也可以是多种损伤类型一起同时校正，为防止某些部位被“过校”，应采用静拉试验的方法，使全部尺寸达到要求。

8.2　车身修理中的钣金作业

钣金作业是车身修理中最主要的作业内容。钣金作业是车身维修中的一项基础作业，它直接影响车身修理的质量和效果。在修理中如果损伤的钣金没有得到很好的校正，则其内部的应力会导致塑料充填物开裂，甚至完全脱落。对于轿车的承载式车身，钣金维修的好坏还会影响车身的结构强度。

8.2.1　车身钣金基本知识

1）车身基本金属结构特性

现代客车与轿车车身构件大都为金属冲压件，如护罩、转架、车顶、门、格栅和行李箱盖等。当将这些不同形状的零件组合在一起时，就能得到所需的强度和刚度。为了增强构件刚度，最常用的方法是将平板弯压呈凸起。试验表明改变板件形状所需的力远大于弯曲平面板件所需的力，构件的抗弯强度与板件的弯曲和凸起时的形状有关。这是由于冲压导致的冷作硬化作用所致。

其他加强汽车面板刚度的方法如：直角弯曲、卷边、加强骨架或通过加强内部结构来支承和加强车身外表面。当将板件冲压成门字形断面时，其构件刚度将大大增强，因此许多汽车车架、支撑架、支撑内部结构和窗槽都采用门形槽形结构。当将两个门形槽相互结合并焊在一起时就形成一个强度较大的盒形结构，它常用于汽车车架、车顶横梁、车门槛板等。

由于车身构件都是冲压成形的，因此当其损坏时其修理方法必须与之相适应。所以车身修理中的钣金作业不仅与其损坏形式有关，而且与板件的外形、结构、材料种类有关。

2）车身钣金材料

（1）概述

汽车车身构件中使用两种材料：热轧钢和冷轧钢。热轧钢板是在温度超过 800℃ 的情况下轧成，板厚范围在 1.6～8.0 mm，用于制造车身中较厚的零部件，例如构架和横梁。冷轧钢是将热轧钢再冷轧薄、酸洗，然后退火，由于钢板经过冷轧，所以厚度精确且均匀一致，表面质量优良，具有良好的冲压性能。大部分整体式轿车车身都是用冷轧钢制成，由于防锈要求，将冷轧钢经表面处理成防锈钢片。用于车身的钣金材料有：低碳钢、高强度钢等。高强度钢在现代承载式轿车车身中应用越来越广泛。

（2）低碳钢

汽车车身修理时所使用的材料许多都是低碳钢，这种钢含碳量低，相对来说材料较软，易于加工、焊接、热皱缩和冷加工，而不会严重影响其强度，但由于它易于变形，因此近年来已逐步被高强度钢所替代。

（3）高强度钢

高强度钢是在车身轻量化要求下应运而生的。对于承载式轿车车身构件，如挡板、支架等，已不是单纯防溅构件，而且也是承受悬架反作用负载和支承发动机、电瓶和缓冲系统所需的构件，不仅要求重量轻而且要有足够的强度，所以大多采用高强度钢制作。图 8.12 所示为轿车车身构件中一些采用高强度钢的部分零件。这些零件如果损伤变形，修复起来较低碳钢零件困难得多，难以完全修复。如果通过加热来消除内应力或另焊一块新板，都必须十分小心地进行，否则将会破坏结构。

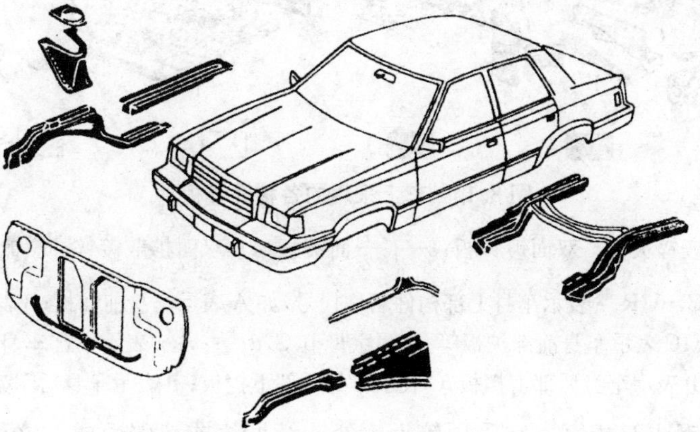

图 8.12 车上采用高强度钢的典型部件

高强度钢有许多品种，其中有三种是经常用于车身结构件中的，即高强度低合金钢（HSLA）或磷化钢；高抗拉强度钢（HSS）；马氏体钢或双相钢。

①高强度低合金钢（HSLA）。它是在低碳钢中添加磷提高强度水平，这种钢具有与低碳钢相似的加工特性，而且具有较高的抗拉强度，可用作车身外表板件。许多美国生产的轿车，其前后围栏、门槛板、保险杠及其加强件、门铰、锁柱等都采用这种材料。修复这种材料的板件时，为避免降低强度，修复时决不要使其加热，超过制造厂推荐的温度（370～480℃），加热时间也不要超过 3 min，可以使用 AWS－70S－6 焊丝进行 MIG 焊或使用 AWS－E－7014 焊条进行电弧焊。

②高抗拉强度钢（HSS）。它是在低碳钢中添加硅、锰、碳的含量来提高钢的抗拉强度，可用于与悬架相关的零件及车架等。另一种 HSS 是弥散硬化钢，它是由弥散碳氮化铌而形成的，具有较好的加工和冲压性能，可用于汽车门边保护件和缓冲加强件等。由于这种材料经过热处理，其强度较低碳钢高，大部分日本进口轿车车身构件都采用 HSS 钢。常规的加热和焊接方法不会对 HSS 钢的强度产生不利影响，HSS 钢具有 240 MPa 的屈伏强度和超过 310 MPa 的抗拉强度。这种构件碰撞变形时，可采用加热校正的方法消除内应力，使材料恢复到正常水平。如果碰撞力超过材料抗拉强度而导致撕裂或断裂时，可用一般焊接方法予以修复。但使用乙炔焊时应十分小心，不要使焊接温度超过 650℃，当车门保护件和缓冲件被损坏时，不能采用校正方法修复，而必须更换新件。

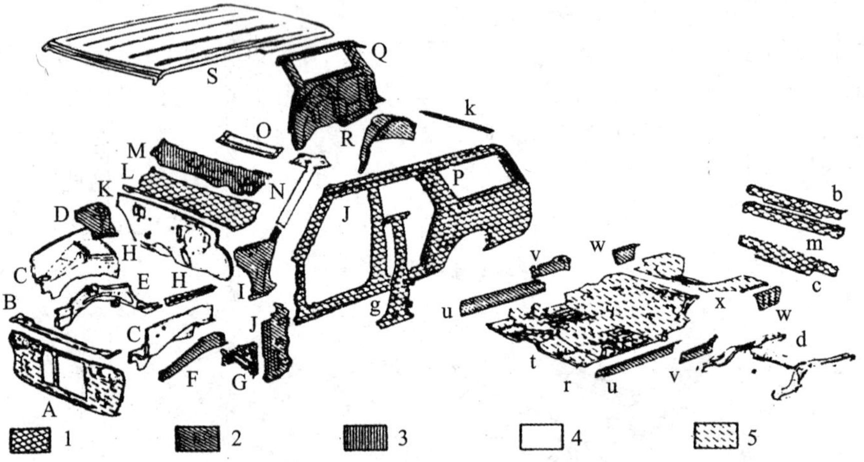

图 8.13　车上采用的各种镀锌板件

1—单面镀锌板；2—双面镀锌板；3—$1\frac{1}{2}$面镀板；4—双面扩散镀锌；5—镀铬大写字母 A，B，C，…；R；S 表示车身上部构件名称代号，如 A 表示车身前面板；B 表示散热器支架上板；C 表示车身前部护板等；小写字母 b，C，d；…；w，x 表示下部车身构件名称代号，如 b 表示车身后部上挡板；C 表示车身后部下挡板；d 表示车身后车架等

③马氏体钢或双相钢。它采用淬火钢经连续煅烧或热碾而成。这种钢具有双相显微结构，即淬火马氏体和铁素体结构，具有良好的成型性和超过 540 MPa 的抗拉强度，

常用于车门保护件和缓冲加强件。马氏体钢的抗拉强度超过低碳钢10倍左右，如果损坏变形后采用加热修复，则其强度会下降至低于低碳钢的水平。另外，这种钢很硬，很难冷压校正。所以马氏体钢零件一般不能修复，也必须更换。

为了防锈，常在HSS和HSLA板件表面进行表面处理，如镀锌等，镀锌板件在车身上应用较多，图8.13所示为镀锌板件在汽车上采用的实例。单面镀锌是在冷或热轧钢板的一面镀锌，未镀的一面通常不暴露在大气中；双面镀锌是在板件的两面都镀以锌层；$1\frac{1}{2}$面镀锌是在板件两面都镀锌，对暴露在大气中的一面镀厚镀层，另一面镀薄镀层。镀锌板件加热时，特别是焊接时，会释放出有毒气体，必须提供适当的防护与通风，镀锌板件在修理时最好不要除掉镀锌层，如果焊接时需要去掉镀锌层时，应尽可能少的除去镀层，而且在修复后必须涂上防锈层。

3）车身板件的损坏类型

车身板件修理的第一步是要判定损坏区域和损坏类型，损坏类型一般可分为直接损坏、间接损坏、加工硬化等。

（1）直接损坏

直接损坏是指凿孔、撕裂和刮痕。它是因与碰撞物直接接触而产生的。直接损坏通常占板件和构件损坏总量的10%～15%。

（2）间接损坏

间接损坏是由直接损坏所引起，在多数情况下，间接损坏占整个损坏的大部分，约占80%～90%。它是因直接损坏波及所致，间接损坏基本上是相同的，导致损坏的冲击力也总是相同的，所以修理这类损伤的方法也是相同的，仅仅由于尺寸、损坏程度和位置的变化，而需使用的工具不同而已。所以只要掌握一些基本的钣金技术，就可以处理大部分的车身修理工作。

（3）加工硬化

如前所述，每当金属弯曲时会发生金属加工硬化，所以冷冲压加工及碰撞损坏时都会导致冷作硬化。如翼子板冲压成型时所形成的加工硬化区，有软区（未成型）和硬区（成型）之分。成型区指隆起和脊峰，对损伤而言，它是较硬的，结果受损坏校正起来就更硬。所以车身板件碰撞后，由于引起的附加加工硬化，会产生多个弯折，当钣金弯曲而不能回复到它原来的形状时，只产生一个弯折。

（4）弯折

如前所述，弯折是由于弯曲超过弹性极限而引起的。弯折的型式有：单折、缩折、单卷、缩卷等，如图8.14所示。

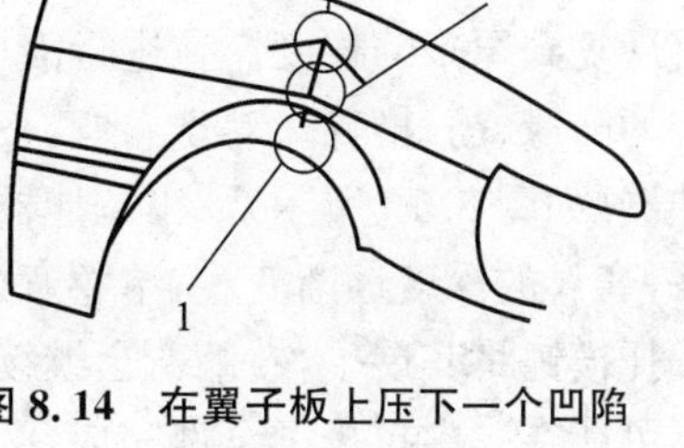

图8.14 在翼子板上压下一个凹陷时板上弯曲的组成

1—缩折弯；2—单折弯；3—单卷和缩卷弯

8.2.2 损伤板件的典型修复方法

1）损伤板件修理前的表面处理

板件修理前应彻底清除内外表面上的所有缓冲胶、底漆、油漆和其他物质。缓冲胶、底漆层等可通过加热软化后，用刮刀或刮腻子刀铲除。加热时可采用大喷嘴焊炬，适度降低温度的火焰来加热。铲除时最好采用宽铲刀，板的外表面要用砂砾材料和水清洗，板上的沥青、油垢和道路沉积物，用溶剂浸泡的抹布很容易将它们溶化并擦去。清理表面时为了提高效率也可采用电动打磨工具，如盘式打磨器等，常用的打磨器其打磨盘的直径为 178 mm，转速应不低于4 000 r/min，转速太低会引起金属过热、翘曲和损坏，打磨盘砂粒尺寸范围从 No. 16 到 No. 60。No. 16通常用于清除油漆，No. 24 或 No. 36 用于打磨金属。较高的号用于磨去锉痕和抛光金属，有两种型式的背衬，一种是刚性背衬用于打磨金属，另一种是较软的背衬用于清涂油漆或抛光用。打磨盘有两种不同的运作形式：一种称为“抛光”，用于打磨油漆和填充物；另一种称为“交切”，用于打磨金属（如图 8. 15 所示）。

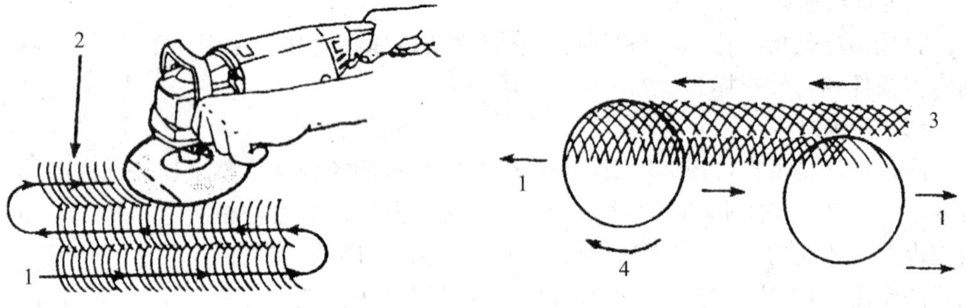

(a) 抛光法　　(b) 交切法

图 8. 15　两种不同的打磨盘运作方式

1—移动方向；2—抛光擦纹；3—交切擦纹；4—打磨盘转向

2）碰撞损伤板件的校正

针对不同的碰撞损伤型式，应采用不同的校正方法。对单折弯的校正应采用拉伸的方法，即采用液压拉伸器进行拉伸修复。缩折弯则需采用拉力更大的拉伸器，将其拉直恢复到原来的长度。在进行液压校正拉伸时，修理技工还必须同时注意修复板件原有的凸缘、筋、槽等。对于卷弯，不论是单卷还是缩卷，校正的最有效方法仍然是采用拉伸器（如图 8. 16 所示）。当拉伸器作用在缩卷弯的两边时，损伤处的金属开始升起并拉平，弯卷的深度逐渐变浅，单卷弯也开始校平，此时还留下许多皱纹，可用弹簧锤或用断续托模锤将其展平，卷缩弯会继续升起。校正时必须注意，损伤板件的隆起变形部位，不可能在一次拉校中全部完成，必须经多次校正逐渐修复，操作时应尽可能平缓。

当修理碰撞损伤的板件时，如果外板和支承骨架或内部构件亦发生损伤时，应尽可能先修复骨架与外板同时进行。碰撞损坏处，其外缘板、支撑和加强骨架可能是单层、双层或三层结构，其修复程序通常是先粗拉（拉平），然后再对板件的凹凸不平处及轮廓线进行校正。校正的程序是先校双隆区，再校单隆区，粗校前后防护板和外板的加强凸缘、U形槽或反隆处，板上的其余凹槽最后处理。修理时一定要先判断损伤时的冲击力的方向，因为校正时的拉力方向是按其反方向进行的。此外，校正时还应注意先校正非直接损伤，其次再校正直接损伤。

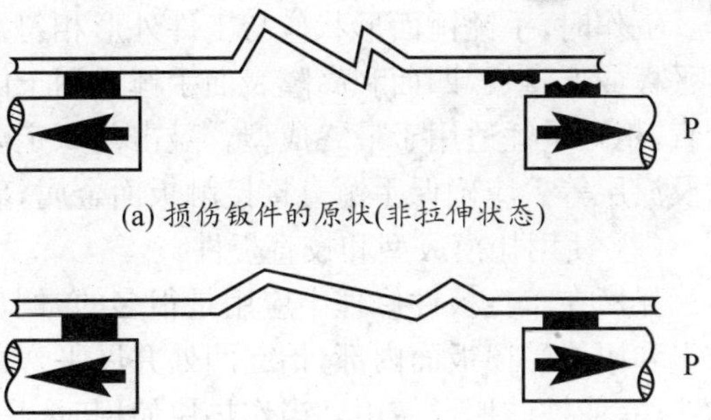

图 8.16　碰撞损伤板件的拉伸校正

3）消除板件的内应力

损伤的板件被校正修复后其形状虽已恢复，但冷作硬化的作用并未消除，板件金属内部的晶粒排列仍处于变形状态，同时由于校正时可能还会产生新的过压缩区，造成新的晶粒变形。因此损伤板件校直后必须消除内应力，使晶粒恢复到原状，通常采用的方法是有控制的加热或通过适当的锤击来消除内应力。

8.2.3　板件修理时的基本操作方法

1）手锤和托模的使用

（1）手锤的使用

车身板件修理时须使用各种手锤进行校正工作，当使用手锤进行校正工作时，可用手松松地握住手锤柄端约全长的 1/4 距离处，用手腕摇动手锤进行敲击，让手锤从表面弹回，按圈运动进行敲击，而不是像敲击钉子那样直上直下敲，如图 8.17 所示。握锤时用手下面的两指紧握，使其像个转轴，让锤反弹运动，其余手指和拇指控制向下，这样就能较好地掌握手锤，锤头面应正确地落在板面上，落锤不要太重。由于多数手锤锤面呈圆弧形，锤和板面的接触面为一直径为 10～13 mm 的圆，所以整个敲打工作应是每锤落下相隔 10 mm，并且成行排列，直至板面被敲平。

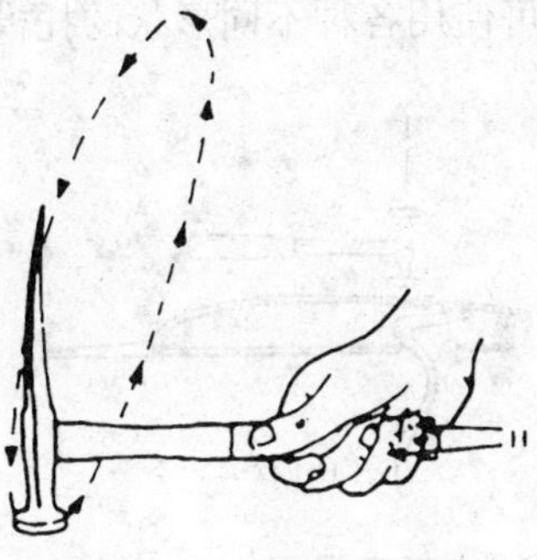

图 8.17　用锤的方法

H—握紧处

图 8.18　用托模敲击内面

工作时,手锤锤面形状应与工件外形相符。平面手锤或稍带曲面的手锤适合于敲击平板或低隆板,凹面和高隆表面手锤适用于内边曲面板,重型敲击手锤适用于粗加工校直,精敲手锤适用于最终成型。敲击前一定要将板面两面都清理干净,无油和泥污,以及涂层等。应确保手锤直接接触板面金属,敲击时一定要小心,以免导致损坏。

(2) 使用托模成型和校直板件

托模在车身板件修理中应用是很多的,例如在粗加工时,它常作为一个敲击工具,敲击和压迫受损板面内部,抬起凹处并展平弯曲,如图 8.18 所示。托模还可用作手锤的垫块,像铁砧那样使用。当作垫块使用时,托模可正对在锤击部位的下部,也可相隔一定距离,如图 8.19 所示。锤对着托模垫块的,通常用于展平金属;锤偏离托模垫块的常用于校正工作。托模的外形必须与受损板件的内面形状一致,不然会造成新的损伤。

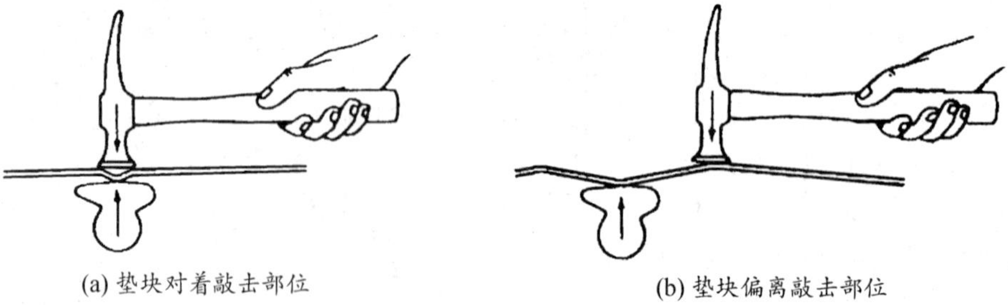

图 8.19　托模作垫块使用时的使用方法

每一次手锤敲击时,托模会发生稍稍的反弹,产生一定的第二次举升作用。反弹力决定于托摸托着的压力和托模的尺寸以及托模表面和板面的相对形状,锤击紧挨着托模也会获得较大的金属隆起(举升),更进一步举高手锤锤击时,金属的移动会减小。

2) 修形匙的使用

如用双端低背修形匙可以修复车门板。若车门的板面损坏但内部构件完好时,可将车门外缘支在两根截面为 50 mm×100 mm 的木块上(如图 8.20 所示),以防车门靠在地板上,并留出操作空间。当使用双端低背(侧板) 修形匙时,可使下凹的板面弹起,这种修形匙是用来翘起那些具有内部构件的损坏区的弹性板件如外侧板、背板和其他具有内部构件加强的板。在板粗加工完后,匙的平面被用来完成校正板的工作,如同托模一样,采用偏置匙锤击法进行校正,实际上也可使用各种不同形状的托模和修形匙一起来完成校正(精加工) 工作。

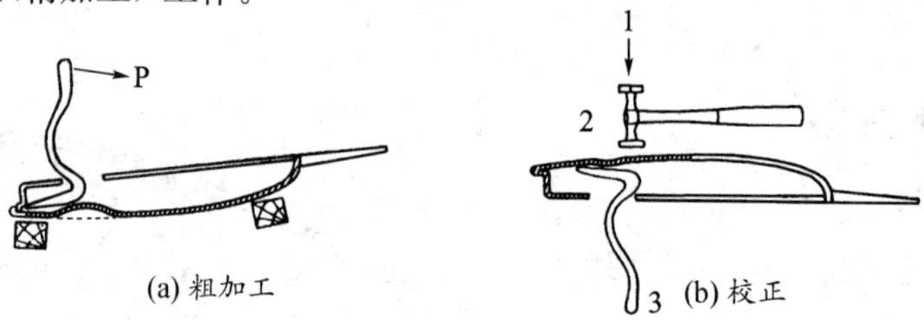

图 8.20　使用双端修形匙校直车门

P—拉匙方向;1~3—锤击顺序

3）双端重载卷边工具的使用

这种工具专用来校正卷边和狭窄部位的凸缘，如车轮罩、护板凸缘，将卷边工具的一端置于护板和罩的凸缘内，并用锤敲击其上的方形加强块。这种修复方法也适用于修复前大灯开口（如图 8.21 所示），工具的两端还可像托模那样用来校正高隆板件。

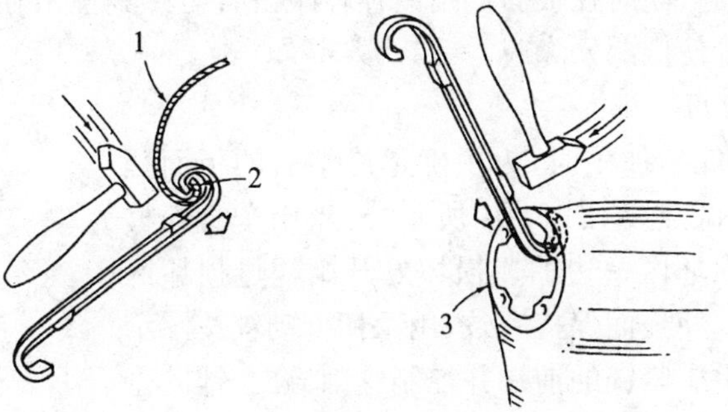

图 8.21　使用卷边工具形成卷边

1—护板；2—护板凸缘；3—大灯凸缘

4）敛缝工具的使用

敛缝工具具有各种不同锥度和宽度的铲形端（如图 8.22所示），连同球头锤或平凿头锤一起可对车身板和车架的弯曲、直线脊梁、筋棱和凸缘等进行再造型。由于工作空间的限制和复杂的形状，其造型不可能像用常规的修形匙和锤或托模及鹤嘴锤那么快和有效。

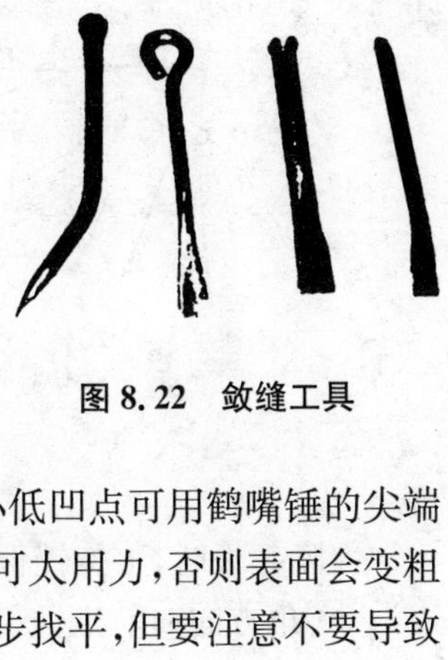

图 8.22　敛缝工具

5）鹤嘴锤和鹤嘴杆的使用

对于小的低凹处可先用鹤嘴锤圆面的边进行隆起，然后用车身锉来找平，用车身锉来找底点俗称找平，剩下的细小低凹点可用鹤嘴锤的尖端轻轻将各个凹点敲起（如图 8.23 所示）。敲击低凹点时切不可太用力，否则表面会变粗糙并且导致金属延伸。如果板面仍不平整，可用车身锉进一步找平，但要注意不要导致锉出小孔。这项工作一定要仔细进行。

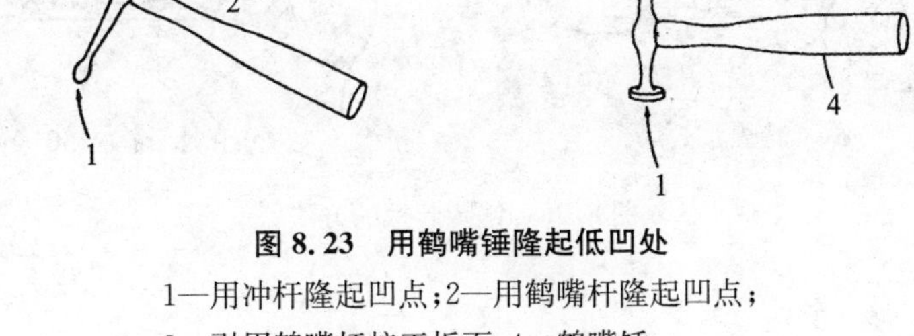

图 8.23　用鹤嘴锤隆起低凹处

1—用冲杆隆起凹点；2—用鹤嘴杆隆起凹点；

3—引用鹤嘴杆校正板面；4—鹤嘴锤

鹤嘴杆较冲杆长，所以可以伸到较深的内部修复内部构件板；冲杆较短，所以常用于车身板的外缘附近的校正。有三种方法能精确的将鹤嘴杆或冲杆置于需要修复的低凹处：①仔细查看鹤嘴杆撬动时板面的隆起、移动或板面粗糙变化情况；②先在板的外面用鹤嘴杆测量插入处至低凹处的距离，然后将杆插入至适当位置；③插入鹤嘴杆后，移动鹤嘴并向上撬起，同时在板面上用锤轻轻敲击直至感到锤击在鹤嘴的尖端上或冲杆上，在适当的位置使低凹处隆起。

6）车身锉的使用

车身锉用于板件精加工时，为了确定修整后的板面是否仍存在着高点和低点（如图 8.24 所示）。当用车身锉检查损坏区时，应从损坏区一边的非损坏处开始越过损坏区至另一边非损坏区，使板面保持一致，用手柄推动锉按图示方向进行锉削，用手压紧锉的前端并控制锉削方向，锉的行程应尽可能长，用手柄拉锉作返回行程，当锉削相对较平的板面时，可用手持锉保持向左或向右 30°角，向前推锉，如图 8.25(a)所示；或手持锉保持向前面推锉向左或向右 30°角，如图 8.25(b)所示。

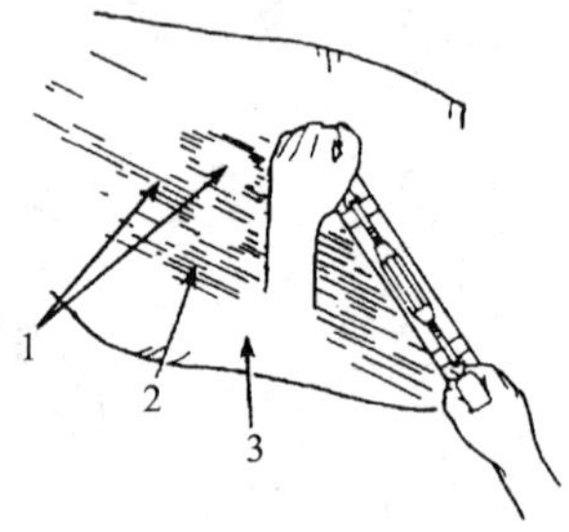

图 8.24　锉削板面显出低点

1—低点；2—锉纹；3—损坏区

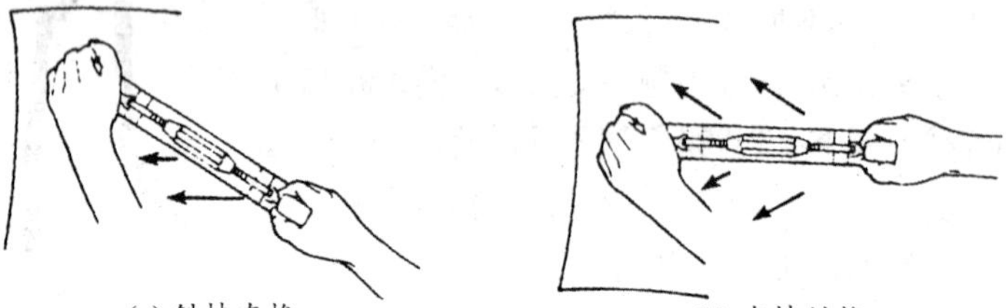

(a) 斜持直推　　(b) 直持斜推

图 8.25　平板或低隆板的锉法

锉隆起板时，手持锉保持向前，推锉也向前，沿着隆起板的平直方向，或手持锉向一边沿 30°角方向向前推锉（如图 8.26 所示）。由锉产生的痕迹来判断板面的低凹处，操作者可以撬起（啄起）低点，敲下高点并涂以填料，重复上述过程直至低点完全消失，板面光滑为止。

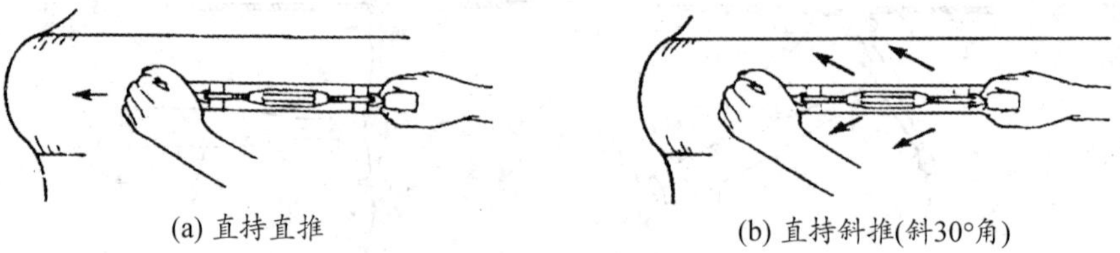

(a) 直持直推　　(b) 直持斜推(斜30°角)

图 8.26　锉隆起板的方法

8.3 汽车表面涂层修复

汽车表面涂层是汽车的重要保护层和装饰层，对车身覆盖件起到很好的保护作用，也是汽车外观的重要指标。同时在汽车使用过程中，表面涂层也是最容易损伤的部位。长时间受到日照、雨淋等恶劣使用环境的影响和不正确的护理都会使汽车表面涂层发生老化、开裂和失光，汽车轻微的碰擦最先受伤的也是汽车表面涂层，所以汽车表面涂层的修复是汽车修复过程中的重要工作。

8.3.1 基本知识

1）车身涂装所用涂料的组成和性能

涂料按其属性分为两大类：即有机涂料和无机涂料。有机涂料广泛用于金属、木材、塑料等材料表面的保护和装饰；无机涂料主要用在土建领域。汽车用涂料为有机涂料。

(1) 涂料的组成

涂料主要由下列五大类材料组成，如表 8.2 所示。

表 8.2 涂料的组成

涂料组成	材料名称	类别	品种名称
主要成膜物质	油 料	干性油	桐油、亚麻油、锌油等
		半干性油	豆油、葵花籽油、玉米油等
		不干性油	蓖麻油、椰子油等
	树脂	天然树脂	虫胶、松香、天然沥青等
		合成树脂	酚醛、醇酸、氨基、环氧、聚酯、丙烯酸等
次要成膜物质	颜料	着色颜料	钛白、氧化锌、氧化铁红、铬黄、炭黑等
		防锈颜料	红丹、锌铬黄、偏硼酸钡等
		体质颜料	太白粉、钛白、重晶石粉、滑石粉、云丹粉等
辅助成膜物质	溶剂	助溶剂	二甲苯、松节油、乙醇、丁醇等
		稀释剂	石油溶剂、酯、酮、混合溶剂等
	辅助材料	添料	固化剂、流平剂、防老化剂、润湿剂、防潮剂、催化剂、催干剂、增塑剂、防结皮剂等

油料、树脂是涂料组成中的基础，是主要成膜物质，常称为固着剂或粘接剂。能够把颜料等其他成膜物质粘接起来形成涂层，起到保护表面和装饰的作用。

颜料是使涂料具有一定的着色能力，呈现一定颜色，增加涂层厚度和遮盖力，起到调色、装饰和标志作用，是涂料中的次要成膜物质。

溶剂包括助溶剂、稀释剂两种。溶剂能溶解并稀释涂料中的成膜物质，改善涂层性能。稀释剂的主要作用是用来调整涂料的粘度，以利形成均匀光滑的涂层。

辅助材料在涂料中的作用是辅助成膜物质改善涂料性能，如催干剂用来促进涂料的干燥速度，改善涂装性能和成膜后的质量；增塑剂用来提高涂层的韧性；防潮剂用来防止因施工环境湿度太大时引起涂层泛白等问题；此外还有固化剂、抗结皮剂、抗老化剂等。

(2) 涂料的结构组分

涂料的组成不同，可将涂料区分为溶剂型涂料、水溶性涂料、粉末涂料、光固化涂料等。涂料的组成不同就构成了材料的结构类型不同。不同的涂料品种，常用的有清漆、色漆、腻子等。

①清漆。涂料组分中没有加入颜料和体质颜料，而呈清彻透明的胶质液体涂料。

②色漆。涂料组分中加有颜料的不透明的涂料。

③粉末涂料。涂料组分中不含有挥发性物质的无溶剂固态粉末状涂料。这类涂料有热塑性和热固性两种。

④腻子。涂料组分中加有大量体质颜料的稠厚浆状体。

2) 汽车用涂料

(1) 汽车底漆

汽车底漆是直接涂敷在经过表面处理的汽车工作表面上的第一层涂料，它是整个涂层的基础。用作汽车底漆的涂料，主要是含有优质防锈颜料的环氧树脂涂料、酚醛树脂涂料及一些优质水溶性树脂涂料，常用的底漆型号、规格及其性能列于表 8.3 中。

(2) 汽车涂装用中间层涂料

中层涂料是涂装中作为底漆和面漆层之间的连接层。其主要功能是改善被涂表面和底漆层的平整度，为面漆层创造良好的涂装基础，提高涂层质量。对于装饰要求较高的中、高挡轿车或豪华旅行车和大客车，都涂装中层涂料。汽车用中层涂料主要有四种：

①通用底漆，又称底漆二道浆，直接涂于金属表面，具有一定的填平能力。一般采用“湿碰湿”工艺涂两道，以代替底漆和二道浆，目前已被二道浆所代替。

②二道浆涂装于车身底漆层表面，涂料中体质颜料含量比底漆高，对被涂表面的微小缺陷有一定的填平能力，颜色为灰色；具有良好的湿打磨性。二道浆通常选用的基料是环氧树脂和氨基醇酸树脂，属热固性树脂，涂层硬度较高，耐溶剂性好，适用与各种面漆配套使用。

③腻子是一种专供填平表面缺陷的含体质颜料较高的涂料，呈稠浆状。腻子在使用时要考虑底漆和面漆的配套性。刮涂腻子仅能提高底漆表面的平整度，但对整个涂层而言，弊多利少，因为腻子层易开裂脱落，而且刮涂工效低、工作强度大。因此对平整光滑的表面最好不用腻子。

④封底漆是涂面漆之前的最后一层中间涂层，涂膜呈光亮或半光亮。它的漆基类型和颜色，必须与面漆和底漆相适应。其作用主要是来显现底漆涂层缺陷，以便修整；

降低底漆涂层对面漆层的吸收性，提高面漆涂层的丰满度和光泽均匀性，起到封闭底漆层的作用；还可以提高底层和面层涂料的结合力。封底漆用于装饰性要求较高的汽车。

表 8.3 我国汽车工业常用底漆

涂料名称	特性	适用范围
C06－1 铁红醇酸底漆	可喷涂或刷涂，自然干燥或 15℃下烘干 30 min；漆膜附着力、强度、耐硝基性和耐久性均好；但耐水性比环氧及酚醛底漆差，不宜在潮湿气候下使用	车身构件与底盘
C06－17 铁红醇酸底漆	性能与 C06－1 相似，但比 C06－1 的耐水性略好，自干速度也较快	汽车
F06－1 铁红酚醛底漆	喷涂和刷涂均可，比 C06－1 的耐水性好，自干速度也快，但附着力和耐候性较差；价廉	汽车
F06－9 铁红锌黄纯酚醛底漆	比 F06－1 的耐水性、防锈性、耐候性要好；最好涂于磷化底漆之上，可与醇酸、氨基、纯酚醛面磁漆配套	汽车
F11－54 铁红酚醛电泳烘漆	采用电泳方法施工，经烘干后漆膜与 F06－9 相当，但附着力较强	汽车
H06－2 铁红锌黄环氧酯底漆	能自干，经烘干后漆膜的附着力更好；机械性能及耐水、防潮性能优良；与磷化底漆配套使用，可提高漆膜的防潮、防盐雾和防霉能力；可与环氧、硝基、氨基、丙烯酸磁漆配套使用	汽车车身与底盘
H11－95 铁红环氧烘干电泳漆	采用电泳方法施工；涂后需要烘干，漆膜性能与 H06－2 相当	汽车车身与底盘
L06－39 沥青烘干底漆	在 200℃下烘干 30 min；漆膜附着力较好；有良好的防潮、耐水、耐油脂性能；流平性好适合浸涂	冲压件和挡泥扳
Q06－4 各色硝基底漆	干燥快且漆膜坚硬、易打磨；具有耐机油和油脂的能力；但附着力、耐候性差，且固体含量较低	铸造类车身构件
G06－4 锌黄铁红过氯乙烯漆	干燥快，如在 60～65℃下烘干 2 h，可增加附着力和改善其他性能；耐化学侵蚀、耐湿热、防霉并且能与过氯乙烯磁漆配套	铸造类车身构件

(3) 汽车面漆

汽车面漆是汽车车身涂装中最后的一层涂料。常用的主要有醇酸面漆、氨基醇酸面漆、硝基面漆、聚氨酯面漆、丙烯酸面漆、过氯乙烯面漆和聚酯面漆七大类。金属闪光漆是一种装饰性较高的丙烯酸类涂料，一般要与丙烯酸清漆配套使用。

目前常用的国产汽车面漆规格、型号见表 8.4。

表 8.4 国产汽车面漆涂料

涂料名称	特性	适用范围
Q04－2 硝基外用磁漆	干燥快，易打蜡抛光，易施工或修补；涂膜色泽鲜艳，但户外耐久性较差，需采用上光蜡维护	汽车车身与底盘
Q04－34 和 Q04－31 硝基磁漆	改进了 Q04－2 的耐久性和保色保光性	高级轿车车身
C04－9 过氯乙烯外用磁漆	干燥快，漆膜抛光打蜡；耐侯性、耐腐蚀性、防潮性、防盐雾和防霉性等均比 Q04－2 好；耐寒性亦好；对底漆要求无水、无油污，否则易引起面漆整个脱皮；抛光后的外观、光泽及耐汽油性差	寒带运行条件下的车身和底盘
C04－9 氨基烘漆	漆膜丰满光亮、坚硬耐磨；附着力、耐水、耐皂液、耐油和耐侯性优良；耐温变性也好；但漆膜不能抛光；与 F06－和 H06－2 配套使用，则耐湿热性更好	客车与中级轿车车身
B05－丙烯酸烘漆	属热固性漆，漆膜丰满，光泽、硬度良好，保色保光性好，三防性能好	轿车车身
B04 特里川热固性丙烯酸磁漆	耐侯性好，漆膜丰满，能抛光，硬度显著地优于一般的面漆	高级轿车车身

8.3.2 涂料的调色

1）涂料的颜色特征

涂料的颜色是指涂料涂装成膜，形成涂层干燥后所显现出来的颜色。同其他物质的色彩一样，颜色是对阳光中各色光不同的反射，符合色彩规律的所有特征，即色调、亮度和纯度（或饱合度）。

颜色的特征在众多的色彩中可大体分为两类：即消色和彩色。将白色，灰色和黑色以及它们的所有深浅不同的颜色称为消色；把消色以外的红、橙、黄、绿、蓝、紫以及它们深浅不同的色彩称为彩色。消色只有亮度的特征，表现为颜色的明暗度。在白色与黑色之间所有的中性灰，灰色越亮则越接近白色，反之则越接近黑色。只有彩色才具备有色彩的三种属性，即色相、亮度和纯度。

色相又称色调，是物体对不同波长阳光（或自然光）的反射反映。漆中物质由于质量和色素的不同形成了吸收和反射光波的不同，呈现出各种各样的彩色；亮度也称明度，即颜色的明暗程度，是指物质对光反射的强度。反射光的量越多，则颜色越亮，否则越暗。所以配色时，为了辨别所配颜色的亮度，总是要求在自然光线充足的地方进行调制，以便于辨别色相和亮度。为了对比，可以在各种环境的不同自然光线下反复辨别才能调准；纯度也称为饱和度，即颜色的纯正程度。最纯正的颜色是光谱的颜色。单靠人的眼睛来判断颜色的纯度是困难的，通常需用光电比色计来进行测量，或利用色卡进行对比。

调配颜色利用色卡来检验时，主要是对色相、亮度和纯度进行对比，比色板的面积越大，对比的准确度就越高。面积大的色板，其色彩的色相、亮度和纯度的显示都比较有层次，对比起来就易于发现差别。

2）涂料的配色

涂料是使用红、橙、黄、绿、蓝、紫、白、黑、金属光泽颜料等9种着色颜料来显示色彩的。但每种颜料由于化学成分、品种结构、颗粒大小、表面状态和所含杂质等的不同，会呈现出不同的色相。各种类型的涂料使用的颜料不同，配成的色漆便有不同的色相。常用的几种颜色的色相见表8.5。

表8.5 涂料常用几种颜色的色相

颜料	色相	颜料	色相
软质炭黑	蓝	钛青蓝	蓝、黄
硬质炭黑	红、黄	铁蓝	红、青
铬绿	白、黄	铁红	黑、红、灰
钴白	黄、蓝、灰		

使用颜料配色通常是把各纯正颜色的颜料精细研磨分成一定的细度后，分别分散制成原色浆，以此作为配色的基础。配色时以标准色卡为基准，找出与色卡一致的基本色相，判断颜色的主色和附加色、色彩的明度和纯度。需要几种色相颜料调配时，要明确主次颜色的加入次序，相互间的比例及用量，准备好调制设备和工具，就可进行颜色调配了。调配时，可使用原色涂料或由原色涂料调配好的主色相涂料，再用颜料色浆进行调整，使其色相、亮度和纯度与标准色卡完全一致。

用颜料配色可采用加色法和减色法配色。加色法配色是利用原色相加或间色相加形成复色的原理获得新的色彩，使颜色更鲜艳更明亮。补色法配色是利用补色和消色调色的原理，改变颜料配比，形成新色彩。这种配色方法会降低色相、亮度和纯度，使颜色暗淡，带有黑色，一般用在颜色的细调上。

在涂装过程中，多数是采用各色涂料混合调配颜色。配色时在光线充足柔和的地方判断标准色卡或样板的涂料颜色，确定组成中的原色，准确的选定主色涂料，然后加入其他辅助色涂料。而且用作配色的涂料必须是纯正的原色涂料，否则调出的颜色色相、亮度和纯度很难准确。配色所用涂料和稀释剂，必须是配套的类型品种，涂料间的互溶性要好。根据涂装工作的要求，应准备好其他的辅助材料及配色工具，如干净的料桶、搅拌工具、比色用的色卡和制作小样的玻璃片或薄铁皮等。配色时，应遵守颜色的成色规律，按照一定的操作程序进行操作。按先主色后辅色的程序加入颜料，由浅到深逐渐地接近标准色卡或样板的颜色，再边对比边调色地调配出色相、亮度和纯度。对比调整时要试探性地分多次进行，每次少量加入补色和消色，每次都应充分搅拌，待接近标准色时，涂在干净的玻璃片上，待涂料干燥稳定后，与色卡或样板进行比较；反复调整，直至对比认为相差甚小时，应再制作一个涂层面积较大的小样，待完全干燥后进行对比，以确定调色是否合乎要求。应注意，涂料未干时，涂层颜色要比干燥时稍浅。调配小样时应作好加入量记录，以便随后调配时参考。

涂料中的红、橙、黄、蓝、紫、白、黑及金属光泽颜料是着色颜料，相应地显示各种色彩。但由于每种颜料的化学成分、品种结构、颗粒大小及表面状态和所含杂质等不同，就会呈现不同的色相。

由于每种涂料类型及其所用颜料种类不同，混合调配成的有色涂料便呈现不同的色相(或色头)。采用单色硝基漆混合调配成复色漆，其各种颜色配比份量见表 8.6。

表 8.6　采用单色硝基漆配制复色漆的配比(参考)

数量 复色漆	配入单色漆								
	白	蓝	黄	黑	浅黄	绿	铁红	红	紫红
橙红			52.7					47.3	
樱桃红								82.7	17.3
紫红									100
红 色								100	
浅肉红	96.2		3.3					0.5	
铁 红							100		
蔷薇红	92		4.6					3.4	
浅玫瑰	69.1		5.5					18	7.4
浅猩红	43.3		26.7					30	
玫瑰红	46.3							29.5	24.2
浅杏红	76.8		20.8					2.4	
浅 棕			28.5				71.5		

3) 配色原则及色料选择

涂料和颜色的配色有一定的规律和方法，配色时必须遵守：

(1) 必须准确辨别涂料的颜色

颜色的辨别，应具备有关色彩理论知识和色彩辩别能力及方法。辨别涂料的本色，首先应在标准色卡上找出涂料颜色的名称，将标准色卡或标准色板置于光线充足的地方或标准光源下，辨认出涂料颜色的主色，以及主色成色的配制关系。即主色是哪几种颜色调配而成，基本的配比，主次混合顺序，色相的组合及亮度和纯度等。辨别时应遵守原色的成色、间色、复色、补色和消色的调配成色关系，进行准确判断。

(2) 配色的依据和步骤

配色的依据是标准色卡或标准色板。配色前要准确的判断和辨别出所要调配色的主色(即底色),需要什么样的涂料和颜料,分清主次相配次序,就可进行色料的选择和制备。再依次准备调色容器和工具等。

①选择配色的色料。涂料配色大多数需要几种原色涂料或颜料,配制复色涂料。选择时,必须选择品种类型性能、用途等相一致的色料,相互之间能配套相容,互溶性好。稀释剂和辅助添加剂也应与所选色料相适应,否则就无法成色或调配色极不准确,出现涂层变质、分层、不溶或析出树脂、颜料沉淀等故障。

②调配小样。调色时必须先调配出试验小样,找出所确定的主色和颜色的主次关系及加入量是否正确,作好配比记录,为正式调配提供依据。

③配色顺序。配色时无论配制小样或大量调配,都应遵循以主色和调整色相混调成基本色调,再由浅至深地调整色相、亮度、纯度以及光泽和浮色等。无论原色还是复色涂料,加入时都必须充分搅拌均匀。

④颜色对比。配色时,在调整至与标准色相近时,应边调边作试验小样,待小样稳定后与标准色卡或原样板进行比较,直至颜色与标准色相同。调配鲜明色相、亮度较高的颜色时,应遵循选用的颜料或原色涂料的品种越少越好。根据减色配色原理可知,品种越多,配出的颜色色相的鲜艳程度越低,亮度越暗。

⑤辅助添加剂的加入原则。配色时使用的原色涂料和颜料色浆会使涂料的粘度增大,需加入稀释剂使之互溶,应加入适当的配套品种,加入量应尽量少。催干剂、固化剂等也要以适当的比例加入。如果加入量过大,则会影响鲜艳度和光泽。

8.3.3 汽车车身涂层的修补和重涂

汽车车身的涂层因事故损伤或因长期使用后老化,会出现涂层开裂、变色、失光、粉化、脱层等,则需要根据其损坏情况进行局部修补或重新涂装。

1) 修补涂层性质的确定

不同汽车车身上使用的涂层是不相同的,为了使修补的涂层能与原涂层完全一样,涂层性质和结构的确定就显得特别重要,它不仅涉及到涂装工艺,而且也是选择涂料的依据。

(1) 国产汽车车身涂层的确定

车身修补的补涂涂层必须根据原车型涂装的资料来确定涂料的品种、涂层层次关系,确定相配套的修补所需涂料。在选择涂料时,还应考虑涂装施工的工具设备,以及涂层形成的环境等。使用烘干型涂料时,应有烘干设备。

(2) 进口汽车车身涂层类别的确定

进行进口汽车车身涂层的修补就困难得多,因为进口汽车的品种繁杂;且资料不易获得。因此在实际维修中,最常用的方法是先找到其涂层和油漆色彩的代号,大多进口汽车的车身铭牌上都标有涂层的代码。涂层代码标明了该车部分的涂层代号。根据这一代码就可通过“进口汽车油漆调配中心”提供的资料查到涂层结构和涂层配方等有关数据资料及修补工艺、说明。

各汽车公司生产的不同型号汽车，其油漆代码标志的位置也不相同，可根据说明书指示在车身不同位置找到。

在修补涂装中，如果查不到涂层代码，可根据车型、出产年份、涂层颜色直接查阅标准色卡。通过涂层与色卡的对比，就可找出相同颜色的相应代码。目前我国大多数修理厂使用的是英国ICI油漆、日本关西油漆、美国杜邦油漆、荷兰大熊（DEBEER）油漆等，其所提供的调漆设备中都带有微缩的各国车型油漆代码的涂料配比及调漆所需资料。

2）汽车车身修补涂装常用工艺方法

（1）刮涂

刮涂是用手工涂装以获得较厚涂层的一种方法。刮涂使用的工具是刮刀，有金属刮刀、牛角刮刀、木刮刀、橡皮刮刀等，不同材质和不同形状的刮刀分别用于填平、补孔隙、塞缝、抹平等作业。刮涂法主要用于腻子的涂装，也可用于粘度较大的调合漆及其他厚浆涂料的涂装。

（2）空气喷涂

空气喷涂就是利用喷枪，以压缩空气的气流将涂料从喷枪的喷嘴中喷出形成雾状，喷涂在涂装表面。其特点是可以获得厚度均匀、光滑平整的涂层，且效率高。适用于绝大多数涂料的涂装，特别是快干性涂料和大面积形状复杂的涂装表面。在汽车车身修补涂装中大多采用这种涂装方法。但这种方法的缺点是涂料损耗大利用率低，使用溶剂和稀释剂的量大。

（3）静电喷涂

为克服空气喷涂涂料损耗大的缺陷，在大面积喷涂时可采用静电喷涂。静电喷涂是利用静电基本原理，使雾化时涂料带有静电，并在电场力的作用下，被吸附在带异性电荷的涂装面上。其特点是生产效率高、涂料损耗少（比空气喷涂节约10%～50%），涂料的利用率可达80%～90%以上。但静电喷涂的设备比较复杂，设备投资大，所以一般修理厂很少采用。

3）汽车车身修补涂装的典型工艺

（1）局部修补涂装的工艺及要求

①涂前表面处理。彻底清理需修补部位的污物、油漆、锈斑等。清理范围应比损伤范围扩大125～325 mm^2。铲除损伤部位的旧涂层，伤口涂层边缘应打磨成斜坡。用粗砂布磨掉表面铁锈，同时打磨涂层断裂边，使边缘平整，消除涂层棱边，吹净或擦净浮尘或污物，用汽油擦除手印和油污。

②涂底漆、刮腻子、整平涂装表面。在涂装表面刷涂自干性底漆，如修补的面积较大，应先涂刷磷化底漆。采用自干或烘干的方法使底漆层干燥。刮涂自干型油性腻子或聚酯腻子。对自干或烘干腻子层，机械打磨或手工打磨，平整腻子层。在打磨后，用

水砂纸进行湿打磨，消除打磨痕迹。可用 300～400 号水砂纸蘸水打磨，边打磨边用水洗。清洗打磨灰尘，除去污物，吹干水分，擦净打磨面的污物。

涂底漆和腻子时的涂敷及打磨次数，取决于涂装表面对平整度的要求以及腻子的材质和操作者的技术水平，一般需要 2～3 次。第一道腻子的刮涂可稍厚一点，用粗砂纸打磨，第二、第三道腻子刮涂要薄，打磨砂纸要细一些。最后腻子层必须达到平整光滑、无砂孔、丝纹等缺陷。

③喷涂中层涂料。中层涂料可用底漆代替.层要求不高时可省略。用胶带纸和废报纸(用润滑脂粘贴) 覆盖在需涂装表面的周围、所有可能被喷涂到的涂层和装饰件上。喷涂配套的二道浆或稀一点的底漆 2～3 道。自干或烘干。如有砂眼或磨痕，可刮涂少许快干腻子将其填平。用 No. 300～500 号水砂纸湿打磨，使涂装面光滑平整。洗净、擦干涂装表面。

④涂装面漆前的准备。配制面漆。根据要求涂装所需的颜色，严格按前述调配规则和程序调制面漆，可先试制小样待与原涂层颜色比较一致后再按需要量配制。对于进口轿车，可根据原涂层代码查找油漆配方，按配方配制。用工业用汽油擦净涂装面灰尘、污物，待喷面漆。

⑤喷涂面漆。喷涂面漆，硝基磁漆一般需喷 3～4 道，其他面漆需喷 1～2 道。自干或烘干面漆。

⑥抛光上蜡。去掉覆盖的胶带或报纸，擦净表面。如果涂层可抛光，如硝基磁漆、丙烯酸磁漆涂层等，可用抛光膏研磨其表面，消除补涂的虚影，提高装饰质量。然后用干净纱布蘸水擦净涂层表面。抛光时可用手工抛光，用干净棉纱蘸抛光膏，手工以小“8”字或小圆圈反复研磨。采用机械抛光时是将抛光膏涂在涂层上，用法兰绒制成的抛光盘用电机带动抛光。抛光后可打蜡以提高涂层寿命，增加光亮度。

涂装时即使是同颜色的汽车，每部车和车的不同部位，其颜色严格地讲也是不会完全相同的，都存在微观上的色偏。所以调漆时要完全消除颜色上的色偏，就必须掌握微调色的方法。汽车车身用漆主要有 13 种，加上黑、白二种共 15 种，其中红、黄、蓝是三种基本原色，灰色是黑白混合而成的中间颜色，橙、绿、紫是三种辅助原色。如果要调整蓝色、褐色、绿色，要使其颜色稍微变深或变暗，就可加入点青色、红色。

(2) 整车重新涂装的工艺及要求

整车重涂，可根据涂层损坏程度或涂装要求分为全涂装和翻新涂装。全涂装是指涂层损坏严重，必须用机械方法或用脱漆剂全部除去旧涂层，露出被涂材质的表面，然后再进行整车重新涂装。而翻新涂装是指涂层的底层完好，仅面层出现失光、变色、粉化等现象或者要求改色涂装时，只需打磨掉面漆层即可对整车进行涂装。随着涂装技术的进步，整车重涂大多为翻新涂装。

①涂装表面的处理。用脱漆剂、打磨机或铲刀清涂旧涂层。若经补焊应清除掉焊渣，打磨铁锈，并用汽油擦净表面污垢和灰尘。涂刷一薄层磷化底漆，涂层应平整均匀，涂层厚度不小于30 μm。

②涂装底漆。刷涂或喷涂底漆，如 C06－1 型铁红醇酸底漆或 H06－2 铁红环氧底漆，自干或在 60℃以下烘干。在钣金涂装表面或凹凸不平处刮涂第一道腻子。自干或在 40～80℃下烘干。初步打磨腻子层，刮涂第二道腻子，自干或烘干。用粗砂布包在木块上进行粗打磨，除去灰尘后，在腻子层上涂刷一层 H06－2 环氧底漆，并在 90℃下烘干 1 h。刮涂第三道腻子，涂层要薄而均匀平整，涂层可自干或烘干。用 No. 300～400 号水砂纸湿打磨整个车身。吹净灰尘，擦干水分。

③涂装中层涂料。喷涂一道和二道浆或用底漆与面漆按 1∶1 的比例配制的中间涂料，自干或在 60℃以下烘干。修补腻子，用快干腻子消涂砂眼、磨痕。待修补腻子干燥后，用 No. 300～500 号水砂纸进行湿打磨，使涂层表面平整光滑。清洗并擦干表面水分和污物。

④涂装面漆前的表面准备。用汽油擦净待涂表面。按照要求的颜色色彩调制面漆，并用配套的稀释剂调整粘度，然后用滤布进行过滤。

⑤喷涂面漆。对硝基磁漆或其他挥发性强的涂料一般需喷 3～4 道。其余面漆一般为 1～2 道。自干或烘干。

⑥对大客车一般还需喷涂色带，其步骤如下：按原车色带位置弹出灰线，用胶带沿灰线粘贴，再用润滑脂将报纸遮盖不涂装色带的表面。清洁需喷涂色带的表面。喷涂所需颜色的配套性面漆（色带要求的颜色）。待自干或低温烘干后，除掉报纸和胶带，用汽油擦净表面上的润滑脂。

⑦涂层修饰。待整个涂装表面干燥后，如需抛光打蜡，可按前述方法进行抛光打蜡。

9 汽车维修质量管理

9.1 汽车维修质量管理概述

9.1.1 汽车维修质量含义

质量是指实体固有特性满足要求的程度。产品质量是指产品固有特性满足要求的程度。固有特性是产品本身具有的属性,要求则是外部提出的需求与期望。汽车产品质量指汽车产品的固有特性,即汽车的实际技术状况或工作能力、寿命等满足客户要求的程度。汽车维修是为了维持或恢复汽车完好技术状况和工作能力而进行的作业,它属于一项服务性的技术工作。因此,汽车维修质量包括维修的技术质量和服务质量两个方面。从技术角度讲,汽车维修质量是指汽车维修作业对汽车完好技术状况和工作能力维持或恢复的程度;从服务角度讲,汽车维修质量是指用户对维修服务的态度、水平、及时性、周到性以及收费等方面的满意程度。

9.1.2 汽车维修全面质量管理

维修企业的质量管理,是指企业实现其质量目标所需要确定进行的活动和实施过程。现代汽车维修需要汽车维修企业建立现代企业管理制度,其质量管理已经不能停留在仅以修好车为惟一目的,必须实行全面质量管理。包括开展对企业人员工作能力、维修工具设备完好性、可靠性管理,配件的质量管理,业务人员的工作规范、工作环境状态的管理,维修档案资料的管理等。全面质量管理还要求企业建立汽车维修服务质量体系与管理制度,严格控制生产过程中的关键工序质量,加强企业的质量意识,抓好修后服务、人员素质培养等。通过这些工作,为确保汽车维修质量建立牢固的基础。

汽车维修质量的优劣是由许许多多相关的因素决定的,它既取决于汽车维修企业内部各个方面、各个部门和全体人员的工作质量,也与社会的经营环境、管理环境等外部条件相关。因此,为了保证和提高汽车维修质量,必须对影响汽车维修质量的相关因素实施系统地管理。汽车维修质量管理就是汽车维修企业为了保证和提高汽车维修质量而进行的计划、组织、协调和控制活动。汽车维修质量管理是汽车维修企业管理的重要内容之一。汽车维修质量是对汽车本身质量的维持和保障,汽车维修质量的好坏决定着汽车能否保持良好的技术状态安全地行驶。因此,汽车维修企业必须高度重视汽车维修质量管理,采取严格的技术手段和管理措施,保证和提高汽车维修质量、保障人们的生命和财产安全。

汽车维修质量管理的任务主要有以下四个方面:

①加强质量管理教育,提高全体员工的质量意识,牢固树立"质量第一"的观念,做到人人重视质量,处处保证质量。

②制定企业的质量方针和目标,对企业的质量管理活动进行策划,使企业的质量管理工作有方向、有目标、有计划地进行。

③严格执行汽车维修质量检验制度,对维修车辆从进厂到出厂的维修全过程、维修过程中的每一道工序,实施严格的质量监督和质量控制。

④积极推行全面质量管理等科学、先进的质量管理方法,建立健全汽车维修质量保证体系,从组织上、制度上和日常工作管理等方面,对汽车维修质量实施系统地管理和保证。

在长期的质量管理实践中,人们探索、总结出许多质量管理的科学理论和方法。全面质量管理就是科学的、先进的质量管理方法之一,长期以来在世界和我国各类企业中得到广泛的应用。

1) 全面质量管理的含义

全面质量管理是指企业以提高产品(或服务)的质量为目的,组织企业的所有部门、全体员工共同参与,从产品设计、生产制造到产品售后服务的全过程,对影响产品质量的专业技术、生产条件、经营业务、工作流程以至员工的思想与技术素质等各个方面的因素,进行系统地、全面地管理。全面质量管理的核心是管理的全员性、全过程性和全方位性,即"三全管理"。

全员管理,就是企业全体员工都参与质量管理;

全过程管理,就是对产品设计、生产制造到产品售后服务的全过程都进行质量控制;

全方位管理,就是对影响产品质量的方方面面的因素进行全方位的管理。

全面质量管理的基本特点:从过去的事后检验、把关为主转变为以预防、改进为主;从管结果变为管过程,把影响质量的各种因素查出来,发动全员,针对主要矛盾,依靠科学的管理程序和方法,使生产经营的全过程处于受控状态。全面质量管理既注重对机械、材料、方法和环境等工程质量因素的管理,同时也更注重对人的工作质量的管理。

全面质量管理要求建立健全完善的质量保证体系,通过一定的组织机构、规章制度、工作程序,把质量管理活动系统化、标准化和制度化。

2）全面质量管理的工作程序

全面质量管理强调科学的管理工作程序，通过计划（Plan）、执行（Do）、检查（Check）、处理（Action）循环式的工作方式，即PDCA工作循环，分阶段、按步骤开展质量管理活动，促进质量管理水平循环不断地提高。

（1）PDCA工作循环包括四个阶段，共分为八个工作步骤。

①计划阶段（P），分为四个步骤：

第一步，分析质量现状，找出质量问题；

第二步，分析产生质量问题的原因；

第三步，从各种原因中找出影响质量的关键原因；

第四步，制定工作计划和措施。

②执行阶段（D），包括一个步骤，即

第五步，执行计划，落实措施。

③检查阶段（C），也包括一个步骤，即

第六步，检查计划执行的情况和措施实施的效果。

④处理阶段（A），分为两个步骤，即

第七步，把有效措施纳入各种标准或规程中加以巩固，无效措施不再实施。

第八步，将遗留问题转入下一个循环继续进行。

（2）PDCA工作循环的特点是：

①每一个阶段本身也是按PDCA方式运转并循环的，即所谓大循环套小循环；

②整个企业、各个科室、车间、班组和个人都有自己的PDCA工作循环，并且相互协调，相互促进；

③工作循环的四个阶段之间是紧密衔接的，不能间断；

④工作循环的四个阶段是周而复始的，不能停顿；

⑤每一个循环结束后，下一轮循环又在更高的水平上进行，即每转动一圈就上升一步，就实现一个新的目标。如此反复不断地循环，质量问题不断得到解决，管理水平、工作质量和产品质量就得到步步提高。

9.1.3 汽车维修质量的评定方法

汽车维修质量评定是指对维修竣工的整车、总成件或零件，按照规定对需要检验的项目逐项检验后，将检验结果按照一定的规则进行统计分析，计算出综合性数据，再将此数据与既定标准值进行对比，进一步做出定性（合格、不合格）或定量（缺陷数、缺陷率等）的结论，并按照既定的质量分等规则对其适用性等级进行判定。

根据汽车维修质量的评定对象，可分为对单车的维修作业质量的评定和对维修企业的维修质量的综合评定两种评定方法。

1）单车维修质量评定

汽车整车、总成件都是由若干个零件组成，每个零件又有若干项检验项目。对零件待检验项目的某项进行检测并将检测数据与达标值进行对比，做出该项合格性的判定，这一操作过程称为零件单项检验。单项检验不足以得出零件合格性结论。需要逐项检验后将所有单项定论综合统计并按照该零件规定的合格性、等级性标准进行比较后，才能做出该零件的合格性与等级性的判定，后者即为零件质量的评定，此全部的过程就称为零件的质量检验。

维修汽车的总成件由若干个零件装配组合而成，其质量评定是建立在规定需要检验的若干个零件质量评定和装配成总成件后需要增添检验项目的检验基础之上。将零件质量评定与总成件检验的结果综合统计，并对照该总成件既定的合格性、等级性的规定进行比较，对该总成件的合格性、等级质量水平作出定论，这就是总成件的质量评定。零件检验加上总成的检测与评定的全部过程就是汽车总成件的质量检验。

汽车维修质量检测与评定实际上也是维修汽车整车的质量检验，它是单项检验、零部件检验、总成件的检测与评定的继续。其侧重点在零部件、总成件装配调试到位后的新项目的检验上，主要集中在装配调试后新出现的零部件之间相互位置关系、总体尺寸、备重、外观以及各种静态、动态性能的检测检验上。将这些检验结果进行既定统计计算，与质量合格性、等级的标准进行对比，对维修汽车整车的合格性、等级质量水平作出定论，这就是维修汽车整车的检测与评定。因此，严格说，整车的质量检测与评定是若干个检测与评定的子系统的集成。

需要指出的是，汽车整车维修质量评定考核的某些项目检验不是在维修汽车竣工后进行，而是在维修作业过程中进行。它除了为整车质量的评定提供数据外，也起着汽车维修质量把关、预防严重缺陷的出现等作用。通过维修作业过程中的质量检验，还能及时发现并制止不合格工序维修的整车转入下一道工序，提高整车维修合格的几率。

单车维修质量的评定指标通常采用“合格”或“不合格”进行定性的评定。维修质量“合格”的车辆可以发给“维修出厂合格证”，维修质量“不合格”的车辆不准出厂。

2）维修企业汽车维修质量的综合评定

对汽车维修企业维修质量的评定，是对该企业在一定时期内汽车维修质量的综合评定。它实质上是在单车维修质量评定的基础上，对维修企业在一定时期内所维修的车辆的维修质量情况进行的综合统计分析。

维修企业汽车维修质量的综合评定指标主要有上线检测一次合格率、维修合格率和维修质量保证期内返修率。

①上线检测一次合格率：指维修企业在一定时期内，汽车大修、二级维护后上汽车综合性能检测线进行质量检测时，一次性检测合格的车辆数与被检测车辆总数之比。即

上线检测一次合格率＝一次性检测合格的车辆数/被检测车辆总数×100％

对于不要求上检测线检测的维修作业，可以用“维修合格率”进行评定。

②维修合格率：指在一定时期内维修合格的车辆（次）数与维修车辆（次）总数之比。即

维修合格率＝维修合格的车辆（次）数/维修车辆（次）总数×100％

维修合格率可以简便直观的反映汽车维修企业总体汽车维修质量水平。汽车维修过程中的工作质量越好，维修合格率就越高。维修合格率指标比较便于企业内部对每个维修岗位、每个维修作业项目的维修质量进行检验与评价。

③返修率：即维修质量保证期内的返修率，是指维修企业在一定时期内汽车维修出厂后因维修质量问题而返修的车辆数与维修出厂的车辆总数之比。即

$$返修率=返修的车辆数/维修出厂的车辆总数\times 100\%$$

3）汽车维修质量特性的评定参数

汽车维修质量是由一系列质量特性来表征的，其检测评定项目和参数主要有：

①一般技术要求。主要包括车辆外观、附件及装备、车身密封情况等。

②发动机性能及运转状况。主要包括气缸压力、发动机功率、发动机转矩、发动机燃料消耗率、机油压力及起动性能、怠速性能、尾气排放性能、异响、四漏（漏油、漏水、漏气、漏电）情况等。

③汽车动力性能。主要包括底盘输出功率、汽车加速时间、滑行性能等。

④汽车燃料经济性能。用汽车等速百公里油耗量评价。

⑤制动性能。主要包括制动距离或制动力、驻车制动器性能等。

⑥转向操纵性能。主要包括转向轮侧滑量、前轮定位、转弯直径、转向盘操纵力等。

⑦传动系工作状况及噪声等。

⑧灯光与信号状况等。

9.2 汽车维修质量检验

9.2.1 汽车维修质量检验的任务

汽车维修质量检验就是通过一定的技术手段对维修的整车、总成、零部件等的质量特性进行测定，并将测定的结果与规定的汽车维修技术标准相比较，判断其是否合格。

汽车维修企业中，维修质量检验工作的基本任务包括以下三个方面：

①测定维修的整车、总成、零部件等的质量特性；

②对汽车维修过程实施质量监督与控制；

③对汽车（包括整车、总成、零部件）维修质量进行评定。

9.2.2 汽车维修质量检验的工作内容和步骤

汽车维修质量检验工作的基本内容和步骤是：

1）掌握标准

根据汽车维修技术标准和规范，明确检验项目、质量特性及参数，掌握检验规则和数据处理方法。

2）进行测定

按规定的检测方法对检测对象进行测定，得出维修质量的各种特征值。

3）数据比较

将所测得的维修质量特性数据与汽车维修技术标准进行分析比较，判断其是否符合汽车维修质量要求。

4）作出判定

根据分析比较的结果，判定本项维修作业质量合格或不合格。

5）结果处理

对维修质量合格的维修作业项目签署合格意见；对汽车维修竣工出厂检验合格的车辆，签发维修合格证；对维修质量不合格的车辆提出返工处理意见。

9.2.3 汽车维修质量检验的类别及检验内容

汽车维修质量检验是贯穿于整个汽车维修过程的一项重要工作，按照其工艺程序可分为进厂检验、工序检验和汽车维修竣工出厂检验三类。

1）进厂检验

进厂检验是对送修车辆的装备和技术状况进行检查鉴定，以便确定维修方案。

2）工序检验

指汽车维修过程中，对每一道工序的加工质量、零部件质量、装配质量等进行的检验。

3）汽车维修竣工出厂检验

汽车维修竣工出厂检验就是在汽车维修竣工后、出厂前，对汽车维修总体质量进行的全面验收检查，检验合格的签发机动车维修合格证。

9.2.4 汽车维修质量检验的方法

汽车维修质量检验的方法，根据检验对象的不同通常可采用人工检视诊断法和仪器设备检测诊断法两种方法。

1）人工检视诊断法

人工检视诊断法就是汽车维修质量检验人员通过眼看、耳听、手摸等方法，或借助简单的工具，在汽车不解体或局部解体的情况下，对车辆的外观技术状况和可以直接看到、听到或触摸到的外在技术特性进行检查，并在一定的理论知识指导下根据经验对检查到的结果进行分析，判断其是否合格。

人工检视诊断法主要用于检验车辆的外观清洁、车身的密封和面漆状况、灯光仪表状况、各润滑部位的润滑情况，以及各螺栓连接部位的紧固情况等项目。

2）仪器设备检测诊断法

仪器设备检测诊断法是在汽车不解体的情况下，利用汽车检测诊断仪器设备直接检测出汽车的性能和技术状态参数值、曲线或波形图，然后与标准的参数值、曲线或波形图进行比较分析，判断其是否合格。有的检测诊断仪器设备还可以直接显示出判断结果。

仪器设备检测诊断法是现代汽车维修质量最主要、最基本的检验方法，汽车大修、总成大修和二级维护等作业中的主要检测项目都必须采用仪器设备检测诊断法进行检验。

9.2.5 汽车维修质量检验标准和质量保证

汽车维修标准和技术规范是进行汽车维修质量检验的依据。汽车维修企业和汽车维修质量检验人员必须认真贯彻执行国家和交通部颁布的汽车维修有关技术标准和技术规范以及相关的地方标准，严格按照标准和技术规范指导汽车维修作业和汽车维修质量检验，保证汽车维修质量。有条件的企业还应当依据国家标准、行业标准、地方标准的要求制定企业技术标准，不断提高汽车维修质量。

目前国内涉及汽车整车修理质量评定的国家、行业标准主要有：GB/T 15746.1－1995《汽车修理质量检查评定标准整车大修》，GB/T 3798.1－2005《汽车大修竣工出厂技术条件第1部分：载客汽车》，GB/T 3798.2－2005《汽车大修竣工出厂技术条件第2部分：载货汽车》，CJ 17－1986《城市公共汽车修理技术条件》等。涉及汽车维护评定方法的有：GB/T 18344－2001《汽车维护、检测、诊断技术规范》，JT/T 201－1995《汽车维护工艺规范》以及JT/T 511－2004《液化石油气汽车维护、检测技术规范》，JT/T 512－2004《压缩天然气汽车维护、检测技术规范》等。

对汽车维修的质量保证期，国家予以高度重视，并在其发布的相关法规中作了明确的规定。国务院2004年4月发布的《中华人民共和国道路运输条例》法规中，要求机动车维修实行质量保证期制度。2005年交通部颁布的《机动车维修管理规定》又进一步明确机动车维修实行竣工出厂质量保证期制度。不同类型的车辆，不同的维修内容有着不同的保修期。汽车和危险货物运输车辆整车修理或总成修理质量保证期为车辆行驶20 000 km或者100天；二级维护质量保证期为车辆行驶5 000 km或者30天；一级维护、小修及专项修理质量保证期为车辆行驶2 000 km或者10天。

其他机动车整车修理或者总成修理质量保证期为机动车行驶6 000 km或者60天；维护、小修及专项修理质量保证期为机动车行驶700 km或者7天。质量保证期中行驶里程和日期指标，以先达到者为准。机动车维修质量保证期，从维修竣工出厂之日起计算。

在质量保证期和承诺的质量保证期内，因维修质量原因造成机动车无法正常使用，且承修方在3日内不能或者无法提供因非维修原因而造成机动车无法正常使用的相关证据的，机动车维修经营者应当及时无偿返修，不得故意拖延或者无理拒绝。

在质量保证期内，机动车因同一故障或维修项目经两次修理仍不能正常使用的，机动车维修经营者应当负责联系其他机动车维修经营者，并承担相应修理费用。

10 汽车总装试验和交车

大修汽车总装是指汽车各总成维修完毕后，将各总成、组合件和零件组装成汽车的过程。

汽车的总装是以车架为基础，将各总成、组合件和连接零件往车架上安装，使之成为一部完整汽车的过程。

10.1 大修汽车的总装

10.1.1 总装前的准备

①检查各总成、组合件及零件，以保证它们具有良好的技术状况。

②装配中应保持清洁和文明生产。

③注意安装顺序，防止误装和漏装。

④对某些零件或组合件进行辅助加工和选配，以及必要的调整。

⑤正确使用工具和设备，防止损坏机件，保证人身安全。

10.1.2 总装顺序

各种汽车虽然结构不完全一样，但装配顺序基本相同。它们均是先装配车架，再以车架为基础在其上安装各总成和部件。

汽车的装配顺序不是固定不变的，在不影响后续工作的条件下，可以任意装配。

1）汽车总成装配的一般技术要求

汽车总成装配是按照规定的技术条件，将组成总成的零件和部件连接在一起的过程。汽车修理时的总成装配与汽车制造时不同，因为修理过程中进入总成装配的零件有三类：具有允许磨损量的旧零件、经修复合格的零件、换用的新零件。通常前两类的尺寸公差都比制造公差大，为使配合副的配合特性达到装配技术条件的要求，配套时必须按装配技术条件的要求对配合件进行选配，包括按尺寸进行选配和按重量进行选配。此外，为达到装配技术条件规定的配合特性要求，在装配过程中，往往需要进行一些钳工工作,如铰孔、研磨等。

总成装配的技术要求通常包括配合副配合特性、主要联接件的紧固力矩及其均匀性、各零件工作表面和轴线间的相互位置、旋转件的平衡要求、高速运动件的质量要求以及密封性、清洁度和调整要求等。

零件的配合特性要求与零件的结构、几何尺寸、形状公差以及表面粗糙度有关,常以间隙或过盈表示。

为保证装配精度,必须利用装配尺寸链来分析各组成环的尺寸偏差对封闭环的影响,从而采取措施来保证装配质量。总成装配中求解尺寸链的方法通常有完全互换法、不完全互换法、选配法、修配法和调整法。

2) 总成装配精度

总成的装配精度是指采用相应的装配方法装配后,各配合副达到总成装配技术要求中各项指标的符合程度。它包括配合精度、位置精度和回转件的运动精度等。

显然,任何装配都不可避免地会出现误差,误差大则表明装配精度低、质量差。因此,分析装配误差,选择能保证装配精度的装配方法就成为提高装配质量的主要途径之一。影响部件和总成装配精度的因素可归纳为以下四类:

①部件或零件材料性质的变化;

②零部件几何尺寸的变化;

③部件相互位置公差的变化;

④部件或总成装配系统中装配尺寸链各环公差带分配关系的变化等。

汽车修理时,由于进入装配的零件有可用件、修复件和新件,因此总成修复后的装配往往比制造时总成的装配要复杂得多。在总成装配中,为了保证装配精度常采用选配法、修配法和调整法等。

选配法是提高精度的一种有效方法。它允许将零件的制造公差放宽到经济公差范围内,而在装配前按装配精度的要求将零件分成若干组,装配时按对应组进行装配,同一组的零件可以互换。由于分组,可使每组中零件的尺寸差别减小,因此可使装配精度提高。

修配法的实质在于考虑到零件加工工艺的可能性,有意识地将零件公差加大到易于制造的公差要求范围内,在装配时通过修配方法(如补充的机械加工和手工修配)来改变某一尺寸(通常指封闭环)以达到要求的装配精度。例如,活塞与气缸的配合可通过研磨来保证,活塞销与活塞销座孔的配合可通过铰削来保证等。

调整法是在装配尺寸链中加入调整环,装配时利用改变调整环的位置和改变调整环的尺寸,以达到封闭环所要求的精度。例如,汽车主减速器主、从动齿轮的装配精度就是依靠调整垫片或改变从动齿轮轴两端的调整螺套的位置来保证的。

10.1.3 总装后的调整

汽车总装后,应检查调整离合器踏板、制动踏板的自由行程、前轮前束、转向盘游动间隙、点火正时、供油系统、制动蹄片间隙、轮胎气压等。

10.2 汽车大修竣工后的检验

汽车总装后，必须进行路试行驶检验，以检查各总成技术状态，并对发现的故障予以排除，以达到大修标准的目的，此项工作称为修竣检验(亦称路试)。修竣检验分为行驶前检查、路试行驶检查、路试行驶后检查三个阶段。现分述如下。

10.2.1 路试前的检查

汽车路试行驶前的整车检查，目的在于检查汽车齐备情况及各总成、仪表的工作状况。检查时，将汽车停放在平坦路面上，在汽车静止状态下进行外部检视。检查顺序、项目如下：

①检查车辆四周外表；

②车下检查；

③检查发动机罩内部；

④驾驶室内的检查；

⑤起动发动机检查；

⑥检查前束、转向角及轮胎气压。

检查中如发现故障应及时排除。外部检查合格后应进行路试行驶检查。

10.2.2 路试检查

路试行驶检查主要是检查底盘各总成的工作状况。要求是：装载为原车载质量的75%；行驶全程一般不应超过 30 km；行驶速度以 30 km/h 为宜。

对路试行驶检查出来的故障应及时排除。

10.2.3 路试后的检查

路试行驶后的检查，在于发现汽车经过运行颠簸振动、各部机件温度已逐步正常的情况下，有无漏油、漏水、松动、脱落或温度过高等现象。

行驶后发现的故障应及时排除。若拆修或调换总成时，应重新进行行驶检验。

10.3 汽车大修质量的验收评定

汽车大修质量的验收评定是对汽车整车大修竣工质量和整车大修基本检验技术文件完善程度的综合评价。汽车整车大修竣工质量指汽车整车大修竣工出厂时其技术状况和寿命恢复的程度，其技术指标要达到 GB 3798.1－2005《汽车大修竣工出厂技术条件第 1 部分：载客汽车》和 GB 3798.2－2005《汽车大修竣工出厂技术条件第 2 部分：载货汽车》的要求，而其合格性和质量等级的评定则按照 GB 15746.1－1995《汽车修理质量检查评定标准整车大修》执行，经检验合格后签发合格证。

10.3.1 技术要求

可以参照不同类型汽车的技术要求和条件执行。

10.3.2 汽车大修竣工的质量保证

大修竣工出厂的汽车，经检验合格应签发“汽车大修出厂合格证”及有关技术文件。

承修单位对大修竣工的汽车应给予质量保证，质量保证期自出厂之日起，不少于 100 天或行驶里程不少于 20 000 km(以先到者为准)。

10.3.3 汽车大修基本技术文件的评定

为了保证汽车大修时的修理质量，汽车修理企业必须填制修理检验单证，即汽车(或总成)大修的进厂检验单，汽车(或总成)大修工艺过程(工序)检验单，汽车(或总成)大修竣工检验单，汽车(或总成)大修合格证等(俗称“三单一证”)。

1) 汽车大修进厂检验单

待大修汽车进厂时，由汽车维修企业检验技术人员对送修车技术状况和装备齐全状况进行技术鉴定，汽车整车大修进厂检验单应包括下列内容：进厂编号、牌照号、厂牌、车型、底盘号、发动机型号及号码、托修单位、送修车辆状态、里程表记录、托修方报修项目、车辆装备情况、车辆整车性能试验记录、检验日期、承修方处理意见、检验员签字、承托修双方代表签章。单中字迹应清晰，项目应齐全、完整，填写真实、正确等。

通过检查、核对等手段和方法，对汽车整车大修工艺过程检验单进行评定，单据中各项有一处不符合要求，则计一项(次)不合格。

2) 汽车大修工艺过程检验单(工序检验)

在汽车大修过程中，由汽车维修检验技术人员对总成及零部件按其修理过程中工艺顺序进行技术鉴定，并在汽车大修工艺过程检验单上记录以下内容：发动机及离合器修理工艺过程检验单；前桥及转向系修理工艺过程检验单；后桥修理工艺过程检验单；变速器及分动器修理工艺过程检验单；传动轴及万向节修理工艺过程检验单；车架悬挂及车轮修理工艺过程检验单；车身修理工艺过程检验单；汽车电器、仪表和线路修理工艺过程检验单；汽车制动系修理工艺过程检验单。

各修理工艺过程检验单应包含下列内容：进厂编号、厂牌、车型、各总成型号、号码、检验项目、检验结果记录、检验结论、处理意见、主修人及检验员签章及日期等。

检验单中字迹应清晰，项目齐全、完整，填写真实、正确。检验项目、名词术语和计量单位应符合国家及行业有关标准及相关车辆修理技术文件的有关规定。

通过检查、核对等手段和方法，对汽车整车大修工艺过程检验单进行评定，单据中各项有一处不符合要求，则计一项(次)不合格。

3）汽车大修竣工检验单

汽车大修竣工后，由汽车维修检验技术人员对车辆的技术状况进行技术鉴定，并在汽车大修竣工检验单上记录以下内容：

进厂编号、托修单位、承修单位、牌照号、厂牌、车型、底盘号码、发动机型号及号码、车辆装备状况、车辆改装改造状况、汽车修竣后的技术状况、检验记录、检验结论、检验员签章及日期等。

检验项目、要求、方法、名词术语和计量单位应符合国家、行业有关标准及相关车辆修理技术文件的有关规定。

通过检查、核对等手段和方法，对汽车大修竣工检验单进行评定，单据中各项有一处不符合要求，则计一项（次）不合格。

4）汽车大修合格证

汽车大修合格证是承修单位对大修竣工经技术鉴定并符合相应标准后的车辆所开具的质量凭证。汽车大修合格证记录内容应包括：

进厂编号、牌照号、厂牌、车型、底盘号码、发动机型号及号码、维修合同号、出厂日期、总检验员签章及日期、承修单位质量检验部门盖章、磨合期规定、保证期规定。

合格证中名词术语应符合国家及行业有关标准中的规定。

通过检查、核对等手段和方法，对汽车整车大修进厂检验单进行评定，合格证项目中有一处不符合要求，则计一项（次）不合格。

上述“三单一证”的填写要求：字迹清晰，项目齐全、完整，填写真实、正确。

5）评定要求与方法

（1）要求

①“三单一证”为参与评定的基本条件，缺一不可。

②汽车大修竣工质量评定的一般技术要求和主要技术性能要求均为评定汽车大修质量的基本项目，评定项目按其重要程度分为关键项目和一般项目两种。

③汽车大修质量的评定采用综合项（次）合格率来衡量，分为优等、一等、合格、不合格四级。

④综合项（次）合格率用下式计算

$$\beta_0 = \sum_{i=1}^{3} k_i \beta_i ; \qquad 其中\ \beta_i = \frac{n_i}{m_i} \times 100\%$$

式中：β_0—— 综合项（次）合格率；

β_i—— 项（次）合格率；

n_i—— 检查合格的项（次）数之和；

m_i—— 检查的项（次）数之和；

i—— 角标，取 1、2、3，分别表示汽车大修基本检验技术文件（即“三单一证”），修竣车及关键项；

k—— 修正系数，分别取 0.2、0.6、1.2

⑤汽车大修质量分级应符合相关国标中的规定。

(2) 方法

①汽车大修基本检验技术文件(即“三单一证”)的评定。经核对、查阅,凡“三单一证”所记录的各项内容中每有一处不符合要求,则计为一项(次)不合格。

②汽车整车大修竣工质量评定及关键项的评定,按评定项目、评定技术要求、检查方法、评定方法等确定不合格项(次)。

10.3.4 修竣汽车的交接

①送修单位接车时,应就外部状况及装置情况进行检查和验收。当修理质量不符合竣工验收条件的规定时,承修单位应返工修理;否则,送修单位有权拒绝接车。

②送修单位要进行路试检验时,往返里程不得超过 30 km。如对某一部件发生疑问,接车人员不得拆卸检查,但可要求承修单位进行局部拆检。

③当发现某些总成、部件有故障时,承修单位必须及时查明原因,予以排除。

④修竣的汽车必须经修理企业检验部门检验合格并签发合格证后方能出厂。

⑤修理企业必须提供修竣汽车的完整技术资料,内容包括:修理类别,各总成技术状况,总成主要零件的修理尺寸及装配数据,修理中各总成主要零件更换或修理状况,以及整车检验调整数据等。

⑥大修竣工的汽车,应在明显部位安装铭牌,其内容包括发动机和车架号码、承修单位名称、修竣出厂日期等。

⑦大修竣工的汽车,经送修与承修单位,按照技术合同和有关标准的要求双方确认合格后,办理出厂交接手续。出厂合格证和有关技术资料随车交付送修单位或车主。

参 考 文 献

1. 羊拯民.汽车修理.合肥:安徽科学技术出版社,2001
2. 丛守智.汽车维修技术及设备.北京:机械工业出版社,1999
3. (美) Jack Erjavec.汽车维修基础知识与基本技能.北京:电子工业出版社,2006
4. 汪国梁.汽车维修质量检测与评定.重庆:重庆大学出版社,2006
5. 傅厚扬,冉广仁.汽车维修企业设计与管理.北京:人民交通出版社,2006
6. 陈长春.汽车维修质量检验.北京:机械工业出版社,2005
7. 廖祥兵,满维龙.汽车维修工艺.北京:金盾出版社,2006
8. 姜勇.汽车维修技术与质量检验.北京:电子工业出版社,2005
9. 胡建军.汽车维修企业创新管理.北京:机械工业出版社,2002
10. 栾琪文.现代汽车维修企业管理实务.北京:机械工业出版社,2005
11. 黄国相.汽车维修企业的经营分析与决策.北京:机械工业出版社,2005
12. 邢伟.汽车4S店实施2000版ISO 9001标准指南.北京:中国标准出版社,2004
13. 董小平.汽车维修企业管理.北京:机械工业出版社,2005
14. 卢燕,阎岩.汽车服务企业管理.北京:机械工业出版社,2005
15. 张凯良.汽车修理手册.北京:机械工业出版社,2004
16. 张金柱.汽车维修工程.北京:机械工业出版社,2005
17. 宋森,马国才,王福明.汽车车身维修实例.北京:机械工业出版社,2002
18. 戴冠军.图解汽车车身维修大全.杭州:浙江科学技术出版社,2000
19. 顾建国.汽车钣金维修技师培训教材.北京:人民交通出版社,2003
20. 宋森等.汽车底盘维修实例 .北京:机械工业出版社,2002
21. 张凯良.汽车修理手册.北京:机械工业出版社,2004
22. 陈家瑞.汽车构造.北京:人民交通出版社,2006
23. 李东江,张大成.汽车维修工实用技术手册.南京:江苏科学技术出版社,2002
24. 丁钊,佟永和.汽车修理.北京:人民交通出版社,1993
25. 张春香.可维修系统的可靠性研究:[D].秦皇岛:燕山大学机械工程学院,2001
26. 刘燕.可修系统的可靠性与维修策略分析:[D].成都:电子科技大学应用数学学院,2006
27. 陈叶菁,龚时雨.以可靠性为中心的维修思想.工业安全与环保,2006,32(6)
28. 吴建忠,何海龙等.维修思想发展综述.装备指挥技术学院学报,2003,14(3)